清西陵史話

徐广源 著

重庆出版集团 重庆出版社

图书在版编目(CIP)数据

清西陵史话/徐广源著.—重庆:重庆出版社,2017.4
ISBN 978-7-229-11562-3

Ⅰ.①清… Ⅱ.①徐… Ⅲ.①陵墓—史料—中国—清代 Ⅳ.①K928.76

中国版本图书馆CIP数据核字(2016)第217051号

清西陵史话

QINGXILING SHIHUA

徐广源 著

责任编辑:李云伟 郭玉洁
责任校对:杨 婧
装帧设计:刘 颖

重庆出版集团
重庆出版社 出版
重庆市南岸区南滨路162号1幢 邮政编码:400061 http://www.cqph.com
重庆出版社艺术设计有限公司制版
大厂回族自治县正兴印务有限公司印刷
重庆出版集团图书发行有限公司发行
E-MAIL:fxchu@cqph.com 邮购电话:023-61520646
全国新华书店经销

开本:710mm×1000mm 1/16 印张:30.75 字数:360千
2017年4月第1版 2017年4月第1次印刷
ISBN 978-7-229-11562-3
定价:56.00元

如有印装质量问题,请向本集团图书发行有限公司调换:023-61520678

目录

前言

我的家乡就在清东陵风水墙外的马兰峪古镇，那里建有东陵守护大臣的府第、孝陵礼部衙门、孝东陵内务府营房、东陵承办事务衙门、御书阁、永济档等，这些都是东陵的管理机构。因此我对清东陵很熟悉。我父亲跟我说，在咱们河北省还有一个清西陵，也是埋葬清朝皇帝和后妃的地方，和清东陵差不多，是一家子。所以我还是孩提的时候，就知道了“清西陵”这个名字。从那时起，我就总把西陵和东陵连在一起。从上世纪70年代初，我就与清西陵工作人员有了书信往来。他们的回信，我至今珍藏着，而且随着斗转星移，越来越感到了它的价值。

清东陵和清西陵，是清王朝在关内建立的两大皇家陵园。这两处的墓主人都是清朝皇帝及其一家子。生前，皇帝及其后妃、子女居住在皇宫紫禁城，死后分葬在东陵和西陵。清东陵与清西陵“同居畿辅，并列神州”，与京师形成了左右对称之势，犹如一宅两院。

1961年3月4日，清东陵与清西陵一起被国务院公布为首批全国重点文物保护单位。2000年11月30日清东陵与清西陵双双被列入《世界遗产名录》。2001年初清东陵与清西陵又同时被评为AAAA级景区。五十多年来，清东陵与清西陵同气连枝，休戚与共，互相支持，共同前进。

不知是天性，还是职业的关系，只要一提起清西陵来，一种亲切之感便油然而生。1978年12月4日是我永远难忘的日子。这一天，我和清东陵古建队的赵福禄、赵生两位瓦工师傅（如今这两位师傅均已作古）带着考察西陵大红门的使命，第一次踏上了清西陵的土地。前所未见的三座石牌坊，一望无垠的苍松翠海，规制奇特的慕陵，扑朔迷离的昌西陵回音壁和响音石……这一切一切，都给我留下了终生难忘的印象。那里山秀，水清，林茂，人更好。三十多年来，我去清西陵数十次，每次都像到家一样，西陵人淳朴、热情、好客。每次去清西陵，西陵的领导和同事们在生活上、工作上给予我的巨大支持，是我终生难忘的。

我的拙作《清东陵史话》问世以来，很受欢迎，读者纷纷购买。一些读者在购买《清东陵史话》时，往往要顺口问问有没有《清西陵史话》，当得知没有时，无不流露出遗憾之意。许多读者和同仁们无论是当面，还是来信，都劝我再写一本《清西陵史话》，与《清东陵史话》成为姊妹篇，这样，关内清陵就全了。就是在这种情况下，我才决定写这本《清西陵史话》的。既然是"史话"，所以拙作就在历史源流上多费了些笔墨。本书以清朝官方编纂的史书和珍藏在中国第一历史档案馆的大量清宫档案为主要依据，其中有许多是首次披露。这些丰富的史料，澄清了以往一些模糊认识，更正了一些不准确的提法，补充了一些不完全的内容，笔者并大胆地提出了自己的一些看法和观点，以期征得同行师友的指正和学术上的争论，使一些学术上的问题进一步得到解决和确认。

由于笔者学识浅陋，书中错误和不妥之处肯定不少，敬请师友及广大读者不吝赐教。

徐广源

2015年7月20日

中国皇陵的最后绝唱

“陵”字自从成为皇家坟墓的专用名词之后，在长达2000多年的历史进程中，先后出现了三个辉煌时期。第一个辉煌时期为秦汉时期，该期以秦始皇陵为代表。这一时期的帝王陵寝，封土（坟头）多为覆斗形[①]，以封土高大、圹室豪华为主要特色。第二个辉煌时期是唐朝。该期的陵寝代表是唐太宗李世民的昭陵。这一时期的皇家陵寝多数因山为陵，在山腰开凿墓室，以山丘为封土[②]，横跨关中六县、绵延数百里，展现了大唐盛世的雄浑气势。五代十国和两宋时期，内战频仍，国力颓弱，陵寝制度处于收缩时期。元朝皇帝死后，采用秘密深埋，地表不留任何痕迹的葬法。陵寝制度在经历了400年低潮之后，开始进入第三个辉煌时期即明清时期。明太祖朱元璋对以前的陵寝制度做了重大改革，主要表现在以下几方面：

一、封土由覆斗形改为圆形。

二、由陵院方形、封土居于陵院中央，改为陵院长方形、前后多进院落、封土居于后院的形式，封土改为圆形，称宝顶。宝顶前建方城，方城之上建明楼。

三、取消寝宫，扩大祭殿。以前留居宫人、侍奉墓主灵魂的制度随之废除。

四、多数陵寝依山建陵，坐北朝南[③]。

从而创立了一个崭新的陵寝制度。

清朝入关以后，其陵寝制度沿袭明制，并在其基础上又有所改革和创新，从而使这一辉煌时期的陵寝制度达到了极致。清朝皇帝更加注重陵寝环境的质量，不仅对水文、地质、气候、光线等诸因素要进行严格的考察，而且更加关注山川形势与陵寝建筑之间的相互关系。他们相度陵址、营建陵寝的指导思想是“陵制与山水相称”、“遵照典礼规制，配合山川胜势”[④]。在这方面，

---

① 阎崇东著《西汉帝陵》第59页，中国青年出版社，2007年1月第1版。

② 陈安利著《唐十八陵》第24页，中国青年出版社，2007年5月第1版。

③ 杨宽著《中国古代陵寝制度史研究》第62—65页，上海古籍出版社，1985年2月第1版。

④ 清宫档案《录副奏折》乾隆七年，胶片，第19盒。

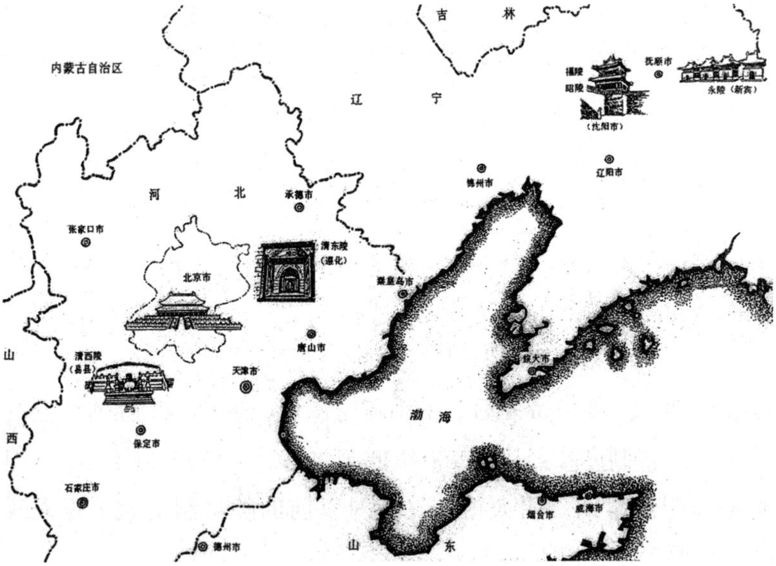

清朝皇陵位置图

道光帝讲得更为直白："总以地臻全美为重，不在宫殿壮丽以侈观瞻。"①他们刻意追求所选的万年吉地要达到"龙穴砂水无美不收，形势理气诸吉咸备"②的标准。他们对环境质量、山川形势的要求甚至超过了对陵寝规制的要求。道光帝的一道上谕最具有代表性，他说："惟择钟灵坤毓，干脉延长之处以定福基。其四至之宽狭不必过拘。如果地臻全美，即较从前规制稍从俭约，朕心亦以为宜。"③明白了清朝皇帝的这一苛求，对于陵寝选址何以会有"三年求地，十年定穴"④的说法，也就不难理解了。

清朝陵寝，大体可分关外三陵（也称盛京三陵、清初三陵），关内的清东陵、清西陵三处。再细分，关外三陵又可分为三处，即辽宁新宾县的永陵、沈阳东郊的福陵和沈阳北郊的昭陵，加上关内的东、西二陵，共为五处。

---

①《宣宗成皇帝实录》卷三八，第33册，第679页，中华书局影印本，1986年。

②《世宗宪皇帝实录》卷八九，第8册，第190—191页，中华书局影印本，1985年11月。

③ 清宫档案《内务府来文》陵寝事务，第2442包。

④ 王其亨主编《风水理论研究》"清代陵寝地宫金井研究"，第186页，天津大学出版社，1992年8月第1版。

关外三陵所葬的均为清朝入关前的皇帝和被追尊为皇帝的先祖。永陵内葬的四位皇帝是肇祖原皇帝孟特穆、兴祖直皇帝福满、景祖翼皇帝觉昌安和显祖宣皇帝塔克世，其中肇祖为衣冠冢。这四个人生前均未称过帝。福陵因位于沈阳市东郊，所以当地人又称之为东陵，内葬清太祖努尔哈齐及其皇后等。努尔哈齐生前也未当过皇帝，但称过汗。昭陵因在沈阳北郊，当地人又称为北陵，内葬清太宗皇太极和孝端皇后。关外三陵内葬的六位皇帝，只有皇太极这个皇帝名实相符。他是清王朝的第一位名副其实的皇帝，孝端皇后则是清王朝第一位生前当过皇后的人。

自启运山鸟瞰永陵

清东陵是清王朝在关内首辟的皇家陵园，位于今河北省遵化市马兰峪镇以西。清东陵筹建于顺治十八年（1661年），营建于康熙二年（1663年），到光绪三十四年（1908年）慈禧陵重修完工，历经247年，几乎与清王朝相始终。清东陵建有皇帝陵5座、皇后陵4座、妃园寝5座，葬皇帝5位、皇后15位、妃嫔136位、皇子1位，共157人。清东陵陵园总面积为2500平方公里，面积之广，陵寝之多，葬人之众，在清朝皇家陵园中居于首位。

俯视清东陵陵园

清西陵是清王朝在关内开辟的第二处规模宏大的皇家陵园，位于今河北省易县梁格庄以西，始建于雍正八年（1730年），建有雍正帝的泰陵、嘉庆帝的昌陵、道光帝的慕陵、光绪帝的崇陵。建有皇后陵3座，即泰东陵、昌西陵、慕东陵。还建有妃园寝3座、王爷园寝2座、皇子园寝1座、公主园寝1座，共14座陵寝，葬皇帝4位、皇后9位、妃嫔57位、亲王2位、皇子皇孙6位、公主2位，共80人。清西陵从雍正八年（1730年）首建泰陵，到1914年年底崇陵全工告竣，历时185年。

无论是清东陵，还是清西陵，每座陵园都有共享的祖山、石牌坊、大红门，陵园周围均用风水围墙和火道、界桩围绕，陵寝布局有主有从，皇后陵和妃园寝均以本朝皇帝陵为中心，分建左右，自成一区，体现了主从附属关系，表明陪葬之义。各皇帝陵神道均与主陵神道相接，皇后陵神道与本朝皇帝陵神道相接，形成了枝状的神道网络。

上述这些特点都是历代皇家陵园所不备的。随着清王朝的覆亡，封建社会的结束，光绪帝的崇陵成为了我国最后一座皇帝陵，从而结束了我国2000多年的皇家陵寝的历史，清朝的皇家陵寝遂成为我国陵寝史上的最后绝唱。

鸟瞰清西陵大红门、石牌坊

为什么有东陵又有西陵

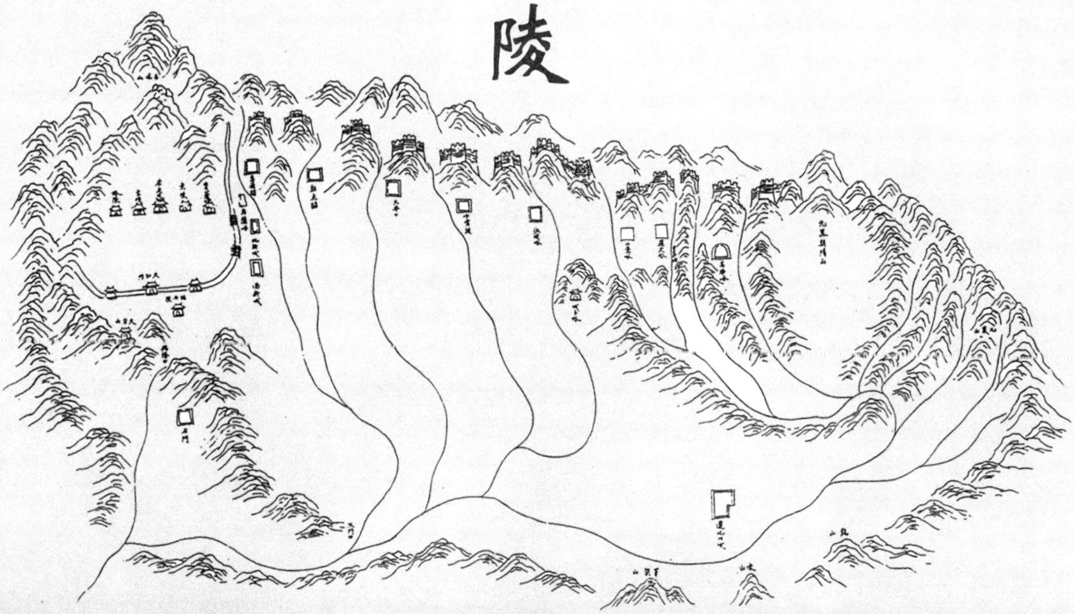

据有关文献记载，清东陵所在的河北遵化昌瑞山下，这个地方曾被明朝末帝崇祯相中，准备作为他的万年寿宫，还未来得及兴工营建就国破君亡了[①]。

清朝入关，定都北京，建立起大一统的国家以后，顺治帝福临到遵化一带行围打猎时见昌瑞山“王气葱郁”[②]，心中大喜，遂定为他的万年寿宫，昌瑞山一带成了清朝的皇家陵园。顺治帝的孝陵建在了昌瑞山下，成为了清朝关内的第一陵、清东陵的首陵。10余年后，康熙帝的景陵也建在了昌瑞山下、孝陵的东旁。按照常理和惯例，入关后的第三帝雍正帝的陵寝也应建在昌瑞山下，位于孝陵、景陵附近。可是后来的事实并非如此，雍正帝却将自己的陵寝建在了距昌瑞山600里远的易县泰宁山下，开辟了一个新的皇家陵园。

雍正帝为什么不在昌瑞山下卜择他的万年吉地，把陵寝建在孝陵、景陵附近，而建在了六百里之遥的易县泰宁山下呢？

是昌瑞山一带没有风水宝地、上吉佳壤了吗？不是。因为雍

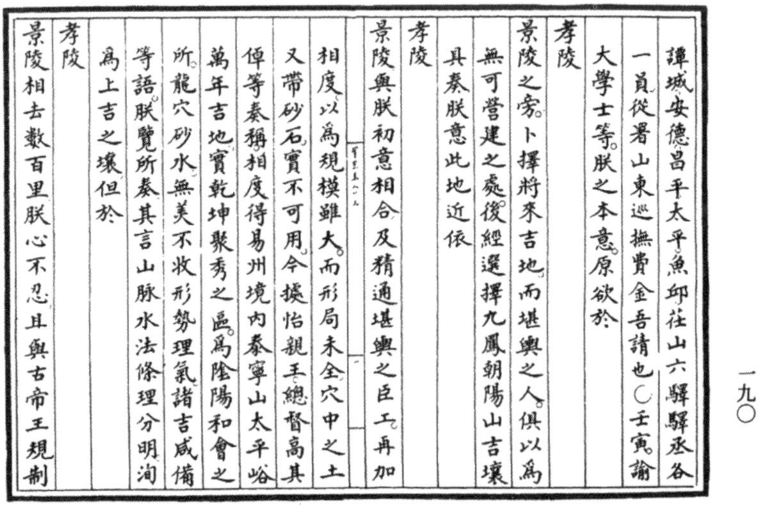
譚城安德昌平太平魚卯莊山六驛驛丞各
一員從署山東巡撫黃金吾請也〇壬寅諭
大學士等朕之本意原欲於
孝陵
景陵之旁卜擇將來吉地而堪輿之人俱以爲
無可營建之處後經選擇九鳳朝陽山吉壤
具奏朕意此地近依
孝陵
景陵與朕初意相合及精通堪輿之臣工再加
相度以爲規模雖大而形局未全穴中之土
又帶砂石實不可用今據怡親王總督高其
倬等奏稱相度得易州境內泰寧山太平峪
萬年吉地實乾坤聚秀之區爲陰陽和會之
所龍穴砂水無美不收形勢理氣諸吉咸備
等語朕覽所奏其言山脉水法條理分明洵
爲上吉之壤但於
孝陵
景陵相去數百里朕心不忍且與古帝王規制
一九〇

雍正帝关于选择万年吉地的谕旨

① 刘毅著《明代帝王陵墓制度研究》第533页，人民出版社，2006年6月第1版。

② 赵尔巽等撰《清史稿》第10册，卷八十六，志六十一，礼五，吉礼五，第2589页，中华书局，1976年7月。

正帝的泰陵在易县泰宁山下建成以后，在昌瑞山一带又先后建起了乾隆帝的裕陵、咸丰帝的定陵、同治帝的惠陵、慈安皇太后的普祥峪定东陵、慈禧皇太后的菩陀峪定东陵以及4座妃园寝，这9座陵寝所在之地都是经当时国家第一流的风水大师精选、皇帝钦准的，都称得上风水宝地、上吉佳壤。所以无风水宝地、上吉佳壤之说不成立。

还有一种“怕报复”说法。在民间和野史里流传着这样一个说法：雍正帝篡改了皇父的传位遗诏，谋夺了皇位，残忍地诛杀了与他争夺皇位和不服他的众弟兄。雍正帝自知理亏，心中有鬼，心虚，担心自己的陵寝如果建在昌瑞山下，近依皇父的景陵，在九泉之下既无颜与父皇见面，更怕遭到父皇的谴责和报复，使他永远不得安宁。为逃避父皇的报复，故此要远离景陵，另辟陵区。这种说法简直是天方夜谭，近似神话。对于鬼神来说，往来无踪，瞬息万里，躲出600里远就能免遭报复吗？他生前长期住在北京，距景陵只有300里地，难道就不怕报复吗？况且他在位期间，先后8次去景陵，并每次都住在景陵附近，难道就不怕报复吗？所以，怕报复之说纯系无稽之谈。

笔者以前曾认为雍正帝是一位雄才大略的英主，雄心勃勃，从来不肯甘居人下。尽管昌瑞山一带吉壤很多，但顺治帝的孝陵已占据了至尊无上的昌瑞山主峰之下的位置，成了首陵。首陵有资格建石牌坊、大红门、更衣殿，规模宏大，建筑齐全，气派威风。其他陵的神道都要接到孝陵神道上，非首陵则不能如此。如果雍正帝的陵建在昌瑞山一带，则只能屈居于孝陵、景陵之下，雍正帝绝不心甘情愿，所以才另辟新的陵区，使自己的陵寝雄踞首陵之位。今天看来，这种观点十分不妥。一来这只是一种推想，没有任何依据。二来雍正帝也不会将屈居父、祖之下看成是不光彩之事。三来雍正帝另辟陵区，成为首陵，绝非想将自己的陵寝建得规模宏大、气派威风。如果真的是这个目的，那他为什么不像孝陵那样设置气势恢宏的十八对石像生，反而谕令不建石像生呢？

其实真正的原因是雍正帝对万年吉地的标准要求过高、过严，条件苛刻，毫不迁就。他立志要选择一个十全十美的上吉佳壤。他在谕旨中讲得十分清楚："朕之本意原欲于孝陵、景陵之旁卜择将来吉地，而堪舆之人俱以为无可营建之处。[①]"所谓无可营建之处就是没有一处能使雍正帝满意的理想之地。后来在昌瑞山一带建起的9座陵寝，虽然都称得上风水宝地，但也绝非十全十美，毫无缺憾。比如乾隆帝的裕陵所在的胜水峪在堪舆家的口中虽被称为是"诚天造地设之大地，应万年吉祥之佳名"[②]的上等佳壤，但也存在着"惟左边贴身界气之砂稍低，须用人力培补"的不足[③]，承认胜水峪是"非万全完备之地"[④]，因而使这些堪舆家也感到"心犹未足"，致使相度大臣讷亲、海望有了"前赴奉天一带相度"之请[⑤]。由于乾隆帝以大局为重，不计较细枝末节，仍确定胜水峪为万年吉地，才避免了去东北奉天卜择之举。咸丰帝的定陵所在之地平安峪，从咸丰元年（1751年）就开始相度，派著名堪舆家陆应穀多次前往"覆加相度"。咸丰帝利用谒陵之便，还亲临实地反复阅视，直到咸丰九年（1759年）才最后确定下来。这足以表明平安峪存在着这样或那样的毛病或缺欠，致使咸丰帝犹豫不决，迟迟难下决心，如果平安峪是尽善尽美无可挑剔的上上吉壤，咸丰帝早就确定下来了。同治帝的惠陵所在之地双山峪，只有朝山，没有案山，后宝山低矮，只得采取了"培补后山龙脉"[⑥]的方法予以弥补。由此观之，对于条件苛刻的雍正帝来说认为昌瑞山下俱无可营建之处，并非虚言。在这种情况下，才不得不扩大相度范围，到其他地方相度，不久相中了遵化州境内的九凤朝阳山（也称九凤山），很快就确定了下

①《世宗宪皇帝实录》卷八九，第8册，第190—191页，中华书局影印本，1985年11月。

② 清宫档案《朱批奏折》建筑工程，文件号21号。

③ 清宫档案《录副奏折》内政，胶片，第19盒。

④ 清宫档案《录副奏折》内政，胶片，第19盒。

⑤ 清宫档案《录副奏折》内政，胶片，第19盒。

⑥ 清宫档案，转引自汪江华博士学位论文《清代惠陵建筑工程全案研究》第221页。

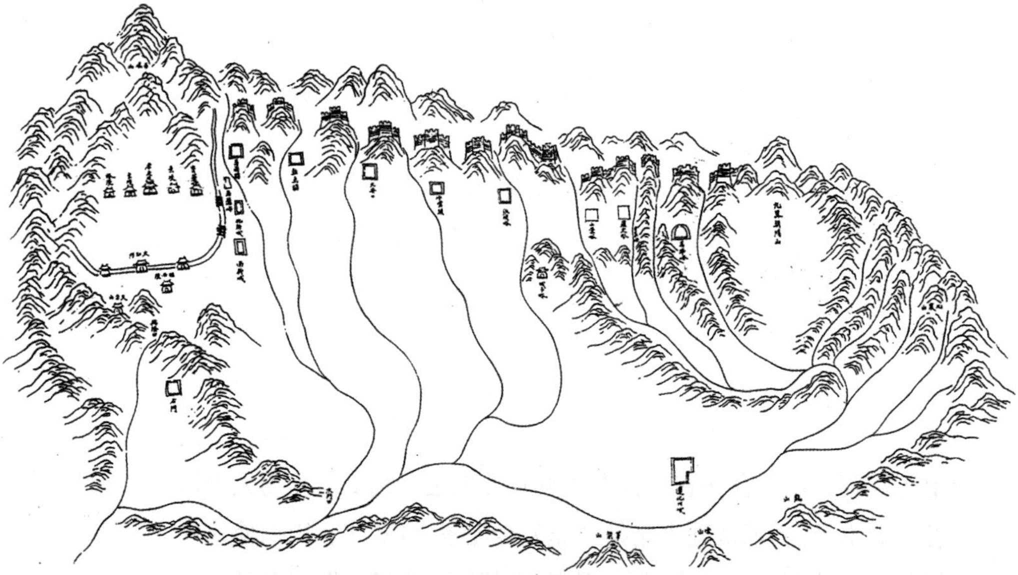

九凤朝阳山吉地与东陵的相对位置关系示意图

来，并运去了大量建筑材料，准备开工[①]。后来有人发现九凤朝阳山吉地“规模虽大而形局未全，穴中之土又带砂石”[②]。雍正帝绝不容忍自己的万年吉地存有如此重大缺陷，因此毅然废弃九凤朝阳山吉地，派人再次到他处遍行相度，终于在易县泰宁山下发现了太平峪这个“龙穴砂水无美不收，形势理气诸吉咸备”的理想宝地，于雍正八年（1730年）破土兴工，历经6个寒暑才全工告竣，确定陵名为“泰陵”。

自从雍正帝在泰宁山下首建泰陵之后，清王朝在关内出现了以北京为中心的遵化、易县对称并列的两个皇家陵园。遵化在北京以东，故将昌瑞山下的陵园称“东陵”。易县泰宁山下的泰陵位于北京以西，故称“西陵”。在《清高宗实录》中第一次出现“东陵”字样是在乾隆二年（1737年）十月。第一次出现“西陵”之名，是在乾隆十四年（1749年）三月。中华人民共和国成立以后，为了表明年代，才于“东陵”、“西陵”字样前面冠以“清”字，称清东陵和清西陵。

---

① 中国第一历史档案馆编《乾隆朝上谕档》第1册，第501页，第12条，中国档案出版社，1991年。

②《世宗宪皇帝实录》卷八九，第8册，第190—191页，中华书局影印本，1985年11月。

清西陵胜地一览

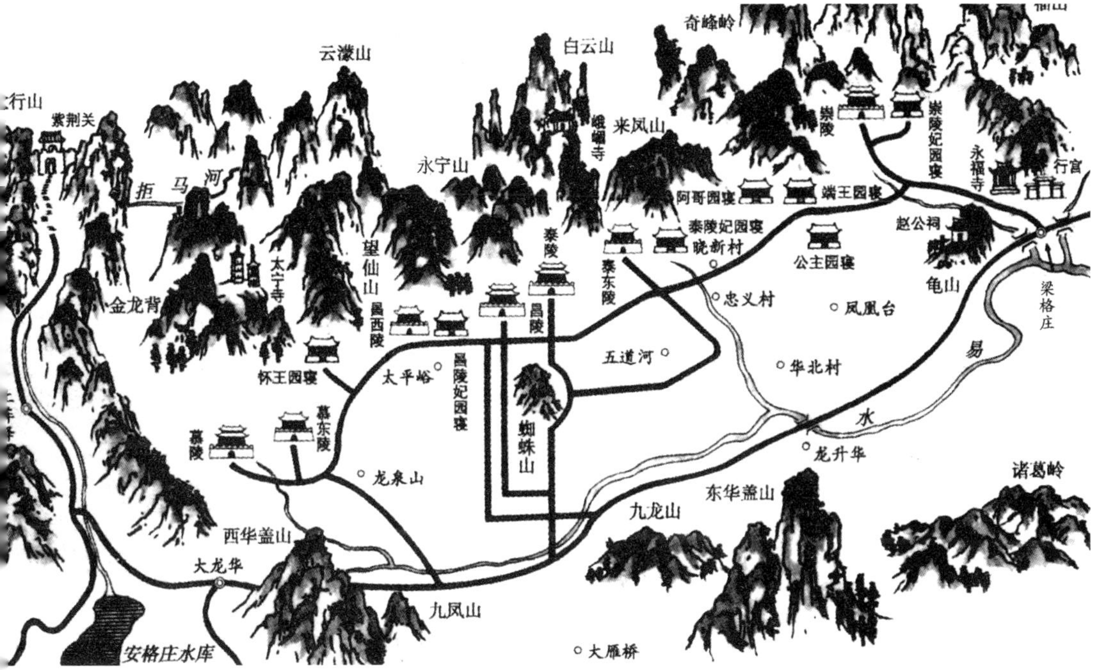

清西陵平面示意图

清西陵和清东陵一样，被皇家视为“万年龙虎抱，日夜鬼神朝”的圣洁禁地与地臻全美的灵秀之区，载入史书，备加称颂。在一些大臣的著述中和地方志书中也多有记载。下面摘录几段，以飨读者。

《清朝文献通考》载：

世宗宪皇帝陵曰泰陵，孝敬宪皇后合葬，敦肃皇贵妃从葬，在易州西三十里永宁山，本名太平峪。山势自太行来，巍峨耸拔，脉秀力丰。峻岭崇山远拱于外；灵岩翠岫环卫其间。前则白涧河旋绕，而清、滱、沙、滋诸水汇之；后则拒马河潆流，而胡良、琉璃、大峪诸水汇之。信天设之吉地也。[①]

《续文献通考》载：

秀若拱璧，簇若云屯。考其潆洄，延袤千里计，所汇纳

① 王云五总编纂《万有文库》第二集，《十通》第九种，清高宗敕撰《清朝文献通考》第二册，卷一五二，王礼二十八，考6163页，商务印书馆，中华民国二十五年三月初版。

从朝山元宝山上远望永宁山

襟带百川。崇寝殿之，信天造之吉壤也[1]。

在雍正、乾隆两朝任过多年直隶总督的李卫对永宁山的山水形胜有一段精彩的描述：

> 龙蟠凤翥，源远流长，左右回环，前后拱卫，诚如金城玉笋。《蜀辅日记》称易州一带山势峭拔，如花如火，龙虎森严，灵气所钟，甲于寰宇。皆实录也[2]。

其实，上面的描述并不为过。清西陵确实称得上是一处山川秀丽、景色优美的不可多得的风景名胜。雄峻的永宁山，层峦飞翠、叠嶂腾辉，犹如一道天然的围屏，矗立于陵区北面，成为诸陵之祖山。陵区西侧是太行山东麓，著名的西陵八景之一的云蒙山层峦叠嶂，蜿蜒起伏。东面的金龙峪等山峦盘旋远去。元宝山作为泰陵的朝山端峙陵园之南。元宝山的东西两翼，东华盖山和西华盖山巍峨耸峙，成为陵区之南的屏障。在大红门两旁又有九龙山和九凤山东西对峙，如天然门阙，其间形成一个自然的陵口。西面的拒马河奔腾咆哮，波涛汹涌；南面的易水河清波粼粼，潺潺流淌。整个陵区群山拱卫，众水环流。陵区之内，数以万计的苍松古柏形成了一望无垠的翠海，隐天蔽日，松涛阵阵。

① 王云五总编纂《万有文库》第二集，《十通》第十种，刘锦藻撰《清朝续文献通考》第二册，卷一八六，王礼十七，考9318页，商务印书馆，1937年出版。

② 王云五总编纂《万有文库》第二集，《十通》第十种，刘锦藻撰《清朝续文献通考》第二册，卷一八六，王礼十七，考9320页，商务印书馆，1937年出版。

在万顷绿涛碧海之中，红墙、黄瓦、拱桥、石雕镶嵌其间，飞金耀日，富丽堂皇，博大精深，气象万千。整个陵区“纷郁丽九光之霞，郁葱翠万年之秀”，就像一幅绚丽多彩的风景画展现在眼前。清西陵称得上是在风水理论指导下，将建筑的人文美与山川形胜的自然美高度有机结合的杰出典范。

公元2000年11月30日，清西陵和清东陵、明显陵一起被列入《世界遗产名录》，2001年初，清西陵又被评为AAAA级景区。清西陵已成为驰名中外的文物古迹和风景名胜。

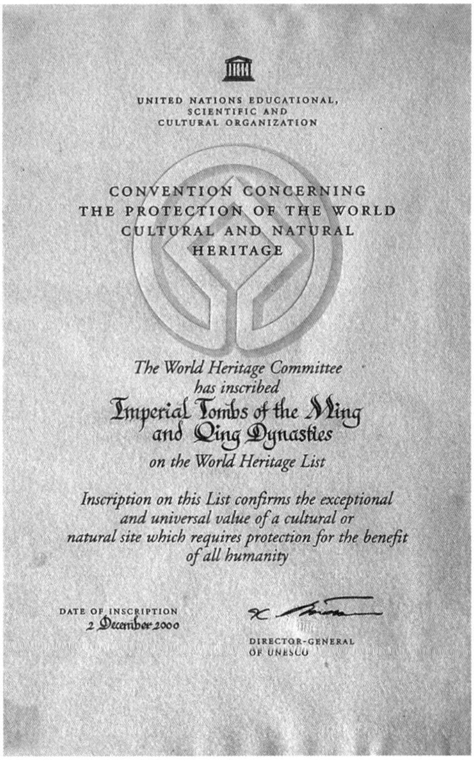

世界遗产证书

雍正皇帝的泰陵及后妃陵寝

泰陵的营建和规制

□ 陵址的相度

自西汉的文帝刘恒即位不久就营建霸陵以来，几乎都是新君即位就营建陵寝，成为定制，历代相沿①。建陵的第一步就是相度陵址。

泰陵图（乾隆年间绘）

① 清宫档案《录副奏折》内政，胶片，第19盒。

九凤朝阳山（张志广摄）

雍正帝即位后，既要办理皇父康熙帝、生母孝恭皇后两人的丧事，同时还要镇压政敌，处理国务，可谓焚膏继晷，日理万机，忙得不亦乐乎。到了雍正四年（1726年），紧张程度稍有缓解，于是雍正帝腾出手来，开始筹建自己的陵寝了。

雍正四年（1726年）九月，雍正帝命怡亲王允祥和文渊阁大学士张廷玉（以后改文华殿、保和殿大学士）会同工部办理从有关省份采办万年吉地楠木事宜，动用正项钱粮，并指示如果楠木实在难买，松木亦可①。

雍正五年（1727年）闰三月初十日，雍正帝命总兵官李楠、钦天监监正明图带领精通风水之术的官员人等到遵化昌瑞山下孝陵、景陵附近相度万年吉地，同时行知专司看护陵寝的马兰镇总兵官特恒协办此事②。这些人经过实地踏勘后，向皇帝奏报孝陵、景陵附近没有理想的上吉佳壤，无可营建之处。于是雍正帝又派怡亲王允祥等在遵化境内的其他地方卜择，在这年的四月，允祥发现遵化州城东北约40里的九凤朝阳山是一处比较理想的佳壤。于是在本月的二十八日具折，将九凤朝阳山的有关细节情况向皇帝作了奏报，雍正帝批示："将此所奏之地交与钦天监备记档案并行文该地方官不时巡查防护，禁止伐木挖掘及诸所毁碍之

①《世宗宪皇帝实录》卷四八，第7册，第730页，中华书局影印本，1985年11月第1版。

② 中国第一历史档案馆编《雍正朝起居注册》第二册，第1106页，中华书局，1993年。

事。田地仍许照常播种，毋得拦阻，有妨农业。[①]”不久，九凤朝阳山被正式确定为万年吉地。采办木植、灰斤、砖块等建陵材料的事项加紧进行。仅遵化州就令铺户承办九凤朝阳山吉地所用的沙城砖70万块、沙滚子砖50万块、尺七方砖750块[②]。金砖由江苏烧造，楠木由江南、浙江、湖广、广东采办，杉木由江南、浙江、湖广、江西采办。铁梨木采自广东。澄浆砖由山东烧造。在采办木植、砖块中，雍正帝一再谕令各地督抚官员“动用正项采买，不许克扣。恐地方官员阳奉阴违，仍有扰累民间之事，应再行申饬。凡属需用各项物料俱著该督抚动用正项钱粮，遴选贤员采买，按时价照数给予，不许分毫扣克，务令小民均得利益，自然欣然乐从”。雍正帝还不放心，于雍正五年十一月二十九日（1728年1月10日）再降谕旨：“著该督抚等时时留心察访，俾属员敬谨遵奉。倘稍有不遵谕旨之处，朕必访闻，将督抚一并从重治罪。[③]”雍正六年（1728年）三月二十二日两广总督孔毓珣向雍正帝奏报了两广采办木植的情况，其中有百姓如数领到银两、感谢皇帝深恩等情。雍正帝阅毕，非常高兴，批道：“好！实力为之。若令小民一人含怨，日后朕闻之，卿后悔不及也。宁多销算些钱粮还使得。[④]”

大约在雍正七年（1729年）下半年，九凤朝阳山破土兴工，竟发现穴中之土含有沙石。穴即陵之穴位，将来地宫金井之位。营建陵寝开工破土首先要确定陵寝的穴位。破土时先从穴位开刨。对于穴中之土要求极严，要求土质纯洁，颜色纯正，土层深厚。穴中之土含有沙石乃建陵之大忌。雍正帝对此十分重视，又命精通风水的大臣对九凤朝阳山吉地再次详加相度，发现九凤朝阳山吉地“规模虽大但形局未全”，这又是一个重大的缺陷。相

① 中国第一历史档案馆编《雍正朝起居注册》第二册，第1227页，中华书局，1993年。

② 中国第一历史档案馆编《乾隆朝上谕档》第1册，第501页，第12条，中国档案出版社，1991年。

③ 清宫档案《雍正朱批奏折》，第12页。

④ 清宫档案《雍正朱批奏折》，第13页。

度大臣认为此地“实不可用”。雍正帝果断地做出决定，废弃九凤朝阳山吉地，另择他处。

后来乾隆帝、道光帝选陵址时，都曾派人到九凤朝阳山再次相度，也均未选中[①]。九凤朝阳山吉地被废弃后，已经运到那里的石料、砖块后来都用到了东陵的维修上。乾隆六年（1741年）在修建景陵妃园寝20个地宫时，所用的石料、砖块都是九凤朝阳山存贮的[②]。

雍正帝所说他最初想在孝陵、景陵附近选址建陵，所言非虚。通过以下几件事可以证明：

一、在《雍正起居注》里记载，在命李楠、明图二人带领风水人员等到遵化昌瑞山下孝陵、景陵附近相度万年吉地时，同时通知马兰镇总兵官特恒协办此事。如果没在昌瑞山一带相度吉地，何必通知特恒协办？

二、雍正帝的皇长子弘晖和皇三子弘时都葬在了东陵（当时还没有东陵之名，为了叙述方便，便于读者理解，故用东陵，请读者谅解）的黄花山下。

三、雍正帝的老贵人葬在了东陵风水墙外的苏麻喇姑园寝内。

如果雍正帝一开始就不想在昌瑞山下建陵，而想远离孝陵、景陵另辟新的陵园，他不会将自己的两个皇子和贵人葬在东陵一带。

这次重新相度万年吉地，范围很广，雍正帝曾派大臣到东北盛京一带卜择，在那里选出了11处备选吉地。但重点仍是在京畿一带往来踏勘，选看了许多地方，经过筛选，最后认为易县泰宁山下的太平峪这个地方最为理想。相度大臣在给雍正帝的奏折中说：“相度得易州境内泰宁山太平峪万年吉地实乾坤聚秀之区，为阴阳和会之所，龙、穴、砂、水无美不收，形、势、理、气诸吉咸备。”雍正帝阅毕奏折后，也认为太平峪“山脉水法，条理

---

① 清宫档案《录副奏折》内政，胶片，第19盒。

② 清宫档案《工科题本》陵寝坛庙，乾隆六年，第2包。

分明，洵为上吉之壤”，心中非常满意。虑事周详的雍正帝并没有马上表态，因为他心里清楚，如果把陵寝建在易州太平峪，另辟陵区，显然是违背子随父葬的传统葬俗，不免会背上不孝的罪名。因而他表示太平峪吉地虽美，但远离孝陵、景陵，“朕心不忍”，而且担心远离祖陵是否符合古帝王陵寝规制典礼，也不清楚。于是他谕令大学士、九卿“详悉会议具奏”①。大臣们很理解皇上的心意，他们从浩如烟海的史籍中查找远离祖陵，另辟陵区的实例，旁征博引，建言立论，为在易县建陵寻找合理合法的依据。他们联衔向皇帝奏道：

> 臣等谨按《帝王世纪》及《通志》、《通考》诸书，历代帝王营建之地，如夏禹在浙江之会稽，而自启以下在山西之夏县，少康又在河南之太康，其间相去奚止千里，……至若汉唐诸帝并在陕西，然汉高帝、文帝、景帝、武帝分建于今之咸阳、长安、高陵、兴平等县；唐高祖、太宗、高宗、元宗分建于今之三原、礼泉、干州、蒲城等处，其间相去远者四五百里，近者二三百里。今泰宁山太平峪万年吉地虽与孝陵、景陵相去数百里，然易州及遵化州皆与京师密迩，同居畿辅，并列神州，实未为遥远。……地脉之呈瑞，关乎天运之发祥，历数千百里蟠结之福区，开亿万斯年之厚泽。……又泰宁山雄高群，抽脉自管涔恒岳而来；襟带百川，分水以拒马、滹沱为界。相其形局，既属大地之凝庥；稽之典章，又合三代而同揆。伏乞钦派大臣，遵照定制，敬谨办理。自集纯嘏于万年，流嘉祉于奕叶矣。

①《世宗宪皇帝实录》卷八九，第8册，第190—191页，中华书局影印本，1985年11月第1版。雍正七年己酉十二月壬寅谕大学士等：“朕之本意原欲于孝陵、景陵之旁卜择将来吉地。而堪舆之人俱以为无可营建之处。后经选择九凤朝阳山吉壤具奏。朕意此地近依孝陵、景陵，与朕初意相合。及精通堪舆之臣工再加相度，以为规模虽大而形局未全，穴中之土又带砂石，实不可用。今据怡亲王、总督高其倬等奏称，相度得易州境内泰宁山太平峪万年吉地实乾坤聚秀之区，为阴阳和会之所。龙穴砂水无美不收，形势理气诸吉咸备等语。朕览所奏其言山脉水法条理分明，洵为上吉之壤。但于孝陵、景陵相去数百里，朕心不忍。且与古帝王规制典礼有无未合之处，着大学士、九卿详悉会议具奏。”

经过大臣们这番引经据典的慷慨陈述，得知远离祖陵，另行开辟新的陵区，历史上并不少见，自己这样做完全不违背古代帝王陵寝规制。这时雍正帝才表示"朕心始安"。于是决定泰宁山下的太平峪为万年吉地，并降旨："一应所需工料等项俱著动用内库银两办理，规模制度务从俭朴，其石像等件需用石工浩繁，颇劳人力，不必建设。[1]"

在卜择佳壤，选择泰宁山太平峪万年吉地一事上，怡亲王允祥做出了重要贡献，功不可没。雍正帝对允祥非常感激，在雍正八年（1730年）五月十九日表彰他说：

怡亲王允祥

怡亲王为朕办理大小庶务，无不用心周到。而于营度将来吉地一事甚为竭力殚心。从前在九凤朝阳山经划有年，后因其地未为全美，复于易州泰宁山太平峪周详相度，得一上吉之地。王往来审视，备极辛勤。又恐随从人等烦扰吾民，将饮馔之属俱不令前驱预备，常至昏夜始进一餐。其所择吉壤实由王亲自相度而得，而臣工之精地理者详加斟酌，询谋佥同，且以为此皆王忠赤之心感格神明，是以具此慧眼卓识也[2]。

为雍正帝相度万年吉地的另一位功臣是福建总督高其倬。他精通堪舆之术，颇受雍正帝的赏识和重用，特地将他从任上召到

①《世宗宪皇帝实录》卷八九，第8册，第190—191页，中华书局影印本，1985年11月第1版。

②《世宗宪皇帝实录》卷九四，第8册，第262页，中华书局影印本，1985年11月第1版。

京师，命他协助怡亲王允祥相卜吉地。对于高其倬为相度吉地所做出的贡献，雍正也给予了高度的评价，雍正八年（1730年）九月十九日，他在谕旨中说：

高其倬像

朕览高其倬等所奏太平峪吉地事宜，甚属妥协。大凡读书居官之人通晓堪舆者甚少，即或知之，又往往以此为讳，不肯身任其事。高其倬乃封疆大臣，为国家树绩建勋，为己身扬名垂誉，原不必以此为宣力见长之地，乃其心以为国家之事莫大于此，以一身协赞怡贤亲王肩此重任，筹度万全，无一毫瞻顾推诿之意，此实出于一片忠爱至诚之悃，不仅超群已也[1]。

参与相度雍正帝万年吉地的堪舆家及大臣还有管志宁、明图、任择善、海望、保德等人，这些人都受到了雍正帝的奖赏[2]。

□陵寝的营建

易州泰宁山下的太平峪万年吉地是于雍正七年十二月初二日（1730年1月20日）确定下来的。关于泰陵的承修大臣，请看下面几条档案：

雍正八年四月十四日，大学士公马尔赛、大学士张廷玉、蒋廷锡等奉旨：天平峪一应著保德总理。钦此[3]。

---

①《世宗宪皇帝实录》卷九八，第8册，第308页，中华书局影印本，1985年11月第1版。

②《世宗宪皇帝实录》卷九八，第8册，第308页，中华书局影印本，1985年11月第1版。

③中国第一历史档案馆编《雍正朝汉文谕旨汇编》第五册，第92条，第71页，广西师范大学出版社，2008年。

雍正八年四月十六日，大学士马（尔赛）、张（廷玉）、蒋（廷锡）奉旨：天（太）平峪事务属工部者，著交与鄂尔奇办理；属礼部者，交与傅德办理。钦此[①]。

雍正八年五月二十九日内阁奉上谕：前派范时绎管理天（太）平峪工程事务，今范时绎派往北河，著散秩大臣英德代范时绎于工上往来行走察看。其一应钱粮工程等项，已派常明、保德、鄂尔奇经管，英德不必管理。钦此[②]。

雍正十三年八月二十九日，总理事务王大臣遵旨议奏请派大臣前往太平峪监修工程等因。奉旨：依议。著派恒亲王弘晊前往敬谨监看。其工部尚书事务暂著都统莽鹄立署理。钦此[③]。

直到现在还没有找到一条完整的任命谁为泰陵承修大臣的谕旨。《刘敦桢文集》第二册转引的《易水志》所载泰陵承修大臣，经我考证，有些不符之处，故未用之。

太平峪万年吉地工程于雍正八年（1730年）八月十九日兴工营建[④]。

在封建社会，皇家陵园内是不允许有民居、坟墓、庙宇、杂树的，必须全部迁出陵区之外。据档案记载，为了营建泰陵，在划定的范围之内，迁走了19个村庄。拆除了民间瓦房73间、石板房14间、草房1336间、草棚461间。搬迁山厂200处，砍伐树木6154棵，圈占各种地亩84顷13亩5分7厘5毫8丝。雍正八年（1730年）四月二十日雍正帝在批阅户部奏请太平峪红桩之内拨换田、房，迁移寺庙一切事宜的题本时，批道：

风水地内所有民间田亩按其升粮科则，照应得之价，加倍赏给。已经耕种者，俟收成后再令交官。村庄庐舍，悉照

---

① 中国第一历史档案馆编《雍正朝汉文谕旨汇编》第五册，第91条，第71页，广西师范大学出版社，2008年。

② 中国第一历史档案馆编《雍正朝汉文谕旨汇编》第五册，第136条，第116页，广西师范大学出版社，2008年。

③ 中国第一历史档案馆编《雍正朝汉文谕旨汇编》第五册，第248页，广西师范大学出版社，2008年。

④《刘敦桢文集》第二册，第131页，中国建筑工业出版社，1984年。

房屋间檩，加倍先给银两，俟其将迁居之处收拾周备，再令搬移。各村舍所种树木，亦著给与价值。一应寺庙于风水地红桩之外，照式官为盖造。如该寺庙有香火田地，亦著将新建寺庙附近地亩加倍拨给。至所有坟墓，悉照地之大小，从厚赏给地价，俟卜有平稳之地，再令迁移。务使民间从容宽裕，各沾实惠。其应需各项价值，悉于内库支领[①]。

不难看出，雍正帝的这一系列的政策是比较宽厚的，有利于百姓的，体现了他的优惠元元之意。

据清宫档案记载，营建泰陵共用各种木料9916根、琉璃瓦料392902件、临清砖1577070块、金砖近7000块[②]，至于石料、各式糙砖、灰斤、绳麻、颜料、叶铁、平铁、琉璃瓦料、桅杆架木、工费等项，由于档案缺失，尚未查到详细数字。

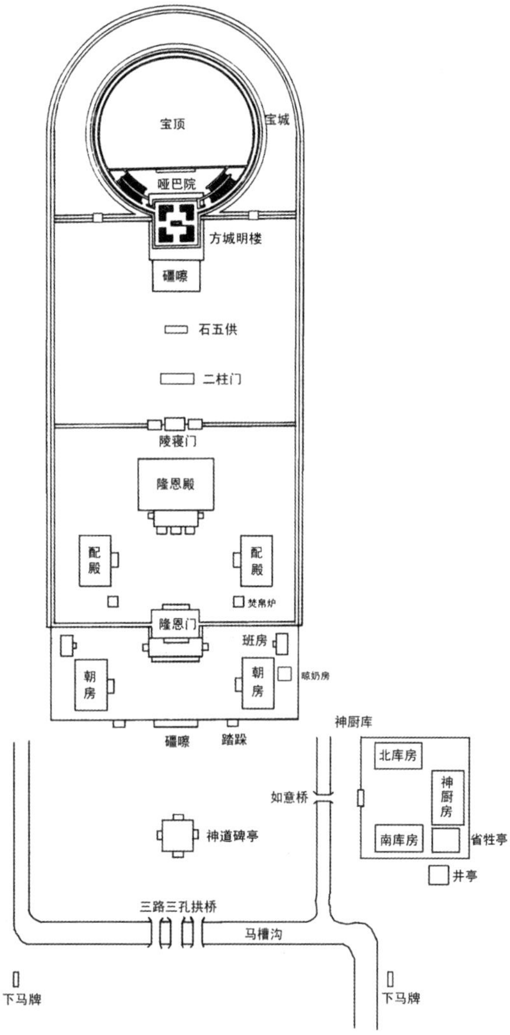

泰陵平面示意图（徐鑫绘）

泰陵的朝山是元宝山，案山是蜘蛛山。泰陵建筑从前到后，依次是：五孔拱券桥一座、中轴线上石牌坊一座，两侧石牌坊各一座。下马牌一对，用满、蒙、汉三种文字镌刻“官员人等至此下马”，背面无字。大红门一座，单檐庑殿顶，有券门三个。门两旁的红墙上各有一个随墙门。大红门前后各有一个御路石，上刻王字如意

①《世宗宪皇帝实录》卷九三，第8册，第250—251页，中华书局影印本，1985年11月第1版。

② 刘若芳《从清宫档案看西陵的兴建与修缮》，载清代宫史研究会编《清代皇宫陵寝》第127页，紫禁城出版社，1995年6月第1版。

从石牌坊南望朝山元宝山

泰陵五孔拱桥

大红门外的三座石牌坊

清西陵大红门及石麒麟

云图案。大红门前有一对石麒麟。大红门北左侧有更衣殿一座，有门三座，中门有门楼，两侧为随墙门。院内有更衣殿一座，单檐歇山顶，面阔三间，有前廊。殿后有净房一间，单檐硬山顶。大红门北，神道上有三孔平桥一座，有低矮的石栏板。再往北是泰陵圣德神功碑亭。碑亭外海墁四角各立华表一根。碑亭每个券门都有券脸石。亭内并排立石碑两统，均为六盘龙房头。东碑镌刻满文，西碑镌刻汉字，有汉字4411个。水盘雕刻鱼、龟、虾、蟹。圣德神功碑亭北是七孔拱桥。七孔拱桥北是石像生，有石雕像五对。从南端的两根大石望柱开始，依次是立狮一对、立象一对（象背上驮一宝瓶）、立马一对、武士一对、文士一对。

泰陵地宫

皇陵中，最神秘的部位就是地宫。而清陵地宫中最神秘的莫过于顺治帝的孝陵地宫和雍正帝的泰陵地宫。由于书籍中没有记

泰陵七孔拱桥

载，有关孝陵地宫的档案迄今尚未发现，所以具体规制还不清楚。而关于泰陵地宫的清宫档案也极少。笔者多次到中国第一历史档案馆查阅，只找到了山东巡抚法敏的一道题本，涉及了泰陵地宫的地面墁砖，尽管没有涉及地宫规制，但也较为珍贵，现抄录于下：

地宫前经料估，用青白石海墁地面。今经大学士公马尔赛等议奏，各券地面铺墁金砖。奉旨："著照所议行。"地宫各券海墁俱用二尺金砖。金砖之下用临清砖平墁二层，以足原估海墁青白石分位。再查原估海墁之下旧样城砖背底三层。今海墁既改用金砖、临清砖，若仍用旧样城砖背底，线缝不能合一，且较之临清砖泥土少糙，恐不能坚固，亦应改用临清砖三层，共应平墁临清砖五层。海墁用二尺金砖一层，照依丈尺料估计用二尺金砖473块、临清砖12519块，数目外预备二尺金砖27块，共用金砖500块、临清砖12519块[①]。

从这件档案得知，原设计是用青白石铺墁。后经武英殿大学士马尔赛等人奏请，各券地面改用金砖铺墁。金砖之下用临清砖平墁五层，通共用二尺金砖500块（其中有27块作为备用砖）、用临清砖12519块。后来裕陵、崇陵、纯惠皇贵妃地宫、容妃地宫的地面均为青白石铺墁。这说明用金砖墁地还是不如用青白石更好。其实这是连孩子都明白的道理，砖再坚硬也不如石头硬、耐久。身为大学士的马尔赛等人竟然连这个简单道理也不懂，雍正帝居然也未看透。

泰陵地宫内陈设雍正帝香册、香宝一组，孝敬皇后加上香册、香宝一组。孝敬皇后从前的原上册宝已于祖奠致祭日焚化[②]。

迄今未发现泰陵地宫有经文佛像雕刻，也未发现设置龙须沟。

---

① 清宫档案《工科题本》乾隆二年，第2包。

② 昆冈等修，刘启端等纂光绪朝《钦定清会典事例》，卷四六〇，礼部·丧礼。载《续修四库全书》编纂委员会编《续修四库全书》，第805册，史部·政书类，第292页，上海古籍出版社，2002年。

二柱门

清陵设二柱门是仿明十三陵规制。关外的福陵、昭陵以及关内的孝陵、景陵都设了二柱门。没想到泰陵最初设计时，竟然没有二柱门[①]。后来在施工期间，不知哪位大臣经奏请，补建了二柱门。可以设想，完全仿照泰陵规制而建的昌陵，如果泰陵不补建二柱门，那么昌陵很可能也就没有二柱门了。

泰陵二柱门

石像生

泰陵石像生，雍正帝以“需用石工浩繁，颇劳人力”而谕令“不必建设”，所以，泰陵初建时没有石像生。雍正帝死后刚28天即雍正十三年（1735年）九月二十一日，监察御史玛起元给刚即位的乾隆帝上了一道奏折，建议为景陵和泰陵（当时泰陵尚未命名）补建石像生。他的理由是：

泰陵石像生旧影

① 清宫档案《工科题本》乾隆五年，第2包。

伏思大行皇帝所以不用石像生者，必以景陵未经设立，不忍增加，此诚我大行皇帝仁孝之至意也。但石像生虽非风水所关，实系典制所载，万年缔造，有此更可以永肃观瞻。且景陵旁附孝陵，同一大红门，并未分两处围墙，是以圣祖仁皇帝不肯设立石像生者，亦出于孝思之深心。后世子孙欲竭追慕之诚，凡于典礼所载无不曲尽，方觉毫无遗憾。今奴才愚见，请于景陵前应照典制敬为添设。而现今万年吉地（泰陵）亦另为敬谨建立，以备从前所未备，如此始于典制无缺[1]。

玛起元的这道奏折不仅揭开了泰陵不建石像生的原因，也指出了景陵不建石像生的原因。乾隆帝对玛起元的这个建议表示同意，批道："所奏是，总理事务王大臣议奏。"当时的总理王大臣是庄亲王允禄、果亲王允礼、保和殿大学士鄂尔泰、保和殿大学士张廷玉四人。他们奉命后，向当年的相度大臣福建总督高其倬和当时随同相度精通风水的户部员外郎洪文澜，询问当年泰陵不建石像生的原因。他们回答的不建石像生的原因是：

泰陵甬道系随山川之形势盘旋修理，如设立石像生，不能依其丈尺，整齐安供，而甬路旋转之处，必有向背参差之所，则于风水地形不宜安设。是泰陵之未议设石像生者，实由风水攸关，非典礼所未备[2]。

这是泰陵不建石像生的真正原因，看来因"石工浩繁，颇劳人力"才不建石像生，雍正帝是说了假话，也不是像玛起元所说的那样"以景陵未经设立，不忍增加"。乾隆帝对王大臣的回奏理由并不认可。他提出，既然"因甬道前地势盘旋，难于安设，或将大红门、龙凤门展拓向外，俾地势宽敞，位置攸宜[3]"。于是他命总理事务王大臣会同和亲王弘昼带领通晓风水的洪文澜到泰

①清宫档案《朱批奏折》陵寝事务，第96包。

②《高宗纯皇帝实录》卷三七，第9册，第680页，中华书局影印本，1985年11月。

③《高宗纯皇帝实录》卷三七，第9册，第680页，中华书局影印本，1985年11月。

泰陵石像生西侧

陵实地敬谨相度，妥协定议具奏。众臣遵旨前往西陵。经过实地踏勘后，他们向皇帝回奏说：

> 大红门正在龙蟠虎踞之间，护北面随龙生旺之气，纳南面特朝环抱之水，前朝后拱，天心十道，实天造地设门户，不便展拓向外。况石像生之设，古制未详，无大关典礼之处，似可毋庸添设[①]。

乾隆帝见众臣的回答十分在理，无懈可击，只得作罢。

后来，景陵和泰陵都补设了石像生，均各五对。究竟是何时补建的，至今未找到文字记载。据天津大学建筑学院教授、著名风水学专家王其亨先生考证，泰陵石像生当于乾隆十三年（1748年）补建。

泰陵的案山蜘蛛山正处在七孔桥至龙凤门之间，所以神道不得不从山的左侧绕行，故尔造成了洪文澜等人所说的神道“随山川之形势盘旋”。为避免石像生的各雕像出现洪文澜等人所说的“向背参差”现象，笔者分析，将石像生的石雕像数量减少，缩为五对，这样建筑序列就会大大缩短，就可以建在七孔拱桥到蜘蛛山山南的这段直神道上。实际测量，泰陵石像生只有135米，但造成了石像生与龙凤门的脱节。对此，著名风水理论专家王其亨教授指出：

①《高宗纯皇帝实录》卷三七，第9册，第680页，中华书局影印本，1985年11月。

乾隆十三年，乾隆皇帝囿于礼制和孝道的考虑，置风水地形于不顾，强行建置五对石像生拱列蜘蛛山南，除了典制“完善”一节，于整个陵寝建筑布局的组织程序，并无良效增益。由于蜘蛛山南北阻隔，这组石像生既失去了龙凤门横陈为底景的依托作用；也失去了它们拱卫、迎候于仪门前“聚巧形而展势”的应有效果，在泰陵建筑的整体格局中，形同蛇足①。

石牌坊

清西陵的三座石牌坊

北京昌平的明十三陵和遵化的清东陵，大红门外均设石牌坊一座，五门六柱十一楼，完全用巨大的石料构筑而成。唯有清西陵，在大红门外建了三座形制一样的石牌坊，正面一座，左右两侧各一座，十分宏伟壮观，不免使人想起了雍正帝即位前居住的雍亲王府即后来的雍和宫。雍和宫门前也有三座牌坊，布局与西陵的一样，只不过雍和宫门的三座牌坊是木结

西侧的石牌坊

① 王其亨主编《风水理论研究》第150页，天津大学出版社，1992年8月第1版。

石牌坊夹杆石上的雕刻

构而已。为什么清西陵要建三座石牌坊？30多年来笔者一直在关注着这个问题，从清宫档案和官方编纂的史书中始终未发现任何有助于解开此谜的蛛丝马迹。不过，笔者在30多年前即1973年从一部私人著述中发现了一个说法，该书说泰陵石牌坊是“蒙古各部集资恭建的”[1]。这种说法是否准确，还有待于进一步考证。

同治九年（1870年）九月，发现正面石牌坊东次间最下的石额枋出现“裂缝寸许”，于是用横木和立木进行了支撑[2]。至今还用木支着。

泰陵完工

泰陵工程从雍正八年（1730年）开工，到雍正帝崩逝时，还没有完工。乾隆帝即位后，特派恒亲王弘晊主持泰陵的后段工程，加紧施工，到乾隆元年（1736年）九月十六日全工告竣。这一天，恒亲王弘晊等承修大臣联名具折，向皇帝奏报泰陵全工告竣的大事：

> 恭照泰陵地宫、宝城、方城、明楼、二柱门、陵寝门、隆恩殿、配殿、隆恩门、朝房、神厨库、碑亭、龙凤门、望柱、大红门、石牌坊、桥座、泊岸、风水墙，臣等遵照规制，俱已敬谨修造完竣。再守护陵寝之贝勒、公、大臣、侍

---

① 南海胤子著《盗陵案》第80页，法本书社、好好小说社，中华民国十七年十二月。

② 清宫档案《内务府来文》，第2970包。

泰陵神道碑亭及陵宫建筑群

卫并官员、执事人等房屋以及礼、工二部衙署、八旗官弁营房一切工程亦俱各修造完工。事关大工告竣，臣等谨具题以闻。

乾隆元年九月十六日

和硕恒亲王	臣弘　旺
内大臣户部尚书兼内务府总管	臣海　望
总理工程钱粮事务议政大臣工部尚书	臣查克丹
总理工程钱粮事务太仆寺卿	臣德尔敏
协办总理工程钱粮事务大理寺卿兼监察御史	臣偏　伍
协办总理工程钱粮事务郎中	臣双　鼎
协办总理工程钱粮事务郎中	臣王　山[①]

泰陵工程，历时6年。如果从雍正四年（1726年）开始相度陵址算起，则历时10年之久。整个工程除直接支取的物料不需动用银两外，共耗白银240万两有奇[②]。如果加上在遵化九凤朝阳山时的费用，恐怕要远远大于这个数字。

泰陵的营建，在清朝陵寝史上是一个重要里程碑，从此开创了东陵和西陵两大皇家陵园、后世皇帝分建两地的局面。

① 清宫档案《工科题本》乾隆元年，第3包。

② 刘若芳《从清宫档案看西陵的兴建与修缮》，载清代宫史研究会编《清代皇宫陵寝》第127页，紫禁城出版社，1995年6月第1版。

泰陵明楼上的斗匾用满蒙汉三种文字题“泰陵”二字

□ 确定陵名

清朝陵制：皇帝陵和皇后陵的明楼匾额上的字为陵名，大殿匾额上的文字是“隆恩殿”，宫门匾额上的文字为“隆恩门”。明楼内的朱砂碑和神道碑亭内的神道碑上镌刻帝、后的庙号、谥号（皇后只刻谥号）。从景陵开始，这三块匾和二统碑上的汉字均由新君御笔亲书，并钤盖“××尊亲之宝”的大印（只有同治帝的惠陵未钤盖宝文）。这三块匾和二统碑均为满、蒙、汉三种文字，满文居中，蒙文在左，汉字在右。这三块斗匾要在帝、后入葬前悬挂，二统碑上的三体文字也要在帝、后入葬前镌刻。泰陵明楼、隆恩殿、隆恩门三块斗匾是完全仿照景陵斗匾规制做的[①]。

乾隆元年（1736年）二月二十四日，东阁大学士尹泰等人遵旨为雍正帝的万年吉地拟定陵名，他们拟定了“泰、裕、瑞、宁、长、兴”6个字样呈给皇帝选择，乾隆帝选用了“泰”字，确定陵名为“泰陵”，泰字满语音为“额勒和”。泰陵的三块匾和二统碑上的汉字均由乾隆帝御笔亲书。乾隆元年（1736年）十月初八日，乾隆帝命礼部堂官前往泰陵恭悬三

泰陵碑匾上的“乾隆尊亲之宝”宝文

① 清宫档案《内务府档》，第0447包。

块斗匾，前期遣官告祭雍正帝几筵。二统碑上的文字也于这个时期镌刻。

泰陵二碑三匾上的汉字皆为乾隆帝御笔，右下角都有“乾隆尊亲之宝”的宝文。

明朝孝宗朱祐樘的陵也叫泰陵。

□改“泰宁山”名为“永宁山”

明清皇陵大都依山而建。在划定陵区以后，将首陵所背靠的山赐以嘉名，以前所用的地方土名不再用，成为定制。

明成祖朱棣迁都北京，把陵址选定在京北昌平县（今北京昌平区）境内的黄土山下。永乐七年（1409年）五月初八日，朱棣将黄土山改名为天寿山。到了清朝，入关以后，由于受汉文化的影响，也沿此制。顺治八年（1651年）十月二十一日，顺治帝封辽宁新宾县兴京陵（永陵）山曰“启运山”，封辽阳东京陵山曰

永宁山下的泰陵

“积庆山”，封福陵山曰“天柱山”，封昭陵山曰“隆业山”[1]。康熙二年（1763年），遵化县境内的丰台岭下建孝陵，封丰台岭为昌瑞山[2]。顺治十五年（1658年）景祖、显祖从东京陵又迁回兴京陵，遂罢积庆山之名。

乾隆元年（1736年）二月二十四日，雍正帝的陵定名为泰陵以后，紧接着在同年的五月二十一日，总理事务大臣、保和殿大学士鄂尔泰等人向皇帝上了一道奏折，要求赐予陵山嘉名。他们在奏折中说：

> 臣等窃惟帝王崇亲之典备极尊隆，山陵营建之区每加封号。妥神灵于宝域，山岳增荣；启昌炽之庥符，名称祀异。盛朝因以为制，史编历有可稽。……再考彝章，隆规宜备，睹高山之天作，实拱卫之佳城。况吉地之钟祥，更默符于泰祉。昔凤凰来集，显示嘉征；兹灵爽凭依，永凝福佑。应表灵山之懿号，式开昌运于嘉名。经臣等敬谨酌拟字样，恭呈御览，伏候钦定。

鄂尔泰等恭拟了“永宁山”、“升平山”、“凝佑山”、“仪凤山”四个山名呈给皇帝选用。本日奉旨：“泰陵山名用‘永宁’字样。[3]”从此泰宁山改名为永宁山。永宁山与启运山、天柱山、隆业山、昌瑞山一样，从祀地坛[4]。

笔者认为，“泰宁山”一名本来也不错，泰字有安宁、平安之意，可能是因为与“泰陵”的泰字重复，才将“泰宁”改为“永宁”，也含有避讳之意。

□建泰陵圣德神功碑亭

圣德神功碑亭俗称大碑楼，是相对神道碑亭而言的。只有皇

---

①《世祖章皇帝实录》卷六一，第3册，第480页，中华书局影印本，1985年8月。

② 英廉重纂本《昌瑞山万年统志》上函，卷一，志陵寝，光绪十二年。

③ 清宫档案《录副奏折》内政，胶片，第19盒。

④ 王云五总编纂《万有文库》第二集，《十通》第十种，刘锦藻撰《清朝续文献通考》第二册，卷一八六，王礼十七，考9320页，商务印书馆，1937年。

泰陵圣德神功碑亭及华表

帝的陵才可以建立。清朝关内的圣德神功碑亭均仿明长陵神功圣德碑亭规制而建。清朝第一个建立的是孝陵神功圣德碑亭，规模庞大、制度崇宏。台基呈正方形，重檐歇山顶，每面檐墙各辟一券门。亭内正中巨大的石雕龟背上竖立着高近7米的神功圣德碑一统，满、汉两种文字均镌刻在碑的阳面，汉字在左（东），满文在右（西）。龙首龟趺之下是石制的水盘，水盘面上浮雕着海水江崖。水盘四角分别雕刻鱼、龟、虾、蟹四水族。碑亭外海墁四角各竖立一根高大的华表。孝陵神功圣德碑亭内立石碑一统。自康熙帝的景陵圣德神功碑首创并立两统石碑后，遂成定制。这里需要指出的是，孝陵及以前永陵、福陵、昭陵的功德碑都称“神功圣德碑”，自景陵开始改称“圣德神功碑”。永、福、昭三陵的功德碑亭不仅规模小，而且碑亭外四角不设华表。

泰陵圣德神功碑亭是清朝在关内建的第三座圣德神功碑亭，是清西陵建立的第一座圣德神功碑亭，其规制基本与景陵的相同，只是券门洞上增加了青白石券脸石，水盘四角比景陵增加了四水族（四水族就是鱼、龟、虾、蟹。孝陵神功圣德碑亭水盘有四水族，景陵则无有，裕陵也无有）。根据历代陵制，功德碑及碑亭要由嗣皇帝建立，碑文由嗣皇帝撰写。揆之情理，颇为合理。常言说盖棺论定。只有后人才能对先辈做出评价和总结，才能歌功颂德，树碑立传。清孝陵的神功圣德碑文是康熙帝撰写的。清景陵的圣德神功碑文是雍正帝撰写的，那么泰陵的圣德神功碑文自然应该由乾隆帝撰写，对于这一点，乾隆帝比谁都清楚，而且是早就有所准备的。

按惯例，为先帝树立功德碑、建圣德神功碑亭的谕旨要在先帝入葬山陵后发布。雍正帝梓宫是于乾隆二年（1737年）三月初二日辰时葬入泰陵地宫的[①]，6天后，即三月初八日，乾隆帝发布了建泰陵圣德神功碑的谕旨：

钦惟皇考世宗宪皇帝，秉道绥猷，建中立极。恩覃海宇，溥乐利于万方；德配苍穹，治宪章于百世。鸿模骏烈，史不胜书。今泰陵大礼告成，应恭建圣德神功碑，昭示无极。朕祇承基绪，敬念先猷，谨于斋居之次，洒泪濡毫，撰述碑文，丕扬懿铄。虽荡荡巍巍之盛绩，非语言文字所能传。即竭力铺陈，莫罄万一。而言言纪实，足以传信千秋，光昭琬琰。所有相度方位，建立碑亭及应行典礼，内阁、礼部、工部敬谨详议具奏[②]。

看这道谕旨，似乎撰写碑文、建盖碑亭之事刚刚开始，实际上碑文的撰写早已经提前动手了。先帝的圣德神功碑文非同寻常文章，要对先帝一生的功业进行全面的概括和总结，并给予恰如其分的评价，因此作者不仅要有深厚扎实的文学功底，更要有高度敏锐的政治嗅觉和洞察能力。乾隆帝尽管精通儒家经典，有较高的文化造诣，且又身为嗣皇帝，也不敢贸然动笔。于是他想到了当时在文坛上颇负盛名的古文大家方苞。方苞，字望溪，是清代著名的散文家，尤其擅长经说及书序碑传之属。乾隆元年（1736年），他官居内阁学士兼礼部侍郎之职。乾隆帝命方苞代拟碑文。方苞虽然是文坛巨匠，但不是政治家，他对当时国家的政治动向，新君的思想不太清楚，尤其是写雍正帝这位在朝野舆论中颇有非议的皇帝的功德碑文，更增加了难度。方苞深知这篇碑

①《高宗纯皇帝实录》卷三八，第9册，第686页，中华书局影印本，1985年11月。

②《高宗纯皇帝实录》卷三八，第9册，第691—692页，中华书局影印本，1985年11月。

文的分量，颇感棘手，但圣命难违，不敢抗旨不遵，致使这位文学大家竟“涉月经时，不敢措手”。经过较长一段时间他才将碑文草稿拟出，于乾隆元年（1736年）九月初四日呈给皇上，并在奏折上诚惶诚恐地说：

伏惟世宗宪皇帝智周万物，道济天下，圣德神功，巍巍荡荡，莫罄形容，日月之辉，不可绘画。肇成陵寝，表树丰碑，所以宣扬美善，光昭海宇，传示无穷。

臣苞一介寒微，学疏识浅，乃承宠命，拟撰碑文，非其所称，为愧为恐，涉月经时，不敢措手。谨条次实录所载经世大猷，实心实政，具列于篇，敬呈圣览，伏乞甄镕削琢，俾合度程，以光钜典。臣不胜惶悸战汗之至，为此谨奏[①]。

碑上所刻的落款日期是“乾隆四年七月二十四日”，距方苞呈上碑文草稿日期已过三年时间。可以推想，涉及对雍正帝一生如何评价的碑文不会一次就写成功，不仅乾隆帝要仔细斟酌修改，而且还要征询一些重要心腹大臣的意见。根据福陵、昭陵神功圣德碑文的撰写情况，很可能也要组成一个写作班子。因此可以说泰陵的圣德神功碑文是多人合作的结果，然而碑文落款自然仍是“孝子嗣皇帝弘历”了。这篇碑文共有4411个汉字，尽管内容中多有溢美之词，甚至有神奇荒诞之处，但仍不失为一份研究雍正帝、研究清史的很有价值的史料。

乾隆帝对于为皇父树碑立传是极为重视的。乾隆元年（1736年）九月十六日，乾隆帝命自己的叔父、康熙帝的第十七子、善于书法的和硕果亲王允礼书写泰陵圣德神功碑汉字碑文。第二天又谕令精通满文的曾当过父皇满文老师的原户部尚书徐元梦将碑文翻译成满文[②]。

泰陵圣德神功碑亭工程是由太平峪万年吉地工程处承修的。于乾隆二年（1737年）九月初七日立碑[③]。乾隆六年（1741年）

---

① 清宫档案《宫中杂件》奏折，第3574包。

② 中国第一历史档案馆编《乾隆朝上谕档》第一册，第124页，中国档案出版社，1991年。

③ 刘锦藻纂《清朝续文献通考》卷一五二，王礼二十八，第6166页。

七月初二日碑亭合龙，工程告竣[1]。兴工前估算所需物料工价银131500余两，竣工后实用银两数待考。碑已立起，碑亭又已竣工，下一步工作就是镌刻碑文。东边的碑刻满文，西边的碑刻汉字。经钦天监择吉，于乾隆六年（1741年）十月十二日午时开始镌刻碑文，为了保证镌刻的质量，乾隆帝特地派文渊阁大学士陈世倌、工部尚书韩光基、正蓝旗满洲都统盛安驻工，在现场监视

泰陵圣德神功碑

镌刻。农历十月中旬，已进入冬季，时交小雪，天气已比较寒冷，工作十几天以后，到了十月底，已过大雪，冬至在望，朔风凛冽，天寒地冻。刻字工匠手脚冻木，致使“心手不能相应”，监刻大臣担心这样坚持下去，“诚恐未得尽传妙笔”，于是奏请“暂停镌刻，候来春天气稍融再为鸠工”，这样明春天暖“则镌勒尤为精工”。乾隆帝见说得合情合理，立刻用朱笔批道：“是，依议。[2]”冬去春来，天气变暖，镌刻碑文工程继续进行，到乾隆七年（1742年）五月二十八日，满、汉两种文字全部镌刻完毕[3]。至此泰陵圣德神功碑亭工程才真正全工告竣，历时4年多。

□泰陵规制

泰陵是清西陵的首陵，坐北朝南，以永宁山为靠山，蜘蛛山为案山，元宝山为朝山，占据了陵园中最为尊贵的位置。泰陵的

① 清宫档案《内务府来文》修建工程，第1993包。
② 清宫档案《录副奏折》内政，胶片，第19盒。
③ 清宫档案《录副奏折》内政，胶片，第19盒。

泰陵龙凤门及陵宫鸟瞰

泰陵前景

泰陵隆恩殿旧影

泰陵隆恩殿前左侧的铜鹿旧影

数十座各式建筑沿着靠山、案山、朝山形成的中轴直线，疏密得当，错落有致地排列开来，其间用一条长约五华里的砖石神道相连接，成为整个陵园的中轴线。泰陵的建筑从南到北依次是：五孔拱桥、石牌坊三座、大红门、具服殿、圣德神功碑亭、七孔拱桥、石像生、龙凤门、三孔拱桥、三路三孔拱桥、神道碑亭、东西朝房、东西值班房、隆恩门、东西燎炉、东

泰陵方城明楼、石五供及二柱门

西配殿、隆恩殿、陵寝门、二柱门、石五供、方城、明楼、宝城、宝顶，宝顶下是地宫。神道碑亭左侧是神厨库，库内建神厨、南北神库、省牲亭。神厨库南墙外有井亭一座。在东朝房后设晾奶亭一座。

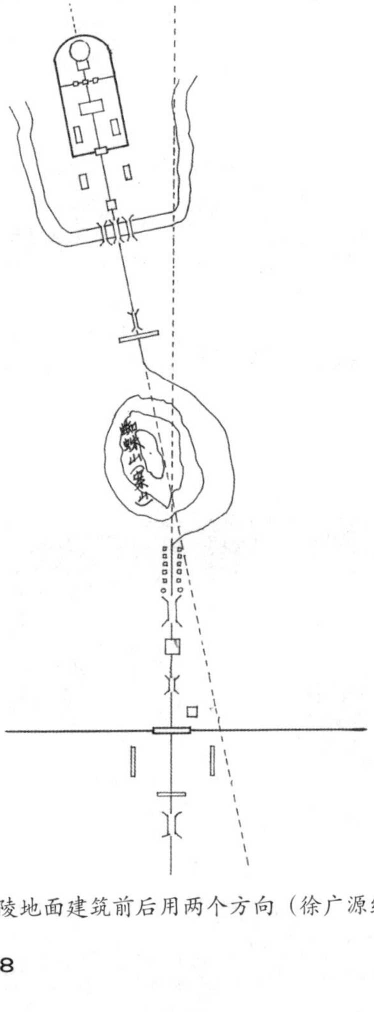

泰陵地面建筑前后用两个方向（徐广源绘）

泰陵的地面建筑使用了两个方向。从宝顶到蜘蛛山是一个方向，比较偏向东南。从蜘蛛山到朝山元宝山，又是一个方向，朝西南偏向。

泰陵是清西陵诸陵中营建最早、规模最大、建筑最全的陵寝。

泰陵管理机构和保卫机构的设置

泰宁山下随着万年吉地的划定，陵寝的建立，一系列陵寝的管理机构和保卫机构应运而生，一系列管理、保卫措施也随之制定。

雍正帝刚崩逝一个月，雍正十三年（1735年）九月二十四日，乾隆帝就派出了皇室成员和一大批大臣官员去易县看守泰陵。他在谕旨中说：

皇考山陵重地，朕心寤寐瞻依，只以躬膺付托，办理万几，未能亲往守护。而朕弟年长者只和亲王一人现在协办事务，又未能代朕前往。再四思维，公允祎乃皇考之弟，有服劳奉事之义，著晋封贝勒，令其前往守护。贝勒斐苏、公弘眺亦令同往。再照景陵之例，应派领侍卫内大臣一员、尚书二员、都统二员、散秩大臣二员、侍郎二员、内务府总管一员、副都统二员、乾清门侍卫八员、侍卫四十员。领侍卫内大臣眺派哈达哈，尚书著派魏廷珍、宪德，都统著派迈禄、高起，散秩大臣著派侯图巴、沙晋，侍郎著派留保、阿克敦，内务府总管著派盛安，副都统著派侯田存德、于永世，乾清门侍卫著派郭尔多、达哈素、那尔泰、托伦、素尔鼐、阿兰泰、六十一、鄂尔塞前往守护。侍卫四十员著领侍卫内大臣开列请旨。尔等务期敬谨居心，恪勤将事，以仰报皇考豢养隆恩，庶不负朕郑重派往之意①。

乾隆帝的这种做法完全是效仿其皇父雍正帝在康熙帝死后派宗室成员及大臣官员守护景陵的做法。这些派去护陵的大臣官员后来陆续被召回京师任职。最后只留两名宗室成员作为守护大臣而长期驻守，成为制度。

西陵守护大臣的府第营建晚于东陵，派宗室成员和大臣守陵

①《高宗纯皇帝实录》卷三，第9册，第190—191页，中华书局影印本，1985年11月。

始于乾隆初年，所以西陵没有建王府，只建了东府和西府。西陵的东西府建在了今华北村西陵中学所在地。

西陵守护大臣的办事衙门就是西陵承办事务衙门。刚建泰陵时，因为还没有其他陵寝，所以称“泰陵承办事务衙门”。

为了加强泰陵的保护，经直隶总督李卫奏准，做了一系列安排部署。

一、将原泰宁营副将照东陵马兰口之例，改协为镇，以副都统公元为第一任泰宁镇总兵官。

二、添设中军游击一员，管左营事兼辖右营。原设都司改为左营游击中军守备。除原设右营备弁兵丁外，再添设千总二员、把总四员、马步兵四百名，并于就近各营酌拨外委千总、把总各二员，以符经制。

三、易州等营凡有关涉防护风水之处，俱受泰宁镇节制，仍听总督、提督管辖调遣。

四、插箭岭、矾山堡、广昌城等营归紫荆关参将管辖，泰宁镇统辖，以专责成。

五、良乡、房山、涞水三县为前往易州经由之路，各添设守备一员、把总一员、外委把总一员、兵一百名。

六、易州营都司改为游击，设中军，裁龙门路守备一员，改为易州营中军守备。

七、易州原防、完唐二县弁兵拨归保定营管辖。良乡县添设弁兵仍属拱极营管辖。房山、涞水二县兵丁于泰宁镇酌拨，听易州营管辖。原防、良乡、房山、涞水之拱极等营兵弁撤回本营。

八、于易州添设直隶州州判一员，涿州添设州同一员，涞水、房山各添设县丞一员协办差委。

九、于良乡县属之长辛店添设腰站一处。房山县属之吉阳村添设吉阳一驿，涞水县属之石亭村添设腰站一处。易州、清苑驿增添夫马车辆[1]。

乾隆元年（1736年）七月，经礼部等衙门题准，设立泰陵内

---

①《高宗纯皇帝实录》卷五，第9册，第252页，中华书局影印本，1985年11月。

务府、奉祀礼部、工部、兵部各管理机构。

内务府设总管一员、员外郎一员、主事一员、内管领一员、副内管领一员、膳房总领二员、茶房总领一员、笔帖式二员。铸造“泰陵修造关防”一颗，令内务府总管掌管。

奉祀礼部设郎中一员、员外郎二员、读祝官二员、赞礼郎四员、笔帖式四员。铸造“泰陵奉祀礼部关防”一颗，承办一切祭祀事务。

工部设郎中一员、员外郎一员、笔帖式二员。铸造“泰陵管理修造事务关防”一颗，承办一切工程事务。

兵部即八旗，设总管一员、副总管二员、笔帖式二员、每旗防御二员、八旗披甲人八十名。每旗拴马一匹、总管亲随披甲人一名。铸造“泰陵看守山河关防”一颗，由总管掌管[1]。

其他各项吏役、夫匠、庄头、园头人等及应发钱粮、拨给园地、缎布、祭祀所用祭品、祭器、牛羊、官员房屋各项俱按东陵各陵规制办理。

对于派驻陵寝的官员、兵丁的粮草供应也做了相应的规定。规定易州驻防员役需用米石照蓟州、遵化、丰润三州县供应之例，于天津截漕，由白沟河转运。所需黑豆、谷草等项亦照蓟、遵、丰三州县供应之例，照依时价采买。

其实派官兵守护太平峪万年吉地并非始自乾隆帝即位之时。早在泰陵开工时就设泰宁协，设副将一员、守备二员、千总二员、把总四员、外委千总二员、外委把总六员、额设马步兵六百名，巡查红桩内外，看守物料，稽查匪类，弹压地方，并兼管涞水水东村的怡亲王允祥园寝。雍正十年（1732年）将左营守备改为副将中军都司。

雍正帝的泰陵在建成之前，于雍正十三年（1735年）十月二十九日，采纳直隶总督李卫的建议，仿照东陵绿营改协为镇的做法，将泰陵所在的易州泰宁协改为泰宁镇，并添设中军游击一

①《高宗纯皇帝实录》卷二二，第9册，第523页，中华书局影印本，1985年11月。

员、千总二员、把总四员、外委千总一员、外委把总一员、马步军四百名[①]。雍正十三年十二月十六日，以副都统公元为泰宁镇第一任总兵官[②]。

西陵的绿营最初叫泰宁协。改协为镇以后叫泰宁镇。总兵署设在梁格庄。梁格庄在西陵之东，西距梁格庄行宫只有一公里之遥。总兵署在现在的梁格庄粮站所在地。

乾隆三年（1738年）十月，直隶总督李卫奏："泰宁镇属向设官弁兵丁共一千名，守护泰陵风水。现除各项差使，仅存兵六十余名。又续添端亲王、怀亲王、三阿哥三处园寝，不敷巡抚看守。请酌添千总一员、把总一员、步兵一百名。[③]"李卫的奏请很快得到了皇帝的钦准。

泰陵内葬人物

泰陵地宫里共葬3个人，即雍正帝、孝敬皇后和敦肃皇贵妃。

□ 雍正帝

雍正帝，爱新觉罗·胤禛，康熙帝第四子，生于康熙十七年十月三十日寅时（公元1678年12月13日早晨4时左右）。生母是孝恭皇后乌雅氏。胤禛6岁就读，主要老师有张英、熊赐履、徐元梦、尹泰、顾八代、汤斌等人。在皇子时

雍正帝朝服像

①《高宗纯皇帝实录》卷五，第9册，第252页，中华书局影印本，1985年。

②《高宗纯皇帝实录》卷九，第9册，第317页，中华书局影印本，1985年。

③《高宗纯皇帝实录》卷七八，第10册，第231页，中华书局影印本，1986年。

期，胤禛多次随皇父外出，或行围打猎，或巡视地方，或展谒山陵。有时还参与一些政务活动，办理一些皇父派办的差使，他都干得很出色。数十年的皇子生活，使他开阔了眼界，增长了才干，进一步了解了社会，看到了官场上下的内幕，为他后来执政打下了良好的基础。康熙三十七年（1698年）三月初二日，胤禛被封为多罗贝勒[①]。康熙四十八年（1709年）十月二十一日册封为和硕雍亲王[②]。

在康熙晚期的众皇子争夺皇位的斗争中，胤禛韬光养晦，不露锋芒。他一方面与众弟兄保持等距离的友好关系，不偏不倚，另一方面又在皇父面前竭力树立自己的良好形象，讨得皇父的欢心，暗中积蓄力量，发展自己。

康熙六十一年十一月十三日（1722年12月20日）康熙帝病逝于京西的畅春园，胤禛即皇帝位，时年45岁。他是清帝中即位年龄最大的一位。康熙六十一年（1722年）十一月二十日在紫禁城内的太和殿举行了庄严隆重的登极大典[③]，从翌年起改元雍正。关于胤禛的继位，是受先帝遗命而合法即位，还是阴谋篡夺，各种说法从他即位之日起就伴随而生，200多年来一直争论不休，直至今天尚未定论。胤禛是清帝中继位一事上争议最多的一位。

雍正帝即位以后，采取高压手段，排除异己，打击政敌，广布侦探，了解下情，大刀阔斧地改革弊政，雷厉风行地整顿吏治，毫不手软地惩治贪官，锲而不舍地追查亏空。兴利除弊，除暴安良，采取了一系列优惠政策发展经济。他首创了军机处，推行“改土归流”政策，实行摊丁入亩政策。他注重地方志书的编写，加强档案的管理和保护。他首创了收缴朱批奏折的制度，从而为保留大量珍贵清宫档案，为后来的清史研究，做出了重大贡

---

①《圣祖仁皇帝实录》卷一八七，第5册，第995页，中华书局影印本，1985年9月。

②《圣祖仁皇帝实录》卷二三九，第6册，第368页，中华书局影印本，1985年9月。

③《世宗宪皇帝实录》卷一，第7册，第37页，中华书局影印本，1985年11月。

献。他首创了秘密立储制度，使后来的皇权交替在平稳中进行。他创立了寿皇殿供奉帝后圣容及在养心殿东佛堂供奉皇考、皇妣神牌的制度。他倡建了昭忠祠、贤良祠，对笼络臣工，安抚士心起到了不可替代的作用。此外，他生活俭朴，不嗜优游声色，倡导开源节流，不大兴土木。

寿皇殿

雍正帝留给人们最深刻的印象之一是对待臣工严苛、冷酷。为了掌握真情，缇骑四出，广布侦探，逻察严密。礼亲王昭梿在《啸亭杂录》中有一段精彩记述：

雍正初，上因允禩辈深蓄逆谋，倾危社稷，故设缇骑。逻察之人四出侦诇，凡闾阎细故，无不上达。有引见人买新冠者，路逢人问之，告其故。次日入朝，免冠谢恩，上笑曰："慎勿污汝新帽也。"王殿元云锦于元旦同戚友玩叶子戏，忽失一叶。次日趋朝，上问夜间何以为欢，王以实对。上笑曰："不欺暗室，真状元郎。"因袖中出叶示之，即王夜

寿皇殿内供奉的帝后画像

间所失叶。王制府士俊出都，张文和公荐一健仆，供役甚谨。后王将陛见，其仆预辞去。王问何故，仆曰："汝数年无大咎，吾亦入京面圣，以为汝先容地。"始知为侍卫某，上遣以侦王劣绩也[①]。

印鸾章编的《清鉴纲目》一书中也有上述内容的记载，并且另有一段故事：

帝尝密将刑部大门匾额取下，即以匾额有无质之部员，部员皆以有对。帝命舁出匾额示之，谓额在此已久，汝辈尚未知。平素出入，疏忽可想。因大加诘责。

类似这样的事很多。雍正帝曾经对大臣们说：

卿等须知，今日之巍然在上者，非寻常生长深宫之主，乃三十年在外，历试诸艰，备知情伪之雍亲王也。但能常存此心，庶可常取恩眷[②]。

印鸾章在该书中评论雍正朝说：

帝因广布侦探，严加逻察，朝野细故，无不上闻，举国惴惴，如履春冰，即在私室亦无敢戏语。……因是朝野震恐，纲纪肃然，吏治之隆，以雍正朝为极盛。

上述故事虽然未必真实，评论未必恰如其分，但也足以反映出雍正朝的吏治之严，雍正帝对待臣工之严厉、之苛刻。

雍正帝给人留下的另一深刻印象是勤政和办事认真。他从即位那一天起，一直到死，整日忙于政务，几乎没过过清闲日子，可谓日理万机。他在位的13年中，除到遵化祖陵8次外，未去过热河避暑，没举行过木兰秋狝，未下过江南，未登临过泰山，也未去过五台山进香，更未拜谒过盛京三陵。他为什么这样，他自己是这样解释的：

朕念皇考四十五年顾复深恩，勉承大统，仰荷贻谋之重大，夙夜祗惧，不遑寝食。天下几务，无分巨细，务期综理详明[③]。

① [清] 昭梿撰《啸亭杂录》卷一，第10—11页，中华书局，1980年12月第1版。
② 印鸾章编《清鉴纲目》，第313—314页，世界书局，民国。
③《高宗纯皇帝实录》卷一一六四，第23册，第600页，中华书局影印本，1986年。

雍正帝的勤政不仅在清朝，就是在中国历史上都是少见的。他处理政务非常认真、细致严格，从不敷衍了事。他精力充沛，焚膏继晷，废寝忘食，不怕繁累。雍正五年（1727年）四月十六日，他一天之内分11批，召见了31位官员，认真问话，决定任免补授。他批阅臣工的奏疏，非常仔细认真，从不厌倦，就像一台永不疲倦的机器一样。他谕令每天将臣工的奏章尽量多送，不许积压。据统计，雍正帝批阅过的题本、奏折，从雍正元年到雍正十三年，共处置过六部及各省题本192000余件，每日平均批阅题本40件以上。《雍正朱批谕旨》一书收奏折7000余件，若按检出刊刻的仅十分之三估算，那么经他手批的奏折大约23000—35000件之间[①]。臣工们的题、奏，短者几个字、长者则数千言，雍正帝不仅每一件都要通览，重要的还要反复看多遍，谨慎思考，提出处理意见，写出批示。笔者到中国历史档案馆查阅清宫档案30多年，多次查阅雍正朝的题本、奏折，凡雍正帝的朱批，少则几个字、十几个字，多则数百言、上千言，不仅语句流畅，逻辑性强，字也非常漂亮，飘逸潇洒。他批阅章奏十分仔细认真，发现错字、用词不当，总要更改过来。臣工一时一事上的失误、舛错都逃不出他的敏锐眼光。奏折中把“顶带”写成“顶戴”，他就把“戴”字改成“带”。川陕总督年羹尧在奏折中将“朝乾夕惕”写成了“夕惕朝乾”，结果被雍正帝发现了。雍正元年追封孔子五世王爵，雍正帝发现诏书中将“重道”二字误写，便对主管此事的礼部右侍郎蒋廷锡说：“勿谓此等本章无甚紧要，朕不详览。嗣后当慎之。”蒋廷锡还算幸运，这次未受到惩处。雍正帝处理政务，一般是白天召见臣工，议论政事，晚上批阅奏章。当天的公事当天办，绝不拖延，可谓宵衣旰食，寒暑无间。印鸾章在《清鉴纲目》一书中这样评论雍正帝的勤政：“凡有章奏，皆亲笔批览，或秉烛至深夜。所批动辄数千言，少亦数百言，无不动中窾要，万里之外有如觌面。”虽然有些夸大和溢美，但足以说明他是非常勤政的。清朝皇帝大都勤政，而雍正帝则是其中的佼佼者。

---

① 左步青主编《清代皇帝传略》第168页，紫禁城出版社，1991年11月第1版。

雍正帝虽然是皇帝，但也是人，并不是神，他和常人一样，也有自己的崇尚和爱好。这些和他的政绩相比，虽然均是细枝末节，但也能反映出他的思想和性格。他崇信佛教，迷信道教，重视儒教。他认为三教同源，主张三教同流。他热衷祥瑞，把许多当时还不能解释的自然现象视为上天对朝政的嘉许或示警。凡有臣工上报祥瑞，雍正帝都很高兴，宣付史馆，昭示中外，对举报官员予以奖励。雍正帝的父亲康熙帝，雍正帝的儿子乾隆帝都不相信祥瑞，清朝其他皇帝相信祥瑞的也很少，为什么雍正帝对祥瑞如此相信呢？其实是有其政治目的，旨在表明他的继位是上天认同的、是合法的、是正统的、不容怀疑的。

雍正帝的兴趣和爱好很广泛。他精通儒家经典，文学造诣很高，诗文做得也很好。他的诗文作品后来编纂成《世宗宪皇帝御制诗文集》30卷，其中御制文20卷、御制诗10卷。雍正帝的书法很有功力，字写得潇洒、流畅，在清朝诸帝中堪为上乘。他曾很自负地对臣工们说：“朕早蒙皇考庭训，仿学御书，常荷嘉奖。①”他经常把自己写的“福”字、对联赏赐给大臣，以联络感情，笼络臣心。嘉庆时的进士，曾任过四川、云贵总督的吴振棫曾说：“圣祖最喜世宗宸翰，每命书扇，岁书进百余柄，有旨不令书名，并用闲字图章。”康熙帝的字写得很好，能够得到他的欣赏，表明雍正帝的字确实写得不错。

雍正帝手书对联

①《世宗宪皇帝实录》卷一〇，第7册，第183页，中华书局影印本，1985年11月。

昭西陵远眺

雍正帝喜欢眼镜。他让造办处按12个时辰做12副眼镜。又让哪个时辰戴用得多，重做6副[①]。他还喜欢养狗，对于下棋、打牌也颇感兴趣。雍正帝的猎奇心很强，如今在北京故宫博物院珍藏着一幅他的洋装像。画面上的雍正帝卷曲的假发披于肩上，头稍侧，气宇轩昂，颇有点现代人气派。谁也不会想到他就是大清雍正皇帝。

雍正帝在日常生活中很注重节俭，每次用膳不浪费一粒饭。召见臣工时，他总是叮嘱要爱惜五谷，不要暴殄天物[②]。他坚决反对将剩饭剩菜扔掉，他谕令御膳房："凡粥饭及肴馔等类食毕，有余者切不可抛弃沟渠。或与服役下人食之，人不可食者则哺猫犬，再不可用者则晒干以饲禽鸟，断不可抛弃。朕派人稽查，如仍不悛改，必治以罪。[③]"

他反对用金银随葬，提倡婚嫁、丧事俭办。为了节约粮食，他限制用粮食制酒。

雍正帝对清朝陵寝制度的改革和完善做出了重要贡献，影响极大，主要体现在以下几方面：

一、远离祖陵，另辟陵区，因此出现东陵和西陵。前文已

① 清宫档案《造办处活计档》，第3287包。

② 李国荣、张书才著《实说雍正》第378页，紫禁城出版社，1999年5月第1版。

③《世宗宪皇帝上谕内阁》雍正二年六月十二日。

述，此处不再赘述。

二、为孝庄皇后建昭西陵。孝庄皇后死后，本来应与太宗皇太极合葬，葬到沈阳的昭陵，可是她却留下遗嘱，务必将自己葬在遵化的孝陵附近。康熙帝很是为难，若将祖母葬在遵化，显然违背祖制和常理；若葬到沈阳昭陵，又有违祖母遗嘱，于心不忍。最后采取了一个折中方法，在孝陵附近建暂安奉殿一座，将孝庄皇后梓宫停在那里。一直停放了35年，直到康熙帝驾崩也未能解决孝庄皇后的陵寝问题。雍正帝即位后，在日理万机中开始着手解决孝庄皇后的陵寝问题。他认为“自孝庄文皇后安奉以来，我圣祖仁皇帝历数绵长。海宇乂安，子孙蕃衍，想孝庄文皇后在天之灵极为安妥[①]”。他的意思是既然如此，就表明暂安奉殿所在的地方是一块风水宝地。因此雍正帝决定将暂安奉殿改建为陵，命名为“昭西陵”。雍正三年十二月初十日（1726年1月12日）将孝庄皇后梓宫葬入昭西陵。

三、首创功德碑立双碑之制。顺治帝的孝陵神功圣德碑亭内立功德碑一统，满、汉两种文字均刻在碑的阳面。雍正帝在为其

景陵功德碑立双碑为雍正帝所创

①《世宗宪皇帝实录》卷一六，第7册，第279页，中华书局影印本，1985年11月。

父建景陵的功德碑时，因碑文很长，字数是孝陵的3倍，一碑容纳不下两种文字，于是决定立双碑，左右并排，左碑刻满文，右碑刻汉字①。自此以后各陵沿袭之，成为制度。

四、开创皇帝陵内祔葬皇贵妃的先例。雍正元年（1723年）九月初一日，康熙帝、孝恭皇后入葬景陵地宫时，将已死24年的敬敏皇贵妃也葬入了景陵地宫，从此开创了皇帝陵内祔葬皇贵妃的先例。

景陵神道碑上的“雍正尊亲之宝”

五、首创皇帝亲写陵寝碑匾并钤盖宝文的制度。景陵以前的清朝帝后陵，朱砂碑、神道碑以及明楼、隆恩殿、隆恩门上的斗匾，上面的汉字均由臣工书写。自景陵的这二碑三匾上的汉字由雍正帝御书并钤盖（实际是镌刻）“雍正尊亲之宝”之后，各帝后陵纷纷效仿，成为定制（只有同治帝的惠陵例外）。

六、设陵寝守护大臣。景陵以前的清陵只派总管看守。康熙帝入葬景陵后，雍正帝认为“陵寝关系重大，若照定例，只派总管等守护，朕心实切不安②”。于是从他的兄弟辈中选一人，封以王爵，从子侄辈中选二人，封以公爵，代他看守景陵，这是清陵派陵寝守护大臣的滥觞。从此以后，直到清王朝灭亡，清陵一直派驻陵寝守护大臣。

七、设陵寝总兵官。雍正朝以前，看守陵寝的绿营军队的最高长官是副将。雍正帝即位以后，为了加强皇陵的保护，把护陵的副将升为总兵官，改协为镇，此制一直沿用到清亡。

雍正帝之死 。雍正帝从幼年时就学习骑射，以后又多次随其

① 英廉重纂本《昌瑞山万年统志》上函，卷之一，志陵寝，光绪十二年。

②《世宗宪皇帝实录》卷二二，第7册，第354页，中华书局影印本，1985年11月。

皇父围猎，应该说他的身体素质是不错的。即位后，他励精图治，日理万机，宵衣旰食，如果没有强健的身体是难以支撑的。雍正七年（1729年）四月十五日他还在鄂尔泰的请安折上批道："朕躬甚安好。今岁饮食肌肉更觉增长健旺。"由于他昼夜拼命操劳，缺乏身体锻炼，致使他后来体质每况愈下。到了雍正七年的冬季，他支持不住了，得了一场大病，几乎使他见了阎王。这次病的时间很长，直到雍正九年（1731年）秋天才痊愈。病情最重时，雍正帝以为死神来临，大限将至，于是开始安排后事。

他首先安排的是梓宫内的随葬品。雍正八年（1730年）五月初四日他降旨：

> 当年太皇太后赐朕数珠一盘，现在养心殿收着。还有圣祖阿玛赐朕的数珠一盘，尔等察来。同此小匣内玻璃鼻烟壶一件归于一处，交在自鸣钟好生收着。再传谕尔总管首领太监等多多人知道才好。如朕万万年之后，将此三件安于梓宫内。尔总管处及自鸣钟好生记载档案[①]。

那件玻璃鼻烟壶是怡亲王允祥的遗物。从这三件随葬品上可以看出，他最敬重的是孝庄皇后、皇父以及十三弟允祥。

10天以后即五月十四日，雍正帝又降旨，命将金托碟白玉杯一份交与自鸣钟处收贮，万万年之后，在御容前祭用。还是在这一天，他又降旨，命将黄地珐琅杯盘一份"亦交与自鸣钟处收贮，俟万万年之后，随往万年吉地去祭用，尔等好生记载档案"。第二天，雍正帝又降旨，将一部《日课经忏》的"套壳面签子俱各换新，字迹不可动，俟换新毕，交与自鸣钟收贮。万万年之后，安于梓宫内[②]"。

3天以后，即五月十八日，他又命总管太监苏培盛、李英传旨："古钱一个，交自鸣钟收贮，万万年之后随《日课经忏》一处。"在14天内，他先后4次对梓宫内的随葬品做出安排，这表明在这期间他的病一直不见好转，他始终在想到死。

---

① 清宫档案《内务府·敬事房》礼仪，第5500包。

② 清宫档案《内务府·敬事房》礼仪，第5500包。

他在后事上做出的第二个安排是准备遗诏。雍正八年（1730年）六月，病情继续恶化。一天，雍正帝将皇四子弘历、庄亲王允禄、果亲王允礼、和亲王弘昼、大学士、内大臣数人召至病榻前，“面谕遗诏大意”，草拟遗诏。

他在后事上做出的第三项安排是透露皇位继承人。这年九月，雍正帝将秘密立储的朱谕内容先后告诉了大学士鄂尔泰和张廷玉，叮嘱他俩“汝二人外，再无一人知之”。雍正帝把自己的后事安排得井井有条，似乎就等待龙驭上宾了。出人意料的是雍正帝在这场大病中没有死，竟闯过了这一关，又活了5年。

雍正十三年（1735年）八月二十一日，驻跸圆明园的雍正帝再次染病，但“仍照常办事”[①]。二十二日病情转重。皇四子弘历，皇五子弘昼，保和殿大学士鄂尔泰、张廷玉，领侍卫内大臣丰盛额、讷亲，内大臣户部左侍郎海望入寝宫，侍奉御榻前，鄂尔泰、张廷玉恭捧朱笔传位密旨，宣布立皇四子弘历为皇太子，即皇帝位。雍正十三年八月二十三日子刻（1735年10月8日半夜），一代雄主雍正帝胤禛与世长辞[②]，结束了他不同凡响的一生，终年58岁，在位13年。

雍正帝死因浅析

清朝的12个皇帝中，死因有争议的有4个，即康熙帝、雍正帝、同治帝和光绪帝，其中最令人怀疑、争议最大的莫过于雍正帝了。关于他的死因有多种说法，综其主要，有三种：一是正常病亡，二是被刺杀而死，三是服用丹药中毒而终。前文介绍的是清廷官书中的正常病亡的说法，此处不再重复。

关于被刺一说的大意是：清廷在查抄吕留良一家时，吕四娘只身逃出。数年后，她学得了惊人武艺，潜入圆明园，杀死了雍正帝，取走了脑袋，报了深仇大恨。后来清廷给雍正帝安了一个金头，将遗体葬入泰陵。此种说法流传很广，影响很大。因此，

---

①《世宗宪皇帝实录》卷一五九，第8册，第954页，中华书局影印本，1985年11月。

②《世宗宪皇帝实录》卷一五九，第8册，第954页，中华书局影印本，1985年11月。

泰陵地宫颇受世人瞩目。打开地宫，验看尸骨，是解决雍正帝死因的最简单、最快捷、最有说服力的方法。

吕留良像

由于在泰陵哑巴院内的琉璃影壁下留下了醒目的被盗迹象，故而几十年来人们一直认为泰陵早已被盗。经上级文物主管部门批准，1980年4月8日清西陵文物管理处开始清理泰陵地宫。这一惊人的消息不胫而走，许多家新闻媒体纷纷赶来，准备报道这一重大消息。开挖工作没进行多久，就发现地宫没有被盗，原来的盗洞只挖进两米多深就没有了。最后采纳了著名考古专家夏鼐先生的建议，停止清理，封堵盗口、妥善处理。雍正帝尸身上是金头，还是人头，留给我们的后代子孙再做最后解决。

第三种死因是服用丹药中毒而死。雍正帝迷信道教。他与历

雍正帝的泰陵哑巴院

代君主一样，总想长生不死。因此在皇宫里养了一批道士，让他们炼丹制药。他不但自己服用，有时还向臣下们推荐丹药。丹药离不开铅、汞、硫、砷等原料，这些都是对人体极有危害的毒药。长期服用，很容易中毒，造成生命危险。雍正帝得病不足三天就死了。死后第二天，乾隆帝就把道士轰出了皇宫。现在越来越多的专家学者认为雍正帝死于丹药中毒的可能性大。

雍正帝的丧事活动及入葬山陵

雍正帝死后，遗体连夜从圆明园运回紫禁城。乾隆帝任命履郡王允祹、和亲王弘昼、公纳穆图、内大臣海望、刑部尚书徐本、都统傅鼐、吏部左侍郎普泰、兵部左侍郎杨汝谷为办理丧仪大臣[①]。八月二十四日申刻（下午3—5时）大殓，梓宫停放在乾清宫正中[②]。八月二十七日颁大行皇帝遗诏。九月十一日奉移梓宫于雍和宫永佑殿安放。十一月十二日行上谥礼，恭上庙号曰“世宗”，谥号为：敬天昌运建中表正文武英明宽仁信毅大孝至诚宪皇帝[③]。乾隆元年（1736年）十月十一日奉移梓宫往易州泰陵，将梓宫停放于隆恩殿正中。乾隆二年（1737年）三月初二日（《大清会典》载为三月初三日，误）辰刻，雍正帝梓宫葬入泰陵地宫，随同一起入葬的还有孝敬皇后、敦肃皇贵妃[④]。三月初五日，雍正帝神牌升祔太庙、奉先殿[⑤]。嘉庆四年（1799年）五月十一日加上谥号“睿圣”二字。庙号、谥号全称是：世宗敬天昌运建中表正文武英明宽仁信毅睿圣大孝至诚宪皇帝，简称世宗宪皇帝或雍正帝。

雍正帝小结

雍正帝即位以后，大刀阔斧、雷厉风行地革除弊政，采取了一系列措施，使吏治大为改观，经济发展，国力增强，社会秩序

---

①《高宗纯皇帝实录》卷一，第9册，第142页，中华书局影印本，1985年11月。

②《高宗纯皇帝实录》卷一，第9册，第143页，中华书局影印本，1985年11月。

③《高宗纯皇帝实录》卷六，第9册，第266页，中华书局影印本，1985年11月。

④《高宗纯皇帝实录》卷三八，第9册，第685页，中华书局影印本，1985年11月。

⑤《高宗纯皇帝实录》卷三八，第9册，第688—689页，中华书局影印本，1985年11月。

雍正行乐图之抚琴图

相对稳定，不仅维持、推动了其皇父开创的康熙盛世，而且为后来出现的乾隆盛世奠定了坚实的基础，起到了承前启后、继往开来的重要作用。他的勤于政务、求真务实、开拓进取、雷厉风行的作风，在清朝诸帝中闪烁着耀眼的光芒。

雍正帝毕竟是一位封建帝王，在他身上存在着皇帝所固有的毛病，有着许多过失和不足之处。他虽然不一定像野史小说中所说的那样阴险、残暴、冷酷、无情，但在对待众弟兄、政敌方面也确实有些残忍、过狠，暴露了他残暴的一面。他大兴文字狱，杀戮具有反清思想的知识分子，残酷镇压民间的各种反清活动。他禁止开矿，限制工商业的发展等，这些都应该予以批判和谴责。他的军事才能远不及他的父亲和他的皇四子弘历，致使西北两路用兵调度无方，造成失败。这是他的不足之处。总的来说，他的成就还是大于过错的，在清朝历史上起到了推动作用，是一位奋发有为的杰出皇帝。

□ 原雍亲王嫡妃——孝敬皇后

孝敬皇后，满族，乌喇那拉氏，内大臣管步军统领事、赠承恩公费扬古之女[1]，生年待考，生辰为农历五月十三日。康熙二十八年或二十九年，康熙帝将刚十几岁的乌喇那拉氏指配给胤禛

[1] 唐邦治著《清皇室四谱》，上册，卷二·后妃，第17页，1923年上海聚珍仿宋印书局聚珍铅印本。

为嫡妃。康熙三十六年（1697年）三月二十六日生皇长子弘晖[1]。雍正帝即位不久就于雍正元年（1723年）二月初四日面发谕旨，立嫡妃乌喇那拉氏为皇后[2]。雍正元年十二月二十二日（1724年1月17日）命太保吏部尚书隆科多为正使、领侍卫内大臣马齐为副使，持节赍册宝为她举行了册立皇后典礼[3]。

孝敬皇后朝服像轴

乌喇那拉氏出身名门望族，受过正统的封建礼教教育，知书达礼。她被立为皇后以后，责无旁贷地担起了主持后宫的重担。她以贤淑的美德和得当稳妥的方法，把后宫管理得井井有条，为雍正帝免除了后顾之忧，使他得以全力以赴、专心致志地处理国家政务。那拉氏称得上是一位贤内助。

雍正九年（1731年）九月，皇后染病在床，到月底病情转重，移住到畅春园。大病初愈的雍正帝支撑着虚弱的身体，特地去畅春园看望了自己的这位结发之妻。雍正帝刚回到自己的寝宫，皇后就去世了，时为雍正九年（1731年）九月二十九日未刻[4]。雍正帝想立刻返回畅春园亲视皇后小殓、大殓，众臣见雍

①唐邦治著《清皇室四谱》，下册，卷三·皇子，第21页，1923年上海聚珍仿宋印书局聚珍铅印本。

②《世宗宪皇帝实录》卷四，第7册，第95页，中华书局影印本，1985年11月。

③《世宗宪皇帝实录》卷一四，第7册，第252页，中华书局影印本，1985年11月。

④《世宗宪皇帝实录》卷一四，第8册，第470页，中华书局影印本，1985年11月。

正帝身体难以支持，苦苦劝阻才作罢。从九月三十日起，雍正帝辍朝五日，成服缟素。在京诸王以下及文武各官、公主、王妃以下及旗下二品命妇俱齐集畅春园举哀，持服二十七日。因当时紫禁城宫殿正在修缮，皇后梓宫停放在畅春园的九经三事殿内正中。

与自己生活了40余年的原配皇后去世，作为丈夫的竟未能守在旁边，亲视殓奠，雍正帝很觉不安，也生怕别人有所议论，于是在十月初三日将大臣们召来，特意向他们做了一番解释。雍正帝对皇后的病逝确是十分悲痛的，十月初四日他发出一道上谕，对皇后进行了全面总结和高度评价，他是这样说的：

皇后那拉氏作配朕躬经四十载，奉侍皇祖妣孝惠章皇后、皇考圣祖仁皇帝、皇妣孝恭仁皇后，克尽孝忱，深蒙慈爱。服膺朕训，历久而敬德弥纯；懋著坤仪，正位而小心益至。居身节俭，待下宽仁。慈惠播于宫闱，柔顺发于诚悃。昔年藩邸，内政聿修；九载中宫，德辉愈耀。兹于雍正九年九月二十九日崩逝，惓惟壸职，襄赞多年。追念遗徽，良深痛悼[①]。

雍正九年十月初七日，皇后梓宫从九经三事殿奉移到京西的田村殡宫暂安。雍正九年十二月初十日（1732年1月14日）行册谥礼，谥大行皇后为孝敬皇后。

雍正十三年十一月二十一日（1736年1月3日），乾隆帝给孝敬皇后谥号增加10个字，并系世宗谥，称“孝敬恭和懿顺昭惠佐天翊圣宪皇后”[②]。乾隆二年（1737年）二月二十二日，孝敬皇后梓宫奉移易县泰陵，敦肃皇贵妃金棺随同奉移，乾隆帝沿途护送。因为泰陵隆恩殿内停放着雍正帝的梓宫，为表示恭敬之意，卑不动尊，所以孝敬皇后梓宫停放在隆恩殿外西旁的芦殿内。乾隆二年（1737年）三月初二日辰时，孝敬皇后梓宫随雍正帝梓宫

①《世宗宪皇帝实录》卷一一一，第8册，第473页，中华书局影印本，1985年11月。

②《高宗纯皇帝实录》卷六，第9册，第283页，中华书局影印本，1985年11月。

入葬泰陵地宫[①]，位于雍正帝梓宫的左（东）旁，敦肃皇贵妃金棺也随同入葬，梓宫位于雍正帝梓宫的西旁。三月初五日，孝敬皇后的神牌随雍正帝的神牌升祔太庙。嘉庆四年（1799年）五月十一日加上谥号“庄肃”二字，嘉庆二十五年十二月十一日（1821年1月14日）又加上“安康”二字，最后谥号为：孝敬恭和懿顺昭惠庄肃安康佐天翊圣宪皇后，简称孝敬宪皇后或孝敬皇后。

□ 年羹尧之妹——敦肃皇贵妃

敦肃皇贵妃，年氏，汉军镶黄旗。她是湖广巡抚年遐龄的女儿，是广东巡抚年希尧、川陕总督年羹尧的妹妹。年氏出生并生活在这样的家庭，受到了严格的正统封建教育和良好的文化熏陶。早在康熙年间，年氏就已是皇四子胤禛的侧福晋了，其地位仅次于孝敬皇后，当时高于孝圣皇后（孝圣皇后当时仅是王府格格）。

年氏端庄淑贤，通情达理，深受胤禛的宠爱。康熙五十四年（1715年）三月十二日酉时生皇四女[②]。康熙五十九年（1720年）五月二十五日生皇七子福宜[③]。康熙六十年（1721年）十月初九日生皇八子福惠[④]。胤禛即位后，于雍正元年（1723年）二月十四日[⑤]，年氏被封为贵妃，同年五月初十日生皇九子福沛[⑥]。同年

①《高宗纯皇帝实录》卷三八，第9册，第685页，中华书局影印本，1985年11月。

② 唐邦治著《清皇室四谱》，下册，卷四·皇女，第16页，1923年上海聚珍仿宋印书局聚珍铅印本。

③ 唐邦治著《清皇室四谱》，下册，卷三·皇子，第22页，1923年上海聚珍仿宋印书局聚珍铅印本。

④ 唐邦治著《清皇室四谱》，下册，卷三·皇子，第22页，1923年上海聚珍仿宋印书局聚珍铅印本。

⑤ 中国第一历史档案馆编《雍正朝汉文谕旨汇编》第一册，第36页，广西师范大学出版社，2008年。

⑥ 唐邦治著《清皇室四谱》，下册，卷三·皇子，第22页，1923年上海聚珍仿宋印书局聚珍铅印本。

十二月二十二日举行贵妃的册封礼[①]。

后来年羹尧获罪时，年氏没有受到株连，并得到了祔葬泰陵地宫的殊荣。相反，年羹尧也没有因其妹是宠妃而得到丝毫的宽恕。

年氏素来身体虚弱，加之长期为兄长担惊受怕，寝食不安，体质越来越差，到雍正三年（1725年）十一月已卧病不起。十一月十五日，雍正帝已预感到年氏的病情不妙，于是向礼部发出一道谕旨：

> 贵妃年氏秉性柔嘉，持躬淑慎。朕在藩邸时事朕克尽敬慎，在皇后前小心恭谨，驭下宽厚和平。皇考嘉其端庄贵重，封为亲王侧妃。朕即位后，贵妃于皇考、皇妣大事悉皆尽心，力疾尽礼，实能赞襄内政。妃素病弱，三年以来，朕办理机务，宵旰不遑，未及留心商确诊治，凡方药之事，悉付医家，以致耽延日久。目今渐次沉重，朕心深为轸念。贵妃著封为皇贵妃。倘事出，一切礼仪俱照皇贵妃行[②]。

这道上谕，可以说言真意切，充满了对年氏的爱怜之情，给予了她很高的评价。雍正帝忙于国事，连爱妃有病都顾及不上，只托付医生治疗，年氏本来体弱多病，她为雍正帝生的三子一女连续夭亡，心情不好，又缺少夫爱，加速了她的死亡，这方面雍正帝是难辞其咎的。雍正三年（1725年）十一月二十二日，刚晋升为皇贵妃7天的年氏，尚未来得及行册封礼就病死于圆明园[③]。也就在这个月，其兄年羹尧被逮回京受审，年氏死后19天即雍正三年十二月十一日（1726年1月13日），年羹尧被赐令

①《世宗宪皇帝实录》卷一四，第7册，第252页，中华书局影印本，1985年11月。

②《世宗宪皇帝实录》卷三八，第7册，第561页，中华书局影印本，1985年11月。

③《世宗宪皇帝实录》卷三八，第7册，第562页，中华书局影印本，1985年11月。

自尽[①]。

雍正三年十一月二十八日（1726年1月1日），年氏金棺由圆明园奉移到阜成门外十里庄殡宫暂安。十二月被册谥为敦肃皇贵妃。乾隆二年（1737年）二月二十二日，敦肃皇贵妃金棺随孝敬皇后梓宫奉移泰陵[②]，三月初二日辰时葬入泰陵地宫[③]，金棺位于雍正帝梓宫右（西）侧，比左侧的孝敬皇后的梓宫稍后些，以示尊卑有别。

清朝规制最标准的皇后陵——泰东陵

泰东陵是乾隆帝的生母孝圣皇后的陵寝，是清西陵建的第一座皇后陵，也是清西陵的三座皇后陵中规模最大的一座，更是清朝皇后陵中规制最为标准的。为什么这样说呢？不妨了解一下清朝其他皇后陵的情况。

泰东陵前景

①《世宗宪皇帝实录》卷三九，第7册，第572页，中华书局影印本，1985年11月。

②《高宗纯皇帝实录》卷三七，第9册，第676页，中华书局影印本，1985年11月。

③《高宗纯皇帝实录》卷三八，第9册，第685页，中华书局影印本，1985年11月。

清朝皇陵与明朝皇陵相比，最主要的区别之一就是明陵不建皇后陵，而清陵建皇后陵。清朝共建了7座皇后陵，皆建在了关内，清东陵有4座，清西陵有3座。清朝建的第一座皇后陵是孝东陵，内葬顺治帝的孝惠皇后以及28位妃嫔。在清朝的官书上和目前所存的清宫档案中都没有找到孝东陵的准确始建、完工日期。然而《圣祖仁皇帝实录》中的一段记载却为我们提供了一条重要线索：

康熙三十二年十一月乙巳，上诣暂安奉殿、孝陵行礼、奠酒、举哀。至仁孝皇后、孝昭皇后、孝懿皇后陵奠酒、举哀。是日，上奉皇太后阅视孝陵东旁宝城，幸汤泉驻跸[①]。

这条史料中的皇太后是孝惠皇后，“孝陵东旁宝城”就是孝东陵。这是孝东陵在史书中迄今为止出现的最早日期。笔者认为康熙三十二年（1693年）十一月孝东陵已经建成，否则康熙帝不会陪着皇太后去阅视的。按建陵工期5年推算，孝东陵当始建于康熙二十七年后半年或康熙二十八年年初。孝东陵的建立为清王朝建立皇后陵开了先例，为后来皇后陵树立了模式。但孝东陵毕竟是第一座皇后陵，不可能十全十美，所以存在着某些方面的缺欠和不足。如在孝东陵内不仅葬有孝惠皇后，还祔葬了28位妃嫔，因而形成了皇后陵兼妃园寝的格局。再者，可能是由于孝东陵距孝陵太近，又恰巧孝东陵神道旁有孝陵下马牌之故，孝东陵未设下马牌，另外，孝东陵方城两侧未建面阔墙，全陵只有两进院落。这些不足在后来的皇后陵中都得到了完善。

清朝建的第二座皇后陵是孝庄皇后的昭西陵。昭西陵的前身是暂安奉殿，始建于康熙二十七年（1688年），到雍正三年（1725年）才改建为昭西陵。昭西陵的隆恩殿是重檐庑殿顶，有双重围墙，三座门建于隆恩殿和东西配殿之前，陵寝门建于隆恩殿两旁，无沟河、桥座和砂山，这些都是其他帝后陵所不具备的。昭西陵是清朝皇后陵中规制最特殊的。

①《圣祖仁皇帝实录》卷一六一，第5册，第762页，中华书局影印本，1985年9月。

孝和皇后的昌西陵和孝静皇后的慕东陵都是在咸丰初年营建的，当时国家正处于困难时期，国库空虚，负债累累，内外交困。这两座皇后陵不仅未建方城、明楼，隆恩殿改为单檐歇山顶，取消了隆恩殿的围栏和御路石，而且东西二座配殿也由5间改为3间。慕东陵内还祔葬有16名妃嫔，因而这两座皇后陵的规制是收缩的。

慈安皇太后和慈禧皇太后的两座定东陵，虽然也建于清政府的困难时期，但正值两宫皇太后垂帘听政时期，慈禧皇太后奢侈无度，力图把自己的陵寝建得富丽堂皇，不仅一般皇后陵的建筑一应俱全，而且以昭西陵为例，两座皇后陵都建立了神道碑亭，因此这两座定东陵均属于逾制的皇后陵。

唯独孝圣皇后的泰东陵是完全遵照皇后陵的规制设计并营建的，因此说泰东陵是清朝规制最标准的皇后陵。

乾隆四十二年（1777年）正月二十四日，定陵名为泰东陵[①]。乾隆四十二年四月初七日恭悬明楼、隆恩殿、隆恩门斗匾，前一天遣官告祭孝圣皇后几筵[②]。

泰东陵的朱砂碑和明楼、隆恩殿、隆恩门上的斗匾上的汉字

泰东陵隆恩殿

① 中国第一历史档案馆编《乾隆朝上谕档》第8册，第1350条，第528页，中国档案出版社，1991年。

②《高宗纯皇帝实录》卷一〇三〇，第21册，第807页，中华书局影印本，1985年11月。

均为乾隆帝御笔，右下角都有“乾隆尊亲之宝”的宝文。

□ 泰东陵的营建

在雍正帝、孝敬皇后入葬泰陵地宫之前，于乾隆元年（1736年）九月初四日，办理泰陵事务的恒亲王弘晊、内大臣户部尚书海望向乾隆帝奏请泰陵地宫内是否预留分位的事，换言之，就是泰陵地宫内是否要为当时的皇太后预留梓宫位置。对此，乾隆帝也不敢擅自做主，于是奏请皇太后懿旨。皇太后降下懿旨：

> 世宗宪皇帝奉安地宫之后，以永远肃静为是。若将来复行开动，揆以尊卑之义，于心实有未安。况有我朝昭西陵、孝东陵成宪可遵，泰陵地宫不必预留分位[1]。

皇太后的态度非常明朗，她的意思是要以昭西陵、孝东陵为例，为自己单独建陵。

泰东陵位于泰陵以北偏东的东正峪，距泰陵约3华里。始建和完工日期清朝官书上无记载，清宫档案中也未找到准确记载。至于相度吉地、承修大臣、销算银两等情况都有待考证。据天津大学王其亨教授分析，泰东陵工程始建日期至少不晚于乾隆二年。

□ 泰东陵的规制

泰东陵坐北朝南，其主要建筑由南到北依次是：三孔拱券桥一座，下马牌东西各一座，前面字满蒙汉三种文字，字样为“官员人等至此下马”，背面无字。东西朝房各五间，单檐硬山顶。东西值班房各三间，单檐卷棚硬山顶。隆恩门一座，面阔五间，单檐歇山顶。焚帛炉东西各一座。东西配殿各五间，单檐歇山顶。隆恩殿面阔五间，重檐歇山顶。陵寝门三座，石五供、方城。明楼重檐歇山顶。宝城、宝顶，宝顶下是地宫。隆恩门以北的建筑环以红墙，覆以黄色琉璃瓦。陵前左方（东）为神厨库，

---

①《高宗纯皇帝实录》卷二六，第9册，第573页，中华书局影印本，1985年11月。

库内建神厨一座，面阔五间，单檐悬山顶。南北神库各三间，单檐悬山顶。省牲亭一座，四面各显三间，重檐歇山顶。神厨库坐东朝西，环以红墙，西侧开一门。南墙外偏东为井亭。神道与泰陵神道相接。

关内清朝皇帝陵和皇后陵向有在院内和神厨库院内设铜缸的做法，用来防火。此铜缸称为吉祥缸。泰东陵建成后，在前院设了四口吉祥缸，在陵寝门内院子里设吉祥缸两口，在神厨库院内设吉祥缸一口，共七口[①]。

泰东陵既未建圣德神功碑亭、石像生、牌楼门，也未建神道碑亭、二柱门，以当时之国力，乾隆帝之孝心，建这些建筑，轻而易举。所以未建，是由于乾隆帝以礼止情，完全遵从了陵寝制度的结果。

乾隆帝为了向母亲表示孝意，在不违背陵制的前提下，在营建泰东陵时，增加了其他皇后陵所不备的三项内容。

一、地宫有经文佛像雕刻

根据清宫档案记载，泰东陵地宫内有经文、佛像、番字雕刻，用银5579两9钱3分[②]。迄今为止的研究结果表明，泰东陵以前的

泰东陵的方城明楼及石五供

① 清宫档案《内务府来文》陵寝事务，第2925包。
② 清宫档案《内务府来文》陵寝事务，第2924包。

所有清朝陵寝尚未发现地宫内有经文、佛像、番字雕刻的记载，因此可以说泰东陵是清朝陵寝中第一个地宫内有经文、佛像、番字雕刻的陵寝[①]，也是清朝皇后陵中唯一地宫内有经文、佛像、番字雕刻的陵寝。从档案中还知道泰东陵地宫中的地面是用金砖铺墁的。泰陵地宫的地面就是用金砖铺墁的，泰东陵很可能是仿泰陵。孝圣皇后崩于乾隆四十二年（1777年）正月二十三日，第二天，乾隆帝派诚郡王弘畅、工部右侍郎刘浩到泰东陵地宫查看有无积水。他们查看后奏称地宫“由隧道进至明堂券、金券宝床，敬谨详看，俱各干燥无水，再看金井内土干，惟地面金砖微潮。又看石门周围圈墙佛像、经文、番字金刚墙仍新。横缝卧缝严密稳固，并不潮湿[②]”。他们在奏折中提到“由隧道进至明堂券、金券”。清朝陵制，只有九券四门才有明堂券。如果地宫为二道或一道石门，则无明堂券。泰东陵作为皇后陵，则不应为九券四门。再看泰东陵的宝城宝顶明显小于皇帝陵，不像是九券四门的地宫。是否弘畅在写奏折时，将石门外的罩门券误写成明堂券了？

二、首设铜鹤鹿

泰东陵隆恩殿前月台上首次设置铜鹿、铜鹤。泰东陵以前的昭西陵和孝东陵，隆恩殿前的月台上只设鼎式铜炉一对，没有

泰东陵隆恩殿月台上曾设铜鹿、铜鹤各一对

① 清宫档案《录副奏折》胶片，第19盒。

② 清宫档案《录副奏折》胶片，第19盒。

鹿、鹤之设，只有皇帝陵才设铜鹿、铜鹤各一对。孝圣皇后崩后，乾隆帝命在泰东陵隆恩殿前的月台上设铜鹿、铜鹤各一对①。自泰东陵首开设鹿、鹤之制后，以后各皇后陵均效仿之，但不是各一对，而是鹤、鹿各一只，成为定制。

三、首建佛楼

泰东陵隆恩殿东暖阁内首建佛楼。这是清朝陵寝中第一座建佛楼的陵寝。在泰东陵之前，无论是皇帝陵，还是皇后陵，隆恩殿内均无佛楼之设。在以后的4座皇后陵中，只有慈禧陵建了佛楼。因为是首建，泰东陵的佛楼只有一层。乾隆帝的裕陵是皇帝陵中第一个建佛楼的，以后各帝陵均建佛楼，成为定制。除泰东陵外，以后所建的佛楼均为二层。

泰东陵东暖阁内的佛楼

以上三点，既反映了当时国家财力的雄厚，也反映了乾隆帝挥霍铺张、好大喜功的性格。

清宫档案记载了泰东陵隆恩殿东暖阁内的陈设和所供的佛像等物品：

东次间暖阁内：

红油大龛一座：原糟旧内挂像佛九轴，随石青片金大边三色片金牙红黄蓝绢帘；

无量寿佛一轴中、金刚菩萨一轴左一、地藏菩萨一轴左二、虚空菩萨一轴左三、普贤菩萨一轴左四、文殊菩萨一轴右一、观音菩萨一轴右二、除诸障菩萨一轴右三、弥勒菩萨

① 清宫档案《内务府来文》陵寝事务，第2925包。

一轴右四

三层踏跺一件，供铜佛三层，每层铜佛九尊

上层紫檀木窝龛一座随玻璃欢门，供释迦佛一尊随黄片金五色牙子佛衣。楠木窝龛八座各随玻璃欢门，供无量寿佛八尊各随黄段红牙子佛衣。

中层紫檀木窝龛一座随玻璃欢门，供弥勒佛一尊，中，随黄片金五色牙子佛衣。铜镀金顶紫檀木窝龛八座各随玻璃欢门，供无量寿佛一尊，左一。如意观音一尊，左二。白衣救度佛母一尊，左三。绿衣救度佛母一尊，左四。无量寿佛一尊，右一。文殊菩萨一尊，右二。绿衣救度佛母一尊，右三。绿衣救度佛母一尊，右四。各随黄缎五色牙子佛衣。

下层紫檀木窝龛一座随玻璃欢门，供弥勒佛一尊，中，随黄缎五色牙子佛衣。红木窝龛八座各随玻璃欢门，供白伞盖佛一尊，左一。白衣救度佛母三尊，左二三四。四臂观音一尊，右一。绿衣救度佛母三尊，右二三四，各随黄缎五色牙子佛衣。

红油供案一张原糟旧

第一路供金漆八吉祥一份，西起盖鱼罐花螺肠伞轮；

第二路供紫檀木镶铜花塔一座，中。五彩磁奔靶瓶一对，红木座三次、金色磁轮一对红木座两次；

第三路供贴金锡倘香炉一件，中。绿地五彩磁奔靶壶一对，红木座三次、青花白地靶碗一对，两次；

第四路供掐丝珐琅五供一份楠木座、随红油画龙蜡一对、扫金把莲花二束。

案两边供漆挑杆座穿珠旛一对、御制诗玉鸠竹杖一件，在正中神龛内安设

总管太监郭永清交：三寿作朋册页页一分，内嵌玉璧一件、呆玻璃痰盆一件[1]。

① 中国第一历史档案馆辑《清代西陵档案》第4盘。

泰东陵如果始建于乾隆二年（1737年），工期按5年计算，应该完工于乾隆六年或七年。乾隆四十二年（1777年）孝圣宪皇后崩逝时，泰东陵已建成35年了。泰东陵之名是在乾隆四十二年正月命名的。在建成后长达35年的时间里，由于风吹日晒、雨淋等自然损害，必然要出现一些残破现象，如彩画褪色、漆皮剥落、木料糟朽、砖石酥碱、走闪错位等现象。许多实例表明，无论哪座陵寝，在竣工多年后，大葬之前都要对陵寝进行一次全面修缮。所以在孝圣皇后崩逝第二天，乾隆帝便命诚郡王弘畅、工部右侍郎刘浩前往西陵办理泰东陵的修缮事宜[①]，随后又命他俩查看地宫情形。有的人认为泰东陵的营建一直延续到乾隆四十二年，用了40年时间，这是不对的。规模庞大的明定陵，只用了5年半，雍正帝的泰陵用了6年，乾隆帝的裕陵用了不足10年，嘉庆帝的昌陵用了不足8年，道光帝的慕陵用了不足5年，同治帝的惠陵只用了3年零1个月，慈安、慈禧的定东陵用了6年时间，泰东陵的工程量均不如上述诸陵，怎么能建了40年？笔者认为泰东陵的工期当在5年，最长也超不过6年。当然这只是推断，最后还应以历史文献的记载为准。

清朝最长寿最享福的皇太后——孝圣皇后

孝圣皇后，钮祜禄氏，满洲镶黄旗，她是清朝开国功臣弘毅公巴图鲁额亦都的曾孙女，是四品典仪追封一等承恩公凌柱之女，生于康熙三十一年十一月二十五日（1693年1月1日）[②]，比雍正帝小14岁。康熙四十三年（1704年），年仅13岁的钮祜禄氏被选中秀女，被康熙帝赐给皇四子胤禛为格格。康熙五十年八月十三日（1711年9月25日）子时[③]，20岁的钮祜禄氏为胤禛生下

① 中国第一历史档案馆编《乾隆朝上谕档》第8册，第1350条，第528页，中国档案出版社，1991年。

② 唐邦治著《清皇室四谱》，上册，卷二·后妃，第17页，1923年上海聚珍仿宋印书局聚珍铅印本。

③《高宗纯皇帝实录》卷一，第9册，第138页，中华书局影印本，1985年11月。

孝圣皇后朝服像

了第四子弘历（排行第四，按实际出生顺序为第五）。弘历深受康熙帝的喜爱，把他接进宫中抚养，去热河时也将弘历带在身边。康熙六十一年（1722年）夏秋之季，康熙帝正在避暑山庄，一天应胤禛之请，带着弘历到胤禛的驻地狮子园。胤禛和嫡妃乌喇那拉氏（后来的孝敬皇后）拜见皇父。康熙帝指着身边的弘历对乌喇那拉氏说："将他的生母召来。"钮祜禄氏随即应召而到。康熙帝见了钮祜禄氏后，连声说"有福之人"。康熙帝为什么要见弘历的生母呢？几十年后乾隆帝是这样解释的："今仰窥皇祖恩意，似已知予异日可以付托，因欲豫观圣母福相也。[①]"

胤禛登极以后，于雍正元年（1723年）二月十四日谕礼部：

奉皇太后懿旨：妃年氏封为贵妃。侧妃李氏封为齐妃。格格钮祜禄氏封为熹妃。格格宋氏封为懋嫔。格格耿氏封为裕嫔。尔部察例具奏[②]。

钮祜禄氏连升数级。同年十二月二十二日，以礼部左侍郎登德为正使、内阁学士塞楞额为副使，持节赍册、印，为钮祜禄氏

①《清高宗御制诗文全集》御制诗第五集，卷九一，第九册，第777页。

②《世宗宪皇帝实录》卷四，第7册，第101页，中华书局影印本，1985年11月第1版。

举行了册封礼[①]。雍正八年（1730年）钮祜禄氏又晋封为熹贵妃。雍正十三年（1735年）八月二十三日，雍正帝崩逝的当天，弘历就尊封生母熹贵妃为皇太后[②]。同年十二月十三日上徽号“崇庆”二字[③]。乾隆二年十二月十一日（1738年1月30日）因册立富察氏为皇后，加上皇太后徽号“慈宣”二字。乾隆十四年（1749年）四月初八日，以平定金川，加上皇太后徽号“康惠”二字[④]。乾隆十五年（1750年）八月初三日，以册立摄六宫事的皇贵妃那拉氏为皇后，加上皇太后徽号“敦和”二字[⑤]。乾隆十六年十一月二十二日（1752年1月8日）以皇太后六十大寿，加上徽号“裕寿”二字[⑥]。乾隆二十年（1755年）六月初七日以准噶尔叛乱被平定，加上皇太后徽号“纯禧”二字[⑦]。乾隆二十六年（1761年）十一月二十日以皇太后七十大寿，加上徽号“恭懿”

孝圣皇后的徽号玉册

①《世宗宪皇帝实录》卷一四，第7册，第253页，中华书局影印本，1985年11月第1版。

②《高宗纯皇帝实录》卷一，第9册，第14页，中华书局影印本，1985年11月。

③《高宗纯皇帝实录》卷三七〇，第9册，第14页，中华书局影印本，1985年11月。

④《高宗纯皇帝实录》卷二六，第13册，第573页，中华书局影印本，1985年11月。

⑤《高宗纯皇帝实录》卷三七〇，第13册，第1087页，中华书局影印本，1985年11月。

⑥《高宗纯皇帝实录》卷四〇三，第14册，第296页，中华书局影印本，1985年11月。

⑦《高宗纯皇帝实录》卷四九〇，第15册，第151页，中华书局影印本，1985年11月。

二字[①]。乾隆三十六年（1771年）十一月二十日以皇太后八十大寿，加上徽号“安祺”二字[②]。乾隆四十一年（1776年）五月初一日以金川被平定，加皇太后徽号“宁豫”二字，至此徽号全称为崇庆慈宣康惠敦和裕寿纯禧恭懿安祺宁豫皇太后[③]。

乾隆帝事母至孝，以天下养。关于这方面，《啸亭杂录》有如下记述：

> 纯皇侍奉孝圣宪皇后极为孝养，每巡幸木兰、江浙等处，必首奉慈舆，朝夕侍养。后天性慈善，屡劝上减刑罢兵，以免苍生屠戮。上无不顺从，以承欢爱。后喜居畅春园。上于冬季入宫之后，迟数日必往问安视膳，以尽子职。后崩后，上于后燕处之地皆设寝园，凡巾栉、椸枷、沐盆、吐盂无不备陈如生时，上时往往参拜，多至失声。又于园隙建恩慕寺，以资后之冥福焉[④]。

乾隆二年（1737年），乾隆帝为了孝敬母亲，下令新做了一套为皇太后专用的金银器皿和用具：

嵌松石珊瑚重120两金面盆一个、重80两金面盆一个、重54两银面盆一个。

皇太后的膳房应用：

重100两金方一个、每重40两金盘四个、每重20两金盘四个、每重15两金盘八个、每重8两金碟六个、每重30两金碗四个、重20两金碗一个、重16两金碗一个、重15两有嘴金碗一个、重3两金匙一张、嵌松石钮重2两5钱金匙一张、每重4钱5分金三镶牙箸二双、重42两金云包角桌云一分、重70两银方一个、重30两银折盂一个、重20两银高丽碗一个、重10两银马勺一把、重9两3钱银马勺一把、每重16两银碗十个、每重20两银

①《高宗纯皇帝实录》卷六四九，第17册，第262页，中华书局影印本，1985年11月。

②《高宗纯皇帝实录》卷八九七，第19册，第1056页，中华书局影印本，1985年11月。

③《高宗纯皇帝实录》卷一〇〇八，第21册，第533页，中华书局影印本，1985年11月。

④［清］昭梿撰《啸亭杂录》卷一，第21页，中华书局，1980年12月第1版。

盘三十个、每重10两银盘三十个、每重18两银罐二个、每重5两银碟十个、每重2两银匙十张、每重4钱银三镶乌木箸十双。

茶房应用：

嵌松石珊瑚重40两金茶桶一个、每重10两金碗二个、嵌松石珊瑚重15两金勺一把、镀金银箍重60两银茶桶一个、镀金银箍重50两银茶桶六个、每重30两银背壶四个、重20两有耳银罐一个、重20两银碗一个、每重9两银碗三个、每重10两银盘二个、共重8两5钱大小银碗盖三个、重10两银马勺一把、重3两银马勺一把、重1两5钱银匙一张。

筵宴应用：

重200两金瓶一个、每重100两金葫芦壶二把、嵌松石珊瑚重100两金折盂一个、每重7两金大盅二十个、每重7两金杯盘十分、嵌松石珊瑚重22两金马勺一把。

饽饽桌张应用：

重200两金方一个、每重40两金碗三个、每重20两金碗三个、每重15两金碗四个、每重8两金碗二个、每重20两金碗十八个、每重15两金盘五十个、每重8两金碟四个、嵌松石钮重3两金匙一张、每重42两金云包角桌云二分。

以上共用八成赤金335两4钱，银1953两3钱①。

从这些生活金银器皿，就可以看出这位皇太后生活是多么奢侈。

据笔者统计，乾隆帝的六次南巡，前四次都奉皇太后而行（后两次皇太后已死）。六次巡幸五台山，前三次都奉皇太后而行（后三次是在皇太后崩后举行的）。五次东巡中，除最后一次是在皇太后崩后举行的外，前四次皆奉皇太后而行。四诣盛京祭祖，前两次是在皇太后生前举行，皆奉皇太后而行。在皇太后生前，乾隆帝去避暑山庄30次，每次都奉皇太后而行。乾隆帝奉皇太后举行了他唯一的一次巡幸嵩洛。乾隆帝还多次奉皇太后展谒东陵和西陵，巡幸天津。在有清一代的11位皇太后中，出巡范围之

① 清宫档案《内务府奏案》，第13包。

乾隆帝南巡图

广、次数之多、时间之长，孝圣皇后名列首位，即使是当了57年皇太后的孝惠皇后也不能与她相比。

农历十一月二十五日是皇太后的圣寿节。每到这一节日，乾隆帝于前一日遣官祭太庙后殿，届日，乾隆帝亲自到皇太后宫行庆贺礼，王大臣在慈宁门、百官在午门给皇太后行礼。乾隆帝或在重华宫，或在寿安宫，或在寿康宫盛排筵宴，庆祝皇太后圣寿。中国人的习俗，从60岁寿辰开始，每10年举行一次大型的祝寿活动。乾隆帝为皇太后举行了三次大规模的圣寿庆典，其规模之大，场面之隆重，花样之繁多，耗银之巨，堪为清朝祝寿庆典之最。

尽管乾隆帝对皇太后极为孝顺，言听计从，但始终坚持后妃不干预朝政、不干预外事的祖制家法。某一天，乾隆帝去慈宁宫给皇太后问安，在谈话中，皇太后说起顺天府东面有一座寺庙残破荒废了，应当修缮一下。乾隆帝立时意识到这是皇太后听信了外面的传言，被人利用了。乾隆帝不便驳皇太后的面子，当场答应了下来。但离开皇太后以后，立刻将皇太后身边的太监等人召来，训谕道："汝等尝侍圣祖，几曾见昭圣太后当日令圣祖修盖

孝圣皇后万寿庆典图

庙宇？嗣后当奏止。[①]”

乾隆四十二年（1777年）新年刚过，正月初八日，乾隆帝奉皇太后到圆明园，安排皇太后住在长春仙馆。正月十四，乾隆帝在天坛刚行毕祈谷礼，就听到了皇太后有病的消息，立刻赶回圆明园看望。皇太后的病此时尚不太严重，还能活动。当天晚上，乾隆帝特地陪着皇太后到同乐园进晚膳。从正月十四日到正月二十二日，乾隆帝天天到长春仙馆看望皇太后。从正月二十二日起皇太后的病势转重，这一天，乾隆帝探望了两次。这天夜里，病情更加沉重。从二十三日子刻

崇庆皇太后八旬圣诞庆典图

① 赵尔巽等撰《清史稿》第30册，卷二一四，列传一，后妃，第8914页，中华书局，1976年7月。

进入弥留状态，乾隆帝赶来，在病床旁陪护。丑刻，皇太后溘然长逝[①]，享年86岁。她在乾隆盛世当了41年皇太后，享尽了荣华富贵。享年之高，在清朝皇太后中列第一位，在中国封建历史上也是少见的。

皇太后遗体很快运回皇宫，二十三日辰刻到达慈宁宫。梓宫停放在慈宁宫正中。乾隆帝亲自为母亲定谥号为孝圣宪皇后。为了表示孝心，特意用3000多两黄金铸了一座金塔，铸成后净重215斤，专门贮存皇太后生前掉下来的头发，称金发塔，此金塔至今存于北京故宫博物院。正月二十九日，皇太后梓宫奉移畅春园九经三事殿正中安放[②]。三月十六日在九经三事殿举行大行皇

唐岱、沈源乾隆九年绘《长春仙馆图》

①《高宗纯皇帝实录》卷一〇二五，第21册，第734页，中华书局影印本，1985年11月。

②《高宗纯皇帝实录》卷一〇二五，第21册，第747页，中华书局影印本，1985年11月。

乾隆帝为其母做的金发塔

后上谥礼，谥为孝圣慈宣康惠敦和敬天光圣宪皇后。四月十四日卯时，孝圣皇后梓宫奉移西陵泰东陵，乾隆帝亲自护送，四月二十五日辰时，孝圣皇后梓宫葬入泰东陵地宫①。五月初一日，孝圣皇后神牌分别升祔太庙、奉先殿和陵寝隆恩殿②。

嘉庆四年（1799年）五月十一日仁宗加上谥号“诚徽”二字③。嘉庆二十五年十二月十一日（1821年1月14日）宣宗加上“仁穆”二字，最后谥号为：孝圣慈宣康惠敦和诚徽仁穆敬天光圣宪皇后④。简称孝圣宪皇后或孝圣皇后。

泰陵妃园寝的营建和规制

泰陵妃园寝位于泰陵东北方向的杨树沟，是清王朝在关内营建的第二座妃园寝，是清西陵建的第一座妃园寝。关于这座妃园寝的始建、完工日期、承修大臣、用料、用银等情况，官方史书上均无记载，从清宫档案中迄今也未找到相关材料，有待进一步考证。根据惯例，妃园寝往往随着皇帝陵的营建而兴工，或同时

①《高宗纯皇帝实录》卷一〇三一，第21册，第822页，中华书局影印本，1985年11月。

②《高宗纯皇帝实录》卷一〇三二，第21册，第829页，中华书局影印本，1985年11月。

③《仁宗睿皇帝实录》卷四四，第28册，第5401页，中华书局影印本，1986年8月。

④《宣宗成皇帝实录》卷一〇，第33册，第207页，中华书局影印本，1986年。

兴工，或稍晚一二年。笔者从中国第一历史档案馆藏的《内务府来文》中找到一件档案，为我们考证泰陵妃园寝的营建提供了一条有价值的线索，现摘抄如下：

钦差总理妃衙门阿哥园寝工程事务处为咨取事。

办理妃衙门、阿哥园寝工程事务处案呈：恭照泰陵隆恩殿、配殿等处隔扇、槛窗糊饰所需云纱移咨内务府支领应用在案。今妃衙门并张各庄、王各庄阿哥园寝隔扇、槛窗糊饰所需云纱相应移咨内务府支领内库宽二尺白云纱三十六丈八尺五寸、红云纱三丈五尺九寸照数发给笔帖式宏德赍领到工，以副应用，……

乾隆二年九月十五日[①]

这条史料使我们知道泰陵妃园寝和阿哥园寝是在同一时期营建的，而且是由一个工程处承修的，还使我们知道泰陵妃园寝、阿哥园寝到乾隆二年（1737年）九月十五日已经基本完工。进而我们可以推知：泰陵妃园寝和阿哥园寝的营建基本与泰陵是同期进行的，兴工比泰陵都晚些。

关于泰陵妃园寝的规制，光绪二十五年本的《钦定大清会典事例》中是这样记载的：

泰陵皇贵妃园寝，琉璃花门一座，广一丈九尺，纵九尺五寸，檐高一丈三尺。前正中飨殿一座，广六丈，纵三丈四尺，檐高一丈三尺，东有燎炉一座，广九尺，纵六尺四寸，高六尺六寸。南有大门三，广三丈八尺五寸，纵二丈六尺五寸，檐高一丈一尺五寸。门外设左右班房。东西厢各三间，广三丈一尺，纵一丈七尺，檐高九尺，前有一洞石桥一座。围墙周长一百三十丈九尺，高一丈五寸[②]。

上述记载非常简略，有些建筑没有记载。经现场考察，实际情况是这样的：泰陵妃园寝位于泰东陵东约1公里处，坐北朝

① 清宫档案《内务府来文》陵寝事务，第2922包。

② 昆冈等修，刘启端等纂光绪朝《钦定大清会典事例》，卷九四九，工部·园寝坟茔。载《续修四库全书》编纂委员会编《续修四库全书》，第811册，史部·政书类，第433页，上海古籍出版社，2002年。

泰陵妃园寝享殿

南。园寝前有马槽沟一道，正中建一孔拱券桥一座，每侧石栏杆有栏板7块，望柱8根，火焰式柱头、抱鼓石2块，桥孔上方有吸水兽。东西厢房各3间，单檐硬山顶，布瓦盖顶。东西值班房各3间，单檐卷棚硬山布瓦顶。大门面阔3间，单檐歇山顶，三踊斗栱，绿琉璃瓦顶。院内左侧燎炉一座。大殿面阔5间，单檐歇山顶，六角菱花门窗隔扇，殿内暖阁3间。中暖阁内设神龛。殿前为月台，三出陛，正前方和左右抄手踏跺均为4级。园寝门两侧的面阔墙下有一道东西方向的泊岸，泊岸前有石礓磜。园寝门三座，中门有歇山顶式的门楼，门前有月台，月台前有6级踏跺。两角门为随墙门，门前无月台，各有一座6级踏跺，后院共有21座大小宝顶，东西横向排列，呈弧形。宝顶建于长方形的砖石月台上，月台前有踏跺。宝顶共分三排，第一排5座，月台前踏跺5级。第二排9座，月台前踏跺也为5级。最后一排为7座，月台前踏跺为3级。整座园寝除厢房和值班房为布瓦外，其余建筑乃至墙顶全部为绿色琉璃瓦盖顶。

无论是《钦定大清会典事例》所载，还是现场实际考察，泰陵妃园寝均无东西配殿。泰陵妃园寝基本上是效仿东陵的景陵妃园寝规制而建的。景陵妃园寝是清朝在关内营建的第一座妃园寝，它的规制成为后来营建妃园寝的蓝本。泰陵妃园寝与景陵妃园寝相比较，有三点不同。

一是景陵妃园寝拱桥左（东）侧有一孔便桥一座，而泰陵妃园寝则无桥。

二是泰陵妃园寝大门左右的面阔红墙南侧各有一道泊岸（相当于把墙根下台基展宽），而景陵妃园寝则无有。

三是泰陵妃园寝的园寝门及东西两旁的面阔墙前有一道东西通长的泊岸，泊岸前正中设石礓䃰，而景陵妃园寝则无有。

景陵妃园寝的东西厢房现在各为面阔5间，其实原建时也是3间。乾隆元年至六年对景陵妃园寝进行修缮时才将厢房由3间改为5间。泰陵妃园寝对后来的昌陵妃园寝规制有一定的影响。

泰陵妃园寝内葬人物

泰陵妃园寝内葬雍正帝的21位妃嫔，其中皇贵妃1人、妃3人、嫔1人、贵人5人、常在7人、格格4人。

据笔者考证，雍正帝实有后妃30人。妃园寝葬21人，泰陵葬一后一皇贵妃，泰东陵葬1后，清西陵共葬24人。那么那6人是谁，她们又都葬到了哪里？那6人是：老贵人、吉常在（原称吉官）、英答应（原称兰英）、汪答应、德答应以及云惠。老贵人

泰陵妃园寝内众宝顶

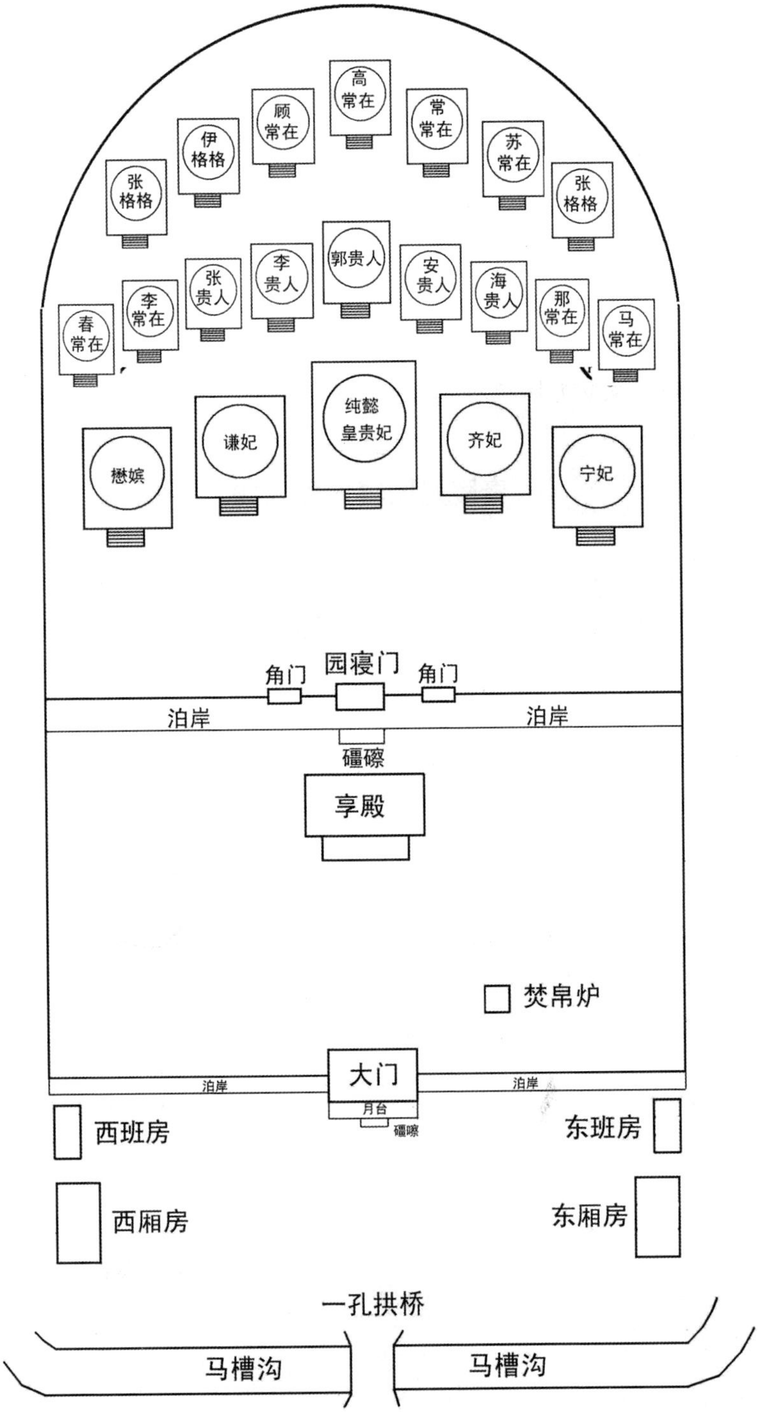

泰陵妃园寝平面示意图（徐鑫绘）

葬于清东陵的苏麻喇姑的园寝内。另外5人不知葬于何处，有待进一步考证。

下面将泰陵妃园寝内的21位妃嫔分别介绍一下。

□ 高寿的纯懿皇贵妃

纯懿皇贵妃，耿氏，管领耿德金之女[①]，满洲镶黄旗，康熙二十八年（1689年）十一月初三日生，比雍正帝小11岁。早年入侍雍正帝潜邸，为格格。康熙五十年十一月二十七日（1712年1月5日）生皇五子弘昼[②]。雍正帝登极后，于雍正元年（1723年）二月十四日封耿氏为裕嫔[③]，同年十二月二十二日行册封礼[④]。雍正八年（1730年）四月晋封为裕妃。雍正帝崩后第14天即雍正十三年（1735年）九月初七日，新即位的乾隆帝尊封她为贵妃[⑤]，因当时正在雍正帝的大丧期间，册封礼推迟到乾隆二年（1737年）九月才举行。耿氏在贵妃位上度过了41个春秋，到乾隆四十三年（1778年）二月初一日，乾隆帝以是年十一月为裕贵妃90岁大寿，晋封耿氏为皇贵妃[⑥]，在她生日的前5天即十月二十八日为耿氏举行了册封皇贵妃典礼[⑦]，以90岁高龄而被封为皇贵妃，不仅在清朝空前绝后，就是在中国历史上都是罕见的。乾隆四十九年十二月十七日（1785年1月27日），耿氏终因年事过高而寿终正寝[⑧]，终年96岁。她比孝圣皇后多活10年，寿数仅比

① 唐邦治著《清皇室四谱》，上册，卷二·后妃，第18页，1923年上海聚珍仿宋印书局聚珍铅印本。

② 唐邦治著《清皇室四谱》，下册，卷三·皇子，第22页，1923年上海聚珍仿宋印书局聚珍铅印本。

③《世宗宪皇帝实录》卷四，第7册，第101页，中华书局影印本，1985年11月第1版。

④《世宗宪皇帝实录》卷一四，第7册，第253页，中华书局影印本，1985年11月第1版。

⑤ 清宫档案《内务府奏案》，第5包。

⑥《高宗纯皇帝实录》卷一〇五〇，第22册，第28页，中华书局影印本，1985年11月。

⑦《高宗纯皇帝实录》卷一〇六九，第22册，第330页，中华书局影印本，1985年11月。

⑧ 清宫档案《内务府来文》，第53包。

康熙帝的定妃小1岁，在已知终年岁数的后妃中，她位居第二。耿氏死后第二天乾隆帝亲自到裕皇贵妃金棺前奠酒。十二月二十日金棺奉移到京北的曹八里屯殡宫暂安[1]。乾隆五十年（1785年）二月册谥耿氏为纯懿皇贵妃。《清史稿》写成“纯悫皇贵妃”是错误的。四月初九日，纯懿皇贵妃金棺奉移泰陵妃园寝。乾隆五十年（1785年）四月十六日辰时葬入地宫。纯懿皇贵妃券座位于前排正中，是园寝中的最尊贵位置，因为她是这座园寝中唯一的皇贵妃。

□ 齐妃

齐妃，李氏，汉族，知府李文烨之女[2]。她是雍正帝早期的妻妾之一。雍正帝即位前她已是潜邸侧福晋了。在当时，她的地位比孝圣皇后和纯懿皇贵妃都高。康熙三十四年（1695年）七月初六日未时生皇二女和硕怀恪公主[3]。康熙三十六年（1697年）六月初二日子时生皇子弘昐[4]。康熙三十九年（1700年）八月初七日酉时生皇二子弘昀[5]。康熙四十三年（1704年）二月十三日子时生皇三子弘时[6]。李氏在10年之内为雍正帝一连生了三男一女，这无疑表明她是深受雍正帝宠爱的。

雍正帝即位后，于雍正元年（1723年）二月十四日被诏封为齐妃[7]，同年十二月二十二日行册封礼[8]。乾隆二年（1737年）三

---

① 清宫档案《内务府来文》，第53包。

② 唐邦治著《清皇室四谱》，上册，卷二·后妃，第19页，1923年上海聚珍仿宋印书局聚珍铅印本。

③ 唐邦治著《清皇室四谱》，下册，卷四·皇女，第15页，1923年上海聚珍仿宋印书局聚珍铅印本。

④ 唐邦治著《清皇室四谱》，下册，卷三·皇子，第21—22页，1923年上海聚珍仿宋印书局聚珍铅印本。

⑤ 唐邦治著《清皇室四谱》，下册，卷三·皇子，第21页，1923年上海聚珍仿宋印书局聚珍铅印本。

⑥ 唐邦治著《清皇室四谱》，下册，卷三·皇子，第21页，1923年上海聚珍仿宋印书局聚珍铅印本。

⑦《世宗宪皇帝实录》卷四，第7册，第101页，中华书局影印本，1985年11月第1版。

⑧《世宗宪皇帝实录》卷一四，第7册，第253页，中华书局影印本，1985年11月第1版。

月以来，齐妃染病在床。四月初一日病势沉重，即日移到北海五龙亭。乾隆帝奉皇太后亲自到五龙亭看望齐妃。四月初七日齐妃病逝，终年约60岁。齐妃死后，乾隆帝亲自到五龙亭齐妃金棺前奠酒行礼。几天后，齐妃金棺奉移到京西的田村殡宫暂安。乾隆二年十二月，齐妃金棺奉移泰陵妃园寝。入葬日期待考，估计当在乾隆二年十二月份入葬。其券座位于前排东数第二位，纯懿皇贵妃东侧，其葬位仅次于纯懿皇贵妃，居于第二位。

□ 谦妃

谦妃，刘氏，内管领刘满之女，康熙五十三年（1714年）生[①]。雍正七年（1729年）入宫，初称刘答应，雍正八年（1730年）晋为刘贵人。雍正十一年（1733年）六月十一日亥时生皇六子弘瞻，曾经叫乾隆帝为汗阿哥的“圆明园阿哥”就是他，当时他仅3岁[②]。电视剧《甄嬛传》说弘瞻是甄嬛与果亲王允礼的私生子，纯属虚构。弘瞻是雍正帝的最小皇子，按出生顺序为第十，因有早殇皇子，所以排行为皇六子。弘瞻降生时，当时雍正帝已56岁，晚年得子，自然异常高兴，在弘瞻降生第二天，雍正帝就晋封刘贵人为嫔，封号为“谦”[③]，册封礼在第二年举行。乾隆帝即位后，于雍正十三年（1735年）九月初七日诏封谦嫔为谦妃[④]，乾隆二年（1737年）九月举行册封礼。乾隆三十二年（1767年）五月二十一日谦妃去世，终年54岁。乾隆帝辍朝三日。谦妃金棺于五月二十四日奉移到京师北郊的曹八里屯殡宫。乾隆三十二年（1767年）十月十六日谦妃金棺奉移泰陵妃园寝，十月二十五日入葬。其宝顶在前排，纯懿皇贵妃之右。

---

① 唐邦治著《清皇室四谱》，上册，卷二·后妃，第19页，1923年上海聚珍仿宋印书局聚珍铅印本。

② [清] 鄂尔泰、张廷玉等编纂《国朝宫史》上册，训谕四，第37页，北京古籍出版社，1987年6月。

③《世宗宪皇帝实录》卷一三二，第8册，第708页，中华书局影印本，1985年11月第1版。

④ 清宫档案《内务府奏案》，第5包。

□ 宁妃

宁妃，武氏，知州武国柱之女[①]，早年入侍雍正帝潜邸，于雍正十二年（1734年）五月二十四日去世，追封为宁妃[②]。约于乾隆二年（1737年）后半年葬于泰陵妃园寝，宝顶位于前排左（东）边第一位。

□ 懋嫔

懋嫔，宋氏，主事金柱之女，早年入侍雍正帝潜邸，为格格[③]。她很可能是雍正帝最早的妻妾。康熙三十三年（1694年）三月十六日丑时，她为刚17岁的雍正帝生下了第一个子女——皇长女[④]。雍正帝登极后，于雍正元年（1723年）二月十四日诏封为懋嫔[⑤]，同年十二月二十二日举行册封礼。懋嫔卒于雍正八年（1730年）九月，金棺暂安于田村殡宫。乾隆二年（1737年）十二月，懋嫔金棺随同齐妃金棺奉移西陵泰陵妃园寝。

为什么懋嫔死后七年才奉移妃园寝呢？因为懋嫔死那年是雍正八年（1730年）九月，泰陵刚刚兴工，妃园寝尚未营建，懋嫔金棺只得长期在殡宫停放，到乾隆二年（1730年）后半年泰陵妃园寝建成，齐妃和懋嫔金棺才得以奉安。懋嫔券座位于前排右边（西端）第一位，她是泰陵妃园寝中唯一的嫔。

关于雍正帝的后妃，《清朝文献通考》、《清史稿》、《清列朝后妃传稿》等书，均只记到懋嫔为止，共8位，只有《清皇室四谱》在懋嫔后面多记了一位李贵人，而且只有一句话：“贵人李

---

① 唐邦治著《清皇室四谱》，上册，卷二·后妃，第19页，1923年上海聚珍仿宋印书局聚珍铅印本。

② 唐邦治著《清皇室四谱》，上册，卷二·后妃，第19页，1923年上海聚珍仿宋印书局聚珍铅印本。

③ 唐邦治著《清皇室四谱》，上册，卷二·后妃，第19页，1923年上海聚珍仿宋印书局聚珍铅印本。

④ 唐邦治著《清皇室四谱》，下册，卷四·皇女，第15页，1923年上海聚珍仿宋印书局聚珍铅印本。

⑤ 中国第一历史档案馆编《雍正朝汉文谕旨汇编》第一册，第36页，广西师范大学出版社，2008年。

氏，乾隆二十五年庚辰卒。[1]”泰陵妃园寝内的21人中除纯懿皇贵妃、齐妃、宁妃、谦妃、懋嫔、李贵人有记述外，尚有15人没有记载。珍藏在中国第一历档案馆的一份泰陵妃园寝券位图使我们知道了这15人是谁，即：郭贵人、安贵人、海贵人、张贵人、那常在、马常在、李常在、春常在、高常在、常常在、顾常在、苏格格、伊格格、张格格、张格格。笔者将从清宫档案中查找到的这16人的有关史料公布出来，尽管很少，很不系统、全面，甚至很散乱，但对今后进行研究、考证还是有益处的。

□ 郭贵人

郭贵人，雍正初年封为郭常在，雍正七年（1729年）晋为郭贵人。乾隆五十一年（1786年）正月十一日去世，彩棺暂安于京师北郊的曹八里屯殡宫[2]。乾隆五十一年（1786年）三月初七日辰时，郭贵人彩棺奉移泰陵妃园寝，三月十三日入葬地宫。

□ 李贵人

李贵人，雍正七年（1729年）封李贵人。乾隆二十五年（1760年）四月二十八日去世，二十九日奉移，七月二十一日百日礼致祭[3]。

□ 安贵人

安贵人卒于乾隆十四年四月至十五年年底之间，彩棺暂安于田村殡宫[4]。

□ 海贵人

海贵人于雍正三年（1725年）为海常在，雍正十三年（1735

① 唐邦治著《清皇室四谱》，上册，卷二·后妃，第19页，1923年上海聚珍仿宋印书局聚珍铅印本。

② 清宫档案《内务府来文》，第56包。

③ 清宫档案《内务府来文》礼仪，第12包。

④ 清宫档案《内务府来文》，第11包。

年）九月底晋为海贵人。乾隆二十六年十二月卒，彩棺暂安于田村殡宫[①]。乾隆二十七年（1762年）四月初一日卯时奉移泰陵妃园寝，四月初十日午时海贵人彩棺葬入地宫。

□ 张贵人

张贵人，初入宫为常在，雍正十三年（1735年）四月升为张贵人。乾隆元年（1736年）四月二十一日是张贵人的周年致祭礼[②]，以此推之，张贵人当卒于雍正十三年（1735年）四月二十一日。

□ 马常在

马常在，雍正七年（1729年）七月已入宫，称马答应。雍正八年（1730年）一月晋为马常在。乾隆年间居住在寿康宫。马常在卒于乾隆三十三年（1768年）四月十一日[③]。彩棺暂安于田村殡宫，一直到乾隆四十年（1775年）十月，马常在的彩棺仍在田村殡宫暂安。此事被乾隆帝发觉后，非常生气，惩处了一大批官员后，马常在彩棺才得以奉移泰陵妃园寝，入葬地宫[④]。

□ 李常在

李常在，雍正八年（1730年）已进宫，被封为李答应。雍正十年（1732年）闰五月晋为李常在。乾隆五十年（1785年）十一月李常在尚健在。乾隆五十二年（1787年）三月去世[⑤]。

□ 顾常在

顾常在，雍正七年（1729年）四月已进宫，为常在。雍正七

---

① 清宫档案《内务府来文》礼仪，第13包。

② 清宫档案《内务府来文》礼仪，第1包。

③ 国家图书馆藏历史档案文献丛刊《清代孤本内阁六部档案续编》第四册，“乾隆嘉庆年添减底帐”，第1426页，全国图书馆文献缩微复印中心，2005年10月。

④ 清宫档案《内务府来文》礼仪，案卷号34。

⑤ 清宫档案《内务府来文》陵寝事务，第2927包。

年（1729年）九月顾常在卒，彩棺暂安田村殡宫。乾隆二年（1737年）三月初六日清明节时，仍祭祀停在殡宫的顾常在[①]。

□ 高常在

高常在，雍正七年（1729年）四月已入宫，称高答应。雍正八年（1730年）一月晋升为高常在。到雍正十年（1732年）七月高常在尚在。约卒于雍正十年七月至十二年底之间。高常在彩棺暂安于田村殡宫，乾隆二年（1737年）三月仍停在殡宫[②]。

□ 常常在

雍正七年（1729年）一月已入宫，称常在。雍正十年（1732年）八月常常在溘逝，彩棺暂安田村殡宫。乾隆二年（1737年）三月常常在彩棺仍停在殡宫[③]。

□ 春常在

春常在，在已找到的清宫档案《宫中档簿》（雍正十三年十月）中已有春常在之名，一直到乾隆二十六年（1761年），始终有春常在之名[④]。乾隆二十七年至三十年的《宫中档簿》缺失。但乾隆三十一年（1766年）的《宫中档簿》中已不见春常在之名。

□ 苏答应

苏答应，雍正四年（1726年）七月已进宫，可能卒于雍正七年（1729年）八月以后。苏答应有可能是泰陵妃园寝中的苏格格。

那常在、伊格格、两位张格格均未找到相关史料。

---

① 清宫档案《内务府来文》。
② 清宫档案《内务府来文》。
③ 清宫档案《内务府来文》。
④ 清宫档案《宫中档簿》644号，“宫内及各处女子嬷嬷妈妈里等折肉银底帐”。

另外，在清宫档案中还发现了一个“向答应”、“由答应”、“御答应”、“琼答应”，这四位在泰陵妃园寝的内葬人中没有她们的位置。她们都死于乾隆年间，其中向答应、御答应、由答应彩棺暂安在曹八里屯殡宫[①]。她们是雍正帝的嫔御，还是康熙帝的嫔御，尚待考证。

从雍正帝的妃嫔简介中可以看出，汉女占多数。

① 清宫档案《内务府来文》礼仪，第25包。

嘉庆皇帝的昌陵及后妃陵寝

鸟瞰昌陵

昌陵的营建和规制

□ 陵址的选择

自雍正帝在永宁山下首建泰陵以后，清王朝在关内出现了以北京为中心的左右对称的两大皇家陵园清东陵和清西陵，这就给后来的清朝皇帝出了一个难题：以后的陵寝怎么选址？是建在东陵，还是建在西陵？第一个遇到这个问题的就是乾隆帝。

乾隆帝即位以后不久，接受议政大臣讷亲、户部尚书海望等人的奏请，于乾隆三年（1738年）开始相度万年吉地。先后相度了密云县的董各庄、遵化的九凤朝阳山、霍家庄等地[①]。他还想在西陵的泰陵附近相度吉地，营建陵寝。继而又考虑到：如果我的子孙都效法我，子随父葬，后世的陵寝就都建在了西陵，这就

① 清宫档案《录副奏折》内政，胶片，第19盒。

会使东陵的孝陵、景陵日渐疏远冷落，“不足以展孝思而申爱慕”。于是他把自己的万年吉地选在了东陵的胜水峪，位于顺治帝的孝陵西旁，与孝陵东旁的景陵形成了左右陪护之势。他这样做了，他的子孙以后应该怎么办？将陵建在东陵还是西陵？能不能也像自己一样做到以理止情，虑事周详？几十年来，他一直在考虑这个问题。他在执政60年后，兑现了自己的诺言，把皇位禅让给了自己的皇十五子永琰，他当上了太上皇帝。这时他对今后如何建陵之事早已有了解决的方法，成竹在胸。嘉庆元年十二月二十二日（1797年1月19日），乾隆帝就今后建陵一事发出了一道长谕。这道谕旨很著名，也很重要，全文抄录于下：

向例皇帝登基后即应选择万年吉地。乾隆元年，朕绍登大宝，本欲于泰陵附近地方相建万年吉地。因思皇考陵寝在西，朕万年吉地设又近依皇考，万万年后，我子孙亦思近依祖父，俱选吉京西，则与东路孝陵、景陵日远日疏，不足以展孝思而申爱慕。是以朕万年吉地即建在东陵界内之圣水峪。若嗣皇帝及孙曾辈因朕吉地在东择建，则又与泰陵疏隔，亦非似续相继之义。嗣皇帝万年吉地自应在西陵界内卜择。著各衙门即遵照此旨，在泰陵附近地方敬谨选建。至朕孙缵承统绪时，其吉地又当建在东陵界内。我朝景运庞鸿，庆延瓜瓞，承承继继，各依昭穆次序，迭分东西，一脉相联，不致递推递远。且遵化、易州两处山川深邃，灵秀所钟，其中吉地甚多，亦可不必于他处另为选择，有妨小民田产，实为万世良法。我子孙惟当恪遵朕旨，溯源笃本，衍庆延禧，亿万斯年，相承勿替，此则我大清无疆之福也[①]。

乾隆帝唯恐他的子孙不理解他的良苦用心，不遵此旨，另辟新的陵区，在这道谕旨发出不到三个月，乾隆帝再一次颁谕，强调此事，他说：

前经降旨以嗣后万年吉地当各依昭穆次序，在东西陵界

① 中国第一历史档案馆编《嘉庆道光朝上谕档》第一册，第389页，第1000条，广西师范大学出版社，2000年。

内分建，不必另卜他处。但堪舆术士每多立异邀功之习，所言最不可信。即如朕选择万年吉地时，定于东陵界内之胜水峪，而进爱又欲改卜，经朕查出，即将进爱治罪示惩。万世子孙皆当以此为法，庶不为形家之言所惑。且遵化、易州两处山川灵秀宽广，其中吉地甚多，我子孙务须恪遵前训，永垂法守，断不必另择他处，有妨民业[①]。

乾隆帝可谓苦口婆心，反复叮嘱。为了真正使自己制定的“昭穆相建”的葬制落到实处，他指令嗣皇帝颙琰的陵址在西陵境内选择。这一点嘉庆帝一向是直言不讳的，他多次表示：“易州太平峪系皇考赐朕之吉地。[②]”

嘉庆帝是在嘉庆元年（1796年）正月初一日即位的。他的万年吉地到嘉庆二年五月就已开始撒灰线[③]。这表明只用了一年左右的时间就选定了万年吉地。这个地方位于泰陵之西约1公里，毗邻泰陵，也叫太平峪。

□ 昌陵的风水

昌陵陵址的相度大臣是谁？太平峪万年吉地的风水如何？参与相度的风水官是谁？一件清宫档案解决了这些所有问题。相度大臣是户部尚书福长安、内务府大臣缊布。这件档案是福长安和缊布向嘉庆帝奏报相度太平峪吉地情况以及风水官的风水说帖，很重要，现在抄录于下：

臣福长安、蕴布谨奏为恭进万年吉地图说事。

臣等率领通晓风水之户部郎中图明阿等敬谨相度万年吉地。据该员等相度得泰陵迤西之太平峪，与泰陵、泰东陵同发源于永宁山，分为二大干，其东出一干泰东陵之来凤山，其中出一干双分而下，内一为泰陵之来龙山，其迤西之干即现在相度之太平峪是也，此山与泰陵同，月永分千，万星拱

①清宫档案《内务府来文》陵寝事务，第2930包。

②《仁宗睿皇帝实录》卷一一六，第29册，第543页，中华书局影印本，1986年8月。

③清宫档案《朱批奏折》，文件号30。

辅，层伏层起，由亥之艮，又由艮之亥，正合紫微天市二垣之局。中间过峡行龙，或拥作金水联珠，或拥作水木清华，或开三台宝帐，或开五老围屏，层层蟠曲，统九星二十八宿之全，从分脉处数至入首，绵延三十余里，共计起星三十六位伏脉三十六重是为七十二候，以应周天三百六十度之数，到局结作太极轮晕，堂局圆正，印证分明，龙环于左，虎伏于右，宜用子午加在丙山向丙子丙午分金。

至于前山诸星，第一层为富贵庄文星朝案，第二层为九凤山武曲朝案，第三层与泰陵同用寿星山为朝案，西华盖山峙秀于西，东华盖山峙秀于东，后山正北白玉等峰左右分抱而南，周回围绕，如星之拱辰，如枢之运斗。

众水随山而下，无不到堂会局，正所谓四维同弼，八极统环，成万国来朝之气象也。尤可庆者，寿星山前一水自南而北特朝案外，伏查南极为寿星之位，此方秀水入朝，术家谓之长寿水。以此推论，太平峪拟作万年吉地允足为万寿无疆之庆。臣等率领该员等连日敬谨周围相度，再讲求据该员等意见，均属相同，理合绘图贴说，恭呈御览。并将通晓风水及绘图人员衔名另缮清单一闻，谨奏

嘉庆二年三月初七日

相度人员

户部郎中：图明阿　满洲正白旗

工部员外郎：雷维霈　江西南丰县人

钦天监执壶正：张恒台　安徽怀宁县人

钦天监执壶正：何元富　顺天大兴县人

原任知县：熊启璠　江西新建县人

州同职衔：熊占鳌　江西安义县人

新选高邮州教官：陈均　江苏武进县人

绘图人员：

内务府员外郎：长兴　正白旗汉军

内务府员外郎：李如枚　镶黄旗汉军

内务府库掌：明德　正白军满洲[①]

尽管风水官将太平峪这个地方说得十分完美，实际上也并非一点缺陷也没有。比如后宝山比较低矮，进行了人工堆培[②]。

□ 昌陵的承修大臣

早在嘉庆二年（1797年）五月二十一日，嘉庆帝就任命了总理太平峪万年吉地工程的承修大臣，他们是：户部尚书范宜恒，礼部尚书德明，礼部左侍郎铁保，工部左侍郎成德、赵佑，总管内务府大臣缊布。同时命“范宜恒、缊布常川往来，轮流查察”。还命当时的乾隆帝的宠臣和心腹文华殿大学士、军机大臣和珅，户部尚书、军机大臣福长安督办陵寝的工料事件[③]。嘉庆四年（1799年）三月二十七日，以缊布管理事务较多，嘉庆帝下令万年吉地事务缊布不必办理[④]。嘉庆四年（1799年）五月十四日，以成德年逾七十，精力渐衰，往来照料究多未便，且成德系刑部尚书（此时已晋升为刑部尚书），现在正届办理秋审事件，亦难兼顾，因此嘉庆帝谕令成德不必管理万年吉地事务，改由刚任兵部右侍郎的原云南巡抚江兰接办[⑤]。嘉庆五年（1800年）闰四月二十二日，嘉庆帝又将孝淑皇后之兄、自己的大舅哥、已革户部右侍郎署工部尚书、三等公盛住派到西陵任总管内务府大臣，办理万年吉地工程，常川住工督办。同时还添派户部尚书布彦达赉（道光帝的孝穆皇后之父）办理万年吉地工程[⑥]。嘉庆五

① 清宫档案《内务府奏案》嘉庆二年，第326包。

② 清宫档案《内务府来文》陵寝事务，第2930包。

③ 中国第一历史档案馆编《嘉庆道光两朝上谕档》第二册，第239条，第146页，广西师范大学出版社，2000年。

④ 中国第一历史档案馆编《嘉庆道光两朝上谕档》第四册，第329条，第105页，广西师范大学出版社，2000年。

⑤《仁宗睿皇帝实录》卷四四，第28册，第5421页，中华书局影印本，1986年8月。

⑥《仁宗睿皇帝实录》卷六六，第28册，第887页，中华书局影印本，1986年8月。

年（1800年）又任命兵部尚书汪承霈、原杭州将军范建丰为万年吉地承修大臣。

按照以往建陵惯例，任命承修大臣以后，马上要组建工程处，称“钦差总理太平峪万年吉地工程事务处”，简称“万年吉地工程处”，建立档房、样子房、算房等。档房在工地和京城分各建一处。任命监督、监修等官。还要成立勘估处。

“钦差总理太平峪万年吉地工程事务处”虽然是临时性机构，但也要有官印。这个官印称“钦差总理太平峪万年吉地工程大臣关防”。这颗关防储存在箱内，配有锁钥。当时承修大臣有七人，由谁掌管关防，就由谁佩带钥匙。为此，承修大臣向皇帝奏请颁发关防，并请示钦点一人掌管印钥：

> 恭照万年吉地钦定于太平峪建造，其工程事务命臣德明等敬谨查照旧例办理。钦此钦遵办理。伏思万年吉地大典攸关，一切事务俱关钱粮。从前俱经颁发钦差大臣关防，此次自应查照旧例办理。理合奏闻请旨，照例颁发钦差大臣关防，以昭信守，并请示臣等七人中钦点一人，令其掌管印钥。为此谨奏请旨[1]。

嘉庆四年二月初四日嘉庆帝就作了明确批示：

> 钦差大臣关防著照例颁给，著成德、盛住二人择期前往。所有关防印钥著成德管带。成德若有事进京，即移交盛住管带。成德都察院印钥即交刘权之管带，不必另派满员署理[2]。

自任命万年吉地承修大臣以后，各项筹建事宜抓紧进行。工程所需用的砖块、桅杉架木、临清砖、绳麻、席片、铁银锭等项已行文各该省办运。青白石、豆渣石、青灰、白灰、琉璃瓦料等项也抓紧赶办。由于当时工程的钱粮还没有估算出来，无法正式拨款，而一切物料均须抓紧采办，在在需银，为此，万年吉地工

① 清宫档案《内务府来文》陵寝事务，第2930包。

② 中国第一历史档案馆编《嘉庆道光两朝上谕档》第四册，第114条，第45页，广西师范大学出版社，2000年。

程处经奏准，于内务府广储司银库暂借库平银10万两，以备采办，以应急需。这笔借款在勘估后请领钱粮时，由户部如数扣还[①]。

□ 昌陵的动工日期

关于昌陵的始建日期，许多人都认为是嘉庆元年（1796年）。笔者认为是不妥的。乾隆帝在发布第一道昭穆相建谕旨，指示嗣皇帝吉地当在西陵卜择时，已经是嘉庆元年十二月二十二日（1797年1月19日）了，再过8天就是嘉庆二年（1797年）了，嘉庆元年兴工已不可能。再者，乾隆帝所选定的太平峪吉地只是个大致方位，陵址的准确位置、四至、穴位、山向等都有待地理风水人员到实地详细踏勘，反复斟酌，绘图贴说，经钦准后才能确定，这都需要不短的时日。制作烫样，勘估钱粮，组建工程处，支领经费、采办物料等一系列事情都必须要做，十分复杂，在短时间内是难以完成的。就是一二年内完成应该说是很快的，所以说昌陵于嘉庆元年兴工是不可能的。

嘉庆三年（1798年）十月二十三日，办理万年吉地工程档房有一件“为呈明支领廪饩事”的呈文，文中说：

> 恭照太平峪敬建万年吉地，其规模虽经风水官敬谨指示勘定，但兴工在迩，自应再行复勘，以昭敬慎[②]。

这条史料表明，时至嘉庆三年（1798年）十月二十三日昌陵尚未兴工营建，还需要对吉地“再行复勘”。

中国第一历史档案馆藏的一件档案为我们提供了一把破解这个问题的钥匙。嘉庆五年（1800年）六月，户部有一份“谨奏为遵旨议奏事”的奏折，其中有一段文字是：

> 现在吉地等工虽于嘉庆四年二月内择吉动工，第因架木于上年冬季到工，实自今春三月始兴工办起[③]。

---

① 清宫档案《内务府来文》陵寝事务，第2930包。

② 清宫档案《内务府来文》陵寝事务，第2930包。

③ 清宫档案《内务府来文》陵寝事务，第2931包。

嘉庆四年（1799年）二月初八日，礼部的一件奏折明确无误地告诉了昌陵的兴工日期：

礼部谨奏为奏闻事。准办理万年吉地工程处奏准，于二月十九日兴工吉等因到部。臣等恭查兴工吉期应遣官前往祭告后土、司工之神、永宁山神。所有遣官祭告各事宜由太常寺办理，祝文由翰林院撰拟。为此谨具奏闻。

本日奉旨：知道了。钦此[①]。

昌陵的兴工日期为嘉庆四年二月十九日（1799年3月24日）是确凿无疑的。此时乾隆帝已龙驭上宾两个半月了。正如前面户部奏折中所讲，名为嘉庆四年二月兴工，由于架木于四年冬季才运到工地，昌陵的实际兴工是嘉庆五年（1800年）春三月开始。

兴工之前遣官前往祭告后土、司工之神、永宁山神。

嘉庆帝对于自己的陵寝一事非常关心，他似乎对这些承修大臣有点不相信。在昌陵施工初期，在嘉庆二年五月二十四日曾派他的侄子绵懿[②]“密行查看万年吉地工程情形”。请看绵懿是怎样向嘉庆帝奏报他密查结果的：

臣绵懿谨奏为奏闻事。本年五月二十四日，首领太监梁进忠传旨，令臣绵懿密行查看万年吉地工程情形。钦此。嗣于六月二十日礼部尚书臣德明带领风水监督人员到齐，自二十一日至二十七等日，将地盘正线按次看定，灰样，逐段界成，并将碑亭及妃园寝官员房等处地位丈量讫，于二十八日起身回京。闻系按照灰线烫样呈览酌定后，再行择吉等语。统俟起工时，臣即随时到工，密行查看。所有一切利弊情形陆续奏闻。谨奏[③]。

嘉庆二年九月初二日

---

①清宫档案《内务府来文》礼仪，第79包。

②绵懿是乾隆帝第十一子成亲王永瑆的次子，过继给乾隆帝第三子循郡王永璋为子。

③清宫档案《朱批奏折》，全宗04，类别01，案卷号5，文件号30。

□ 昌陵的规制

著名贪臣、时任文华殿大学士的和珅也参与了昌陵的筹建工作。嘉庆二年（1797年）九月十六日，和珅等将万年吉地图样恭呈御览，面奉谕旨：

昌陵建筑

昌陵俯视

准其照样建造。其地宫照胜水峪。大碑楼将来在七孔桥之北建盖，其券外一切规制、妃衙门殿座、券池，俱照泰陵式样建盖[1]。

从这道谕旨看，昌陵最初设计时，仿照泰陵，也建七孔桥，后来改成五孔桥。再，谕旨中说大碑楼将来在桥北建盖，或是嘉庆帝确实这么说的，也可能是档案原作者笔误。按清朝陵制，大碑楼均建在桥南，后来的事实也是将大碑亭建在了桥南。

对于陵寝的规制，历朝皇帝都十分重视，嘉庆帝自然也不例外。在嘉庆二年（1797年）九月，和珅呈送烫样时，嘉庆帝就说"地宫照胜水峪"，其券外一切规制照泰陵式样建盖。嘉庆五年（1800年）九月初二日，嘉庆帝向承修大臣汪承霈、范建丰、盛住再次重申"外式照泰陵，内式照裕陵修建"的宗旨[2]。所谓外式，就是能看到的地面建筑。内式就是深在地下的看不到的地宫。嘉庆帝要将自己的陵寝建成为地面建筑规制和泰陵一样，地宫与裕陵一样的陵寝。

---

① 清宫档案《内务府来文》陵寝事务，第2930包。
② 清宫档案《内务府来文》陵寝事务，第2931包。

嘉庆帝为什么要采取“外式照泰陵，内式照裕陵”的做法呢？这基于他对两陵的深刻了解。泰陵是西陵的首陵，建有非首陵所不备的石牌坊、大红门、具服殿等一系列建筑，而从大碑楼往北的主要建筑则与景陵大致相同。而内葬他皇父、生母的裕陵，他多次亲身前往恭谒，自然非常熟悉。从大碑楼往北的一系列建筑与泰陵相比，不仅毫不逊色，而且还多有超越之处。泰陵石像生为5对，而裕陵则为8对，多了骆驼、麒麟、狻猊各1对。裕陵陵寝门前有一道玉带河，河上并排建三座一孔拱券桥，十分精巧华美，而泰陵陵寝门前没有玉带河，当然也就没有桥座之设。裕陵石五供的炉、瓶、烛台身上雕满了兽面纹，而且炉顶、瓶花、蜡烛都是用名贵的紫砂石雕刻的，而泰陵的炉顶、瓶花、蜡烛与器物本身就是用一块石料雕刻的，器物身上皆光素无雕刻纹饰。对于泰陵和裕陵地宫规制，嘉庆帝既可以从档案中得到了解，也可以从大臣的口中知道。他起码进过两次裕陵地宫，一次是护送生母令懿皇贵妃金棺入葬裕陵地宫，另一次是护送其皇父乾隆帝的梓宫入葬裕陵地宫，使他有机会亲眼目睹了布满石雕图案的裕陵地宫的精美豪华，无疑会使他钦羡不已，留下难以磨灭的印象。而泰陵地宫内据现在的研究成果表明不仅没有经文、佛像的雕刻，而且地面是用金砖铺墁的，远不如用青白石铺墁坚固耐久。昌陵近依泰陵，又非首陵，如果外式照裕陵而建，则明显超越了泰陵，显得对皇祖世宗宪皇帝不敬不孝。如果内式仿泰陵而建，则明显逊于裕陵，非嘉庆帝心中所愿。外式照泰陵，既逊避了祖陵，又表达了对皇祖的恭敬之意，给世人留下了敬孝的美名。内式照裕陵，虽然超越了泰陵，但表面上谁也看不到，也未超越裕陵，更主要

昌陵隆恩殿内的花斑石地面

的是遂了自己多年的夙愿，两全其美，可谓明智之举，从中也反映了嘉庆帝在建陵一事上的一番用心。当然这些只是笔者的分析和推测，仅供参考。

在一般人眼中，昌陵和泰陵几乎一模一样，看不出有什么区别。名为“外式照泰陵”，实际上也有不一致的地方。比如，泰陵圣德神功碑亭以北的拱桥为七孔，昌陵为五孔；泰陵隆恩殿地面用金砖铺墁，昌陵隆恩殿地面则用花斑石铺墁；泰陵隆恩殿东暖阁无佛楼，而昌陵则仿裕陵，在东暖阁内建了佛楼。

□ 昌陵的营建

年清年款

在营建昌陵时，为了便于对工程和钱粮进行稽查，经万年吉地工程处奏准，实行“年清年款”的制度[①]。所谓“年清年款”就是将当年做的活计、购买的物料所用的银两当年结清，还剩多少留下年。这样就可以在一定程度杜绝作弊。从嘉庆五年（1800年）三月兴工开始，每届一年之际，即令该监督等将（本年度）所做的活计、运到的物料、银两数目结算清楚，呈报户部斟核确实，按款分晰具奏。这种行之有效的方法，在后来的陵寝工程中得到了沿用。

不用楠木用松木

按设计方案，昌陵建筑所用的木料大都是楠木。嘉庆初年正值苗民和白莲教起义，战火燃遍南方数省。而这些省份正是楠木的主要产地，不便采办，致使昌陵工程楠木急缺。为了解决燃眉之急，不得不拆用了北京的东直门城楼的木料，但仍未能彻底解决万年吉地工程楠木的不足问题[②]。于是承修大臣们又奏请拆掉京城内用楠木的庙宇，将楠木运到吉地备用。嘉庆帝觉得这样做不妥，他特地将常川住工的承修大臣、内兄盛住召到京师，面降谕旨：“向来吉地殿宇俱系油饰彩画，木质不露于外，即易以松

---

① 清宫档案《内务府来文》陵寝事务，第2931包。

② 清宫档案《内务府来文》陵寝事务，第2930包。

木未尝不可。[1]”承修大臣们遵照谕旨，决定将万年吉地的隆恩殿、东西配殿、隆恩门、神道碑亭、明楼等中路上的主要建筑全部改用松木。不拆除庙宇。将已拆的东直门的楠木55件、桅杉木31件留作隆恩殿内暖阁、神龛等项之用[2]。

改用的松木采自围场，行文热河副都统德勒克扎布、热河总管姚良协同万年吉地工程处派出的员外郎达琳、主事德音“乘时一体采伐”。这次砍伐松木共估需砍工、运价银125058两2分3厘[3]。

□ 关于昌陵地宫的雕刻

昌陵是于嘉庆四年（1799年）二月十九日兴工的。乾隆帝崩于同年的正月初三日，同年九月十五日入葬裕陵。因此说昌陵工程是在乾隆帝的大丧期间开始的。

嘉庆四年（1799年）六月二十三日，正在督办裕陵地宫龙山石（固定棺木的石雕构件，俗称卡棺石）工程的东陵守护大臣绵亿接到了一份廷寄谕旨：

> 现在办理太平峪万年吉地工程，其地宫内所镌佛像、经文照裕陵宝顶内所镌佛像、经文式样，著传谕绵亿查明该处如有图样档案一并进呈。如无，著绵亿于镌刻龙山石之便，

裕陵地宫剖面图（天津建筑学院王其亨绘）

① 清宫档案《内务府来文》陵寝事务，第2930包。
② 清宫档案《内务府来文》陵寝事务，第2930包。
③ 清宫档案《内务府来文》陵寝事务，第2931包。

将券石上佛像亲摹大概，经文描写头尾具奏[①]。

绵亿是乾隆帝第五子荣亲王永琪的第五子，当时的爵位是荣郡王。东陵的另一位守护大臣弘谦是康熙帝第二十三子允祁的第五子，比绵亿长两辈，当时的爵位是贝子，比绵亿低两级。他俩同是宗室，均为东陵的守护大臣，为什么只将谕旨寄给了绵亿一人，让他独自完成此差呢？原来绵亿“性聪敏，善书法，诵古今经史，出口如瓶泻水”[②]，是一位才华横溢的才子，让他临摹佛像、经文，最为合适。嘉庆帝可谓量才用人。绵亿接到谕旨，不敢怠慢，立即到东陵各衙门查找裕陵地宫图纸档案。结果从裕陵内关防衙门找到了从前胜水峪烫样图式一份。图内所绘的裕陵地宫内雕刻的佛像贴有佛号，经咒贴有经名，由于年代久远，保护不善，图纸多有糟烂之处：“不惟西番字迹花纹间有模糊不整，并有遗失无存之处。”绵亿于是利用在裕陵地宫督办龙山石之便，“将图内所有不全可以钩描之佛像花纹”“照样虔摹”。裕陵地宫内券墙上所刻的经咒“或系大西天字或系喇嘛字体，并非一样”，“而图中糟烂不全之处所，或系经文，或系佛像”，由于绵亿不认识梵文和藏文，在临摹时“字法笔画中亦难保其不无错落之处[③]”，为了慎重起见，绵亿将东陵隆福寺的喇嘛传来，让他们辨认所临摹的字样是否有错误之处，未想到这些喇嘛均不认识梵文和藏文。绵亿将旧存的烫样图式和临摹的图样派专人送到京师军机处，随之还写了一份奏折，奏报了他临摹的有关情形。嘉庆帝看了绵亿送上的新旧图式和奏折，对绵亿的做法深表嘉许，在他的奏折上朱批道：“甚属详细，可佳。[④]”

本来，太平峪万年吉地工程处与管理京城喇嘛班第事务掌印处商定，准备派喇嘛到裕陵地宫踏勘佛像、经文。还未等他们动身，绵亿就将裕陵地宫的旧存图式和临摹的图式送到了京师。万

① 中国第一历史档案馆编《嘉庆道光两朝上谕档》第四册，第628条，第218页，广西师范大学出版社，2000年11月第1版。

② ［清］昭梿撰《啸亭杂录》卷二，第432页，中华书局，1980年12月第一版。

③ 清宫档案《朱批奏折》工程，1815—1816号。

④ 清宫档案《朱批奏折》工程，1815—1816号。

年吉地工程处得知此事之后，立即通知管理京城喇嘛班第事务掌印处，不必再派喇嘛去东陵，转令该处“在京各寺庙喇嘛内择其缮写番梵字并绘画佛像者几名，即赴雷神庙敬谨赶缮”。万年吉地工程处根据绵亿临摹出来的裕陵地宫经文佛像图式，制作出烫样，恭呈御览。嘉庆帝朱笔批道：“准其照样办理。[1]”

以前建裕陵时，地宫内经文、佛像的雕刻作为另案工程，单独奏估奏销，由京师御书处派匠雕刻。嘉庆五年（1800年）三月二十日，嘉庆帝展谒西陵，顺便阅视了太平峪万年吉地工程。承修大臣将御书处石匠镌刻的梵、番各两个字和由万年吉地工程处石匠镌刻的番梵各两个字呈给嘉庆帝看。他看后即日降旨：“即著本工石匠镌刻，不必交御书处办理。[2]”此事确定下来之后，承修大臣督率工程管理人员、书算人员遵照裕陵销算成例，对昌陵地宫雕刻工程进行详细估算。地宫内各券内所镌刻的八大菩萨、四大天王、五方佛等各佛像以及八宝、香几、宝盆、铃杵、宝珠等各种花纹活计，估需工料银6725两4分8厘。各券内平水墙、月牙墙、券顶周围及券脸、门对等处镌刻番字、梵字经文、咒语等活计，共估需工料银4192两5银1分2厘。这次地宫雕刻用本工石匠比裕陵用御书处石匠雕刻可节省银1056两6厘。另外样安平水墙估需工料银431两2银4分2厘。除扎萨克喇嘛等绘画经文佛像应用纸张照例行取应用外，通共估需工料银11348两8钱2厘[3]。

裕陵地宫明堂券

① 清宫档案《内务府奏底》，第4包。
② 清宫档案《内务府来文》陵寝事务，第2931包。
③ 清宫档案《内务府来文》陵寝事务，第2931包。

万年吉地工程承修大臣行文京城喇嘛印务处转饬扎萨克喇嘛噶尔藏格烈将挑选出来的熟悉经文佛像的喇嘛伊什佳木磋任命为掌案，长期驻工，督催工作，校对所刻经文佛像。又由皇宫中正殿、清字经馆二处挑选善写经文、善画佛像的8名喇嘛，停止在本处的差务，于嘉庆五年（1800年）三月初二日赶赴万年吉地工次敬谨写经文，画佛像。噶尔藏格烈喇嘛不时到工地查看。万年吉地工程处派工部笔帖式明椿、圆明园候补苑副福成额监督办理地宫雕刻工程。同时还派遣万年吉地总理档房工部郎中福兴、内务府员外郎德敏兼理地宫雕刻事务[①]。

据我国著名建筑学专家、风水学专家天津大学王其亨教授潜心研究考证得知，地宫内的石雕图案，不是在地宫建成后雕刻的，而是先雕好后再筑砌到地宫里面的。其做法大致是这样的：先在陵旁选一个平坦之地，挖一个比地宫稍大的地槽，就像一个倒置的地宫槽，称样券坑。用旧样城砖按地宫券形砌成曲面下凹的券坑，称样制券。券两端的垂直墙部分也用砖砌好。样制券的内轮廓尺寸与将来地宫石券的外轮廓尺寸相同。整个样制券实际上就是地宫拱券的一个阴模。然后将事先已琢制好的券石砌到样制券中，其砌法和精密程度与后来砌地宫时一样。砌好后的内轮廓尺寸及形状与以后的真地宫内轮廓尺寸、形状完全一样，不能有丝毫的误差。就像把地宫倒仰过来一样。这时再令善写经文，善画佛像、花纹的喇嘛根据烫样和图式在其内描绘经文、佛像，描写好后再令石匠镌刻。刻毕，将每块券石按一定顺序编写号码，拆出，再砌到地宫槽内[②]。这是一项极其精细复杂的工程，不能有丝毫的差错，否则图案就会错乱，后果不堪设想。通过实地观察，裕陵地宫内所有图案完整严密，天衣无缝，就如先砌后刻的一样，显示了我国古代匠师卓越的创造才能和高超的技艺。

---

① 清宫档案《内务府奏底》，第4包。

② 王其亨博士研究生毕业论文《清代陵寝地宫研究》第114页，1984年6月。未出版。

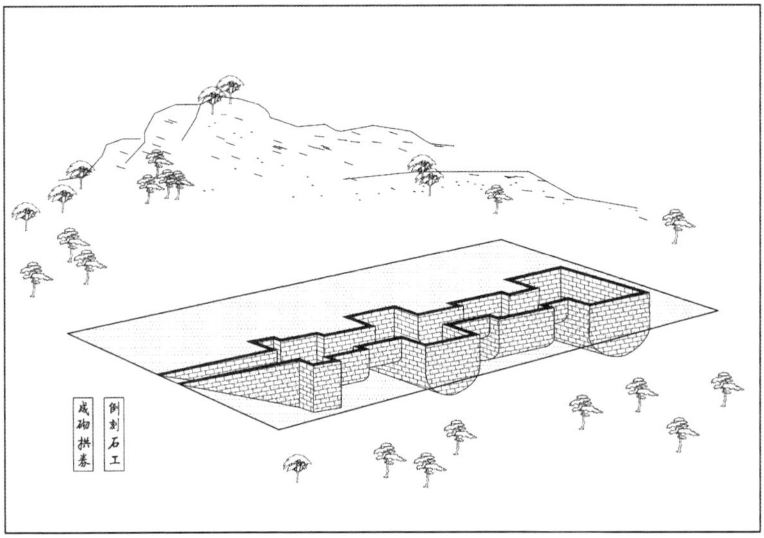

地宫样坑示意图（贾嘉绘）

喇嘛们从嘉庆五年（1800年）三月初六日在样制券内开始画样。为了加快工作进度，缩短工期，采取了随画随刻的方法，所以到同年十二月下旬，仅用10个月的时间，就基本完成了画样、镌刻工作。这样9名喇嘛就没有必要都继续留在工地，遂将7名喇嘛先期送回京师，仍回原处当差，仅掌案喇嘛伊什佳木磋和另一位画佛喇嘛留在工地，在安砌各券以及平水墙、月牙墙时，凡有佛像、经文之处，令他俩随时详加核对，以免出现误差。整个地宫安砌完毕后才将这两位喇嘛送回京师①。

昌陵地宫石雕工程与裕陵相比，有三点不同：一、统一由万年吉地工程处办理，不另案专办；二、镌刻用本工程处石匠，不用御书处石匠；三、随画随刻，进度快，节省经费。裕陵用了三年，而昌陵尚不足一年，省银1056.006两②。

□ 关于昌陵地宫的册宝座

清制，皇帝、皇后入葬前将用檀香木制作的香册和香宝供设

① 清宫档案《内务府奏底》，第4包。

② 清宫档案《内务府来文》陵寝事务，第2931包。

在地宫。香册和香宝分别盛放在木制的箱内。然后将箱陈放在方形的石须弥座上，所以这些石座称册宝座，也叫册宝石几。册座在东墙根下，宝座在西墙根下。裕陵地宫的四组香册、香宝供设在明堂券内。推测昌陵的香册、香宝很有可能也供设在明堂券内东西墙根下。

昌陵地宫内供设三组香册、香宝。册东宝西以北为上，第一组是嘉庆帝的香册、香宝。第二组是孝淑皇后的原上册宝。这组香册和香宝是孝淑皇后去世后不久，由嘉庆帝给上的谥号，宝文为“孝淑皇后之宝”。第三组是孝淑皇后的加上册宝。嘉庆帝死后，由道光帝加上的10个字又加上原来“孝淑”2个字，共12个字的谥号。

孝淑皇后在嘉庆八年（1803年）十月二十二日入葬时将原上香册、香宝供设在了地宫。当时仅有一组册宝石座。嘉庆帝入葬前，又新做了两组册宝座[①]。

□ 关于昌陵地宫龙须沟之谜

嘉庆三年（1798年）十月，太平峪万年吉地工程处档房有一件写给内务府的公文写道：

> 恭照太平峪敬建万年吉地地宫、宝城、月牙城、方城、明楼、红墙、罗圈墙、更道、荷叶沟、龙须沟、堆培后宝山、东北大泊岸并妃衙门石券、砖券、砖池、琉璃花门、随墙门、两边红墙、罗圈墙、泊岸以及填筑地面、成搭罩棚、堆贮物料棚座、浮桥等项活计，前蒙批发银十万两，业经广储司库支领，分给承办石料、灰斤、琉璃料各该监督采办在案。……[②]

嘉庆十三年（1808年），协办大学士、刑部尚书长麟等人以及当时的皇二子绵宁即后来的道光帝先后查看地宫，都发现“头

① 昆冈等修，刘启端等纂光绪朝《钦定大清会典事例》卷四三一，礼部·大祀·陵寝。载《续修四库全书》编纂委员会编《续修四库全书》第804册，史部·政书类，第767页，上海古籍出版社，2002年。

② 清宫档案《内务府来文》陵寝事务，第2930包。

层石门内左右各有水沟眼一处”[①]。

从这两条档案来看，昌陵设有龙须沟当确凿无疑。可是我几次到昌陵实地考察，跑遍了马槽沟（昌陵陵院内没有玉带河），也没有找到龙须沟出口。昌陵到底有没有龙须沟，现在还是一个谜。

□ 欲将方城隧道券改为石券

嘉庆六年（1801年）下半年，昌陵工程已经全面铺开。在建方城之前，承修大臣奏请将方城隧道券由砖券改为石券。笔者认为，砖券改为石券，固然更为坚固耐久，但是他们是否想到历朝历代的城门洞、昌陵以前的明清两朝陵寝的方城隧道券几乎无一例外都是砖券，有几座因砖块酥碱而造成坍塌的？难道千百年来这些城门、陵寝的董工官员没有一位是内行、高人？没有一位不知道石券比砖券坚固不易酥碱吗？承修大臣的建议不仅未被皇帝采纳，而且还受到了惩处。然而嘉庆帝不采纳的理由并非笔者前面所说的理由，而是另有他的一番道理。他在谕旨中是这样讲的：

昌陵方城明楼

汪承霈等奏办理万年吉地工程一折内称，泰陵方城系临清砖券，恐日久不免酥碱。请将万年吉地方城改用青白石券等语。陵工应用砖石等料均有定制，岂容轻为更易？从前泰陵方城既用临清砖券，则现在万年吉地自应恪遵办理。设改用石料，较之泰陵工程节省尚且不可，况以石易砖，工料运

① 清宫档案《新整内务府档》修建工程，第0536包。

脚势必需费更多。盛住系在工专办之人，此必伊主见。不过欲为浮销地步，靡费钱粮。且伊自派办此项工程诸形迟缓，总以例价不敷为词。此奏措词失体，尤为不合。盛住著交部议处。汪承霈、范建丰、额勒布、福敏泰随同附和，均交部察议[①]。

嘉庆帝不采纳这个建议应该说是正确的，但不采纳的理由却令人不能心服，颇有点强词夺理。他的理由是“陵工应用砖石等料均有定制，岂容轻为更易？”嘉庆帝的意思是：泰陵是砖券，昌陵必须也用砖券，即使用石券节省也不许。那么笔者要问：裕陵、泰陵、景陵、孝陵乃至盛京三陵、明陵大殿地面皆用金砖铺墁，为什么昌陵改用花斑石铺墁？裕陵、泰陵、景陵、孝陵的礼部工部、八旗营房的山檐墙、院墙、大围墙均为砖墙，为什么昌陵的这些营房为了节省而改为虎皮墙？孝陵、景陵的五孔、七孔拱桥的券洞皆为砖券，泰陵的五孔、七孔拱桥皆改为石券。乾隆朝以前的陵寝（不含关外陵寝）的值班房均为木板房，其规制百余年来相沿勿替，已成定制。乾隆三十五年（1770年）谕令均改为卷棚硬山的砖石瓦房，是否可以认为雍正、乾隆二帝轻易变更陵寝定制？从永陵到泰陵的十几座陵寝又有哪两座陵寝从规制到用料完全一样？随着社会的进步、科学技术的发展以及皇帝的好恶不同，陵寝制度、建筑工艺、用工用料都会发生变化，这是正常的，也是应该的。所以说以不能轻易变更陵寝定制为理由而不采纳承修大臣的建议，是站不住脚的，是苍白无力的，也是令人不能心服的。但是嘉庆帝能够从这件事而立刻意识到是盛住借此浮销，靡费钱粮，立即予以惩治，这说明嘉庆帝还是有头脑的，不徇私情的。

昌陵工程自嘉庆四年（1799年）二月十九日兴工，到嘉庆八年（1803年）夏季，主体工程基本完工，历时4年。据中国第一历史档案馆的清史专家刘若芳在《从清宫档案看西陵的兴建与修

①《仁宗睿皇帝实录》卷九一，第29册，第209页，中华书局影印本，1986年7月。

缮》一文中讲：“昌陵整个陵寝建筑用银约估二百余万两。[1]”

嘉庆帝病逝后不久，道光帝于嘉庆二十五年（1820年）十月初四日，仿照派大臣守护景陵、泰陵、裕陵之例，派领侍卫内大臣景安；工部尚书苏楞额、尚书衔李弈畴；都统扎拉芬、庆溥；散秩大臣棍布扎布、西拉布；佳朗衔阿明阿、叶绍楏；副都统永祚、富英阿守护昌陵[2]。

□ 昌陵的命名

嘉庆二十五年（1820年）七月二十五日戌刻，嘉庆帝病逝于避暑山庄[3]。东阁大学士托津等奉命为大行皇帝山陵拟定陵名。嘉庆二十五年（1820年）九月初六日，托津等具折，将拟定的6个陵名上奏道光帝，奏折内容如下：

> 奏为请旨事。窃为佳城肇建，宅兆永安。寿藏爰营，祥祺允卜。隆嘉名于吉壤，洵帝者之上仪。妥灵爽于神区，为天下之大孝。详稽史册，悉合彝章。钦惟仁宗睿皇帝，德符乾健，泽普坤维。八埏昭骏烈之光；九土乐庞洪之福。诒燕翼而承堂构，鼎祚是基；仰龙髯而展桥山，旅楹宜肃。我皇上孝思肫挚，典礼周详。虔惟灵驾之奉移，预命亲臣而董理。卫畿辅而葱葱郁郁，峪号太平；辨昭穆而继继绳绳，殿隆大享。松楸乍抚，不胜木本之悲；麟象既陈，宜极鸿名之贲。益彰诚敬，用启灵长。臣等敬谨酌拟陵名六字，恭呈御览，伏候钦定一字，为此恭折具奏请旨[4]。

所拟定的6个字是：昌、定、康、穆、惠、熙。道光帝钦定大行皇帝山陵名为“昌陵”。

在嘉庆帝入葬前，于道光元年（1821年）二月二十六日巳时

---

① 清宫史研究会主编《清代皇宫陵寝》第131页，紫禁城出版社，1995年6月第1版。

② 中国第一历史档案馆编《嘉庆道光两朝上谕档》第25册，第1270条，第446页，广西师范大学出版社，2000年。

③《仁宗睿皇帝实录》卷三七四，第32册，第937页，中华书局影印本，1986年8月。

④ 清宫档案《新整内务府档》礼仪，第0073包。

镌刻昌陵明楼朱砂碑上的文字①。下马牌上的文字由内务府选两名精巧刻字匠前往镌刻②。三月十五日，明楼、隆恩殿、隆恩门悬挂斗匾。前一天遣官告祭仁宗睿皇帝几筵③。三块斗匾及朱砂碑、神道碑上的汉字均为道光帝御笔。

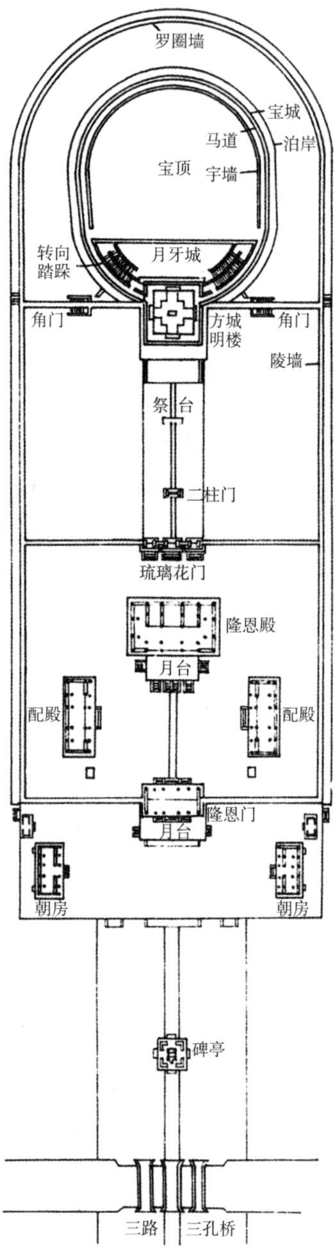

昌陵平面图

□ 昌陵规制

昌陵的规制除不建石牌坊、大红门、更衣殿外，基本与泰陵一样。其建筑由南到北依次是：圣德神功碑亭、五孔拱桥、石像生、龙凤门、三孔拱桥、三路三孔拱桥、神道碑亭、东西朝房、东西值班房、隆恩门、东西燎炉、东西配殿、隆恩殿、陵寝门、二柱门、石五供、方城、明楼、宝城、宝顶。宝顶下是地宫。神道碑亭之左为神厨库。神厨库坐东朝西，内建神厨、南北神库、省牲亭，环以红墙，南墙外是井亭。神道与泰陵神道相接。

昌陵建筑中有一点应该提及的是：石像生以北仿泰陵设龙凤门，并未仿景陵和裕陵的五间六柱冲天式牌楼门，从而改变了明十三陵和清东陵仅主陵设龙凤门的成规。昌陵的这一做法对后来的慕陵产生了影响。

另外，昌陵的三路三孔拱桥两侧没有平桥。下马牌背面无字。

---

①清宫档案《内务府来文》陵寝事务，第2942包。

②清宫档案《内务府来文》补遗，第110包。

③《宣宗成皇帝实录》卷一四，第33册，第277页，中华书局影印本，1986年。

凡皇帝生前建的陵寝，到皇帝入葬时，已建成多年，必然会出现砖瓦酥碱、油漆爆裂、瓦垅松散、石活走闪、椽飞糟朽、屋顶渗漏等情况，清朝惯例，在皇帝入葬前，要对陵寝进行一次全面的维修，同时还要负责悬挂明楼、隆恩殿、隆恩门斗匾，镌刻朱砂碑、神道碑的碑文。为此嗣皇帝要派出得力的朝廷重臣数人前往办理这项工程。

嘉庆帝死后刚12天，道光帝就于嘉庆二十五年（1820年）八月初七日发出谕旨：

> 太平峪陵工修理已阅多年，著派郑亲王乌尔恭阿、定亲王绵恩、工部尚书苏楞额、总管内务府大臣和世泰前往敬谨查看，有应行彩画装饰之处，即著该王大臣监修①。

昌陵礼部、工部、八旗营房的建立

清朝陵制：每座陵寝的管理、保卫机构有内务府、礼部、工部和八旗，这些机构的营房多数是随着陵寝的兴建而兴建，与陵寝同时完工，如泰陵、裕陵、定陵、惠陵等。有的陵寝建成后，由于该陵的墓主人尚健在，所以这些机构的营房暂不营建，于墓主人崩逝后再兴工营建，如慈安陵、慈禧陵。

嘉庆帝的原配皇后孝淑皇后于嘉庆二年（1797年）二月初七日崩逝②，当时昌陵尚未兴工。清制，死于皇帝之前的皇后要与皇帝合葬，同葬一陵的。按此制，孝淑皇后要入葬昌陵，因此昌陵建成后，孝淑皇后就要入葬地宫，相应的管理保卫机构必须随着墓主人的入葬而营建。

嘉庆六年（1801年）三月，经奏准，遵照泰陵规制，决定建昌陵和昌陵妃园寝内务府大小营房二座，计：大门四座、官员房十四座：内十所每所房四间；四所每所房三间。笔帖式、拜唐

① 中国第一历史档案馆编《嘉庆道光两朝上谕档》第25册，第957条，第335页，广西师范大学出版社，2000年。

②《仁宗睿皇帝实录》卷一四，第28册，第201页，中华书局影印本，1986年8月。

阿、领催房一百零四所：每所房二间。太监房、碾房六所：每所房三间。以上共房一百二十八所，计房二百八十二间[①]。

嘉庆七年（1802年）十二月，昌陵工程已接近尾声。各机构营房的工程开始筹建。经礼部尚书纪昀奏请，嘉庆帝批准，昌陵暨妃园寝的礼部、工部、八旗的营房照泰陵规制修建。

经查，泰陵、泰东陵的礼部、工部二部的官员衙署俱在一署办公。因此承修大臣奏请昌陵的礼工二部的官员也合署办公。礼部的金银器皿库，现有以前建的空房间，只须在前面接盖几间就够使用，这样还可以节省钱粮。照此办理，经承修大臣率书算人员按依礼部奏准的规制，详细估计得礼工二部官员房24所，计房73间。档案、牛吏差役人等房96所，计房192间。祭品房2座，计10间。果楼1座，计3间。暖果窖1座。黑牛、乳牛、羊棚3座，计房9间。磨料房1座，计5间。大门4间。通共计房297间。再，金银器皿库前接添龙亭库1座，计3间。后抱厦1间。看守房2座，计房2间。粘修旧有祝版房3间，看守房1间。补盖看守房1间。拆修门罩1座，挪盖大门楼1座、堆拨房2间[②]。

遵照泰陵并妃园寝规制，应建八旗营房2座、内官员房32所，计房131间。披甲人房120所，计房240间。营门5间，通共计房376间[③]。

以上各活计并门楼、大墙、院墙、影壁、涵洞、碾盘、食水井、石平桥座、开挖泄水河道、清挖旧河以及各座甬路、散水、灰土泊岸、填垫地面、衬平土步、成搭圈厂棚座、糊饰窗心等项工程，除应需的松木、架木、平铁、叶铁、江米、白矾、桐油、白面、烟子、呈文纸张等项照例向各该处行取应用外，遵照泰陵成例，通共估需银360203两4钱3分4厘[④]。

清朝，从乾隆晚期开始由鼎盛的巅峰上跌落下来，走了下坡路。嘉庆初年，以举国之力平定苗民和白莲教大起义，耗银似

---

①清宫档案《内务府来文》陵寝事务，第2932包。

②清宫档案《内务府来文》陵寝事务，第2932包。

③清宫档案《内务府来文》陵寝事务，第2932包。

④清宫档案《内务府来文》陵寝事务，第2932包。

水。乾隆帝崩后，大办丧事，建裕陵圣德神功碑亭、建昌陵、拆修裕陵隆恩殿，使本来已十分拮据的清廷财政雪上加霜。承修大臣们体恤朝廷的难处，在营建昌陵各机构的营房时，传谕各工官员，如果有省工省钱的方法、建议，可以随时奏报。此令一出，一些工程的监督、监修们便给承修大臣提出了一条建议：

查礼工部、八旗营房等座原估山、檐墙、院墙、台帮等处均系砖块成砌，若改用虎皮石，不但工程坚固，抑且节省钱粮[①]。

所谓虎皮石就是山石。承修大臣们对于这个建议很是重视，立即进行分析、商议。他们认为："此项房间原无一定规制，既有节省，自应改拟做法。"于是令工程书算人员按使用虎皮石进行核算。较比用砖可节省银28820余两。承修大臣们将这个建议以及核算省银的情况向皇帝具奏。嘉庆帝表示同意，嘉庆八年（1803年）五月二十六日嘉庆帝在承修大臣的奏折上批道："知道了。"[②]不知是什么原因，迟至嘉庆十年（1805年）闰六月才开始相度这些营房的地址。经有关官员和风水人员相度，礼工二部衙署官员房间并牛羊圈于易州境内的鲁班庙地方堪以兴建。八旗营房在易州境内的范各庄堪以兴建[③]。

这些营房的开工、竣工日期，实销银两以及内务府营房的营建情况，尚待考证。

昌陵的树株

惯例，随着陵寝的建成，都要栽植仪行树，目的是"护卫风水，远壮仪观"[④]。昌陵工程尚未竣工，从嘉庆七年（1802年）开始，就着手栽植仪行树了。仪行树栽植在砂山、院内及神道两侧。据《钦定大清会典》记载，昌陵神道的仪行树每侧"九株为

① 清宫档案《内务府来文》陵寝事务，第2933包。
② 清宫档案《内务府来文》陵寝事务，第2933包。
③ 清宫档案《内务府来文》陵寝事务，第2935包。
④ 清宫档案《内务府来文》陵寝事务，第2936包。

行，外间一丈五尺”[①]。嘉庆七年（1802年）首批栽的仪行树，松柏树25335株、枫杨树8938株[②]。昌陵的后宝山不是天然形成的山丘，而是人工堆筑的，建陵时的废旧料，如磨砖、砍砖掉下的砖面、砖碎块，刻石截石的石渣，筛灰剩下的石灰石，残破瓦料等都埋进了砂山之内，这样既免去了运出的用工、运脚银，还减少了堆筑砂山的运土量，一举两得，未想到却给以后栽植仪行树找了麻烦。在挖树堰时，发现有许多沙石碎砖块，这对于树的成活和生长很不利，为此，把树堰内皆换上好土，然后再栽。栽上后，勤加浇灌。只要发现有萎弱打蔫的，立即补换。时至嘉庆十年（1805年），这些树株不仅一律成活，而且十分繁茂，郁郁葱葱，颇为壮观[③]。三年期满，将这些树株移交给昌陵内务府管理，以后如出现回干，由陵寝内务府负责补栽。以后经历年栽植，到咸丰七年（1857年），昌陵仪行树达到过56072株[④]。

昌陵工程侵贪案

昌陵竣工不久，就兴起了一桩侵贪大案。在此案中，有两个官员身首异处，许多官员革职抄家，流放边疆，成为嘉庆朝为数不多的大案之一。在介绍这桩大案之前，有必要先简要介绍一下盛住。

□ 盛住其人

盛住是和尔经额之子，孝淑皇后之兄，嘉庆帝的大舅哥（内兄），袭三等承恩公，任总管内务府大臣。嘉庆四年（1799年）正月初六日授为工部右侍郎[⑤]，同年五月迁户部右侍郎，同年八

① 昆冈等修，刘启端等纂光绪朝《钦定大清会典事例》，卷九四四，工部·廨舍营房。载《续修四库全书》编纂委员会编《续修四库全书》，第811册，史部·政书类，第394页，上海古籍出版社，2002年。

② 清宫档案《内务府来文》陵寝事务，第2935包。

③ 清宫档案《内务府来文》陵寝事务，第2936包。

④ 清宫档案《上传档》，第164包。

⑤《仁宗睿皇帝实录》卷三七，第28册，第417页，中华书局影印本，1986年7月。

月署工部尚书，可以说是官运亨通，受恩优渥。盛住是贪利忘义、品行不端的小人。他依仗自己是孝淑皇后之兄，不知检点，多行不义。嘉庆五年（1800年）闰四月，盛住私自将皇宫内库所珍藏的珠玉、瓷器，甚至将皇帝的玉宝招商变价出售。此事被嘉庆帝察觉后，立即进行追查，一下子就查到了盛住身上，盛住竟以“本系奏明呈览后请旨分别办理”的巧言诡辩，使嘉庆帝极为恼怒。嘉庆五年（1800年）闰四月二十日下令将盛住的所有职务、差使全部革去，著以公爵，授为西陵总管内务府大臣，办理万年吉地工程，常川在工督办，让他改过自新，以观后效[①]。盛住是公爵、当今皇帝的内兄，又常川住工，在万年吉地承修大臣中能起到举足轻重的作用。盛住在万年吉地不是安分守己，认真当差，而是恶习不改，屡生事端，几次被交部议处。

嘉庆九年十二月，西陵赞礼郎清安泰控告盛住每逢朔望小祭，私遣翼长拈香行礼；在白桩以外、青桩以内的风水禁地开塘取石。经英和、戴均元调查属实。结果盛住被拔去双眼花翎，革去公爵，锁拿进京受审，拟议处死。嘉庆帝加恩免死，发往乌鲁木齐，自备资斧，效力赎罪[②]。后来，嘉庆帝赏给他一个副都统的职衔。盛住于嘉庆十年（1805年）死去，朝廷予以一定恤典。

这桩侵贪大案是在盛住死后兴起的，案中罪魁是盛住，如果他不死，必受极刑。幸亏他已经死去，免受了一刀之苦。

□ 案件经过

案件的经过是这样的：嘉庆十三年（1808年）六月，砖商孙兴邦控告笔帖式双福等人在办理太平峪万年吉地工程时，任意侵冒工程银两。嘉庆帝对此案很是重视，谕令军机大臣会同刑部堂

①《仁宗睿皇帝实录》卷六六，第28册，第886页，中华书局影印本，1986年7月。

②《仁宗睿皇帝实录》卷一三八，第29册，第891页，中华书局影印本，1986年7月。

官连日对双福等人严加审讯[①]。六月二十四日，被控告的案犯之一催长鹤龄供认："自嘉庆四年开工之后，灰斤例价不敷，兼以六年大雨冲坏，一切运费增多。彼时盛住等管工，奏准按照时价采办，并奏明将四、五两年办过灰斤于从前发过例价之外，一体照奏准加价银数找给。盛住即将应补发各监督四、五两年灰斤加价银五万余两扣存不发，交双福收存，另作补贴之用。"嘉庆帝下令查抄双福的家产。结果从他家搜出一本旧账。账中记录了从前办理万年吉地工程时，采办练山石领银16万余两，盛住从中扣留4万两。这样盛住前后两笔侵贪工程银9万余两。案情如此严重，使嘉庆帝大为震惊，实出意料之外。他认为盛住"可恨已极"，在谕旨中说：

> 万年吉地工程何等重大！所有收支款项岂容蒙混侵蚀，恣意分肥？盛住受恩优渥，从前屡经获咎，皆经格外保全。使其稍有良心，当如何实心图报。乃伊以管工大臣中居首之员，竟敢侵用加价银两，并暗扣成数多至九万，以致工员等相率效尤，弊端百出。是此案盛住实属罪魁！伊前年又因开采山石案内身获罪谴，问拟大辟，经朕格外宽宥，仅止发往新疆。伊果知感激免死厚恩，彼时即应将此二项侵扣之银据实首缴，则其罪犹可末减。乃伊不惟不行首出，转于陕西途次带信伊子达林，向双福处将交存之五万两讨回用度。是直将官帑作为私蓄，丧心昧良，至于此极！伊系孝淑皇后之兄，更应格外报恩，加倍谨慎小心。今所为如此，实堪痛恨！国法所在，朕岂能曲为宽贳。设使其身尚存，必当锁拿廷讯，加以刑夹，明正典刑，即行处斩，断不能幸逃法网[②]。

嘉庆帝考虑到盛住已死，无法再追究他本身的罪行，于是下令将前赏副都统衔予以斥革，并追回所得恤典。同时下令派户部左侍郎托津、礼部右侍郎多庆将其家产严密查抄，将其子吏部郎

①《仁宗睿皇帝实录》卷一九七，第29册，第622页，中华书局影印本，1986年7月。

②《仁宗睿皇帝实录》卷一九七，第30册，第622页，中华书局影印本，1986年7月。

中达林、整仪尉庆林、候补笔帖式丰林，其孙候补笔帖式崇喜、崇恩“俱著一并革职，交部暂行圈禁”。还下令对此案中分用扣成银的三品卿衔成文、长芦盐政李如枚、苑副延福、催长鹤龄“均著革职拿问，查抄家产”。并将笔帖式福承额，前充书算手、分发福建盐大使来学章，分发广东盐大使林振宇，前在工程处办事人、候选通判张学耀“俱著一并革职拿问”。派乾清门侍卫色布征额赴天津将李如枚任所的赀财一并查抄，并将李如枚押解来京归案[①]。

在嘉庆九年（1804年）十二月盛住获罪，发遣新疆之后，嘉庆帝任命户部右侍郎那彦宝、戴均元，工部左侍郎苏楞额，副都统常福为万年吉地承修大臣。那彦宝等人上任四年来对于盛住的侵贪罪行竟毫无察觉，“实属昏聩不职”，下令将那彦宝降为头等侍卫，派往哈密换班。戴均元拔去花翎，降补正三品京堂。那彦宝、戴均元俱加恩免其交部议处。苏楞额、常福均革职、拔去花翎，降为三品，不必管理万年吉地工程，交部议处[②]。

受到此案牵连的还有喀什噶尔参赞大臣范建丰、二等侍卫哈丰阿、广东雷琼镇总兵富兰、总管内务府大臣额勒布。因为他们都曾办理过万年吉地工程事务，对盛住的种种不法行为隐忍不举，任其侵帑误工，下令将他们均予革职遣戍。对那些在此案中办事不力，出现失误的官员也分别予以处分[③]。

嘉庆十三年（1808年）七月初八日，文渊阁大学士庆桂等人将审明盛住与双福等通同侵扣帑项恣意分肥，对所有案犯分别定拟罪名一折上奏。为此嘉庆帝对此案进行了全面的总结和论述，对各案犯分别进行了处理。他对盛住尤为痛恨。他在谕旨中说：

> 伊系管工大臣中居首之员，执法营私，首先舞弊，以致

①《仁宗睿皇帝实录》卷一九七，第30册，第623页，中华书局影印本，1986年7月。

②《仁宗睿皇帝实录》卷一九七，第30册，第623页，中华书局影印本，1986年7月。

③《仁宗睿皇帝实录》卷一九七，第30册，第625页，中华书局影印本，1986年7月。

工员等相率效尤，罔知顾忌，实属丧心昧良，不成人类，可恨已极。设使其身尚在，朕必亲为廷讯，加以刑夹板责，立正刑诛。今伊已早经身故，然国宪具在，若系承修先朝陵寝，有此侵冒不法情事，必当剖棺戮尸，追治其罪。今所办系吉地工程，为日方长，正可从容修理，是以稍从末减[①]。

除盛住之外，罪行最严重的就是双福、鹤龄了。嘉庆帝认为盛住之所以侵用帑金，任意扣借者，总缘工员“双福、鹤龄二人怂恿舞弊，狼狈为奸。双福、鹤龄各供认分用正项帑银三千两。双福又将盛住存银五万两任意支借，其罪又甚于鹤龄。该二犯侵蚀之项虽讯明只有此数，其未经查明私肥入已者正不知凡几。此而不加以惩创，何以肃法纪而儆贪婪?”嘉庆帝于是命吏部尚书瑚图礼，军机大臣、户部左侍郎托津前往刑部监狱，将双福、鹤龄二犯提出，对双福施以刑夹，将鹤龄重责三十大板。在行刑时，令盛住的儿子达林、庆林、丰林，孙子崇喜、崇恩环跪观看，并告诉他们：夹责的不是双福、鹤龄，夹责的是盛住。夹责完毕，吏部左侍郎潘世恩将双福、鹤龄绑赴市曹，立行处斩。将盛住的三个儿子、两个孙子及其家人锡兰保、刘六、沈玉、张受儿、何成有分别发往黑龙江和吉林效力赎罪。这些人发配到地后，照拟夹杖。案犯成文、李如枚、延福定为应斩，秋后处决[②]。

嘉庆十三年（1808年）十月二十六日朝审时，嘉庆帝对已定成死刑准备秋后处决的案犯成文、李如枚、延福以及双保、尚玉相、海绍、诗蒙额7人加恩免于处死。

至此，这桩昌陵工程侵贪大案处理完毕。这桩大案是清朝建陵史上少见的诛杀朝廷官员的大案[③]。

---

①《仁宗睿皇帝实录》卷一九七，第30册，第630页，中华书局影印本，1986年7月。

②《仁宗睿皇帝实录》卷一九七，第30册，第631页，中华书局影印本，1986年7月。

③《仁宗睿皇帝实录》卷二〇二，第30册，第698页，中华书局影印本，1986年7月。

昌陵石像生作假案

本书也好，其他有关清陵的著述也好，均将嘉庆八年（1803年）作为昌陵的完工日期，即使嘉庆帝本人也承认“至本年（指嘉庆八年——笔者）工程甫毕”。其实到嘉庆八年（1803年）昌陵的工程并没有真正地全工告竣。何以如此说呢？一、嘉庆八年，昌陵的礼部、工部、八旗的营房尚未营建，其工程仍由太平峪万年吉地工程处办理。二、昌陵石像生工程到嘉庆九年各雕像刚出细。

昌陵石像生之石象

昌陵仿泰陵规制，在龙凤门以南建石像生一组，共5对：文士1对、武士1对、立马1对、立象1对、立狮1对。

嘉庆十四年（1809年）三月，协办大学士、刑部尚书长麟等大臣奉旨查验昌陵工程有无情弊。他们在查验期间，风闻昌陵石像生有作假的情弊，即：右边武士头上盔缨小柱、右边石狮项下

昌陵石像

铃铛、左边石象左牙稍尖均是粘接的。长麟等人闻听后，立刻赶到昌陵石像生现场，按所说部位详细查看。但见这些石雕像，件件做工精细，反复相看，竟未发现丝毫破绽。他们不死心，用小刀轻轻刮验，在距象牙尖四五寸的地方慢慢显露出一道用白灰粘接的极细的石缝来，其细如发。其他部位也用此法验看，均有粘接之痕，看来传言是真。长麟等人认为，这些石雕像在雕刻之前，每件荒料都是长达丈余的巨石。这些巨石经过石匠的精雕细刻，把一些部位刻成细如手指的盔缨柱，该当何等的不易！在长达数年的工作中，工匠们稍有疏忽，一时失手就会出现残损。这是在所难免，情有可原的，这与故意偷工减料，侵贪银两是不一样的。但是长麟等人又想，皇家陵寝，一切建筑都应该坚固完美，不容迁就含糊。既然知道了这件事，经过验看又均属实，不能隐匿不报，否则就有欺君之罪。于是，长麟等人会同永鋆、永哲联名具折，向皇帝奏报了这件事。他们在奏折中要求皇帝令内务府总理工程处传原办石像生的监督、商人，迅速赶赴工次，眼同拆看。如粘接属实，即著该监督、商人如式各半赔修，并将这些人分别议处[1]。嘉庆帝得知此事后，于嘉庆十四年（1809年）三月二十三日，专门发出一道上谕，他在谕旨中说：

> 长麟等奏查明龙凤门外石人石马等项各有灰痕粘接之处，请敕查办等语。此项石工系嘉庆九年春夏甫行出细，何以现经刮试有粘接灰痕？著内务府总理工程处即查原办之监督、商人迅赴工次，交苏楞额等眼同折看。如粘接属实，即著据实参奏，将该监督严加议处。仍著原办之监督、商人如式各半赔修。其该年管工及事后未能查出之各大臣，并著查取职名，交部分别议处[2]。

这桩昌陵石像生作假案，清朝官方史书上均无记载，是笔者从中国第一历史档案馆藏的内务府档中发现的。后来结果如何，有待进一步考证。

---

① 清宫档案《内务府档》修建工程，案卷号356。

② 清宫档案《内务府档》修建工程，案卷号356。

昌陵竣工不久的一次大修缮

正当处理盛住侵贪万年吉地银两案的关键时刻，嘉庆十三年（1808年）六月底，总理西陵事务的康熙帝第七子允祐的孙子贝勒永鋆向嘉庆帝奏报了一件事。这件事不仅加快加重了对盛住等一干案犯的处理，而且使刚刚竣工不久的昌陵进行了一次全面维修。永鋆在奏折中是这样说的：

万年吉地工程因连日阴雨，宫门、明楼等处均有渗漏。东配殿次间脱裂油饰一处，落有小块碎木[①]。

永鋆并将落下的小块碎木封固，恭呈给了皇帝。嘉庆帝看了永鋆的奏折，又认真看了送来的碎木，发现这小块碎木是零星碎块，已经糟朽。这立刻引起了嘉庆帝的警觉，他想："本年六月以来虽阴雨较多，然如泰陵、泰东陵工程历有年所，均各坚固完整。万年吉地工程甫经修理，何至渗漏多处？且东配殿并有脱落碎木？查看木质系零星碎块，均已糟朽。"因此他联想到"其各处工程办理不能坚实已可概见"。因为陵寝所用的木料均为新料，竣工刚刚五年，他认为这件事很可能与盛住侵贪案有关系，立即传谕六月二十六日被任命为管理太平峪万年吉地工程的协办大学士、刑部尚书长麟，刑部左侍郎广兴，泰宁镇总兵兼西陵总管内务府大臣多庆，赶赴西陵，查验昌陵工程有没有情弊。如发现有偷减草率情弊，即据实参奏[②]，并令长麟等带同钦天监官员一人一同前往，将所有应行修理之处令其诹吉，奏明定期兴工。嘉庆帝同时下令，将原办东配殿及宫门、明楼等处工程的官员，著交军机大臣查明，严参具奏，请旨办理，一人不可漏网，令其幸免[③]。长麟遵旨，在七月初八日这天动身，赶赴西陵，十二日

①《仁宗睿皇帝实录》卷一九八，第30册，第626页，中华书局影印本，1986年7月。

② 中国第一历史档案馆编《嘉庆道光两朝上谕档》第13册，第920条，第388页，广西师范大学出版社，2000年。

③《仁宗睿皇帝实录》卷一九八，第30册，第626页，中华书局影印本，1986年7月。

到达昌陵。名为七月十五日中元节祭祀泰东陵，实则为查看昌陵地宫的皇二子绵宁（后来的道光皇帝）已先期到达昌陵，并且已到地宫进行了查看。绵宁向长麟介绍了他到地宫查看的结果。随后长麟等人进地宫查看。他们查看的情况是：头层石门檐头上蒸湿成珠甚多，头层石门上槛亦蒸湿成珠。头层石门内至二层石门外，地下潮湿无水。第四层石门内右边有石一块微潮。铜上槛亦有浆痕十数道。册宝箱间有潮湿处所。头层石门内左右各有水沟眼一处。此外并无水迹，亦无渗漏处所[①]。

长麟等人认为头层石门内地面潮湿，檐头、上槛俱结潮成珠，是因为地宫入口处的穿堂渗漏，潮气内扑造成的。于是他们对穿堂详细查看，发现不但头顶渗漏，而且望板还间有糟朽，做法也不甚如式，因此穿堂应该拆盖。他们对昌陵各建筑进行了全面查看，发现方城城身上截南北两面俱有水浸痕迹。他们认为这是由于方城台面的砖缝里渗进了水造成的，应该将宇墙拆卸，重新铺墁台面。二柱门夹垅灰有脱落，油饰也有损坏。陵寝门、配殿、宫门、朝房以及神厨库等建筑的脊根、檐瓦俱做不如式，有渗漏。东配殿望板脱落，是因为灰背被雨水浸透，以致望板糟朽，均应揭瓦。明楼、隆恩殿、神道碑亭的脊根、檐瓦虽然也做不如式，但现在还没有渗漏的痕迹，应该列为缓修。长麟等人把他们查看的结果上奏皇帝，他们建议：宫门以内各建筑应于今冬

昌陵前景

① 清宫档案《新整内务府档》修建工程，第0356包。

购料，来春兴修。宫门以外的朝房、神厨库等建筑应在嘉庆十五年（1810年）兴修。他们请求皇上派二三员大臣前去勘估钱粮，以便备料。另外他们还奏报昌陵的营房、堆拨等房也间有渗漏，墙垣也有闪裂之处[①]。

嘉庆帝看了长麟的奏折后，认为昌陵工程所以出现如此严重的问题，“皆承办各员丧心昧良，惟知侵扣帑银，分肥饱橐，罔顾要工”所致，可恨已极。他同意长麟提出的分期分批进行维修的想法。此时嘉庆帝最关心的是地宫。他在去年（嘉庆十二年）三月初九日利用谒陵之便，曾亲自到地宫阅视，见地宫内土性燥洁，工程亦俱坚固，很是满意，认为“从前盛住管工时办理尚属用心”[②]。因此对盛住的印象多少有点好转。未想到时隔一年多，这次查看地宫，问题竟如此严重。

笔者认为，无论是嘉庆帝，还是长麟等一班大臣，他们都忽视了一个重要的因素——季节。上年嘉庆帝阅视地宫是三月初九日，正是春季干旱少雨，气温干燥之时，地宫内自然是干洁的。而这次正是阴雨连绵的七月，又是刚下过几场大雨之后，空气中湿度很大，地面温度高，地宫里温度低，水蒸气遇冷，必然要结成水珠，这是完全正常的。可以设想，如果在嘉庆十二年（1807年）七月查看地宫，也会地面潮湿，上槛及檐部也会结成水珠。如果在嘉庆十三年（1808年）三月初查看地宫，也会是干洁的。当时君臣们可能不明此理，误以为是工程质量差、工程失误所致。因此嘉庆帝向长麟等人指示：“此时石门内外潮湿之处最关紧要，自应赶紧修办。但伊等只称潮气内扑之故系由穿堂做不如式所致，而于第四石门内右边石块微潮及铜上槛有浆痕十数道应如何修理之处并未议及，是否将穿堂拆盖之后，即可一律干燥，永远无虞，抑尚有另须讲求之处。著长麟等再行细心体察，妥议办理，不可轻怠。[③]”这表明嘉庆帝对长麟的“潮气内扑之所

---

① 清宫档案《新整内务府档》修建工程，第0356包。

② 清宫档案《内务府档》陵寝事务，第0444包。

③ 清宫档案《内务府档》陵寝事务，第0444包。

致”的说法已有了怀疑，预感到问题的症结不在穿堂。看来在这点上嘉庆帝比长麟等人的见识略高一筹。

根据长麟等人的奏请，嘉庆帝派东阁大学士禄康、吏部尚书邹炳泰、户部右侍郎英和、兵部右侍郎周兴岱四人前往勘估钱粮。这次派出的勘估大臣，职务之高，人数之多，是少见的，即使是初建陵寝也没有这种情况，这表明了嘉庆帝对这次维修工程的重视。嘉庆帝谕令勘估后，具体施工由长麟等人办理，并再一次降旨：“务须即将石门内潮湿缘由先行详查，妥议办理，以期永臻坚洁。”他表示：“朕明年恭谒西陵，即当亲临吉地阅视。此后每年二阿哥、三阿哥派往致祭，亦可轮流敬谨查看，伊等不可不慎重办理，总期地宫内外一律十分完整，勿再草率干咎。[①]”

嘉庆帝把当年承办工程各员分为三等罪，即：承修地宫内外及穿堂以内各工者列为一等罪。承修方城、二柱门、琉璃花门、配殿、隆恩门、朝房、神厨库各工者列为二等罪。承修明楼、隆恩殿、神道碑亭不如式者，列为三等罪。令长麟“详查档案，将从前承修总办各员分晰查明，并将某系何员承修，何员总办一一注明单内”。并一再告诫：“务当确查明确，不可稍有疏漏。[②]”

这次大修共分两期进行。嘉庆十四年（1809年）所维修的建筑有：穿堂1座，3间。二柱门1座。琉璃花门3座。配殿2座，各5间。隆恩门1座，5间，俱揭瓦头停（即将屋顶揭开，更换部分糟朽木件，重新抹背、瓦瓦）。穿堂两边添安雨搭各3间。方城台面、穿堂两边地面俱提溜拆墁。销算工料银19888两6钱9分5厘。嘉庆十五年（1810年）维修的建筑有：东西朝房2座，各5间。神厨1座，5间。神库2座，各3间。俱揭瓦头停，照旧油画。销算工料银15732两8钱5厘。两年共销算工料银35621两5钱[③]。

嘉庆十六年（1811年）三月，嘉庆帝派吏部右侍郎玉麟、礼

①清宫档案《新整内务府档》修建工程，第0356包。
②清宫档案《新整内务府档》修建工程，第0356包。
③清宫档案《新整内务府档》修建工程，第0356包。

部右侍郎哈宁阿、刑部左侍郎朱理率领司员按照所修丈尺做法细册，详细丈量查验，完全相符，验收合格。对原承办各工人员，根据所列罪行等次，分别令其赔缴银两，责成各该管衙门将所缴赔银交到广储司银库[①]。

对于地宫内地面潮湿，结成水珠，铜上槛有白浆痕一事，长麟等人经过商量，解决的方法是：石门外穿堂东西槛窗不糊纸，改用铜幪，外面安装雨搭，早晨卷起，傍晚放下，使郁蒸之气得以透风，则石门内外可以干洁。对于长麟等人想出的这个主意，嘉庆帝因提不出更好的方法，只得认可："即照长麟等所议办理。"如果这个方法奏效，只能解决第一道石门内外的潮湿结珠问题，解决不了第四道石门内石块潮湿和上槛有白浆的问题。于是嘉庆帝提出了一个临时措施："著禄康到工后，传谕多庆于本年冬至二阿哥诣祭时，派令内监敬启木门，将石上微湿之处揩拭洁净，并用高梯、高凳，将铜槛湿浆各痕一律拂拭干洁，俟来年七月，二阿哥诣祭，覆加查勘，是否仍有潮湿痕迹，再为定夺。[②]"

《清实录》确实有嘉庆十四年（1809年）七月十五日中元节命皇次子绵宁祭孝淑皇后陵（即昌陵）的记载，却没有阅视地宫的记载。清宫档案中也未找到有关记载。笔者认为旻宁这次去昌陵，是会阅视地宫的。很可能情况不太严重，甚至比上次好些。如果仍与以前一样严重，甚至更糟，一定会采取大的行动，官书和档案中会有所记载的。

昌陵这次大规模维缮，明楼、隆恩殿、神道碑亭虽做不如式，但未发现渗漏，被列为缓修之列。这一拖，十几年就过去了。道光初年，发现昌陵隆恩殿老角梁沉坠，同柱、额枋牵闪，檩条脱榫，上下檐斗栱压卸。经奏准，决定于道光六年（1826年）兴工揭瓦维修。任命工部尚书陆以庄等人为承修大臣，由户

① 清宫档案《新整内务府档》修建工程，第0356包。

②《仁宗睿皇帝实录》卷一九九，第30册，第644页，中华书局影印本，1986年7月。

部右侍郎敬征勘估钱粮[1]。钦天监在选择兴工吉期时，发现道光六年（1826年）是丙戌年，正座方向的建筑（面朝南的建筑）不宜破土兴工修缮，为了既要赶在道光六年前兴工修缮，还要解决方向不宜的问题，管理钦天监事务的户部右侍郎敬征，经与钦天监官员商议，决定在道光五年（1825年）冬季先于吉方破土，然后于明春选择上吉之日开工，这样就两全其美了。经钦天监选择，定于道光五年十二月初九日辛酉未时于正南贵人方动土，道光六年（1826年）三月初一日壬午午时恭移隆恩殿内神牌，三月初四日乙酉寅时兴工。在天德合丁方取土吉[2]。经奏准，工程如期进行。在兴工前三天，即道光六年（1826年）三月初一日遣官告祭昌陵及后土之神[3]。

道光六年（1826年）三月，昌陵隆恩殿殿顶揭开后，发现残坏情形比事前看到的更严重。承修大臣陆以庄得知这一情况后，立时赶到现场查看，发现隆恩殿"所有四隅老角梁沉坠，同柱额枋牵闪，桁条脱榫，上下檐斗科压卸"。"拆卸后露出各项情形较重"，认为不能按以前勘估的揭瓦方法维修，"必须一律拆修（把建筑全部拆掉，重建），方足以资完固"[4]。陆以庄及时把发现的新情况和自己的意见上奏皇帝，并要求派大臣续行勘估。道光六年（1826年）五月初三日，道光帝派户部左侍郎敬征（前为右侍郎，此时已改左侍郎）、工部右侍郎顾德庆前往续估[5]。

昌陵隆恩殿工程历经一年多，到道光七年（1827年）七月初全工告竣。七月初九日，以隆恩殿工成，遣官告祭昌陵及后土之神[6]。

29年以后，咸丰六年（1856年）七月底，西陵守护大臣奕细等奏报昌陵隆恩殿残破严重，请求派员查勘。咸丰帝派户部尚书

①《宣宗成皇帝实录》卷九一，第34册，第464页，中华书局影印本，1986年。
②清宫档案《内务府档》陵寝事务，第2944包。
③《宣宗成皇帝实录》卷九六，第34册，第552页，中华书局影印本，1986年。
④清宫档案《内务府档》陵寝事务，第2944包。
⑤清宫档案《内务府档》陵寝事务，第2944包。
⑥《宣宗成皇帝实录》卷一二一，第34册，第1032页，中华书局影印本，1986年。

翁心存、柏葰前往查勘[①]。到咸丰七年（1857年）八月二十八日，守护西陵贝子载容等奏昌陵隆恩殿工程完竣[②]。

昌陵工程竣工刚5年，各建筑就普遍出现渗漏、残破现象，随即进行了历时两年的维修，这在清朝陵寝史上是少见的，反映出嘉庆朝官场上普遍存在着疲怠玩忽的恶习。

昌陵隆恩殿佛楼陈设物品

在清朝皇帝陵中，第一个在隆恩殿东暖阁内建佛楼（也称仙楼）的是裕陵。营建昌陵时，虽然嘉庆帝说“外式照泰陵”，但实际上也不尽然，在建佛楼一事上，就没有仿照泰陵，而是仿照的裕陵。西陵四座皇帝陵，昌陵是首建佛楼。其次是崇陵。

清陵中建的第一座佛楼是孝圣皇后的泰东陵。这座佛楼仅为一层。从裕陵开始，佛楼分上下两层。楼顶为毗卢帽形，上刻云纹、夔龙之类，贴饰金箔，极为精美华丽，下垂帘笼柱，六角菱花隔扇，做工精细。

昌陵佛楼是于嘉庆八年（1803年）五月开始建的，所用的木料是原北京东直门城楼的楠木[③]。是由太平峪万年吉地工程处承做的。佛楼“后檐护板墙一槽。后钻金下层进深菱花隔扇二槽，楼上添安供案四张。楼下宝床一座，圆式香几一分、戳灯二分。随安香炉、烛盘。并油画裱糊。除行取物料外，按例估需工料银3630两5钱5分7厘[④]”。

昌陵佛楼上层佛像来自万寿山，于嘉庆八年五月初八日经郎中李如枚从北京取来，于五月十二日送到昌陵，按次供设。主要珍玩物品都在下层陈设。据内务府档案记载，昌陵隆恩殿佛楼下

①《文宗显皇帝实录》卷二〇五，第43册，第226页，中华书局影印本，1986年11月。

②《文宗显皇帝实录》卷二三四，第43册，第645页，中华书局影印本，1986年11月。

③ 清宫档案《内务府来文》陵寝事务，第2930包。

④ 清宫档案《内务府来文》陵寝事务，第2933包。

层陈设如下物品：

昌陵隆恩殿东暖阁佛楼

宝床上、宝座上设：黄缎绣花迎手、靠背、坐褥一分。上设如意一件、容镜一面、纺丝手巾一条，红雕漆痰盆一件，红雕漆。

右边紫檀炕桌一张，上设白玉提梁卣一件，紫檀架座。石砚二方，内一方有璺，紫檀嵌玉匣盛。青玉卮二件，紫檀座。汉玉乳钉圭一件，紫檀座。烧汉玉三阳开泰笔山一件，紫檀座。青玉凤穿牡丹一件，紫檀座。

右边紫檀炕案一张，上设：青玉山子一件，紫檀商丝座。青玉荷叶洗一件，紫檀座。竹笔筒一件，随玉笔二支。青玉绵长大吉尊一件，紫檀绿牙双座。青玉兽面三环水盛一件，随珊瑚匙一件，紫檀座。青玉松鹿背格一件，紫檀商丝座，过枝缺玉，随红墨一定（锭）。青玉仿圈一件，紫檀商丝座。

左边紫檀地案一张，上设：白玉吉庆方瓶一件，紫檀座，身有绺、耳粘。碧玉笔筒一件，紫檀座，足粘。身有透绺。白玉锦麟献瑞一件，紫檀座。铜珐琅兽耳炉一件，紫檀座。

右边紫檀地案一张，上设：霁红瓶一件，红漆座。洋漆文具一件，内木盒二个。白玉太平有象一件，紫檀座两接。宋玛玛瑙葵花洗一件，紫檀座，身口有璺并缺。铜珐琅双圆瓶一件，紫檀座[1]。

整座佛楼如同一间小型文物库房和陈列室。

---

① 清宫档案《新整内务府档》陵寝事务，第0444包。

旷日持久的昌陵圣德神功碑亭工程

清制：先帝入葬山陵后，就树立圣德神功碑，营建圣德神功碑亭。康熙帝的景陵圣德神功碑亭，从雍正三年（1725年）二月二十二日诏建[①]，到雍正七年（1729年）四月碑文镌刻完毕，历时4年。雍正帝的泰陵圣德神功碑亭，从乾隆二年（1737年）三月初八日诏建[②]，到乾隆七年（1742年）五月镌刻碑文完毕，历时5年。乾隆帝的裕陵圣德神功碑亭，从嘉庆四年（1799年）十一月初六日诏建[③]，到嘉庆八年（1803年）四月碑文镌刻完毕，历时三年半。唯独嘉庆帝的昌陵圣德神功碑亭用时最长，从道光元年（1821年）四月二十日诏建起，到道光十年（1830年）九月碑文才镌刻完毕，历时九年半，相当于景陵和泰陵两座圣德神功碑亭用时之和，可以说是旷日持久。

□ 诏建圣德神功碑亭

根据惯例，先帝入葬后不久，嗣皇帝就要发布谕旨，为先帝立圣德神功碑[④]，并建碑亭。道光帝遵照此制，在嘉庆帝于道光元年（1821年）三月二十三日午刻入葬昌陵地宫[⑤]不到一个月，即同年四月二十日谕内阁：

> 钦惟皇考仁宗睿皇帝执中御宇，秉哲绥猷。仁德如天，普寰区之乐利；睿谋作圣，垂奕禩之典谟。巍焕功文，远超

①《世宗宪皇帝实录》卷二九，第7册，第438页，中华书局影印本，1985年11月。

②《高宗纯皇帝实录》卷三八，第9册，第691—692页，中华书局影印本，1985年11月。

③ 昆冈等修，刘启端等纂光绪朝《钦定大清会典事例》卷四三〇，礼部·大祀·陵寝三。载《续修四库全书》编纂委员会编《续修四库全书》第804册，史部·政书类，第749页，上海古籍出版社，2002年。

④ 关外的永陵、福陵和昭陵因为当时陵寝制度还处于初创时期，尚不完善，所以三陵的神功圣德碑及碑亭不是在墓主人入葬不久建的。永陵的肇祖、兴祖碑均立于顺治十二年六月。景祖和显祖碑均立于顺治十八年九月十八日。

⑤《宣宗成皇帝实录》卷一五，第33册，第286页，中华书局影印本，1986年。

邃古。今昌陵大礼告成，应恭建圣德神功碑，昭兹来许。朕寅承大统，敬念前徽。谨于斋居之次，洒泪挥毫，撰述碑文，阐扬鸿铄，虽圣神文武，莫罄名言。而词皆征实，镌勒贞珉，足以传信万世。所有相度方位、建立碑亭及应行典礼，著内阁、礼部敬谨详议以闻①。

□ 昌陵圣德神功碑亭的承修大臣

每座皇帝陵的圣德神功碑亭都是在陵寝建成多年，皇帝入葬后才营建的，这是仅次于建陵的大工程，属于另案工程，要任命承修大臣，组建工程处。

道光元年（1821年）五月初二日，道光帝谕内阁：

昌陵圣德神功碑建置碑楼、竖立石碑工程均著交乌尔恭阿、绵恩、穆彰阿、阿克当阿敬谨办理②。

乌尔恭阿是郑亲王，绵恩是定亲王，穆彰阿是工部左侍郎，

昌陵圣德神功碑亭及华表

① 中国第一历史档案馆编《嘉庆道光两朝上谕档》第二六册，第538条，第169页，广西师范大学出版社，2000年。

② 中国第一历史档案馆编《嘉庆道光两朝上谕档》第二六册，第597条，第184页，广西师范大学出版社，2000年。

阿克当阿是兵部左侍郎。

道光元年（1821年）七月十六日，又添派宗室辅国将军弘善为承修大臣[①]。

道光二年（1822年）二月初六日又添派内务府大臣常福为承修大臣[②]。

道光三年（1823年）二月初三日，道光帝又命泰宁镇总兵官果齐斯欢会同敬谨办理昌陵圣德神功碑工程[③]。

道光四年（1824年）十一月二十三日，道光帝又谕内阁："昌陵圣德神功碑工程著添派庆惠会同敬谨办理。[④]"

道光五年（1825年）二月初七日任命户部右侍郎敬征为承修大臣[⑤]。

从道光三年到道光九年，果齐斯欢、庆惠、宝兴、永明额、武忠额等，以泰宁镇总兵官的身份，都先后办理过昌陵圣德神功碑亭工程。

昌陵圣德神功碑亭的承修大臣有两个特点，一是官位高，有两位亲王。不仅在以前历次圣德神功碑亭工程中没有，就是兴建皇帝陵，均无此例。二是调动频繁，变化不定。这种现象，在道光朝屡见不鲜，反映了道光帝胸无主见，优柔寡断的性格。

□ 昌陵圣德神功碑亭的规制及用银

随即派工部尚书穆克登额、吏部尚书刘镮之为勘估大臣，对昌陵圣德神功碑亭工程估算钱粮[⑥]。随后穆克登额、刘镮之率工程技术人员、书算人员对大碑楼的规制、用料、各项钱粮进行详细勘估。他们是仿照裕陵圣德神功碑亭式样设计的。昌陵圣德神

①《宣宗成皇帝实录》卷二一，第33册，第382页，中华书局影印本，1986年。

②《宣宗成皇帝实录》卷二九，第33册，第520页，中华书局影印本，1986年。

③ 中国第一历史档案馆编《嘉庆道光两朝上谕档》第二八册，第39条，第140页，广西师范大学出版社，2000年。

④ 中国第一历史档案馆编《嘉庆道光两朝上谕档》第二九册，第1491条，第428页，广西师范大学出版社，2000年。

⑤《宣宗成皇帝实录》卷七九，第34册，第273页，中华书局影印本，1986年。

⑥《宣宗成皇帝实录》卷一九，第33册，第347页，中华书局影印本，1986年。

功碑亭的规制、尺寸是这样的：

圣德神功碑二座，每座通高二丈一尺，内碑身高一丈三尺三寸，宽七尺，厚二尺四寸。质头高七尺七寸，宽七尺四寸，厚二尺九寸。龙趺各身长一丈六尺。担宽七尺四寸。抬头明高五尺八寸，外下入槽高三寸。连二水盘面阔一丈九尺一寸，进深一丈九尺二寸，明高一尺，俱大石窝青白石成做。水盘下豆渣石底垫二层。

重檐碑楼一座，四面各显三间。内明间面阔二丈二尺七寸，二次间各面阔一丈七尺二寸。下檐周围廊各深七尺七寸，通见方七丈二尺五寸。自地面上皮至小额枋下皮，高二丈六尺七寸五分，檐柱头露明高四尺八寸五分。外埋深五尺，径一尺八寸，通高三丈一尺六寸。上下檐十三檩。甃门，重檐歇山，安单翘重昂斗科。内里隔井天花，满铺顺望板成造，装修四面。券洞安四抹落地明四槽，月牙窗四扇，安砌豆渣石哑叭柱顶，台基埋头大料石二层，上安青白石土衬。埋头、陡板、阶条、海墁、券脸、垂带、如意石、券墙里外拔檐等石，周围券墙二面安青白石须弥座，下安豆渣石底垫二层。券墙上身城砖灰砌灌浆，抹饰红黄灰。券洞四座细澄浆城砖。头停苫青灰背三层，瓦四样黄色琉璃瓦料。内里地面铺墁金砖。地脚刨槽下钉，筑打小灰埚灰土十一步。

擎天柱四座，每座柱身明高二丈五尺，八方，径过四尺四寸。下须弥座，八方，径过八尺七寸，明高五尺二寸。上天盘带蹲龙，径过四尺八寸，高六尺七寸。四面安栏板、柱子，地伏成造，埋头、豆渣石二层。地脚刨槽下钉，筑打小夯埚灰土九步。

海墁一块，见方二十五丈，背底立墁糙城砖一层，上墁澄浆城砖一层。

前后神路青白中心石一路、牙石二路。地脚筑打大夯埚灰土二步，周围筑打护牙散水，灰土二步。

看守房一座，三间[1]。

昌陵圣德神功碑亭工程中所用的青白石料由北京房山大石窝采运。豆渣石由京北昌平州采运。发券并露明细砖用澄浆城砖，由山东临清烧制。新样城砖由京办运。旧样城砖在附近烧造。筑打地脚所需的黄土拟用本槽之土。如果开槽时土中有砂石，则遵照向例，从青桩外取用。琉璃瓦料、金砖咨行工部取用。所需架木，例由易州工部就近运用，不足者，行文工部领用。所需大件木植采自江苏、四川、湖南等省，所用白灰，凡砌砖、瓦瓦、灌浆、抹什，用韩溪白灰。地脚灰土，用坛山白灰[2]。所用颜料、铜、铁、纸、绢等项，从户部直接取用。按例净估需物料、匠夫工价银为218631两8钱3分5厘，另外木植一项约计420件并椽望松墩木植约估银22755两4钱8分4厘。白灰及运脚银25468两8钱4分9厘的灰斤银。昌陵圣德神功碑及碑楼共估需银244100两6钱8分4厘[3]。

□ 昌陵圣德神功碑亭的方位

相度方位和勘估钱粮几乎是同步进行的。早在道光元年（1821年）五月，道光帝就命东阁大学士托津、礼部左侍郎善庆、工部右侍郎陆以庄到西陵相度昌陵圣德神功碑亭方位。他们于五月二十八日会同总理西陵事务的奕亨、景纶、弘善率领钦天监精通地理人员，敬谨相度得昌陵五孔拱桥南二十二丈五尺的神路正中是一处佳壤。据钦天监博士董岳南相度，认为子山午向建立圣德神功碑方位甚吉。托津等把相度的结果绘图贴说，上奏皇帝。道光元年（1821年）六月初三日奉旨："依议。[4]"

□ 昌陵圣德神功碑亭破土兴工

圣德神功碑亭方位确定了，承修大臣任命了，规制、钱粮勘

① 清宫档案《内务府来文》陵寝事务，第2942包。
② 清宫档案《录副奏折》胶片，第251卷。
③ 清宫档案《内务府来文》陵寝事务，第2942包。
④ 清宫档案《内务府来文》陵寝事务，第2942包。

估了，下一步就是破土兴工。承修大臣行文钦天监敬选吉期。经钦天监选择，道光元年（1821年）九月初六日癸丑宜用巳时动土兴工吉。九月初十日丁巳宜用辰时添开运料门吉[①]。

□ 昌陵圣德神功碑亭的材料采运

石料的采运

营建圣德神功碑亭所需用的青白石料，由房山县西山大石窝采运。所需用的青白石料，不仅数量多，而且体量大。二块碑身、二件龙趺、四根华表柱身、四件须弥座，还有水盘，碑亭墩台的须弥座形的下碱，每一件都是重达数万斤的巨大石料。由于沉重，必须要到冬季，大地结冻时才能运送。途经道路必须提前平垫，加固、帮宽桥梁，这需要一笔资金。经仓场侍郎颜检奏请，于道光二年（1822年）六月初二日，道光帝准奏拨给房山等州县8200两银子[②]。道光三年（1823年）正月二十四日道光帝又准奏，从直隶司库地粮银内拨给房山县修垫桥道银3500两，拨给涞水县2000两，拨给易州3500两[③]。

道光九年（1829年）经直隶总督那彦成奏准，又从直隶司库道光三年（1823年）赈案剩余经费银两内拨给直隶容城等州县5100两作为运送木料而修垫桥道的经费[④]。

木料的采运

工程所用的大件楠木、柏木分别由江苏、四川、湖北、湖南等省采办。圣德神功碑亭工程所用的木料都比较大，而这些木植又都生长缓慢。从顺治年间，到道光年间，又是修宫殿，又是盖皇陵，钦工不断，有时是数工并举，需用楠木、柏木极多，连年砍伐，大木已经极少，新树又未长大。所以这次采办昌陵圣德神

---

①清宫档案《内务府来文》陵寝事务，第2942包。

②《宣宗成皇帝实录》卷三七，第33册，第649页，中华书局影印本，1986年。

③《宣宗成皇帝实录》卷四八，第33册，第861页，中华书局影印本，1986年。

④《宣宗成皇帝实录》卷一五八，第35册，第428页，中华书局影印本，1986年。

功碑亭木植难度很大，仅分派给江苏一省的木植就达800余根[①]。其他省份可想而知。直到道光四年（1824年）六月，湖南省仍未能完成派办的木植额数。湖南巡抚嵩孚在写给皇帝的奏折中忧心忡忡地说："遍加寻访，与册开径丈不符。"面对这些情况，道光帝也是无可奈何。他承认"该省出产柏木本少，楠木亦难得大料。叠次严催，逾期未获，势必迁延时日，致滋迟误，自属实在情形[②]"。因此道光帝谕令昌陵大碑楼工程承修大臣彻底"查明碑楼工程所需木材确数，如果现在起运木材各件足敷应用，即可将该省未获之柏木、楠木停其采办[③]"。从这点来看，道光帝还是比较体察下情的。经承修大臣们反复核实，四川木植已经全部采齐，再加上湖南现已采到的木植数以及其他省份所采的木植，已经够用。道光帝得到奏报后，于道光四年（1824年）六月二十三日降旨。湖南省未获之木停其采办。同时谕令四川和湖南两省将已采到的木植"赶紧运赴工次，以备应用，毋稍迟逾[④]"。可是到了道光七年（1827年）三月，四川才将所采到的木植起运，又过了一年多，到道光八年（1828年）七月下旬尚未运到山东境内。这时道光帝也有些急了，他在上谕中严厉催促道："要工所需岂容日久在途迟滞？著屠之申（直隶布政使护理直隶总督）、琦善（山东巡抚）即饬沿河文武员弁，严催该委员迅速趱解，务于本年冬初运交工次，毋许任意耽延。[⑤]"直到道光九年（1829年）七月，还有一部分木植尚未运抵工次。

砖的烧造和采运

昌陵圣德神功碑亭的海墁（即砖墁地），盖面砖皆用澄浆砖，道光九年（1829年）七月，工部行文山东省，烧制临清砖

---

①《宣宗成皇帝实录》卷五三，第33册，第947页，中华书局影印本，1986年。

②《宣宗成皇帝实录》卷六九，第34册，第98页，中华书局影印本，1986年。

③《宣宗成皇帝实录》卷六九，第34册，第98页，中华书局影印本，1986年。

④《宣宗成皇帝实录》卷六九，第34册，第103页，中华书局影印本，1986年。

⑤《宣宗成皇帝实录》卷一三九，第35册，第140页，中华书局影印本，1986年。

46000块，命于道光十年（1830年）春季运到工次[1]。实际上到道光十年（1830年）七月才运到。经工程处详加验看，发现“砖质粗松，砂眼太多，难以选用”[2]。承修大臣郑亲王乌尔恭阿等把这一情况上奏皇帝。他们考虑到如果再令山东烧造，已经来不及了，为此奏请由京城烧造澄浆砖46000块，乘时备办，务于道光十年（1830年）冬季运到工次，于道光十一年（1831年）春季铺墁。道光帝准奏。同时谕令将山东烧造的不合格的澄浆砖全部运到易州工部存贮备用。山东烧砖所用款项令承办之员照数罚赔，不准开销[3]。

镌刻碑文

道光十年（1830年）六月，昌陵圣德神功碑亭头停扤瓦完毕[4]，于是礼部奏请皇帝为镌刻碑文做准备。

镌刻及恭送碑文的礼仪程序是：将已经书写好的碑文由御书处双钩以后，恭呈皇帝御览。然后将钩摹好的碑文送至内阁安奉。礼部、工部堂官赴内阁将碑文送到工部衙门安奉。由礼部奏请，派工部堂官一员恭送碑文到陵寝工次镌刻。奏派大学士一员、内务府大臣一员前往工次监刻。镌刻工匠由御书处遴选派出，先期前往工次预备。镌字吉期由钦天监选择。镌刻前一日由工部堂官告祭司工之神。工竣后，由礼部堂官告祭昌陵，祭文由翰林院撰拟[5]。

碑文由京师送往陵寝前，通知沿途地方官员和行宫做好迎接护送碑文的准备事宜。经钦天监选择，定于道光十年（1830年）八月二十六日午时开工镌刻，于八月二十日辰时从京城出发，恭送碑文。将碑文放在彩亭内，每班八人，帮夫四人。每日二班。

①《宣宗成皇帝实录》卷一五八，第35册，第441页，中华书局影印本，1986年。

②《宣宗成皇帝实录》卷一五八，第35册，第441页，中华书局影印本，1986年。

③《宣宗成皇帝实录》卷一五八，第35册，第441页，中华书局影印本，1986年。

④ 清宫档案《内务府来文》，第135包。

⑤ 清宫档案《内务府来文》，第135包。

龙旗两面、御杖二件在前面开路。夫役由易州工部雇觅。出正阳门，沿途分三宿。第一宿在良乡县的黄新庄行宫。第二宿在涿州药王庙行宫。第三宿在涞水县秋澜行宫，八月二十三日到达西陵，供奉在更衣殿内[①]。

昌陵圣德神功碑

道光十年（1830年）七月二十九日，道光帝派东阁大学士托津、总管内务府大臣敬征、工部左侍郎奕经监刻碑文[②]。

八月十九日又改派协办大学士富俊监刻[③]。

道光十年（1830年）八月二十六日午时开工镌刻，镌刻碑文工作历时二十余天完工。道光十年（1830年）九月十八日，以昌陵圣德神功碑镌刻告成，遣官祭告昌陵[④]。

昌陵圣德神功碑碑文汉字共2597字，由道光帝撰写。西碑上的汉字由谁书写，待考。东碑上的满文由中书长贵、荣汇二人缮写。由于两人将碑文字体写得“端楷敬慎”，深受道光皇帝的称赞，加恩每人赏给大缎2匹、笔二匣、墨二匣、砚一块，各赏给

① 清官档案《内务府来文》，第135包。

②《宣宗成皇帝实录》卷一七一，第35册，第666页，中华书局影印本，1986年。

③《宣宗成皇帝实录》卷一七一，第35册，第672页，中华书局影印本，1986年。

④《宣宗成皇帝实录》卷一七四，第35册，第716—717页，中华书局影印本，1986年。

记录二次[1]。

道光十一年（1831年）春天，铺墁碑亭外海墁。道光十一年（1831年）夏，历时近十年的昌陵圣德神功碑亭工程终于画上了句号，比建一座皇帝陵用时还要长。

从建昌陵圣德神功碑亭一事可以看出，清王朝到了道光年间，官场腐败无能，朝廷指挥不灵的现象。

昌陵内葬人物

昌陵地宫内共葬两个人，即嘉庆帝和孝淑皇后。

□ 嘉庆帝

嘉庆帝，爱新觉罗·颙琰，即位前名永琰。他是清朝入关后的第五帝，生于乾隆二十五年十月初六日丑时（1760年11月13日），其生母为令贵妃即后来的孝仪皇后。他是乾隆帝的第十五子，出生在圆明园的“天地一家春”。

嘉庆帝朝服像

遵照清朝皇家规定，永琰于6岁就读。他的老师主要有兵部侍郎奉宽、工部侍郎谢墉、侍讲学士朱珪[2]。其中朱珪对永琰的影响最大。永琰天生聪

①《宣宗成皇帝实录》卷七三，第34册，第181页，中华书局影印本，1986年。

②《仁宗睿皇帝实录》卷一，第28册，第65页，中华书局影印本，1986年6月。

明颖悟，博闻强记，学习勤奋，手不释卷，学习进步很快。长达36年的皇子生活，为他后来从政打下了坚实的文化基础。

乾隆三十九年（1774年）四月二十七日，经皇父乾隆帝指婚，15岁的永琰与总管内务府大臣和尔经额之女喜塔腊氏喜结良缘。这位新娘就是后来的孝淑皇后[①]。乾隆五十四年（1789年）十一月初八日，永琰被封为和硕嘉亲王[②]。

秘定皇储之法是雍正帝创立的，事实证明是行之有效的。乾隆帝效法皇父，秘密立储。先立皇二子永琏，不久夭亡。以后又想立皇七子永琮，还未行立储之计，也很快早殇。[③]以后，乾隆帝又先后属意皇三子永璋、皇五子永琪，均因种种原因未能成立。到乾隆三十八年（1773年），乾隆帝已经63岁了，立储之事已不能再拖。经过慎重考虑，反复挑选，于是年十一月初八日冬至这天，正式秘定14岁的皇十五子永琰为皇太子[④]。过了22年，到乾隆六十年（1795年）九月初三日，乾隆帝公开宣布立皇十五子永琰为皇太子，翌年改元嘉庆元年，正月初一日即皇帝位。

嘉庆元年（1796年）正月初一日，在太和殿举行了清朝唯一的授受大典，乾隆帝将“皇帝之宝”的大印亲手交给了37岁的自己的儿子永琰，随后举行登极大典，永琰从此成为清朝入关后的第五位皇帝。

乾隆帝虽然把皇位让给了颙琰，但实权仍掌握在自己手中，他是让位不让权。正如他自己所说的：“朕仰承昊眷康强逢吉，一日不至倦勤，即一日不敢懈弛。归政后，凡遇军国大事及用人行政诸大端岂能置之不问？仍当躬亲指教，嗣皇帝朝夕敬聆训

---

①《高宗纯皇帝实录》卷九七五，第20册，第976页，中华书局影印本，1985年11月。

②《高宗纯皇帝实录》卷一三四二，第25册，第1201页，中华书局影印本，1985年11月。

③《高宗纯皇帝实录》卷一四八六，第27册，第857页，中华书局影印本，1985年11月。

④ 中国第一历史档案馆编《乾隆朝上谕档》第18册，第1726条，第749页，中国档案出版社，1991年。

谕，将来知所秉承，不致错失。[1]”太上皇帝凡召见臣工、处理政务，乃至百官朝贺、设摆宴筵，颙琰都要毕恭毕敬地陪侍在太上皇帝身旁，“上喜则喜，笑则笑”[2]。这种木偶般的傀儡生活一直坚持了三年，到嘉庆四年（1799年）正月初三日太上皇帝归天才结束，从此以后，颙琰才当上了名副其实的大清皇帝。

嘉庆帝亲政后办的第一件大事就是铲除和珅。和珅，字致斋，钮祜禄氏，文华殿大学士、首席军机大臣兼步军统领、翰林院掌院学士、忠襄伯，可谓一人之下，万人之上，是乾隆帝最宠信的大臣，权势显赫，炙手可热，其亲信爪牙遍全国，朝廷上下，各地官员无不趋之若鹜。和珅也确实是一位人才，他聪明敏达，精明干练，记忆力强，精通四种文字，能诗善画，写一手漂亮的字。和珅相貌出众，英俊潇洒，谈笑风生，善于应对。他拍马有术，善于逢迎，能够处处讨得皇帝的欢心。他依恃皇帝的宠信，利用自己的职权，专擅朝政，结党营私，排除异己，陷害忠良，贪赃受贿，疯狂敛财。乾隆朝晚期财政紧张，国力下降，在一定程度上与和珅贪赃误国有直接关系。对于和珅的倒行逆施，嘉庆帝早就清楚，碍于皇父之面，他隐忍不发。他善于韬光养晦，在皇父面

和珅像

① 中国第一历史档案馆编《乾隆朝上谕档》第18册，第1726条，第750页，中国档案出版社，1991年。

② 吴晗辑《朝鲜李朝实录中的中国史料》第12册，第4918页，中华书局，1980年。

前百依百顺，恭敬有加。在和珅面前故意装出虚心谦和、敬重老臣的样子。在乾隆六十年（1795年）九月初三日公布立永琰为皇太子之前，和珅探知此事，抢在九月初二日向永琰呈递如意，以表拥戴之意。他这一招儿，不仅未能赢得嘉庆帝的好感，反而成了他的一条罪状[①]。嘉庆四年（1799年）正月初三日太上皇帝驾崩，第二天嘉庆帝就褫夺了和珅的军机大臣、步军统领之职，命和珅昼夜守护殡殿，不得擅离。正月初八日公开宣布革去和珅一切职务，逮捕入狱，查抄家产[②]。正月十一日嘉庆帝初步公布了和珅的罪状，令督抚议罪[③]。正月十六日正式宣布和珅20条罪状[④]，正月十八日赐令和珅自尽[⑤]。关于和珅的家产到底有多少，有多种说法，数额悬殊，有的多达8亿两之多。笔者认为还是《清实录》的记载比较可靠，现抄录于下：

> 家内所藏珍宝内，珍珠手串竟有二百余串，较之大内多至数倍，并有大珠较御用冠顶尤大，其大罪十五。又宝石顶并非伊应戴之物。所藏真宝石顶有数十余个，而整块大宝石不计其数，且有内府所无者，其大罪十六。家内银两及衣服等件数逾千万，其大罪十七。且有夹墙藏金二万六千余两，地窖内并有埋藏银两百余万，其大罪十八。附近通州、蓟州地方均有当铺、钱店，查计资本又不下十余万两[⑥]。

当然和珅可能隐藏、转移了部分资财，即使如此，也不会超越多少。

---

①中国第一历史档案馆编《嘉庆道光两朝上谕档》第四册，第39条，第15页，广西师范大学出版社，2000年。

②《仁宗睿皇帝实录》卷三七，第28册，第418页，中华书局影印本，1986年6月。

③中国第一历史档案馆编《嘉庆道光两朝上谕档》第四册，第39条，第15页，广西师范大学出版社，2000年。

④中国第一历史档案馆编《嘉庆道光两朝上谕档》第四册，第64条，第25—26页，广西师范大学出版社，2000年。

⑤中国第一历史档案馆编《嘉庆道光两朝上谕档》第四册，第70条，第32页，广西师范大学出版社，2000年。

⑥《仁宗睿皇帝实录》卷三七，第28册，第429页，中华书局影印本，1986年6月。

嘉庆帝为什么要铲除和珅？是为了贪图他的财产，以充国库吗？笔者的回答是否定的。和珅误国害民，如不除掉，国家就会倒霉，百姓就会遭殃，嘉庆新政就不能实行。这是政治上的需要。关于“和珅跌倒，嘉庆吃饱”的说法只反映了一个侧面，并没有反映其实质。和珅集团的迅速被铲掉，表明嘉庆帝具有较高的处理大事的能力，更重要的是为推行新政扫除了障碍，铺平了道路。

俗话说，一朝天子一朝臣。古往今来均是如此。嘉庆帝即位以后，对内阁、军机处、各部院以及其他机构进行了全面改组，剔除了和珅的党羽，罢免了部分年高、疲软、办事不力的官员，充实进了一些忠正大臣、名臣之后和与皇帝亲近的人。

嘉庆帝即位以后，他从父皇手里接过来的不是国富民安的乾隆盛世，而是一个已开始走下坡路、积重难返的大清帝国，总结起来当时有三大困，即兵事、河漕、吏治。其中吏治是所有问题的根本。冰冻三尺非一日之寒。吏治的败坏已非一日，并不是在嘉庆帝即位后形成的。所以要想肃清吏治不是在短时间内可以解决的。三大困中最燃眉之急的是“兵事”。兵事包括三部分，一是湘黔苗民起义的“苗事”，川楚陕三省白莲教起义的“教事”，以及以蔡牵、朱濆为首的海上武装斗争的“海事”。为了平定这三事，清廷倾全国之力，使出了浑身的解

福康安像

数，历经15年之久，“三事”才彻底平息，清廷为此付出了惨重的代价。在平定苗民起义中，像福康安、和琳等著名将帅都先后死于军中。仅镇压白莲教起义就历时9年，耗费军饷2亿两白银之巨，阵亡将佐官弁400多名[①]。嘉庆皇帝在位25年，仅平定“三事”就用了15年的时间，使清王朝元气大伤，加速了衰败。

三大困的解决并不是按先后顺序解决的，是随着问题的出现随时随地办理的。嘉庆帝对吏治的败坏看得不可谓不清，对败坏的根源看得不可谓不准，在他执政期间确实查处了一些大案要案，惩治了一批贪官、赃官，但总的来说，有法不依，执法不严，心慈手软，劝多于惩，失于宽纵。他没有乾隆帝、雍正帝在整顿吏治、惩治贪官时那种疾恶如仇、雷厉风行、秋风扫落叶般的气魄和作风，所以，终嘉庆一朝，整顿吏治收效不大，从而也为道光朝吏治的更大败坏埋下了隐患。

对河患和漕运的治理贯穿于整个嘉庆朝。对于河漕的治理，嘉庆帝颇为重视，并做出了许多的努力，在这方面，嘉庆帝从来是肯花钱的。他提出了许多治理河害、漕运的方法，撤换了许多办事不力的官员，收到了一定的成效，但与康熙帝在治河方面所投入的精力、做出的贡献相比，还是很逊色的。

在他执政期间，曾发生了两次在清朝历史上空前绝后、惊心动魄的大事，一次是陈德行刺事件，另一次是天理教起义军攻打皇宫事件。

嘉庆八年（1803年）闰二月二十日，嘉庆帝刚从大高殿行礼，时应宫拈香回来，进入神武门，正要进御花园后门顺贞门之际，提前潜伏在神武门内西厢房后面的平民陈德突然窜出，持刀扑向嘉庆帝。西厢房距顺贞门约有30米远，当陈德冲到顺贞门时，嘉庆帝已进了顺贞门，他并未亲眼看到行刺的场面。当时在场担任警卫的侍卫、护军有100多人，被这突然出现的情况惊呆了，竟木然不动，只有定亲王绵恩等6人反应敏捷，迅速上前拦

---

① 关文发著《嘉庆帝》第429页，吉林文史出版社，1993年6月第1版。

在顺贞门前曾发生过陈德刺杀嘉庆帝的事件，陈德就藏在西房后面。

击，与陈德搏斗[①]。陈德终因寡不敌众，力竭被擒。经数日刑讯后，被凌迟处死，其15岁的儿子陈禄儿也被杀害。如果陈德行动提前一两分钟，武艺再高强些，很可能会行刺成功。陈德是在贫困交加，走投无路的情况下铤而走险的。在警卫林立、戒备森严的皇宫大内竟出现刺杀皇帝的严重事件，不仅在清朝，就是在中国历史上也是极为少见的。

天理教义军攻打皇宫事件的经过大致是这样的。嘉庆十八年(1813年）七月十八日，嘉庆帝启銮离京去热河，举行木兰秋狝[②]。天理教首领林清等人决定利用皇帝不在京城，皇宫戒备松弛的时机起义，攻打紫禁城。九月十五日，天理教义军兵分两路进攻紫禁城[③]。东路义军冲进东华门仅数人，就被护军发现，关闭了大门，断了后路，后边的冲不进，前头的退不出，全数被歼。西路义军从西华门冲进数十人。攻打内廷重要门户隆宗门。几名义军战士登上墙头被皇二子绵宁（后来的道光帝）用鸟枪击毙二人，被贝勒绵志击毙一人，义军进攻受阻。这时大批官军赶到，数十

①《仁宗睿皇帝实录》卷一〇九，第29册，第454页，中华书局影印本，1986年7月。

②《仁宗睿皇帝实录》卷二七一，第31册，第680页，中华书局影印本，1986年7月。

③《仁宗睿皇帝实录》卷二七四，第31册，第719页，中华书局影印本，1986年7月。

名义军战士全部被歼，内应的太监也悉数被拿获。不久林清也被逮捕，天理教起义很快失败。因嘉庆十八年是癸酉年，所以这次事件史称“癸酉之变”。

这两件大事使嘉庆帝极为震惊，惊呼是“汉唐宋明未有之事”，不得已于九月十七日下罪己诏，进行自责[1]。这两次事件是当时社会和阶级矛盾空前尖锐、激化的反映。

嘉庆帝一向黜华崇实，反对铺张浪费。在他执政期间，没有增建新的皇家园囿，没有兴办大规模的土木工程。他没有举行过南巡，只去过一次五台山。他对祖宗创建的木兰秋狝制度是竭力奉行的。他深知木兰秋狝的深远意义，在他执政的25年中，他一共去热河19次，他已竭尽了全力。他对列祖列宗创立基业的艰难性是深为了解的，对列祖列宗是十分崇敬的。他在位期间，两诣盛京，40次展谒东陵、西陵（东陵27次，西陵13次）。

嘉庆帝注重节俭，反对奢靡，率先垂范，从自己做起。嘉庆十年（1805年）他去盛京祭祖，往返65天，他连后妃都不带，从而节省了无数费用，免去了许多麻烦。

嘉庆帝注重儒学，对佛教、道教不太崇信。他不相信祥瑞。他一生有5个皇子，其中皇长子早殇。他有9个女儿，只有2个女儿长大成人。

嘉庆帝读书像

嘉庆二十五年（1820年）七月十八日，嘉庆帝第19次启銮去热

①《仁宗睿皇帝实录》卷二七四，第31册，第722页，中华书局影印本，1986年7月。

河，举行木兰秋狝[①]。他万万不会想到这次竟是他一生中的最后一次去热河，他更没有想到这一次竟是躺在棺椁里回来。他于七月二十四日到达避暑山庄，途中用了7天，平均每天走70里路。他从京师启銮时，身体很好，在途中驻跸行宫时还总在处理政务。七月二十四日，他从喀喇河屯行宫出发时，只是感到有些"暍暑"[②]，但在策马过广仁岭时仍不感到疲劳。在到达避暑山庄时才"痰气上壅，至夕益甚[③]"。尽管已感到身体不适，仍遵照惯例，到城隍庙拈香，永佑寺行礼。这一天他还处理了一些政务。第二天（二十五日）病情转重，但"仍治事如常"。晚上病情益发沉重。皇次子智亲王绵宁、皇四子瑞亲王绵忻朝夕陪侍在侧。戌刻（晚7—9时）嘉庆帝病逝，终年61岁，在位25年[④]。按《仁宗睿皇帝实录》记载，嘉庆帝预感到大限将至，于是将御前大臣赛冲阿、索特纳木多布斋，军机大臣托津、戴均元、卢荫溥、文孚，总管内务府大臣禧恩、和世泰召至御榻前，宣布立皇次子绵宁为皇太子。实际上，嘉庆帝在临终时并没有宣布立储。立储秘旨在他死后到处寻找也找不到。曾派吉伦泰回京寻找，也未找到。最后在一个内侍身上找到的。梓宫现从京师运来，所以到八月初一日辰刻才将嘉庆帝遗体殓入梓宫[⑤]。八月十二日卯时，大行皇帝梓宫从避暑山庄奉移，历11天，于八月二十二日到达京城，梓宫停放在乾清宫正中[⑥]。九月初十日辰时梓宫从乾清宫奉移到景山观德殿暂安。十月二十一日巳时上大行皇帝谥号为：受天兴运敷化绥猷崇文经武孝恭勤俭端敏英哲睿皇帝，庙号仁宗。

①《仁宗睿皇帝实录》卷三七四，第32册，第936页，中华书局影印本，1986年7月。

②《仁宗睿皇帝实录》卷三七四，第32册，第938页，中华书局影印本，1986年7月。

③《仁宗睿皇帝实录》卷三七四，第32册，第938页，中华书局影印本，1986年7月。

④《仁宗睿皇帝实录》卷三七四，第32册，第937页，中华书局影印本，1986年8月。

⑤《宣宗成皇帝实录》卷二，第33册，第86页，中华书局影印本，1986年8月。

⑥《仁宗睿皇帝实录》卷三七四，第32册，第939页，中华书局影印本，1986年8月。

观德殿

道光元年（1821年）三月十一日寅时，梓宫奉移易县西陵。道光元年三月二十三日午刻葬入昌陵地宫[1]。道光三十年（1850年）五月初一日，咸丰帝给加上谥号“光裕”二字，其庙号、谥号全称为：仁宗受天兴运敷化绥猷崇文经武光裕孝恭勤俭端敏英哲睿皇帝。

嘉庆帝名义上在位25年，实际上亲政21年零7个月。他在位期间，虽然没有像他的曾祖父康熙帝那样，御驾亲征，征讨不停，文治武功，业绩赫赫，也没有像他皇父乾隆帝那样开疆拓土，武功十全，把清王朝推向强盛的峰巅，但嘉庆帝也绝非是庸劣之主。嘉庆帝即位后，以迅雷不及掩耳之势，铲掉了和珅集团。他运筹帷幄，调兵遣将，先后平定了苗民起义、白莲教起义、天理教起义。他对外国殖民主义始终保持高度警惕性，维护了国家主权的完整。他整顿吏治，治理河患，赈济灾民，蠲免赋税。他头脑清醒，严禁鸦片；他黜奢崇俭，提倡实政。他敬天法祖，坚持木兰秋狝。他虽然未能力挽狂澜，遏制住大清国的衰败

①《宣宗成皇帝实录》卷一五，第33册，第287页，中华书局影印本，1986年8月。

之势，但在一定程度上起到了延缓的作用。

嘉庆帝也存在着许多严重的不足和失误。他因循守旧，墨守成规，“动遵成宪，事鲜创举”。他不敢大刀阔斧地变革祖宗留下的种种弊政，不能顺应历史潮流，采取相应的措施。在整顿吏治上，心慈手软，失之宽纵。他反对开矿，坚持“重本抑末”政策不变，严重地制约了社会经济的发展。他坚持祖宗遗留下来的闭关锁国政策，一概采取排外主义，从而使我国与世界先进国家的差距越来越大。这些都是应该否定和批判的。总的说来嘉庆帝还是一位较有作为的守成之主。

□ 孝淑皇后

孝淑皇后，喜塔腊氏，满洲正白旗，原任总管内务府大臣、副都统和尔经额之女[①]，生于乾隆二十五年（1760年）八月二十四日辰时[②]，与永琰同岁，且比永琰早42天降生。经乾隆帝指婚，于乾隆三十九年（1774年）四月二十七日，与永琰喜结连理，当时新娘、新郎都刚15岁，从此喜塔腊氏成了皇十五子的嫡福晋[③]。乾隆四十五年（1780年）四月三十日子时，喜塔腊氏生皇二女，乾隆四十七年（1782年）八月初十日寅时，生皇二子绵宁，即后

孝淑皇后朝服像

①唐邦治著《清皇室四谱》，上册，卷二·后妃，第25页，1923年上海聚珍仿宋印书局聚珍铅印本。

②清宫档案《内务府来文》礼仪，第75包。

③《高宗纯皇帝实录》卷九七五，第20册，第976页，中华书局影印本，1985年11月。

来的道光帝[①]。乾隆四十九年（1784年）九月初七日申时生皇四女庄静固伦公主。嘉庆元年（1796年）正月初一日，永琰即皇帝位。正月初三日以翌日册立皇后，遣官告祭天、地、太庙、社稷，嘉庆帝亲诣奉先殿行告祭礼。正月初四日午时，嘉庆帝奉太上皇帝之命，遣东阁大学士王杰为正使，礼部右侍郎多永武为副使，持节赍册、宝，册立皇太子妃喜塔腊氏为皇后[②]。正月十三日，奉太上皇帝之命，赏给皇后之兄盛住一等承恩侯[③]。二月二十八日追封皇后之父、原任副都统和尔经额为三等承恩公，母亲王佳氏为公妻一品夫人，祭一次、建碑修坟如例[④]。

夫君当了皇帝，自己被立为皇后，好运刚刚开始，喜塔腊氏竟于嘉庆二年（1797年）二月初七日未时驾鹤西去，年仅38岁[⑤]。死的当天遗体被移送到紫禁城外的吉安所。正在圆明园的嘉庆帝听说皇后崩逝，立刻赶回皇宫，到吉安所为皇后奠酒。即日，太上皇帝发布敕谕，对皇后的丧事做了安排：皇帝辍朝5日，穿素服7天，遇有奠醊再行摘缨，俟目送梓宫奉移静安庄殡宫后皇帝改穿常服；王公大臣及军民人等俱素服7日，不摘缨，但剃发；派怡亲王永琅、总管内务府大臣盛住、礼部左侍郎铁保、工部左侍郎成德为总理丧仪王大臣[⑥]。对照《大清会典》关于皇后丧仪的规定和以前皇后的丧礼实例，喜塔腊氏的丧礼明显大大降格减杀。其原因何在？是这位皇后不贤淑吗？是太上皇帝对这位儿媳不满意吗？是她与嘉庆帝的夫妻感情不好吗？回答都是否定的。其原因，用太上皇帝的话说，“所有应行典礼原当照例举行，但皇帝侍奉朕躬，而臣民等亦皆礼统于尊[⑦]”。用嘉庆帝

①《宣宗成皇帝实录》卷一，中华书局影印本，1986年8月，第33册，第75页。

②《仁宗睿皇帝实录》卷一，第28册，第74页，中华书局影印本，1986年8月。

③《仁宗睿皇帝实录》卷一，第28册，第77页，中华书局影印本，1986年8月。

④《仁宗睿皇帝实录》卷二，第28册，第90页，中华书局影印本，1986年8月。

⑤《仁宗睿皇帝实录》卷一四，第28册，第201页，中华书局影印本，1986年8月。

⑥ 中国第一历史档案馆编《嘉庆道光两朝上谕档》第二册，第113条，第46页，广西师范大学出版社，2000年。

⑦ 中国第一历史档案馆编《嘉庆道光两朝上谕档》第二册，第113条，第46页，广西师范大学出版社，2000年。

的话说是“皇后册立甫及一年，母仪未久。且昕夕承欢，取诸吉祥”，以表明“崇奉皇父”、“专隆尊养至意[①]”。说通俗点，就是一切礼仪活动都应该以太上皇帝为中心，处处要取吉利，以使太上皇帝欢心。如果按规定办理丧事，举国同悲，隆重排场，置太上皇帝于何地？太上皇帝心情能好吗？这是根本原因。至于嘉庆帝所说的“皇后册立甫及一年，母仪未久”，这只是一种自谦和托词。康熙帝的孝昭皇后册立刚半年就崩逝了，孝懿皇后册立仅2天就亡故了，这两位皇后的丧事丝毫未因册立时间短而减少仪文，办得很是隆重，这当如何解释？所以说嘉庆帝所说的“母仪未久”之说是不成立的。孝淑皇后与嘉庆帝朝夕相伴23年，相亲相爱，并生了1男2女，特别是生了皇次子绵宁，可谓功劳不小。对于发妻的去世，嘉庆帝岂不悲痛？只是碍于皇父之面，不得不含悲忍痛，强作笑颜而已。

喜塔腊氏的梓宫停放在吉安所。二月初八日、初十日、十一日，嘉庆帝连续三次亲自到吉安所皇后梓宫前奠酒[②]。二月十三日卯时，喜塔腊氏梓宫奉移静安庄殡宫，这一天，嘉庆帝亲自到吉安所目送[③]。喜塔腊氏梓宫到达静安庄殡宫以后，开始漆饰梓宫，共漆饰49次[④]。二月十八日为初祭礼，嘉庆帝命皇次子绵宁到殡宫行礼。二月二十五日为大祭日，嘉庆帝亲自到静安庄殡宫皇后梓宫前奠酒。二月二十七日，太上皇帝亲赐谥喜塔腊氏为孝淑皇后[⑤]。五月二十日巳时，在静安庄殡宫举行册谥礼，以庄亲王绵课为正使、质郡王绵庆为副使，册谥喜塔腊氏为孝淑皇后[⑥]。

---

① 中国第一历史档案馆编《嘉庆道光两朝上谕档》第二册，第46页，第113条，广西师范大学出版社，2000年。

②《仁宗睿皇帝实录》卷一四，第28册，第202页，中华书局影印本，1986年8月。

③《仁宗睿皇帝实录》卷一四，第28册，第203页，中华书局影印本，1986年8月。

④ 清宫档案《内务府来文》，第73包。

⑤《仁宗睿皇帝实录》卷一四，第28册，第207页，中华书局影印本，1986年8月。

⑥ 清宫档案《内务府来文》，第73包。

因为当时昌陵尚未破土兴建，所以孝淑皇后梓宫只能长期停放在静安庄殡宫。

嘉庆帝亲政以后，于嘉庆四年（1799年）四月十三日，嘉庆帝晋封孝淑皇后之兄盛住由一等承恩侯为三等承恩公[①]。五月二十三日，追封孝淑皇后的曾祖父原任员外郎爱星阿、祖父拜唐阿常安为三等公，曾祖母王佳氏、祖母李佳氏为公妻一品夫人，祭一次，建碑修坟如例[②]。

嘉庆八年（1803年）昌陵基本建成。嘉庆帝决定将停放在殡宫多年的孝淑皇后的梓宫葬入陵寝地宫，入土为安。于是任命荣郡王绵亿、武英殿大学士保宁、礼部尚书永庆等为恭办孝淑皇后奉安王大臣。后来因发生了错写“掩闭石门，大葬礼成”案件，于这年的七月十四日，嘉庆帝重新任命和郡王绵循、兵部尚书长麟、戴衢亨、兵部右侍郎那彦宝、工部右侍郎明德会同礼部恭办奉安孝淑皇后典礼[③]。嘉庆八年（1803年）十月十一日，以孝淑皇后梓宫翌日奉移山陵，嘉庆帝亲自到静安庄殡宫奠酒。十月十二日，又亲自临送，嘉庆帝注视着渐去渐远的孝淑皇后梓宫，不禁想起了这位结发之妻自15岁嫁给自己以后，20多年来，淑慎贤明，生儿育女，立为皇后不久就英年早逝，百感交集，思绪万千，不觉悲从中来，立成七律一首，以志哀悼：

永别芳型已七年，太平择地卜新阡。
考恩垂泽沐深厚，后德流徽感淑贤。
洒泪徒倾三爵酒，伤心早废二南篇。
临风追悼增哀思，廿载相依百世牵[④]。

随同孝淑皇后梓宫一起奉移西陵的还有在静安庄殡宫暂安的

①《仁宗睿皇帝实录》卷四二，第28册，第517页，中华书局影印本，1986年8月。

②《仁宗睿皇帝实录》卷四五，第28册，第549页，中华书局影印本，1986年8月。

③《仁宗睿皇帝实录》卷一一六，第29册，第551页，中华书局影印本，1986年7月。

④ 黄彭年主持纂修的光绪朝《畿辅通志》第二册，卷十一，第322页，河北人民出版社，1985年11月第1版。

恕妃、简嫔、逊嫔、五公主的金棺[①]。

嘉庆八年（1803年）十月十七日，孝淑皇后梓宫到达西陵，梓宫停放在陵寝隆恩殿内。这一天，嘉庆帝从京师启銮赶赴西陵，亲自参加孝淑皇后的葬礼。以十月二十二日孝淑皇后梓宫葬入地宫，前期三日，于十月十九日遣官告祭天、地、太庙、社稷、奉先殿。十月二十一日卯时，孝淑皇后梓宫前行迁奠礼毕，梓宫从隆恩殿奉移到方城前芦殿内，嘉庆帝亲自到芦殿内孝淑皇后梓宫前奠酒举哀。同日遣官祭后土之神、永宁山神。十月二十二日卯时（上午5—7时）孝淑皇后梓宫葬入地宫，嘉庆帝亲自到地宫内临视，命皇次子旻宁在梓宫前行礼[②]。

因孝淑皇后的奉安仪注，竟引发了一起大案，致使上至郡王，下至一般办事司员，多人受到严厉惩处。事件的经过大致是这样的。嘉庆八年（1803年）七月，负责孝淑皇后奉安事宜的王大臣与礼部会商后，拟定了奉安仪注，上奏皇帝。嘉庆帝阅后，极为恼怒，七月初十日，他在谕旨中气愤地说：

昌陵方城明楼

① 清宫档案《内务府档》，第0450包。

②《仁宗睿皇帝实录》卷一二二，第29册，第642页，中华书局影印本，1986年7月。

本日办事王大臣具奏事宜折内有“掩闭石门，大葬礼成”八字，殊属粗心疏忽，不经之极。试思石门岂可闭？既闭不可复开。此吉地乃皇考赐朕之地，非赐皇后之地，若关闭石门，欲朕另卜吉地乎？朕遵皇考之旨，断不敢更易！至“大葬礼成”更不成话。王大臣等又何忍出诸口，形诸笔墨？总之朝廷之上，无实心办事之人，彼此因循将就，是朕之隐忧，刻不能去。所有办事之王大臣并礼部堂官著交吏部，会同宗人府严加议处，速议具奏[①]。

吏部、宗人府会议的意见是将相关官员全部革职。七月十三日，由文渊阁大学士庆桂上奏。嘉庆帝认为，如果这些王大臣是办理坛庙事宜，出现如此严重错误，不仅要革职，而且还要交部治罪。但这次是办理孝淑皇后奉安事宜，而且是由于照旧稿誊写而出现的错误，有情可原，可以量为宽减。因此未采纳吏部会同宗人府的会议意见，予以从宽处理：荣郡王绵亿革去正红旗蒙古都统、管理上驷院事务、行围领纛大臣职务，罚俸6年，分12年扣完。武英殿大学士保宁革去太子太保、领侍卫内大臣、文渊阁提举阁事、户部三库事务，仍带革职留任。礼部尚书永庆，革职留任。礼部尚书纪昀毋庸署理兵部尚书，并革去文渊阁直阁事、教习庶吉士，仍带革职留任，八年无过方准开复。军机大臣、刑部尚书德瑛革职留任。工部尚书缊布原所管的御茶膳房、畅春园、太医院、御药房、织染局等处事务，毋庸管理，仍带革职留任。礼部左侍郎扎郎阿革去经筵讲官、礼部左侍郎之职，降补内阁学士，仍带革职留任。礼部左侍郎莫瞻菉革职留任，八年无过方准开复。原江苏巡抚、署理礼部右侍郎岳起不再署理礼部右侍郎，仍以革职留任注册。礼部右侍郎关槐革去礼部右侍郎，降补内阁学士，仍带革职留任。其他承办司员，均照部议革职[②]。

就其事情本身来说，并非是重大失误，也未造成任何损失，

---

① 中国第一历史档案馆编《嘉庆道光两朝上谕档》第八册，第627条，第242页，广西师范大学出版社，2000年。

② 中国第一历史档案馆编《嘉庆道光两朝上谕档》第二册，第635条，第245页，广西师范大学出版社，2000年。

完全不必如此大动肝火，大张挞伐。可嘉庆帝却横推车，借题发挥，竟说是欲他“另卜吉地”，颇有点蛮不讲理，大耍无赖之意，似乎失去了理智。笔者分析，可能是以下原因。在这年的闰二月底曾发生了陈德行刺的严重事件，不仅使他受惊丢脸，也使他看到了朝廷上下大臣官员均是玩忽职守，办事粗忽的弊病。这次事件距陈德行刺事件仅相隔4个多月，上次的怒气尚未消尽，又发生了这次事件，岂不使他恼上加恼？遍及数省的声势浩大的白莲教大起义，调动全国之力围剿，损兵折将，屡易将帅，已历8年仍未平息，岂不使嘉庆帝烦上加烦？因此说，这次事件的发生正赶上皇帝心情不好，极度烦恼的时刻，此原因一也。这件事虽然不大，未造成严重后果，但这8个字却是关键词句，性质严重，而办理奉安事宜的王大臣们和礼部堂官们竟无一人察觉，再一次暴露了官员们疲玩怠忽、敷衍粗忽的弊病，因此再一次触动了颙琰“刻不能去”的“隐忧”，使他认识到一味宽容姑息，只能越来越坏，不动真格的，难见实效。因此嘉庆帝来个借题发挥，敲山震虎。此原因二也。也不排除借此机会更换部分办事不力的官员的用心。

道光元年（1821年）三月十六日，在嘉庆帝梓宫入葬前，在昌陵隆恩殿举行了孝淑皇后的加谥礼，道光帝亲自行礼，谥孝淑皇后为孝淑端和仁庄慈懿光天佑圣睿皇后[①]。道光元年（1821年）三月二十八日孝淑皇后神牌升祔太庙[②]。道光三十年（1850年）五月初一日，咸丰帝加上“敦裕”二字[③]。咸丰十一年（1861年）十月，同治帝加上“昭肃”二字。最后谥号全称是：孝淑端和仁庄慈懿敦裕昭肃光天佑圣睿皇后。简称孝淑睿皇后或孝淑皇后。

---

①《宣宗成皇帝实录》卷一五，第33册，第280页，中华书局影印本，1986年8月。

②《宣宗成皇帝实录》卷一五，第33册，第288页，中华书局影印本，1986年8月。

③《文宗显皇帝实录》卷九，第40册，第160页，中华书局影印本，1986年11月。

昌西陵的营建及规制

清朝，凡皇后陵所葬的皇后一定是死于皇帝入葬之后的，而且一定都是皇太后，按道理其陵寝都应该由嗣皇帝在皇太后生前营建。可是清朝的7座皇后陵中，有3座是墓主人死后营建的，这3座是昭西陵、昌西陵和慕东陵。孝庄皇后在世时，尚无为皇后单独建陵的先例，那时皇后无论死于皇帝入葬之前、之后，都要与夫君皇帝合葬，葬入帝陵。孝端皇后崩于顺治六年（1649年），比太宗皇太极晚死6年，仍葬入了沈阳北郊的太宗的昭陵，此即为明显一例。孝庄皇后也是太宗的皇后，既有先例，自然要按孝端皇后之例办理。所以，孝庄皇后生前未建陵寝，属于正常情况。由于孝庄皇后临终前留下了不与太宗合葬，在遵化孝陵近地安葬的遗嘱，后来才由雍正帝为她建了陵寝。孝静皇后是在她死的前9天才晋尊为皇太后的，生前建陵则无从谈起。这就是说

昌西陵鸟瞰

孝庄、孝静两位皇后生前未建陵寝都事出有因，可以理解，而孝和皇后生前未建陵寝，却令人匪夷所思。孝和皇后崩于道光二十九年十二月十一日（1850年1月23日）[①]，在皇太后之位长达29年之久，况且在那时已建有昭西陵、孝东陵、泰东陵之先例，其中孝东陵和泰东陵均是皇太后生前营建的。这些情况，孝和皇后和道光帝都是十分清楚的。在道光元年（1821年），嘉庆帝入葬昌陵地宫之前，负责油饰修缮昌陵工程的郑亲王乌尔恭阿、定亲王绵恩等特地奏请道光帝昌陵地宫内是否使用龙山石、是否在地宫内给皇太后即孝和皇后预留分位。并将乾隆元年（1736年）九月乾隆帝关于是否为孝圣皇后预留分位的谕旨抄录给了道光帝[②]。虽然没有找到当时道光帝的批示，但事实表明，昌陵地宫未给孝和皇后预留分位，是准备为孝和皇后单独建陵。然而道光帝在孝和皇后生前并未为其建陵，直到孝和皇后死后，道光帝才不得不派人为她相度陵址。因为皇后陵只能建在自己的夫君陵旁，范围小，相度起来自然容易、省时，所以未用一个月的时间，孝和皇后的陵址就定了下来。道光三十年（1850年）正月十二日，道光帝谕内阁：

> 昌陵迤西择有佳壤，地基宽广，山川气势环抱，本拟为大行皇太后吉地，今谨定为昌西陵，明年诹吉兴工。所有备办物料，相度形势，必应先期敬谨将事，著派定郡王载铨、吏部尚书文庆、工部侍郎灵桂、彭蕴章会同前往，敬谨办理[③]。

这道谕旨发出两天后，道光帝也撒手人寰，追随大行皇太后去了。

由于道光帝的突然崩逝，对刚任命三天的昌西陵承修大臣不得不进行部分人员调整。正月十五日，咸丰帝命载铨、文庆为恭

---

① 中国第一历史档案馆编《嘉庆道光两朝上谕档》第五十四册，第584页，第1452条，广西师范大学出版社，2000年。

② 清宫档案《内务府奏底》，第11包。

③ 中国第一历史档案馆编《嘉庆道光两朝上谕档》第五十五册，第24页，第37条，广西师范大学出版社，2000年。

办大行皇帝丧仪大臣，改派兵部尚书魏元烺、理藩院尚书吉伦泰会同前派的灵桂、彭蕴章办理昌西陵工程①。20天后即道光三十年二月初五日，又添派都察院左都御史柏葰、总管内务府大臣基溥恭办昌西陵工程②。咸丰元年（1851年）三月十一日又命工部尚书阿灵阿恭办昌西陵工程③。咸丰元年（1851年）七月二十二日，赏已革吏部尚书文庆五品顶带前往办理昌西陵工程，并“著常川住工，敬谨将事”④。并于同日将“只知眷恋妻孥，不以公事为重”的灵桂革去工部左侍郎、总管内务府大臣之职，并“著毋庸办理陵工”事务⑤。

道光帝在谕旨中所说的昌陵迤西的佳壤是在昌陵妃园寝的南面。工程做法和所需钱粮很快得到了皇帝的钦准。因为要在咸丰元年（1851年）兴工，各种物料都要运抵工地，为此就要提前修垫桥道，伐掉有碍通行的树株。在刨挖陵址界内有碍树株时，发现树下土里有许多砂石。监督、监修们把这一情况报告给了正在查勘西陵岁修工程的昌西陵承修大臣、工部右侍郎彭蕴章。彭蕴章得知这一情况后，马上到现场进行刨验。发现地皮往下就有砂石。刨到9尺深的地方，又渐有水泉。营建陵寝，最忌讳土里有砂石、水泉。彭蕴章回京覆旨时，将这一情况上奏给了皇帝。承修大臣柏葰等人在奏折中说：“砂石之上建立工程，难期坚固。纵将砂石起净，深恐泉水难涸。”并表示“修理陵工自应倍加敬慎，岂容稍微迁就”⑥因此柏葰建议重新相度吉地。经奏准，柏葰、魏元烺、吉伦泰带领精通风水的甘熙等人在昌陵附近重

① 中国第一历史档案馆编《嘉庆道光两朝上谕档》第五十五册，第54条，第31页，广西师范大学出版社，2000年。

② 中国第一历史档案馆编《嘉庆道光两朝上谕档》第五十五册，第144条，第66页，广西师范大学出版社，2000年。

③ 中国第一历史档案馆编《咸丰同治朝上谕档》第一册，第300条，第93页，广西师范大学出版社，1998年8月。

④ 中国第一历史档案馆编《咸丰同治朝上谕档》第一册，第754条，第228页，广西师范大学出版社，1998年8月。

⑤ 中国第一历史档案馆编《咸丰同治朝上谕档》第一册，第756条，第228页，广西师范大学出版社，1998年8月。

⑥ 清宫档案《新整内务府档》，第0450包。

新相度，跑了许多地方，很难找到可用之地，唯有昌陵妃园寝以西的望仙山“地势土脉高厚，主山端正，对岸得势，宜立癸山丁向，甚属合局，实堪建立昌西陵。其局势规模均可照依原拟做法办理”。柏葰等将望仙山之地绘图贴说，上奏皇帝，同时表示：“其局势规模均可照依原拟做法办理。惟查外河水势绵远，河面较宽，原拟三孔桥应改修五孔桥。两旁马槽沟泊岸原拟筑打三合土，今改用大料石成做。右边山袖应稍为培补，毋庸另请增添钱粮。[①]”咸丰帝同意准行。经钦天监选择，于咸丰元年（1851年）二月二十日兴工[②]，仅用了一年半的时间，就全工告竣。据有关书籍记载，昌西陵工程共享银四十四万八千多两[③]。咸丰二年（1852年）八月柏葰等向皇帝奏报昌西陵完工。八月二十七日，咸丰帝谕令西陵泰宁镇总兵官德春前往“敬谨查验看守”[④]。

昌西陵建成了，咸丰帝并没有忘记为相度吉地而做出贡献的风水官员。咸丰二年（1852年）八月二十八日谕内阁：

> 现在昌西陵工程完竣，所有择地、定向之户部郎中截取记名繁缺知府甘熙著加恩以道员用，先换顶带。内务府员外郎明伦，著加恩赏给武备院卿衔[⑤]。

昌西陵是皇后陵，为什么只用了一年半的时间就建成了呢？只要了解一下昌西陵的规制，这个疑问就不难消除了。

当年承修大臣曾建议，因陵前河道宽，欲将原拟的三孔拱桥改为五孔拱桥，后来并没有那样做，而是按皇后陵规制，正中建三孔拱桥1座，两侧三孔平桥各1座。东西朝房各5间，单檐硬山顶。东西值班房各3间，单檐硬山卷棚顶。隆恩门一座，面阔3间，进深二间，单檐歇山顶。东西燎炉各一座。东西配殿各3

---

① 清宫档案《新整内务府档》，第0450包。

② 清宫档案《新整内务府来文》，第2959包。

③ 清宫档案《内务府来文》咸丰二—三年，第15包。

④ 清宫档案《新整内务府来文》，第2959包。

⑤《文宗显皇帝实录》卷七〇，第40册，第923页，中华书局影印本，1986年11月。

昌西陵旧影

间，单檐歇山顶。隆恩殿面阔5间，单檐歇山顶。隆恩殿前月台上设鼎式铜炉一对，高八尺五寸。东侧铜鹤一只，高三尺八寸，身长三尺六寸。西侧铜鹿一只，高三尺五寸，身长三尺二寸[1]。隆恩殿的后面有玉带河一条，两端分别通到围墙外的马槽沟。在这条玉带河上建三孔平桥3座，只有中间的桥设有栏板。陵寝门三座。进后院，迎面正中是石五供。中间香炉炉体上遍刻万蝠流云图案，与传统的兽面纹迥异，显然是仿照了道光帝慕陵的做法，但慕陵香炉上的流云之间没有蝙蝠，而昌西陵的有蝙蝠。香炉两侧的一对花瓶、一对烛台上均无任何纹饰雕刻。石五供东西两侧各有两行仪树，每行4株。石五供北面是大月台。月台前有三座垂带石踏跺，每座10级。大月台台面全部为砖海墁。北面正中有宝顶一座，环以宝城。宝顶的下碱为石须弥座，上下枭上雕刻仰覆莲花瓣。宝顶建在月台上。陵前左方为神厨库，内建神厨1座，面阔5间，单檐悬山顶。南北神库各3间，单檐悬山顶。省牲亭1座，四面各显3间，重檐歇山顶。神厨库南墙外有井亭1座。三孔拱桥以南，东西两旁各设下马牌1座。

① 清宫档案《造办处档》，第3056号。

昌西陵规制与以前的皇后陵比，做了重大裁减，主要有以下八个方面：

一、以前的皇后陵，隆恩门均为面阔5间，而昌西陵则为面阔3间，减少了2间；

二、以前的皇后陵，东西配殿各面阔5间，而昌西殿则东西配殿各面阔3间；

三、昭西陵隆恩殿为重檐庑殿顶，孝东陵、泰东陵隆恩殿均为重檐歇山顶，面阔5间。而昌西陵则为单檐歇山顶。其面阔名为5间，因两梢间的槛窗只有各一扇，而次间为四扇，所以昌西陵的隆恩殿实际只有3.5间，其规制尚不如妃园寝大殿。

四、以前的皇后陵，隆恩殿及殿前月台均环以青白石栏杆，月台前设龙凤呈祥的御路石，而昌西殿则无石栏和御路石之设。

五、以前的皇后陵，昭西陵的陵寝门分建于隆恩殿两侧，均有门楼。孝东陵、泰东陵的陵寝门的三个门均有门楼，门前设月台。而昌西陵的陵寝门的三个门，只有中门带门楼，而两旁门则为随墙门，无门楼。

六、以前的皇后陵均建方城、明楼，而昌西陵未建方城、明楼。

昌西陵隆恩殿

昌西陵取消了方城明楼，后院只建了一座宝顶

七、以前的皇后陵，宝顶又高又大，环建宝城，宝城上有可行人的马道。宝城外侧顶部做雉堞，内侧砌宇墙。而昌西陵的宝顶仅为以前皇后陵宝顶的一半左右。所谓的宝城只是紧贴宝顶外皮而砌的一圈围墙，上面既无马道，更无雉堞。

八、昌西陵的占地面积尚不足以前皇后陵占地面积的一半左右。

正因为昌西陵的规制大为收缩，工程量相对大为减小，所以建陵工期只用了一年半。

为什么昌西陵的规制如此收缩呢？其根本原因就是当时国家的财力所决定的。清朝从乾隆晚期开始走下坡路，而且以后每况愈下。道光年间又爆发了第一次鸦片战争，清政府损兵折将，损失惨重，还向侵略者割地赔款。咸丰帝刚即位，又爆发了声势浩大的太平天国农民大起义，清政府为了镇压起义，调兵遣将，耗银似水，使本来就十分困难的清政府财政如同雪上加霜。咸丰帝刚一即位，就要办理道光帝和孝和皇后两人的丧事，耗资颇巨。在这种情况下，清政府再也无力兴建像以前那样的规制崇宏、富丽堂皇的皇后陵了。能够建起如此规制的昌西陵，清政府已尽了最大的努力。清朝规制最低的两座皇后陵昌西陵和慕东陵，都是在这一时期建起来的。而等级最高的两座妃园寝即景陵皇贵妃园寝和裕陵妃园寝都是在乾隆盛世兴建的，这足以表明，陵寝规制的高低、质量的优劣完全取决于国家财力的强弱。陵寝规制和质量是国家兴衰的晴雨表。

不过昌西陵也有其独特之处：

其一，昌西陵之外的其他清朝皇后陵，在陵寝门前均无玉带河，更无桥座之设。而昌西陵则在陵寝门前有一条玉带河，上建三座三孔平桥。

昌西陵陵寝门前的三座桥

其二，昌西陵之外的清朝6座皇后陵中，除慈禧陵隆恩殿的天花板上为贴金正龙之外，其他5陵隆恩殿天花板上的彩画均为金莲水草图案，而昌西陵隆恩殿的天花板彩画，每一块天花板上都绘一只展翅飞翔的彩凤，一反金莲水草的传统彩画，给清陵彩画增添了一股清新之气。

昌西陵宝城铜沟嘴

其三，为了排出方城、宝城上的雨水，传统做法是靠石制的挑头沟嘴，雨水从沟嘴流出，而昌西陵宝城周围的6个挑头沟嘴不是石制，而是

昌西陵隆恩殿的天花板上是一只彩凤

铜制。铜质沟嘴，这在清陵中是不多见的。

其四，有回音壁和回音石。清朝陵制，无论是皇帝陵，还是皇后陵，乃至妃园寝，后围墙多数做成弧形，即半圈形，称之为罗圈墙。昌西陵的罗圈墙表面上看并没有新奇之处，可是当我们在罗圈墙内侧的一端贴墙说话，远在76米的另一端则可清晰听到从这端传来的话声，这是靠声音的不断折射传过来的。这表明昌西陵的罗圈墙的弧度与其他陵寝的罗圈墙的弧度是不一样的。另外，如果站在宝顶前正中神道的中心石上说话或跺一下脚，就会听到比原发的声音大数倍的回声，犹如空谷传响，大厅回音一样。因为这种奇异现象与北京天坛皇穹宇的回音壁、圜丘坛的回音石是一样的，所以也将昌西陵的罗圈墙称为回音壁，将宝顶前神道的中心石（以站在北数第七块石上回声最大）称为回音石。这是明清皇陵中唯一一处回音壁、回音石。

笔者认为，昌西陵的回音壁和回音石并非是当年陵寝设计者故意设计的，只是一种偶然的巧合。因为在那个时代，不仅平民百姓不能进入陵寝，就是钦命谒陵的王公大臣也不敢耳朵贴着罗圈墙、站在宝顶前大喊大叫。况且在陵院内要保持庄严肃穆，绝对不得大声喧哗。所以回音壁和回音石不会是有意设计的。

虽然昌西陵规制较其他皇后陵大为缩减，由于有了上述的独特之处，从而使得昌西陵小而不卑，简而不俗，颇具新意，在清陵中占有不可忽视的位置，为清朝陵寝研究提供了重要的实物

昌西陵回音壁

昌西陵陵寝中门匾上的陵名没有“咸丰尊亲之宝”

例证。

昌西陵之名是道光帝于道光三十年正月十二日确定的①。昌西陵建成后，经钦天监选择吉期，定于咸丰三年（1853年）二月二十六日，将孝和皇后梓宫葬入昌西陵地宫。二月二十日悬挂隆恩殿、隆恩门匾额。“以恭悬昌西陵御书匾额”，前一天遣官诣昌西陵隆恩殿，告祭停在殿内的孝和睿皇后梓宫②。因昌西陵未建明楼，只好将满、蒙、汉三种文字的“昌西陵”字样镌刻在陵寝门中门南面檐部的嵌石上。根据以往成例，凡陵寝的御书匾额，均要在匾额上钤盖“××尊亲之宝”的印文（实际上是将印文铸成铜质镀金字，然后钉到匾额之上）。《文宗实录》明确记载昌西陵匾额为御书，既然昌西陵的匾额是咸丰帝亲笔御书的，就应在上面钤盖“咸丰尊亲之宝”，可是笔者几次实地考察，并未发现有此宝文。是《文宗实录》记载失实，还是做匾人的疏忽和失职，忘记用“咸丰尊亲之宝”了。还有待进一步考证。

到了同治四年（1865年），昌西陵已建成了13年，出现了“地面砖块、油饰酥碱爆裂情形”，西陵承办事务衙门要求维修，请示“应归何处恭办”。按照规定，在建成10年内，属于保固期，出现工程问题归承修大臣负责维修。10年之外归入岁修工程，由陵寝保护大臣负责维修，由国家支销。所以垂帘听政的两宫皇太后做了如下批示：

---

① 中国第一历史档案馆编《嘉庆道光两朝上谕档》第五十五册，第37条，第24页，广西师范大学出版社，2000年。

②《文宗显皇帝实录》卷八五，第41册，第110页，中华书局影印本，1986年11月。

昌西陵隆恩殿斗匾

昌西陵工程自告成至今既经十年有余，著准其遵照慕陵成案，交西陵承办事务衙门就近管理。所有此次应修工程即著该衙门派员敬谨勘估，择吉兴工。嗣后每届岁修并著一律承办。其岁修工料银两，查照慕陵成案支销，以专责成[①]。

昌西陵内葬人物

在昌西陵地宫内只葬孝和皇后一人。

孝和皇后，钮祜禄氏，满洲镶黄旗，生于乾隆四十一年（1776年）十月初十日[②]，比嘉庆帝小16岁。其父恭阿拉是清朝著名开国功臣宏毅公额亦都的五世孙。康熙初年的四辅臣之一的遏必隆和乾隆前期的首席军机大臣、大学士果毅公讷亲都是其祖先。康熙帝的孝昭皇后、温僖贵妃均出自其家。所以说孝和皇后出自世代名门宦家。钮祜禄氏被选中秀女后，经乾隆帝指婚，赐与皇十五子永琰为侧福晋，乾隆五十八年（1793年）六月二十六日午时生皇七女[③]。乾隆六十年（1795年）六月二十二日寅时，

①《穆宗毅皇帝实录》卷一二八，第48册，第42页，中华书局影印本，1987年1月。

② 唐邦治著《清皇室四谱》，上册，卷二·后妃，第25页，1923年上海聚珍仿宋印书局聚珍铅印本。

③ 唐邦治著《清皇室四谱》，下册，卷四·皇女，第20页，1923年上海聚珍仿宋印书局聚珍铅印本。

孝和皇后朝服像

生皇三子绵恺[①]。永琰于嘉庆元年（1796年）正月初一日正式即皇帝位，正月初四日将原嫡福晋喜塔腊氏册立为中宫皇后。在这同一天，嘉庆帝命礼部尚书德明为正使、礼部右侍郎周兴岱为副使，持节赍册宝，册封原侧福晋钮祜禄氏为贵妃[②]。因为当时没有皇贵妃，所以钮祜禄氏的地位仅次于皇后，成为后宫中的二把手，当时钮祜禄氏21岁。

嘉庆二年（1797年）二月初七日，孝淑皇后病逝，中宫皇后之位悬缺。这年的五月，太上皇帝亲自为嘉庆帝物色了未来的皇后人选，她就是已是贵妃的钮祜禄氏。太上皇帝为什么在孝淑皇后崩后刚过百日，就迫不及待地操持为嗣皇帝立后呢？朝廷内外的大臣家中名门淑女很多，皇宫大内又不乏佳丽，为什么单单选中了钮祜禄氏呢？太上皇帝在嘉庆二年（1797年）五月二十日的敕谕中讲得十分清楚，他说：

皇帝自受政以来，晨昏仰体朕意，承欢孝养，皇后亦克尽孝敬，朕心深为欣悦。不意皇后不幸薨逝，朕甚悼焉。今已逾百日，不但皇帝中宫不可久旷，即晨昏侍养乏人，朕心亦颇不愉。但皇后薨逝甫经百日，虽不便即举行继立皇后典礼，自应先行册封皇帝之皇贵妃。今贵妃钮祜禄氏系朕从前

① 唐邦治著《清皇室四谱》，下册，卷三·皇子，第26页，1923年上海聚珍仿宋印书局聚珍铅印本。

②《仁宗睿皇帝实录》卷一，第28册，第74页，中华书局影印本，1986年6月。

选择，赐皇帝为侧福晋者，观其人品，亦甚端谨庄重，且能率下，即将贵妃钮祜禄氏册封为皇帝之皇贵妃，俾正内则，上以孝养朕躬，佐皇帝以绥福履，襄成内治。俟二十七个月后，除再举行册立皇后典礼外，所有册封皇贵妃典礼，著该衙门照例办理[①]。

嘉庆二年（1797年）十月十七日午时，以体仁阁大学士刘墉为正使，礼部左侍郎铁保为副使，持节赍册宝，册封贵妃钮祜禄氏为皇贵妃[②]。皇贵妃实际就是副皇后。在中宫皇后悬空的情况下，代行皇后之职，可称为摄六事皇贵妃。孝淑皇后的27个月的丧期要到嘉庆四年（1799年）五月才能结束。结束后就可以举行皇后的册立礼。未想到嘉庆四年（1799年）正月初三日太上皇帝又龙驭上宾了，又一个27个月的丧期，所以册立皇后的典礼一直拖到嘉庆六年（1801年）四月十五日才举行[③]。但在嘉庆四年（1799年）四月十八日这天，嘉庆帝发出了决定立钮祜禄氏为皇后的谕旨：

前曾奉皇考敕旨，孝淑皇后二十七月后命立皇贵妃为皇后。今已届期，应即钦遵敕旨，正位中宫[④]。

嘉庆六年四月十五日，嘉庆帝升御太和殿，宣制册立皇后，命文华殿大学士董诰为正使，内阁学士普恭为副使，持节赍册宝，册立皇贵妃钮祜禄氏为皇后。钮祜禄氏被册立为皇后第四年，即嘉庆十年二月初九日子时又为嘉庆帝生下了皇四子绵忻[⑤]。嘉庆帝一生只有5位皇子，孝和皇后就生了2位。

嘉庆帝死后刚两天，钮祜禄氏就被尊为皇太后[⑥]，迁居寿康

① 中国第一历史档案馆编《咸丰同治朝上谕档》第二册，第376条，第145页，广西师范大学出版社，1998年8月。

②《仁宗睿皇帝实录》卷二三，第28册，第289页，中华书局影印本，1986年6月。

③《仁宗睿皇帝实录》卷八二，第29册，第60页，中华书局影印本，1986年7月。

④ 中国第一历史档案馆编《嘉庆道光两朝上谕档》第四册，第403条，第135页，广西师范大学出版社，2000年。

⑤ 唐邦治著《清皇室四谱》，下册，卷三・皇子，第26页，1923年上海聚珍仿宋印书局聚珍铅印本。

⑥《宣宗成皇帝实录》卷一，第33册，第81页，中华书局影印本，1986年7月。

宫。嘉庆二十五年十二月初二日（1821年1月5日），第一次为她恭上徽号，尊称恭慈皇太后①。道光二年十一月二十七日（1823年1月8日），因册立皇后，加上皇太后徽号“康豫”二字。道光八年（1828年）十一月初八日，因新疆张格尔叛乱被平定，加上皇太后徽号“安成”二字。道光十四年（1834年）十月二十一日，因册立摄六宫事的皇贵妃为皇后，加上皇太后徽号“庄惠”二字。道光十五年（1835年）十月初十日是皇太后的60岁圣诞之日，十月初九日恭加上徽号“寿僖”二字。道光二十五年（1845年）十月十日为皇太后七旬大寿，在十月初六日，加上皇太后徽号“崇祺”二字，至此徽号全称为：恭慈康豫安成庄惠寿僖崇祺皇太后。

孝和皇后吉服像

道光二十九年十二月初七日（1850年1月19日），68岁的道光帝陪着74岁的皇太后从京西的绮春园（圆明三园之一）回到了紫禁城。当时正值严冬，天气寒冷，加上皇太后年事已高，回宫第二天，正是腊八这一天，皇太后就病倒了。道光帝认为皇太后的年岁大了，容易闹点小病，养几天就会好。他每天都要到皇太后的寝宫寿康宫长乐敷华殿（寿康宫后殿）看望皇太后。未想到十二月十一日皇太后的病竟沉重了，到下午申刻（15时至17时）皇太后溘然辞世②，终年74岁。道光帝万万没有想到皇太后得病四天就离开了人世。道光帝大孝，皇太后虽然比自己只大6

①《宣宗成皇帝实录》卷十，第33册，第189页，中华书局影印本，1986年8月。

②《宣宗成皇帝实录》卷四七五，第39册，第969页，中华书局影印本，1986年10月。

岁，但对于皇太后如同生母一般。对于皇太后的死，他悲恸万分，“哀恸号呼，擗踊无数，剪发成服，”“哭无停声，水浆不御[①]”。十二日午刻，皇太后大殓，安奉梓宫于慈宁宫正中[②]。道光帝以养心殿为苫次，每天早、午、晚三次到大行皇太后梓宫前供奠行礼举哀，哭必尽哀。十二月二十一日卯刻，大行皇太后梓宫奉移绮春园迎晖殿暂安[③]。道光帝因哀痛过度，丧事繁劳，加之年事亦高，于道光三十年（1850年）正月十四日也撒手人寰，追随皇太后去了，距皇太后死仅33天。这样，大行皇太后的丧事就落到了孙辈的咸丰帝的身上。道光三十年（1850年）三月初一日行上谥礼，册谥大行皇后为孝和恭慈康豫安成应天熙圣睿皇后[④]。三月二十日卯时，孝和皇后梓宫奉移昌陵隆恩殿暂安[⑤]，咸丰帝跪送后回圆明园，由惠亲王绵愉等护送到昌陵，三月二十四日梓宫到达昌陵，停放于隆恩殿西间[⑥]。道光三十年（1850年）九月二十二日在昌陵隆恩殿举行加谥礼，咸丰帝亲自恭上尊谥册宝，加上“钦顺”二字[⑦]。咸丰三年（1853年）二月二十四日辰时，孝和皇后梓宫从昌陵隆恩殿奉移到昌西陵[⑧]，二月二十六日卯时，葬入昌西陵地宫[⑨]，恭亲王奕䜣、惇郡王奕誴、文华殿大学士裕诚等随入地宫敬视安奉，即日行点主礼，由文华殿大学士

①《宣宗成皇帝实录》卷四七五，第39册，第969页，中华书局影印本，1986年10月。

②《宣宗成皇帝实录》卷四七五，第39册，第971页，中华书局影印本，1986年10月。

③《宣宗成皇帝实录》卷四七五，第39册，第976页，中华书局影印本，1986年10月。

④《文宗显皇帝实录》卷五，第40册，第106页，中华书局影印本，1986年11月。

⑤清宫档案《新整内务府档》陵寝礼仪，第0003包。

⑥《文宗显皇帝实录》卷六，第40册，第124页，中华书局影印本，1986年11月。

⑦《文宗显皇帝实录》卷一八，第40册，第254页，中华书局影印本，1986年11月。

⑧中国第一历史档案馆编《咸丰同治朝上谕档》第二册，第1121条，第369页，广西师范大学出版社，1998年8月。

⑨清宫档案《内务府来文》，第2959包。

裕诚、协办大学士贾桢恭点神主①。咸丰三年（1853年）三月初二日，孝和皇后神牌升祔太庙。咸丰十一年（1861年）十月，同治帝加上谥号“仁正”二字。最后谥号全称为：孝和恭慈康豫安成钦顺仁正应天熙圣睿皇后。简称孝和睿皇后或孝和皇后。

昌陵妃园寝的营建及规制

昌陵妃园寝位于昌陵以西约1公里的地方。昌陵妃园寝工程是由太平峪万年吉地工程处统一承修的。嘉庆帝亲自指派监督达琳、万升具体承修②。昌陵是于嘉庆四年（1799年）二月十九日兴工的，但实际动工营建是在嘉庆五年（1800年）三月。为了提前赶办各种物料，向户部暂供银十万两③。据清宫档案记载，到嘉庆五年（1800年）六月“妃园寝石券、砖池已筑得小夯灰土五、六步不等④”。

昌陵妃园寝前景

①《文宗显皇帝实录》卷八六，第41册，第127页，中华书局影印本，1986年11月。

②清宫档案《内务府来文》，第2930包。

③清宫档案《内务府来文》，第2930包。

④清宫档案《内务府来文》陵寝事务，第2931包。

昌陵妃园寝享殿及两侧的园寝门

昌陵妃园寝是清西陵境内营建的第二座妃园寝，其规制仿泰陵妃园寝而建，但也有与泰陵妃园寝不一致的地方。昌陵妃园寝坐北朝南，壬山丙向，兼子午辛亥辛巳分金。园寝最前面有一条马槽沟，正中建一孔拱桥1座，两旁无平桥之设。东西厢房各3间，布瓦顶，单檐硬山顶。东西值班房各3间，单檐硬山卷棚顶。大门面阔3间，单檐歇山顶，绿色琉璃瓦顶。进前院，左侧燎炉1座，通体用绿色琉璃瓦料构成，单檐歇山顶。享殿面阔5间，单檐歇山顶，绿色琉璃瓦盖顶。殿前建月台，陛三出。园寝门2座，分别建在大殿两旁，为随墙门，无门楼。享殿后为一高泊岸，泊岸边沿成砌宇墙，正中设石礓磜。后院有宝顶17座，分成前后4排，前面第一排有宝顶2座，第二排有5座，第三排有8座，第四排2座。每座宝顶下建砖石月台，月台前设石踏跺。

据清宫档案记载，昌陵妃园寝规制俱仿照泰陵妃园寝规制建盖[①]。该园寝前两排地宫均为石券，第三排为砖券，最后一排是砖池。

昌陵妃园寝与泰陵妃园寝最主要的不同之处是在园寝门的设置上。泰陵妃园寝的园寝门是按传统形式建的，在享殿后，有门

① 清宫档案《内务府来文》陵寝事务，第2931包。

昌陵妃园寝享殿后泊岸、宇墙及礓

3座，并排建立，中门有门楼，两旁门为随墙门，门前后均设踏跺。而昌陵妃园寝则将园寝门分建在享殿东西两侧的面阔墙上，且无门楼，无踏跺，均为随墙门。这种设置显然沿用裕陵妃园寝之例。裕陵妃园寝的园寝门就是设在了享殿的两旁。其实，裕陵妃园寝初建时并非这样，原与泰陵妃园寝是一样的。园寝建成后，因为要为纯惠皇贵妃增建方城、明楼、宝城，建规模宏大的宝顶，园寝院内容纳不下，为了腾出地方才将三座园寝门及面阔墙拆除，将园寝门改设在大殿两侧的面阔墙上。裕陵园寝的这种设置是事出有因，迫不得已。且裕陵妃园寝的园寝门皆有门楼，门的前后均设石踏跺。而昌陵妃园寝始建时就如此设置，并非受地势、面积的限制，且声称是仿泰陵妃园寝规制而建。而实际上既未完全效仿泰陵妃园寝，也比泰陵妃园寝规制低下，不知其中是什么原因。

清东陵和清西陵的8座妃园寝中，规制最为崇宏的当为景陵皇贵妃园寝。该园寝不仅东西厢房均为面阔5间，而且还带前廊，与帝后陵的朝房相埒。更有甚者，该园寝建有并列的两座方城、明楼、宝城、大宝顶，前院建有面阔各为5间的东西配殿，大殿月台前还设了一块雕有“丹凤朝阳”的丹陛石。规制最为低下的妃园寝则是昌陵妃园寝。不知是什么原因，这座建于大清嘉

昌陵妃园寝最前排的宝顶

庆初年的妃园寝竟不如清末民初的崇陵妃园寝。

昌陵妃园寝共葬17人，每人一券。清朝陵制，妃及妃以上人的地宫皆为石券，以下依次为砖券和砖池。这17座地宫并不是在初建园寝时同时建齐的，而是随着皇帝的妃嫔的增加、地位的变化及自然的死亡而随时营建的。在陆续营建这些地宫的过程中，曾发生过两次因工程失误造成工匠伤亡的事故。一次是在嘉庆十七年（1812年）的三月，在园寝内添修石券工程中，在筑打地宫内地面灰土时，由于打夯震动力过大，造成坍帮，有6个人因被砸埋而毙命。西陵泰宁镇总兵官穆克登额捐资，将这6人的尸体掩埋了。此事上奏朝廷，嘉庆帝令穆克登额等人“详细熟商，当如何修造方可无虞坍溜或竟当另为择地之处悉心筹画，奏明办理[1]”。并对具体承修这项工程的监督等交部议处。另一次是道光四年（1824年）九月，也是添建一座石券工程。他们虽然吸取了上次伤人的教训，在地宫及隧道的槽帮处都砌筑了砖墙，以阻沙土坍倒，还是未能扛住筑打夯土的剧烈震动，又造成隧道两侧槽帮坍倒，砸伤多人。承办官员受到了应得惩处[2]。这两次事故都是因土内含有砂石，土质松散而造成的，这表明昌陵妃园寝这块

①清宫档案《内务府来文》，第438包。

②《宣宗成皇帝实录》卷七三，第34册，第172页，中华书局影印本，1986年。

地方不是一块十分理想的佳壤。这两次工程事故不由使我们联想到昌西陵最初选择在这座妃园寝迤南，就因土内多砂石、泉水而被迫放弃，另择他处之事。

昌陵妃园寝内葬人物

据笔者所知，记载清朝后妃的书中，以唐邦治先生著的《清皇室四谱》记载的后妃数最多，内容也最丰富。嘉庆帝的后妃，该书记载了15位，其中孝淑皇后葬在昌陵地宫，孝和皇后葬于昌西陵。其余13位葬入妃园寝。而实际上，仅昌陵妃园寝就葬有17位妃嫔。这说明这妃园寝中有4位妃嫔《清皇室四谱》中未记载。笔者在中国第一历史档案馆所藏的清宫档案中，找出了一般史书中均未记载过的玉贵人，虽然关于玉贵人的史料还不多，但毕竟在这方面的研究有了进展。所以在昌陵妃园寝中的17位妃嫔中我们至今只知道14位是谁，尚有3位不知为谁，有待进一步考证。下面就将这14位妃嫔的情况简介一下。

□ 和裕皇贵妃

和裕皇贵妃，刘佳氏，拜唐阿刘福明之女，正月二十一日生辰[①]。刘佳氏早在乾隆年间就已入侍永琰潜邸，成为永琰早期的侍妾之一，颇受永琰的宠爱。乾隆四十四年十二月二十九日（1780年2月4日）巳时，她为永琰生下了第一个皇子[②]，使永琰尝到了为人之父的滋味。两年以后，乾隆四十六年十二月十七日（1782年1月30日）巳时，刘佳氏又为永琰生下了皇三女庄敬和硕公主[③]。永琰一生有9个皇女，其中7位早殇，只有2位长大成

---

① 唐邦治著《清皇室四谱》，上册，卷二·后妃，第26页，1923年上海聚珍仿宋印书局聚珍铅印本。

② 唐邦治著《清皇室四谱》，下册，卷三·皇子，第25页，1923年上海聚珍仿宋印书局聚珍铅印本。

③ 唐邦治著《清皇室四谱》，下册，卷四·皇女，第19页，1923年上海聚珍仿宋印书局聚珍铅印本。

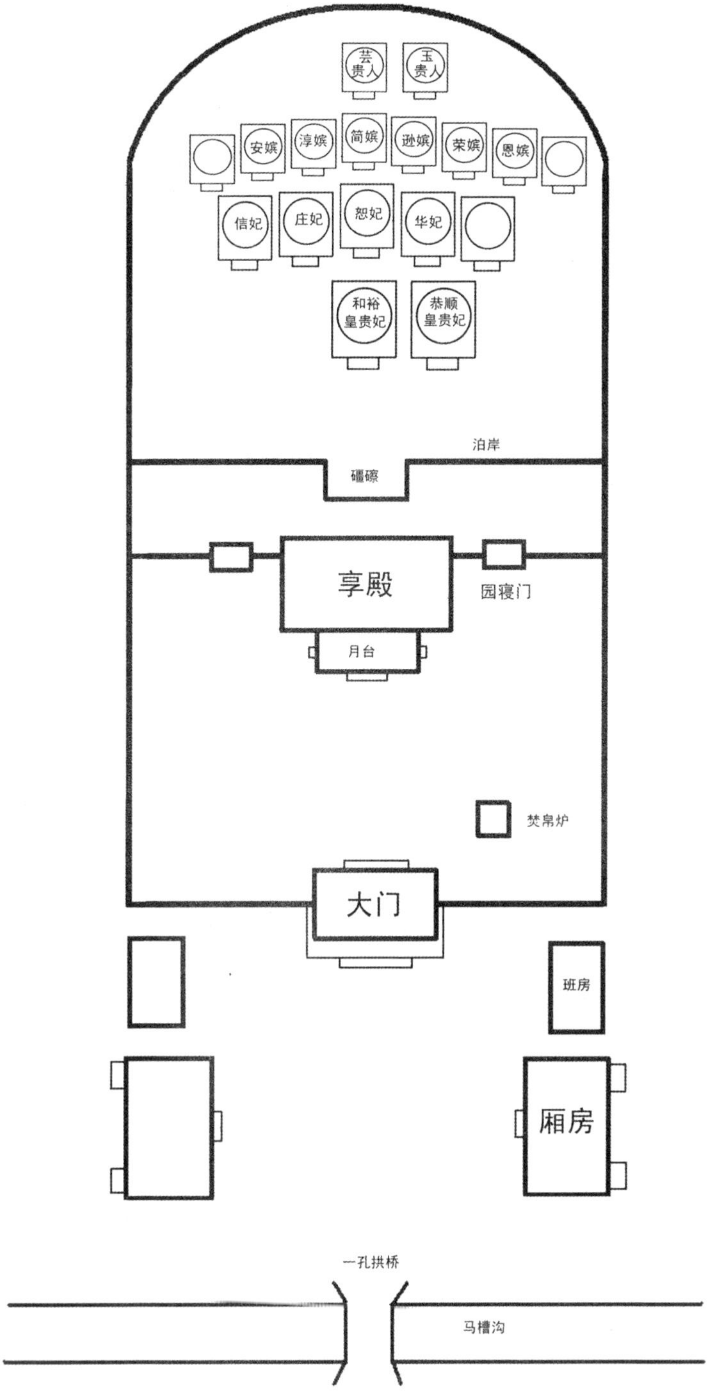

昌陵妃园寝平面示意图（徐鑫绘）

人出嫁，而皇三女庄敬和硕公主又是两位成年公主中的最长寿者，31岁卒，而她的妹妹皇四女庄静固伦公主只活到28岁。永琰即位后第四天即嘉庆元年（1796年）正月初四日册立皇后之日，嘉庆帝命礼部尚书纪昀（纪晓岚）为正使，内阁学士扎郎阿为副使，持节赍册印，册封刘佳氏为诚妃[①]。她当时的地位仅次于中宫皇后喜塔腊氏、熹贵妃钮祜禄氏，居于第三位。嘉庆十三年（1808年）四月二十一日，嘉庆帝以喜得皇长孙（道光帝长子奕纬），翌年又是五旬万寿大庆，所以晋封了一批妃嫔，其中晋封诚妃刘佳氏为诚贵妃[②]。嘉庆十三年十一月十一日辰时，命文渊阁大学士庆桂为正使，内阁学士哈宁阿为副使，持节赍册宝，册封妃为诚贵妃[③]。嘉庆帝崩后不到一个月，即嘉庆二十五年（1820年）八月二十三日，道光帝对其皇父的部分未亡人进行了晋封，贵妃以“侍奉皇考最久，年龄亦尊”，被尊封为诚禧皇贵妃，其中的“禧”字是道光帝在奏折上用御笔增添的[④]。同年十二月二十日巳时举行了册封礼，命礼部左侍郎善庆为正使，内阁学士耆英为副使，持节赍册宝，尊封贵妃刘佳氏为诚禧皇贵妃[⑤]。

道光十三年（1833年）进入十二月以来，诚禧皇贵妃身体不适，卧病在床。道光十三年十二月十八日（1834年2月6日）病势转重，于申正二刻（16时30分）移送到吉安所，并开始准备后事。当天晚上，诚禧皇贵妃病逝于吉安所[⑥]。十二月二十一日，道光帝亲自到吉安所诚禧皇贵妃金棺前奠酒[⑦]。十二月二十

①《仁宗睿皇帝实录》卷一，第28册，第75页，中华书局影印本，1986年6月。

② 中国第一历史档案馆编《嘉庆道光两朝上谕档》第13册，第458条，第198页，广西师范大学出版社，2000年。

③《仁宗睿皇帝实录》卷二〇三，第30册，第705页，中华书局影印本，1986年6月。

④ 中国第一历史档案馆编《嘉庆道光两朝上谕档》第25册，第1062条，第368页，广西师范大学出版社，2000年。

⑤《宣宗成皇帝实录》卷一一，第33册，第215页，中华书局影印本，1986年。

⑥ 清宫档案《内务府来文》礼仪，第141包。

⑦《宣宗成皇帝实录》卷二四七，第36册，第718页，中华书局影印本，1986年。

五日卯时，諴禧皇贵妃金棺由吉安所奉移到田村殡宫暂安。道光十四年（1834年）二月諴禧皇贵妃被谥为和裕皇贵妃。道光十五年（1835年）九月初八日卯时，和裕皇贵妃金棺从田村殡宫奉移易县西陵[1]，九月十二日到达昌陵妃园寝，九月十三日午时，和裕皇贵妃神牌书写扫青，内阁学士桂森在神牌前上香、行礼。九月十八日酉时，和裕皇贵妃金棺葬入地宫。

□ 恭顺皇贵妃

恭顺皇贵妃，钮祜禄氏，主事善庆之女，生于乾隆五十二年（1787年）四月十二日[2]，小嘉庆帝27岁。嘉庆六年（1801年）入宫，初赐号如贵人。嘉庆九年十二月十八日颁谕，晋封如贵人为如嫔[3]。嘉庆十年（1805年）二月初八日戌时生皇八女[4]。同年六月初四日举行如嫔册封礼，命礼部尚书恭阿拉为正使，内阁学士瑚素通阿为副使，持节赍册，晋封如贵人钮祜禄氏为如嫔[5]。嘉庆十五年（1810年）九月二十日奉旨："如嫔著晋封为如妃。"第二年正月二十五日巳时生皇九女慧愍固伦公主[6]。同年四月初二日寅时举行如妃册封礼。钮祜禄氏的这两次晋升有一个规律，即是，诏封都是在她怀孕后，生育之前进行的，很显然，她的这两次晋升都是与她怀孕有关系。其原因显而易见，嘉庆九年（1804年）时，嘉庆帝已经45岁了，而皇子却只有2个（皇长子早殇，未计在内），嘉庆九年十二月中旬，钮祜禄氏已怀孕8个多月，盼子心切的嘉庆帝对于肚子越来越大的钮祜禄氏自然另眼相

① 清宫档案《内务府来文》礼仪，第146包。

② 唐邦治著《清皇室四谱》，上册，卷二·后妃，第26页，1923年上海聚珍仿宋印书局聚珍铅印本。

③ 中国第一历史档案馆编《嘉庆道光两朝上谕档》第9册，第1505条，第583页，广西师范大学出版社，2000年。

④ 唐邦治著《清皇室四谱》，下册，卷四·皇女，第20页，1923年上海聚珍仿宋印书局聚珍铅印本。

⑤《仁宗睿皇帝实录》卷一四五，第29册，第980页，中华书局影印本，1986年6月。

⑥ 唐邦治著《清皇室四谱》，下册，卷四·皇女，第20页，1923年上海聚珍仿宋印书局聚珍铅印本。

看，寄予无限的希望，此时将她由贵人晋封为嫔，无论从哪方面来讲，都在情理之中，毫不过分。到后来生的却是皇八女。嘉庆十年（1805年）二月初九日[①]，孝和皇后生下了皇四子以后的5年中，竟一个皇子也不再降生（实际上过了九年才生皇五子），嘉庆帝自然仍是盼子心切。到了嘉庆十五年（1810年）九月下旬，钮祜禄氏又已怀孕数月，嘉庆帝再一次寄托了很大的希望，因此又将钮祜禄氏由嫔升为妃。第二年正月二十五日巳时顺利分娩，生下的却是九公主[②]，使嘉庆帝抱子的希望再次破灭。直到嘉庆十九年（1814年）二月二十七日丑时，如妃真的给嘉庆帝生下了最后一位皇子皇五子绵愉[③]，总算使嘉庆帝没有彻底失望，钮祜禄氏也争了口气。大概是嘉庆帝吸取了前两次的教训，钮祜禄氏第三次怀孕时，嘉庆帝对她没有晋封，采取了审慎的态度，没料到这次真的生了皇子。这位皇子没有早殇，活到同治朝才死，历经了四朝，终年51岁[④]。

嘉庆帝崩后，道光帝于嘉庆二十五年（1820年）八月二十三日，以如妃"诞育惠郡王（即皇五子绵愉——笔者）"尊封为如贵妃[⑤]。嘉庆二十五年十二月二十日（1821年1月23日）巳时举行册封礼，命礼部右侍郎书铭为正使，内阁学士毛谟为副使，持节赍册宝，册封如妃钮祜禄氏为如贵妃[⑥]。当年如妃生皇五子绵愉时，应当得到的晋封，这次终于得到了补偿。钮祜禄氏生育了三次，每次都得到了晋升，看来在那个时代，在帝王之家，"母以子贵"诚然不假。道光二十六年（1846年）三月初三日，道光

①唐邦治著《清皇室四谱》，下册，卷三·皇子，第26页，1923年上海聚珍仿宋印书局聚珍铅印本。

②唐邦治著《清皇室四谱》，下册，卷四·皇女，第20页，1923年上海聚珍仿宋印书局聚珍铅印本。

③唐邦治著《清皇室四谱》，下册，卷三·皇子，第26页，1923年上海聚珍仿宋印书局聚珍铅印本。

④唐邦治著《清皇室四谱》，下册，卷三·皇子，第26页，1923年上海聚珍仿宋印书局聚珍铅印本。

⑤《宣宗成皇帝实录》卷一一，第33册，第215页，中华书局影印本，1986年。

⑥中国第一历史档案馆编《嘉庆道光两朝上谕档》第25册，第1062条，第368页，广西师范大学出版社，2000年。

帝晋尊如贵妃为如皇贵妃。他在上谕中说：

> 如贵妃侍奉皇考有年，淑慎素著。随侍慈闱，允昭谨慎。兹年届六旬，宜崇位号，以介蕃厘，著晋封为皇贵妃[①]。

道光二十六年十二月初九日（1847年1月25日）巳时（《宣宗实录》载为初十日。清宫档案载为初九日巳时，本书采用档案记载）举行册封礼，以体仁阁大学士卓秉恬为正使，礼部右侍郎倭什纳为副使，持节赍册宝，册封如贵妃为如皇贵妃[②]。如皇贵妃居住在寿安宫。道光帝崩后，道光三十年（1850年）正月二十二日，咸丰帝谕内阁：

> 如皇贵妃承侍皇祖多年，迭经皇考加崇位号，现在年龄最尊，允宜特晋隆称，以申敬礼，谨尊封为如皇贵太妃[③]。

咸丰元年（1851年）三月初十日举行尊封礼，命武英殿大学士（已由体仁阁大学士改为武英殿大学士）卓秉恬为正使、礼部左侍郎联顺为副使，持节赍册宝，尊封如皇贵妃为如皇贵太妃[④]。这表明先帝崩，嗣帝即位后，并不是自然地一律称先帝的妃嫔为太嫔、太妃的，必须要经过皇帝的正式诏封、册封，起码皇贵太妃是这样。咸丰十年（1860年）闰三月初三日未刻[⑤]，如皇贵太妃病逝于圆明园，享年74岁，咸丰帝亲临视，“悲痛酹奠”[⑥]。第二天巳时，如皇贵太妃遗体殓入金棺[⑦]。同日，如皇贵太妃金棺奉移到吉安所暂安[⑧]。咸丰帝亲自到吉安所，为这位祖

---

① 中国第一历史档案馆编《嘉庆道光两朝上谕档》第51册，第2088条，第70页，广西师范大学出版社，2000年。

②《宣宗成皇帝实录》卷四三七，第39册，第470页，中华书局影印本，1986年。

③ 中国第一历史档案馆编《嘉庆道光两朝上谕档》第55册，第98条，第47页，广西师范大学出版社，2000年。

④《文宗显皇帝实录》卷二九，第40册，第409页，中华书局影印本，1986年11月。

⑤ 清宫档案《新整内务府档》礼仪，第0074包。

⑥《文宗显皇帝实录》卷三一二，第44册，第577页，中华书局影印本，1986年11月。

⑦ 清宫档案《新整内务府档》，第0074包。

⑧ 清宫档案《内务府来文》礼仪，第212包。

母辈的皇贵妃酹酒[①]。咸丰十年（1860年）五月二十二日卯时，在吉安所行赠谥礼，谥为恭顺皇贵妃[②]。八月十九日，恭顺皇贵妃金棺奉移到崇各庄殡宫暂安[③]。

最初，经钦天监选择，定于咸丰十年（1860年）十月初十日卯时恭顺皇贵妃金棺奉移易县西陵[④]，不久发现这一年若入葬，方向不宜，况且咸丰十年（1860年）十月正逢英法联军进攻北京，咸丰帝携后妃逃到热河避暑山庄避难，世界名园圆明园被英法侵略军抢劫后焚毁，当时京城一带社会动荡，兵荒马乱，如果按期于十月初十日奉移恭顺皇贵妃金棺，连抬金棺的夫役都雇觅不到，即使这一年入葬方向适宜，也不能奉移。因此留京办事的户部右侍郎兼总管内务府大臣宝鋆奏请恭顺皇贵妃金棺暂不奉移，仍在崇各庄殡宫暂安，等到明春二月间再择吉奉移，咸丰帝同意了宝鋆的奏请[⑤]。

恭顺皇贵妃在妃园寝的葬位早在道光年间封皇贵妃之前就已确定。自道光二十六年（1846年）三月晋封为皇贵妃以后，地位上升了，身价高了，其在园寝的葬位也要随之变动。因为妃嫔的葬位是根据妃嫔的地位、身份来确定的。地位高的在前排，地位越低下，越往后排安设。如果在同一排，则地位高的居中，低的往两侧安设。原来昌陵妃园寝内最前排只有一券，葬和裕皇贵妃，当时妃园寝内只有这一位皇贵妃。恭顺皇贵妃被晋封为皇贵妃后，随将其葬位改到最前排，位于和裕皇贵妃左边，重新建造地宫、宝顶[⑥]，此工程于道光二十七年（1847年）二月十五日卯时开工，估银19527两4钱8分7厘[⑦]。

经钦天监再次择吉，恭顺皇贵妃金棺于咸丰十一年（1861

①《文宗显皇帝实录》卷三一二，第44册，第578页，中华书局影印本，1986年11月。

② 清宫档案《新整内务府档》，第0074包。

③ 清宫档案《新整内务府档》礼仪，第0055包。

④ 清宫档案《内务府来文》礼仪，第212包。

⑤ 清宫档案《内务府来文》礼仪，第215包。

⑥ 清宫档案《新整内务府档》修建工程，第0357包。

⑦ 清宫档案《新整内务府档》修建工程，第0357包。

年）二月二十二日寅时奉移西陵[①]。在恭顺皇贵妃金棺奉移之前，咸丰帝特地将总管内务府大臣明善召到热河避暑山庄，面谕，奉移时由明善沿途照料，一切俱从简办理，沿途不搭盖芦棚，觅店安奉金棺。同时常嫔金棺（常嫔是道光皇帝的嫔）也随同奉移西陵。恭顺皇贵妃金棺到妃园寝后，停放在大殿东次间。二月二十七日葬入地宫[②]。

□ 华妃

华妃，侯氏，亦作侯佳氏，上驷院卿讨柱之女，嘉庆帝即位前就已入侍潜邸[③]，是一名侍妾。乾隆五十四年（1789年）六月十二日未时生皇六女[④]。嘉庆元年（1796年）正月初四日册立皇后这一天，侯氏被册封为莹嫔。册封莹嫔的正使是礼部左侍郎铁保，副使是内阁学士那彦成[⑤]。嘉庆六年（1801年）正月初八日，嘉庆帝颁发谕旨，晋封莹嫔为华妃[⑥]，同年四月十五日举行了册封礼，礼部尚书纪昀为正使，内阁学士吉伦为副使，持节赍册印，册封莹嫔为华妃[⑦]。三年后，于嘉庆九年（1804年）六月二十八日华妃薨逝[⑧]。七月初二日，嘉庆帝亲自到吉安所华妃金棺前赐奠[⑨]。嘉庆九年（1804年）七月十七日，华妃金棺奉移田村殡宫暂安。嘉庆十年（1805年）二月初七日奉移易县西陵，嘉

---

① 清宫档案《新整内务府档》修建工程，第0357包。

② 清宫档案《内务府来文》礼仪，第213包。

③ 唐邦治著《清皇室四谱》，上册，卷二·后妃，第27页，1923年上海聚珍仿宋印书局聚珍铅印本。

④ 唐邦治著《清皇室四谱》，下册，卷四·皇女，第20页，1923年上海聚珍仿宋印书局聚珍铅印本。

⑤《仁宗睿皇帝实录》卷一，第28册，第75页，中华书局影印本，1986年8月。

⑥ 中国第一历史档案馆编《嘉庆道光两朝上谕档》第六册，第18条，第6页，广西师范大学出版社，2000年。

⑦《仁宗睿皇帝实录》卷八，第29册，第61—62页，中华书局影印本，1986年8月。

⑧ 唐邦治著《清皇室四谱》，上册，卷二·后妃，第27页，1923年上海聚珍仿宋印书局聚珍铅印本。

⑨《仁宗睿皇帝实录》卷一三一，第29册，第774页，中华书局影印本，1986年8月。

庆帝亲自到田村殡宫临送[1]。是月葬入昌陵妃园寝。

□ 恕妃

恕妃，完颜氏，轻车都尉哈丰阿之女[2]。乾隆五十一年（1786年）行纳彩礼，不久与永琰成婚，成了侧福晋。无奈这位侧福晋福薄命苦，婚后几年就去世了。嘉庆帝即位以后，并没有忘记已辞世多年的妻妾。嘉庆二年（1797年）四月二十二日谕内阁：

> 从前朕之侧福晋完颜氏，格格关氏、沈氏，或系皇父指赏，或生有公主，今俱早已溘逝，著加恩将侧福晋完颜氏追封恕妃，格格关氏追封简嫔，格格沈氏追封逊嫔，交内务府大臣等，按其追封品级，照例办理，暂停于静安庄之傍所，俟万年吉地完竣，再随同皇后梓宫送往[3]。

嘉庆三年（1798年）六月十八日辰时在静安庄殡宫举行了恕妃、简嫔、逊嫔的追封礼[4]。嘉庆八年（1803年）昌陵妃园寝完工，这年的十月十二日寅时，恕妃金棺、简嫔金棺、逊嫔金棺以及逊嫔生的皇五女慧安和硕公主的金棺随同孝淑皇后梓宫奉移西陵[5]，十月十七日到达西陵，随后分别葬入妃园寝和公主园寝。

□ 庄妃

庄妃，王氏，亦作王佳氏，举人伊里布之女[6]，六月十五日生辰。永琰即皇帝位之前就已是潜邸的一名侍妾了。永琰即位

---

①《仁宗睿皇帝实录》卷一四〇，第29册，第912页，中华书局影印本，1986年8月。

②唐邦治著《清皇室四谱》，上册，卷二·后妃，第27页，1923年上海聚珍仿宋印书局聚珍铅印本。

③《仁宗睿皇帝实录》卷一六，第28册，第223页，中华书局影印本，1986年8月。

④清宫档案《内务府来文》，第75包。

⑤清宫档案《新整内务府档》，第0450包。

⑥唐邦治著《清皇室四谱》，上册，卷二·后妃，第26页，1923年上海聚珍仿宋印书局聚珍铅印本。

后，封她为春常在。嘉庆三年（1798年）三月晋封为春贵人。嘉庆六年（1801年）正月初八日将春贵人晋封为吉嫔[1]，同年四月十五日，命礼部右侍郎扎郎阿为正使，内阁学士玉麟为副使，持节赍册，晋封春贵人为吉嫔[2]。嘉庆十三年（1808年）四月二十一日，嘉庆帝以喜得皇长孙（绵宁的长子奕纬），翌年又是嘉庆帝的五旬万寿，为此晋封吉嫔为庄妃[3]。同年十一月十一日辰时，举行了册封礼，命东阁大学士禄康为正使，内阁学士王福为副使，持节赍册印，册封吉嫔王佳氏为庄妃[4]。清朝，一般妃嫔级别晋升或下降，封号不变，而这位王佳氏由贵人到妃，晋升了三次，封号也变了三次，在清朝，这种情况是不多见的。

嘉庆十六年（1811年）二月十五日卯时，庄妃病逝，金棺暂安于畅春园西侧的西花园[5]，以此推测，庄妃很可能死于圆明园。二月十七日、二十一日嘉庆帝先后两次到西花园庄妃金棺前赐奠[6]。二十一日庄妃金棺由西花园奉移到田村殡宫暂安。闰三月十二日辰时，庄妃金棺由田村殡宫奉移西陵，十六日到达昌陵妃园寝[7]。在庄妃金棺尚在送往西陵的途中时，闰三月十四日，中宫皇后（孝和睿皇后）从圆明园起程赴西陵，十七日到达西陵，十八日在谒毕泰陵、泰东陵、孝淑皇后陵之后，到昌陵妃园寝庄妃金棺前赐奠。嘉庆十六年（1811年）闰三月十九日午时庄妃金棺葬入地宫[8]，中宫皇后亲临妃园寝，看视庄妃入葬[9]。中宫

---

①中国第一历史档案馆编《嘉庆道光两朝上谕档》第六册，第18条，第6页，广西师范大学出版社，2000年。

②《仁宗睿皇帝实录》卷八，第29册，第62页，中华书局影印本，1986年8月。

③中国第一历史档案馆编《嘉庆道光两朝上谕档》第13册，第458条，第198页，广西师范大学出版社，2000年。

④《仁宗睿皇帝实录》卷二〇三，第30册，第705页，中华书局影印本，1986年8月。

⑤清宫档案《造办处档》活计库，第2899包。

⑥《仁宗睿皇帝实录》卷二三九，第31册，第227页、第230页，中华书局影印本，1986年8月。

⑦清宫档案《内务府来文》礼仪，第98包。

⑧清宫档案《内务府来文》礼仪，第98包。

⑨清宫档案《内务府来文》礼仪，第98包。

皇后是专程赶赴西陵参加庄妃的入葬典礼的，这在有清一代是空前绝后的。皇后此行是经嘉庆帝精心安排的。皇后此行在《清实录》是没有记载的，这条史料是笔者从清宫档案中发现的。嘉庆帝为什么要派皇后专程赴西陵去参加庄妃的葬礼呢？是因为对庄妃特别宠爱以示皇恩浩荡吗？笔者认为是不可能的。如果真的如此，为什么在庄妃生前不晋封她为贵妃、皇贵妃呢？在她以前，受皇帝宠爱的妃子很多，从来未有派皇后亲自参加葬礼的先例。是皇后与庄妃有一种非同一般的关系和感情吗？无论官书、清宫档案乃至私人笔记中，均无这方面的任何记载。假设真的皇后与庄妃有着一种特殊的关系和感情，一向循规蹈矩的嘉庆帝也不会容忍皇后有这种超越常礼的破例行动。更何况皇后的这次行动又是嘉庆帝亲自安排的。总之皇后这次之行是一次非同寻常的行动，是一次与常规、成宪不太一致的行动。官修的史书之所以只字未提，很可能原因也就在此。到底皇后为何要有此行，有待进一步考证。

□ 信妃

信妃，刘佳氏，将军本志之女[①]。在清宫档案中首次出现信贵人是嘉庆三年（1798年）三月。嘉庆十三年（1808年）四月二十一日，嘉庆帝以喜得皇长孙，明岁又是五旬万寿，晋封信贵人为信嫔[②]，同年十一月十一日辰时命礼部尚书恭阿拉为正使，内阁学士博庆额为副使，持节赍册，册封信贵人刘佳氏为信嫔[③]。在此以后的12年中，刘佳氏再也没有得到升迁。嘉庆帝崩后不到一个月，道光帝于嘉庆二十五年（1820年）八月二十三日颁谕，晋封信嫔为信妃[④]，同年十二月二十日巳时，举行册封礼，命礼

①唐邦治著《清皇室四谱》，上册，卷二·后妃，第27页，1923年上海聚珍仿宋印书局聚珍铅印本。

②中国第一历史档案馆编《嘉庆道光两朝上谕档》第13册，第458条，第198页，广西师范大学出版社，2000年。

③《仁宗睿皇帝实录》卷二〇三，第30册，第705页，中华书局影印本。

④《宣宗成皇帝实录》卷三，第33册，第107页，中华书局影印本，1986年。

部右侍郎吴烜为正使，内阁学士李宗昉为副使，持节赍册印，册封信嫔刘佳氏为信妃[①]。好景不长，刘佳氏被晋封为妃只有两年，便于道光二年（1822年）十月十三日与世长辞了[②]。道光三年（1823年）二月十九日卯时信妃金棺奉移西陵，二月二十六日信妃金棺葬入昌陵妃园寝。

□ 简嫔

简嫔，关氏，亦作关佳氏，拜唐阿德成之女，原为永琰即位前的潜邸格格[③]，是永琰早期的妻妾之一。乾隆四十五年（1780年）四月十一日丑时生皇长女[④]。如果按生皇长女时关氏是18岁，入宫后三年生育推算，关氏的出生日期当在乾隆二十八年（1763年），比嘉庆帝小3岁，乾隆四十二年（1777年）15岁入宫。关氏于嘉庆帝即位前去世，卒年不详。嘉庆二年（1797年）四月二十二日追封关氏为简嫔[⑤]。同她一起被追封的还有两位在嘉庆帝即位前去世的原侧福晋完颜氏、格格沈氏。完颜氏追封为恕妃，沈氏追封为逊嫔。她们三人的金棺停放在静安庄殡宫内的东圈殿内。嘉庆二年（1797年）六月十八日辰时，在静安庄殡宫举行她们三人的追封典礼[⑥]。因为是追封，停给金册，只由工部制造纸册，供追封典礼用。用后焚化掉。嘉庆八年（1803年）昌陵及昌陵妃园寝基本建成，这一年的十月十二日寅时，简嫔金棺、恕妃金棺、逊嫔金棺及五公主慧安和硕公主金棺随同孝淑皇后梓宫一起奉移易县西陵[⑦]，十月十七日到达西陵，分别葬入昌

①《宣宗成皇帝实录》卷一一，第33册，第216页，中华书局影印本，1986年。

② 唐邦治著《清皇室四谱》，上册，卷二·后妃，第27页，1923年上海聚珍仿宋印书局聚珍铅印本。

③ 唐邦治著《清皇室四谱》，上册，卷二·后妃，第27页，1923年上海聚珍仿宋印书局聚珍铅印本。

④ 唐邦治著《清皇室四谱》，下册，卷四·皇女，第18页，1923年上海聚珍仿宋印书局聚珍铅印本。

⑤《仁宗睿皇帝实录》卷一六，第28册，第223页，中华书局影印本，1986年8月。

⑥ 清宫档案《内务府来文》，第75包。

⑦ 清宫档案《新整内务府档》，第0450包。

陵、妃园寝及公主园寝。

□ 逊嫔

逊嫔，沈氏，亦作沈佳氏，内务府大臣职衔永和之女，她是嘉庆帝即位前的潜邸格格[①]。乾隆五十一年（1786年）十一月十一日巳时生皇五女慧安和硕公主[②]，不久沈氏去世。嘉庆帝即位后，并没有忘记已去世的沈氏，于嘉庆二年（1797年）四月二十二日，追封沈氏为逊嫔[③]。同时嘉庆帝还追封早年去世的原侧福晋完颜氏为恕妃，原格格关氏为简嫔。她们三人的追封典礼在六月十八日辰时于静安庄殡宫举行。由于当时妃园寝还没有动工营建，所以她们的金棺只能停在殡宫。嘉庆八年（1803年）十月十二日寅时，孝淑皇后梓宫奉移易县西陵，恕妃、简嫔、逊嫔及逊嫔所生的早殇的皇五女慧安和硕公主的金棺均随同奉移西陵[④]，十月十七日到达西陵，几天后分别入葬昌陵、昌陵妃园寝和公主园寝。

□ 荣嫔

荣嫔，梁氏，员外郎光保之女[⑤]，嘉庆帝即位前的潜邸低级侍妾。嘉庆元年（1796年）被封为荣常在。清宫档案《女子、妈妈里银两档》载，从嘉庆元年（1796年）到十年十二月，一直是荣常在，嘉庆十一年（1806年）正月晋封为荣贵人。可是到了嘉庆十二年（1807年）正月又降为荣常在，从这一年的五月又复封为荣贵人，一直到嘉庆二十五年（1820年）七月嘉庆帝崩逝，始终是荣贵人。嘉庆帝死后不足一个月，道光帝于嘉庆二十五年

---

① 唐邦治著《清皇室四谱》，上册，卷二·后妃，第27—28页，1923年上海聚珍仿宋印书局聚珍铅印本。

② 唐邦治著《清皇室四谱》，下册，卷四·皇女，第20页，1923年上海聚珍仿宋印书局聚珍铅印本。

③ 清宫档案《内务府来文》，第75包。

④ 清宫档案《新整内务府档》，第0450包。

⑤ 唐邦治著《清皇室四谱》，上册，卷二·后妃，第27页，1923年上海聚珍仿宋印书局聚珍铅印本。

(1820年)八月二十三日颁谕，晋升荣贵人为荣嫔[①]。同年十二月二十四日午时举行册封礼，命内阁学士舒英为使，恭赍金册，晋封荣贵人为荣嫔[②]。道光六年(1826年)五月初十日辰时荣嫔辞世，同日未时殓入金棺，金棺暂安西郊西花园。五月二十日荣嫔金棺由西花园奉移到田村殡宫暂安[③]。道光七年(1827年)二月二十一日寅时，荣嫔金棺由田村奉移西陵，二月二十五日到达西陵，二月二十八日巳时荣嫔葬入昌陵妃园寝。

□ 淳嫔

淳嫔，董氏，亦作董佳氏，委署库长时泰之女[④]，五月二十四日生辰。清宫档案《女子、妈妈里口分肉银档》中，嘉庆二年(1797年)十一月首次出现淳贵人之名。嘉庆六年(1801年)正月初八日，淳贵人晋升为淳嫔[⑤]，同年四月十五日，命礼部右侍郎刘跃云为正使、内阁学士台费荫为副使，册封淳贵人董氏为淳嫔[⑥]。在以后的18年中，董氏始终在嫔位。嘉庆二十四年(1819年)十月十三日巳时淳嫔去世，十月十七日行初祭礼，二十八日行大祭礼，十一月十九日巳时淳嫔金棺奉移西陵[⑦]，即月葬入昌陵妃园寝。

□ 安嫔

安嫔，苏完尼瓜尔佳氏，公安英女[⑧]，乾隆五十年(1785

---

①《宣宗成皇帝实录》卷一一，第33册，第216页，中华书局影印本，1986年。

②《宣宗成皇帝实录》卷一一，第33册，第219页，中华书局影印本，1986年。

③ 清宫档案《内务府活计档》胶片，第13号。

④ 唐邦治著《清皇室四谱》，上册，卷二·后妃，第27页，1923年上海聚珍仿宋印书局聚珍铅印本。

⑤ 中国第一历史档案馆编《嘉庆道光两朝上谕档》第六册，第18条，第6页，广西师范大学出版社，2000年。

⑥《仁宗睿皇帝实录》卷八二，第29册，第62页，中华书局影印本，1986年8月。

⑦ 清宫档案《内务府来文》，第108包。

⑧ 唐邦治著《清皇室四谱》，上册，卷二·后妃，第27页，1923年上海聚珍仿宋印书局聚珍铅印本。

年）正月二十一日申时生，比嘉庆帝小25岁。根据清宫档案记载，嘉庆三年（1798年）三月首次出现安常在，终嘉庆一朝未获晋升，由此观之，这位安常在颇不受嘉庆帝的宠爱。嘉庆帝死后，她才时来运转。嘉庆帝死后刚28天，新即位的道光帝旻宁晋尊安常在为安嫔[①]，一下子就连升了两级，十二月二十四日午时，道光帝命内阁学士毛谟为使，恭赍金册，册封这位当了22年常在的苏完尼瓜尔佳氏为安嫔[②]。苏完尼瓜尔佳氏在嫔位又度过了16个春秋，于道光十七年（1837年）六月二十七日丑时溘然长逝于寿康宫，终年53岁，当日午时遗体殓入金棺，金棺停放于西花园。七月初四日卯时奉移田村殡宫暂安，同年十一月二十一日卯时，安嫔金棺奉移西陵，十一月二十七日巳时葬入昌陵妃园寝[③]。

□ **恩嫔**

恩嫔，乌雅氏，左副都御史万明之女[④]，九月二十四日生辰[⑤]。在清宫档案中，从嘉庆十二年（1807年）后半年出现恩贵人，终嘉庆一朝未获晋封，可见她在嘉庆帝前很不受宠。嘉庆二十五年（1820年）八月二十三日，刚即位不到一个月的道光帝对被皇父冷落了十几年的恩贵人予以晋封[⑥]，同年十二月二十四日午时，道光帝命内阁学士恒龄恭赍金册，册封恩贵人乌雅氏为恩嫔[⑦]。道光二十六年（1846年）十二月初十日恩嫔溘然长逝。金棺暂安于田村殡宫。道光二十九年（1849年）九月十七日午时，

---

①中国第一历史档案馆编《嘉庆道光两朝上谕档》第25册，第1062条，第368页，广西师范大学出版社，2000年。

②《宣宗成皇帝实录》卷一一，第33册，第219页，中华书局影印本，1986年。

③清宫档案《新整内务府档》，第0002包。

④唐邦治著《清皇室四谱》，上册，卷二·后妃，第27页，1923年上海聚珍仿宋印书局聚珍铅印本。

⑤清宫档案《宫中杂件》人事后妃，第1929包。

⑥中国第一历史档案馆编《嘉庆道光两朝上谕档》第25册，第1062条，第368页，广西师范大学出版社，2000年。

⑦《宣宗成皇帝实录》卷一一，第33册，第218页，中华书局影印本，1986年。

恩嫔金棺奉移易县西陵，九月二十五日巳时葬入昌陵妃园寝。

□ 玉贵人

玉贵人，嘉庆二年（1797年）十一月，玉贵人在清宫档案中首次出现。嘉庆十九年（1814年）十月初七日卒。其彩棺漆饰15遍[①]。十月十七日行初祭礼，二十二日行大祭礼，十一月初七日行初满月礼。嘉庆二十年（1815年）二月二十一日卯时玉贵人彩棺奉移西陵，二月二十九日寅时入葬昌陵妃园寝[②]。

□ 芸贵人

芸贵人在清宫档案《后妃年总》中于嘉庆九年（1804年）四月首次出现。嘉庆十年（1805年）七月十九日芸贵人去世[③]。彩棺最初停放在吉安所，十一月二十三日芸贵人彩棺奉移殡宫，内庭主位等到吉安所芸贵人彩棺前奠酒、目送[④]。嘉庆十年（1805年）十二月十一日入葬昌陵妃园寝。

---

① 清宫档案《内务府来文》，第102包。

② 清宫档案《内务府来文》，第102包。

③ 清宫档案《宫中杂件》人事后妃，第2332包。

④ 清宫档案《敬事房档》无朝年，第5496包。

道光皇帝的慕陵及其后妃陵寝

不遵祖训，初定吉地王佐村

乾隆帝为了解决今后他的子孙如何选吉建陵的问题，在嘉庆元年（1796年）提出了在东陵、西陵昭穆相建的方法，特别指出"至朕孙缵承统绪时，其吉地又当建在东陵界内"。并且一再叮咛他的子孙说："遵化、易州两处山川灵秀宽广，其中吉地甚多，我子孙务须恪遵前训，永垂法守，断不必另择他处，有妨民产。[①]"

道光帝从他即位那天起，就反复标榜自己要"敬天法祖"，"恪遵成宪"。"朕办理庶务，咸遵旧制。[②]""规模制度，典册俱存，朕何敢更易？一守成宪，犹惧不及，何好恶之有？[③]"令人万万没有想到的是，破坏"昭穆相建"祖训的恰恰就是这位"恪守祖训"、"一遵成宪"喊得最响，说得最多的道光帝。

道光帝即位以后，决定将京城西南郊的王佐村（今北京市丰台区王佐）定为自己的万年吉地[④]。为什么道光帝将王佐村定为自己的万年吉地呢？原来那里安葬着曾与他朝夕相处13年之久的结发妻子孝穆皇后钮祜禄氏。钮祜禄氏是在嘉庆元年（1796年）经嘉庆帝指婚与道光帝成婚的，当时道光帝15岁[⑤]，只是一位皇子，钮祜禄氏是这位皇子的嫡福晋。俗话说：红颜薄命。钮祜禄氏婚后生活不足13年，便于嘉庆十三年（1808年）正月二十一日辞世了[⑥]，芳龄只有28岁。嘉庆帝派文宁、托津、苏楞额在京城附近为钮祜禄氏相度福地，经奏准，选中了王佐村这个地方。

---

①中国第一历史档案馆编《嘉庆道光两朝上谕档》第1册，第1000条，第389页，广西师范大学出版社，2000年。

②《宣宗成皇帝实录》卷二八，第33册，第50页，中华书局影印本，1986年。

③转引自左步青主编的《清代皇帝传略》第272页，紫禁城出版社，1991年11月第1版。

④《宣宗成皇帝实录》卷一七，第33册，第311页，中华书局影印本，1986年。

⑤唐邦治著《清皇室四谱》，上册，卷二·后妃，第28页，1923年上海聚珍仿宋印书局聚珍铅印本。

⑥唐邦治著《清皇室四谱》，上册，卷二·后妃，第28页，1923年上海聚珍仿宋印书局聚珍铅印本。

经过两年多的紧张施工，园寝建成。嘉庆十六年（1811年）十一月十七日，钮祜禄氏以皇子嫡福晋之礼，葬入了王佐村园寝[①]。道光帝即位以后，追赠钮祜禄氏为孝穆皇后，并决定将王佐村园寝改建为自己的万年吉地。他命文渊阁大学士戴均元、户部尚书英和带领精通风水的官员前往王佐村园寝相度[②]。将皇子福晋的园寝改建成皇帝陵，不仅要扩大占地面积，迁移村庄、坟墓、庙宇，而且还要拆掉原来的全部建筑，同时还要改造地宫。名为改建，实际上比重建一座新的皇帝陵的工程量还要大。戴均元、英和等经过实地相度、勘测，初步估计，需要迁移村庄20多处，迁走坟墓40多座[③]。道光帝降旨："稍可迁就之处不必见方取直。[④]"于是戴均元等遵旨，又将占地面积能减的尽量减，压到最低限度，以百丈为度，仍需迁移村庄1座、坟3座[⑤]。戴均元、英和都是前朝老臣，比较忠正。他俩知道乾隆帝有"昭穆相建"的祖训，他们对于道光帝的不遵祖训、另辟皇家陵区的做法是不满的，因此在奏报相度王佐村园寝情况时，委婉地向道光帝建议："万年吉地规模经始，典制攸崇，仍请恭查高宗纯皇帝敕旨，钦派大臣赴胜水峪左近地方另择吉壤，用符体制。[⑥]"对于戴均元、英和等大臣的直言之谏，道光帝无言以对，自知理亏，但又不好意思立刻改口，于是令大学士、军机大臣会同六部"妥议具奏"[⑦]。以东阁大学士托津为首的大臣们很快就把会议的结果上奏给了皇帝，他们在奏折中说：

> 高宗纯皇帝传有昭穆相承敕谕。我皇上祗遹前徽，大经大法悉皆率由成宪。兹当御极初元，例应相建万年吉地，特

① 清宫档案《内务府来文》礼仪，第99包。

②《宣宗成皇帝实录》卷一七，第33册，第311页，中华书局影印本，1986年。

③ 清宫档案《上谕档》胶片，第141卷。

④ 清宫档案《上谕档》胶片，第141卷。

⑤ 清宫档案《上谕档》胶片，第141卷。

⑥ 中国第一历史档案馆编《嘉庆道光两朝上谕档》第26册，第530条，第168页，广西师范大学出版社，2000年。

⑦ 中国第一历史档案馆编《嘉庆道光两朝上谕档》第26册，第530条，第168页，广西师范大学出版社，2000年。

旨广询博采。臣等悉心恭议，应请皇上式遵祖训，仍于胜水峪附近地方钦派大臣，率同通晓堪舆之人，敬谨选择。俟选有吉地，绘图贴说，呈请御览钦定后，各该衙门敬谨兴修[1]。

接着托津等列举了一系列理由，总括起来有以下五点：

一、东陵界内之山为干龙，王佐村之山为支龙。“支龙结穴纵得全美，总不及干龙都会之区”；

二、王佐村园寝福地“西来随龙水，按古法应作之字旋转之势”，“微有未符”，“不合水法”；

三、王佐村福地“碍于畚筑，不能添建宝城，亦于体制未符”；

四、“迁徙庐墓，虽减之又减，臣等仰见圣心仁爱，仍恐有违约己从民之意”；

五、在遵化东陵界内建陵，竣工后，将孝穆皇后从王佐村迁葬东陵。“迁葬之事载于古经堪舆诸书，亦所不避，揆之典制，推之礼仪，均为允协。[2]”

面对众大臣有理有据、合情合礼的奏请，道光帝不能再固执己见，只得俯从舆情。他在道光元年（1821年）四月二十八日给内阁的一道谕旨中说：

万年吉地仍按昭穆相建，所议甚是。皇祖高宗纯皇帝垂训，我朝景运庞鸿，继继承承，吉地依昭穆次序，东西递建，洵为万世良法，朕自应恪遵成宪，于东陵界内选择万年吉地。

他同时下令“王佐村一切工程俱著停止办理[3]”。

由于大臣们的仗义执言，多方劝导，才避免了清王朝在关内出现第三处皇家陵园的局面。

---

① 清宫档案《上谕档》胶片，第141卷。

② 清宫档案《上谕档》胶片，第141卷。

③ 中国第一历史档案馆编《嘉庆道光两朝上谕档》第26册，第577条，第178页，广西师范大学出版社，2000年。

勉遵祖训，营建宝华峪陵寝

道光帝在众大臣的劝导下，被迫放弃了在王佐村选建万年吉地的做法，不得不在遵化的东陵界内选建万年吉地。道光元年（1821年）四月十七日，道光帝命文渊阁大学士戴均元、工部尚书穆克登额、工部左侍郎阿克当阿为相度大臣，带领堪舆人员赴遵化东陵相度万年吉地[①]。戴均元等人不敢怠慢，于五月初八日赶到东陵。于初九日叩拜了各陵后，便带领风水人员在东陵境内相度吉地。这些风水人员有内务府郎中石柱、工部额外主事陈孝宽、举人赵佩林、候选知县蔡鸿升、大使职衔宋泗、笔帖式毓庆、钦天监挈壶正姚绍基等[②]。他们先到裕陵以西的平顶山、羊肠峪踏看，认为那里“或山气粗直，或两水不交”，没有合适的地方。他们又到裕陵以东的狼儿窝、马驹窝、万年沟、大水峪等处相度。见这些地方“或山面碎而两砂不抱，或顽石多而星体不成”，均被放弃[③]。他们踏遍了东陵的山山水水，用了一个月的时间最终找到了一处上吉佳壤，这个地方叫绕斗峪，坐落在景陵皇贵妃园寝以东。他们对绕斗峪的风水是这样描述的：

土丰脉秀，气聚水交。按其形势，考之图经，其龙由雾灵山发脉，至遵化州界起为昌瑞山作统龙之尊星，为入龙之少祖，复又左展奇峰，横开巨嶂，名曰五华岭。中分干气，特出木星格合楼船出峡，自是护缠叠叠，脱化重重。玉璪珠毓，龙楼凤阁，形迹显然。直至绕斗峪。乃其结作之处乘金穴土开晕铺唇。虾须蟹眼之水的确分明，蝉翼牛角之砂停匀悉配。左右得岗峦之拱卫，对朝覆星体之端崇。外局之水右绕，统归正库，交会阳辰。堂局罗城，俱臻美善。又详考理气细格来龙入首之处，由辛亥而转壬子，合长生帝旺之方。自奎妻而转斗牛，居三吉六秀之次。拟用壬山丙向，兼子午

---

① 中国第一历史档案馆编《嘉庆道光两朝上谕档》第26册，第577条，第178页，广西师范大学出版社，2000年。

② 清宫档案《录副奏折》，微缩号199—3217。

③ 清宫档案《录副奏折》，微缩号199—3217。

三分。外盘以辛亥、辛巳分金，坐危宿七度向张宿五度分金，与来脉相生。坐度与来水相配。阴阳合德，体用自成。而且土脉细滋，色兼黄紫。敬加深验，上格无疑。洵局势之全佳，为坤舆之最吉①。

戴均元等将绕斗峪绘图贴说，上奏皇帝，他们在奏折中奏请皇帝选用绕斗峪。道光帝看了戴均元等人的奏折和图纸后，觉得有些不放心，于五月二十五日又派礼部右侍郎吴烜、工部左侍郎穆彰阿带领堪舆人员前往绕斗峪详慎覆勘②。几天后吴烜回奏说与戴均元等人看法一致，也认为绕斗峪是一处上吉佳壤，可以建陵。道光元年（1821年）九月初二日，道光帝正式颁发建陵谕旨，他说：

国家定制，登极后即应选择万年吉地。嘉庆元年，奉皇祖高宗纯皇帝敕谕：嗣后吉地各依昭穆次序，在东陵、西陵界内分建。今朕绍登大宝，恪遵成宪，于东陵界内选择绕斗峪建立吉地，著派庄亲王绵课、大学士戴均元、尚书英和、侍郎阿克当阿敬谨办理，诹吉于十月十八日卯时开工③。

同年九月三十日，道光帝命庄亲王绵课佩带办理万年吉地钦差大臣关防印钥，并命马兰镇总兵官恩铭会同办理万年吉地事务④。道光帝觉得绕斗峪这个名字不好听，就命大臣们拟定比较文雅的名字。于是大臣们遵旨拟定了宝华峪、饶九峪、万有峪三个名字供皇帝选用⑤。道光二年（1822年）三月初十日，道光帝选用了宝华峪，从此绕斗峪改名为宝华峪⑥。

对于道光帝来说，陵寝的风水比陵寝的规模更为重要。在相

---

① 清宫档案《录副奏折》案卷号03—3520，微缩胶卷199—3271。

②《宣宗成皇帝实录》卷一八，第33册，第343页，中华书局影印本，1986年。

③ 中国第一历史档案馆编《嘉庆道光两朝上谕档》第26册，第1320条，第394页，广西师范大学出版社，2000年。

④《宣宗成皇帝实录》卷二三，第33册，第423页，中华书局影印本，1986年。

⑤ 中国第一历史档案馆编《嘉庆道光两朝上谕档》第27册，第381条，第114页，广西师范大学出版社，2000年。

⑥ 中国第一历史档案馆编《嘉庆道光两朝上谕档》第27册，第380条，第113页，广西师范大学出版社，2000年。

度大臣戴均元等人出发前，他曾降旨说：“惟择坤灵钟毓、干脉延长之处以定福基。其四至之广狭，不必过拘。如果地臻全美，即较从前规制稍从俭约，朕心亦以为宜。[①]”

宝华峪万年吉地工程开工不到一年，道光二年（1822年）七月十四日，道光帝将承修大臣戴均元、英和及军机大臣召进宫中，向他们再一次重申了他的重风水轻规制的思想，他说“我朝自开创以来敦尚淳朴，列祖列宗黜华崇实，贻谋宏远，奕禩昭垂[②]”。接着向他们面授了一系列缩减宝华峪陵寝规制的内容：

> 宝城内月台、碑亭等工程酌量裁减。地宫内之起脊琉璃黄瓦头停、金券内之经文佛像及二柱门俱行裁撤，其石像生一项量为收小。井上石栏无庸起建亭座[③]。

另外还同意了绵课等人提出的降低隆恩殿的举架的奏请。道光三年（1823年）六月初八日，道光帝又谕承修大臣：

> 万年吉地隔扇门页，凡铜器什件用金子之处，俱著裁减，直用上等素面黄铜，无庸镀金，以符前降谕旨，崇俭卑躬之至意[④]。

道光帝对自己的陵寝工程格外关心。道光五年（1825年）二月二十三日，道光帝借谒东陵之机，亲自到宝华峪阅视了陵寝工程。他见在工承办各员“敬谨将事，尚属奋勉”，赏给总监督牛坤小卷缎一百匹，一两重银锞一百个。对其他办工人员也进行了奖赏，以示鼓励[⑤]。

宝华峪工程历经6个寒暑，于道光七年（1827年）秋天全工告竣。从王佐村园寝迁来的孝穆皇后梓宫，在道光帝的护送下，奉移到宝华峪陵寝，于道光七年（1827年）九月二十二日葬入地

---

① 清宫档案《内务府来文》陵寝事务，第2942包。

②《宣宗成皇帝实录》卷三八，第33册，第679页，中华书局影印本，1986年。

③ 中国第一历史档案馆编《嘉庆道光两朝上谕档》第27册，第396条，第396页，广西师范大学出版社，2000年。

④ 清宫档案《内务府来文》陵寝事务，第2943包。

⑤ 中国第一历史档案馆编《嘉庆道光两朝上谕档》第30册，第201条，第56页，广西师范大学出版社，2000年。

宫[1]。道光帝见刚刚竣工的宝华峪陵寝坚固宏整，非常满意，对承修大臣及众监督、监修大加赏赉，道光帝在谕旨中说：

原管工王大臣庄亲王绵课前借俸银十万两修理祖茔，分作二十年扣还，著加恩免缴四万两；致仕大学士戴均元著赏加太子太师衔。其子户部即用员外郎戴诗亨以郎中补用。热河都统英和赏还一品顶带，并赏还花翎，仍交部从优议叙。工部尚书穆彰阿著赏给大缎二疋，仍交部从优议叙。户部左侍郎敬征著赏戴花翎，仍交部议叙。工部右侍郎阿尔邦阿著赏戴花翎，仍交部议叙。其前任马兰镇总兵任内兼管工程江西布政使继昌著交部议叙。现任总兵宝兴赏戴花翎，仍交部议叙。所有在工出力各员，著敬征等查明，酌量保奏，候朕施恩，毋许冒滥[2]。

道光七年（1827年）十月初四日，“以承办万年吉地工程出力，赏内阁侍读学士牛坤三品卿衔，仍下部优叙，余升补议叙有差[3]”。

道光七年十二月初七日，“以留办万年吉地工程出力，予奉宸苑员外郎英诚等升叙有差[4]”。

笔者根据部分清宫档案的记载，又多次到现场进行实地考察

宝华峪吉地的朝山也是金星山

①《宣宗成皇帝实录》卷一二六，第34册，第1105页，中华书局影印本，1986年。
②清宫档案《上谕档》胶片，第186盒。
③《宣宗成皇帝实录》卷一二七，第34册，第1118页，中华书局影印本，1986年。
④《宣宗成皇帝实录》卷一三一，第34册，第1173页，中华书局影印本，1986年。

并走访当地老人，得知宝华峪陵寝规制大致如下：

宝华峪陵寝位于东陵界内东端，西邻景陵皇贵妃园寝，东与马兰峪相望，该陵寝坐北朝南，以金星山为朝山。隆恩门以北的建筑均建于山坡之上，桥座、神道部分建在平地上，地势前低后高，落差较大。后宝山虽然为自然山，但进行过人工堆培。东西砂山是由人工培堆的。整座陵寝由北到南，其主要建筑依次如下：

地宫为九券四门，其平水墙上和券顶上取消了经文、佛像雕刻[①]，但石门上仍然雕刻着八大菩萨。地宫顶部取消了琉璃瓦头停，改为砖砌的蓑衣顶。地宫之上建宝顶，周建宝城。宝顶前建方城，方城上建明楼。明楼前设石台五供。陵寝门三座。前院隆恩殿一座，重檐歇山顶，面阔5间，暖阁3间，东暖阁为佛楼[②]。隆恩殿前的月台上设鼎式铜炉2座、铜鹤1对、铜鹿1对。隆恩殿及月台周围环以青白石栏杆。东西配殿各5间，单檐歇山顶。隆恩门一座，面阔5间，单檐歇山顶。隆恩门外东西班房各3间，单檐歇山卷棚顶。东西朝房各5间，单檐硬山顶。马槽沟一道，上建三路三孔拱桥，两旁三孔平桥各一座。神道碑亭一座，重檐歇山顶，四面各显3间，内神道碑一统，龙首龟趺，下为水盘。下马牌东西各一座。马槽沟一道，正中设三孔拱桥一座，东旁设一孔平桥一座。第二道马槽沟南是牌楼门一座。牌楼门南是石像生一组，文士、武士、马、象、狮、望柱各一对。再往南是第三道马槽沟，正中建五孔神路桥一座。神道过五孔神路桥不远折向西，在南北方向的河上设九孔平桥一座，神路过九孔桥向西与孝陵神道相接。神道碑亭左即东旁是神厨库，内建神厨一座，面阔5间，单檐悬山顶。南北神库各一座，面阔各3间，单檐悬山顶。省牲亭一座，四面各显3间，重檐歇山顶，环以围墙，西侧建一门楼。神厨库外有水井一眼，但未建井亭。

另外有一点需要说明的就是九孔桥的问题。前面提到，宝华

①《宣宗成皇帝实录》卷三八，第33册，第679页，中华书局影印本，1986年。
② 清宫档案《舆图》071，0321。

宝华峪陵寝复原效果图（贾嘉绘）

峪隆恩门前有四道马槽沟，水皆向西流，与从景陵、景陵妃园寝方向流过来的水汇成一条河，向南流去，而宝华峪陵寝正在这条河的东岸。神道要与西面的孝陵神道相接，必须要跨过这道河，而这条河又很宽，所以建了一座九孔平桥，东西方向，桥墩均为豆渣石料，宝华峪陵寝神道从此桥上通过。笔者曾见过这座九孔平桥的遗迹。现在宝华峪通向孝陵的神道遗址还能找到，当地村民称之为老神道。

这次营建宝华峪陵寝所用的松木、杉木大部分是采自东北红土崖及边外之嵌石岭等处深山老林之中①。所用的青白石采自房山县西山大石窝，豆渣石采自遵化的鲇鱼口②。石灰是枯树灰和韩溪灰③。铸造地宫的四根铜门管扇从户部领取宝泉局红铜条三万斤、倭铅二万斤④。铸造大殿月台上陈设的鼎炉二座、鹤鹿各一对、铜缸八口、铜锅二口、寿山福海一百五十件，按例共约用红铜条四万六千五百四十九斤三两、倭元三万一千三十二斤十三两⑤。陵寝建成后隆恩殿内镀金五供、供桌、戳灯、神龛、佛楼

①《宣宗成皇帝实录》卷四九，第33册，第877页，中华书局影印本，1986年。

② 清宫档案《舆图》071，0321。

③ 清宫档案《内务府来文》陵寝事务，第2944包。

④ 清宫档案《内务府来文》陵寝事务，第2943包。

⑤ 清宫档案《内务府来文》陵寝事务，第2944包。

以及所用的帷幄、䇲单等全部制造完并已陈设[①]。为陵寝服务的礼部衙门、内务府大小营房、工部官房、八旗营房、果楼、牛羊圈等九百余间都已建成[②]，相应的人员都已派齐[③]。

地宫出水，拆陵西迁龙泉峪

道光八年（1828年）八月初二日，道光帝发布谕旨，因平定张格尔叛乱胜利决定要展谒东陵和西陵[④]，自然要到宝华峪陵寝去祭奠一番自己的结发之妻孝穆皇后。每逢皇帝谒陵，陵寝内务府的官员要提前率领属下员役将陵寝内外打扫得干干净净，准备迎接皇上[⑤]。清王朝从景陵开始，由火化改为土葬，使用棺椁，早于皇帝而死的皇后入葬地宫以后，地宫石门不关，要等到皇帝入葬后才能关闭石门，填砌隧道。在皇后入葬之后，皇帝入葬之前，在地宫的入口处安装一个木门，长期关闭，非奉特旨，不得开启。宝华峪陵寝的内务府员役在清扫陵内各处时，发现地宫木门外潮湿，墙根有水痕。内务府郎中庆玉马上将这一情况禀告给了东陵守护大臣奕绪、恒明及马兰镇总兵官宝兴。奕绪等三人迅速将此事上奏皇帝，要求开启木门，进内查看[⑥]。道光帝闻奏后，极为关注，道光八年（1828年）九月初三日发布谕旨，命宗室辅国公户部左侍郎敬征于九月初四日赶赴东陵，会同宝兴，对地宫内外逐处详细查看具奏[⑦]。敬征不敢怠慢，束装启程，会同宝兴对地宫内外详细查看后，于九月初八日向皇帝做了奏报，他在奏折中说：

---

①清宫档案《内务府来文》陵寝事务，第2944包。

②清宫档案《内务府来文》陵寝事务，第2944包。

③清宫档案《内务府来文》，第126包。

④《宣宗成皇帝实录》卷一四〇，第35册，第145页，中华书局影印本，1986年。

⑤清宫档案《内务府来文》，第131包。

⑥清宫档案《内务府来文》，第131包。

⑦《宣宗成皇帝实录》卷一四二，第35册，第170页，中华书局影印本，1986年。

恭启木门，察看门内地面有积水五分，逐层石券至地宫石券地面俱有积水五六分不等。宝床上及石券东西金刚墙俱无水迹。北面石墙七层以下间有成片水气。券顶石及门槛框俱有蒸溽水珠[1]。

道光帝接到敬征奏报，疑虑重重，令他再度查勘明确，准备在行宫覆奏，并令他做好皇帝亲临阅视地宫的准备。

九月初十日，敬征赶到白涧行宫（从北京前往东陵的第二宿行宫），向正在前往东陵途中的道光帝奏报了第二次勘查地宫的情况。这次奏报的情况比上次更为严重：

木门内罩门券两边马蹄柱门枕石下往外浸水。明堂券、穿堂券地平石缝、金刚墙根俱有浸水处。三层门洞券门枕石后及金券宝床下三面石缝俱有浸水一二分不等。复履勘各券墙根，似有消水湿气数寸。木门后阴湿霉溽尺余。究其券内存水之由，竟系空山水由地平浸湿泛溢所致[2]。

道光帝听了敬征的回奏，极为震怒，大骂办理工程的官员“丧尽天良”，认为英和“其罪尤重”，将他先行革去顶带，拔去花翎，革职。戴均元革去太子太师之衔，降为三品顶带。戴均元之子戴诗亨降为员外郎候补。总监督、内阁侍读学士牛坤、监督内务府郎中百寿、员外郎延凤、郎中庆玉、监修主事定善、候补笔帖式长淳、副司库玛彦布俱革职，交留京办事王大臣会同刑部严审。穆彰阿交部严加议处。前马兰镇总兵官继昌、广泰均交部议处。庄亲王绵课、阿克当阿、嵩年、庆惠因已故去，免予议处[3]。

九月十二日，道光帝谒毕昭西陵、孝陵、孝东陵、景陵、裕陵之后，急忙赶到宝华峪，亲自到地宫查看出水情形。他发现地宫内积水最深时竟达一尺六七寸之多，将孝穆皇后梓宫都浸泡了

①《宣宗成皇帝实录》卷一四二，第35册，第177页，中华书局影印本，1986年。

②《宣宗成皇帝实录》卷一四二，第35册，第178页，中华书局影印本，1986年。

③《宣宗成皇帝实录》卷一四二，第35册，第178页，中华书局影印本，1986年。

二寸。这一发现比前天敬征在白涧行宫奏报的还要严重。道光帝面对湿漉漉充满水汽的地宫，面对被浸泡的皇后梓宫，更加恼怒，认为前天对办工官员的处理太轻了，“不足示惩”。于是再次下令：将绵课之子庄亲王奕賨降为郡王，将戴均元革职。英和之子兵部侍郎奎照、通政使奎耀俱革职，作为拜唐阿，交敬征等带赴工次效力[1]。当道光帝得知由于英和的阻止，宝华峪陵寝地宫才未设龙须沟后，九月十四日道光帝下令将英和锁拿，交刑部究审。九月十九日又下令，将英和、牛坤、百寿、延凤、定善、长淳、玛彦布等7人的家产全部查抄入官[2]。从九月初三日得知地宫出现渗水，到十月二十三日，这50天内，据笔者不完全统计，道光帝为此事就发出了30道谕旨，仅九月十九日一天就发出了5道谕旨。当年昌陵刚竣工不久，地宫里就曾出现过水汽和水珠，道光帝几次奉命前往查看昌陵地宫，为此事，嘉庆帝极为烦恼。这次地宫出水竟轮到了自己头上，而且比昌陵情况更为严重，怎能不使道光帝恼怒异常，大发雷霆？

最初发现地宫渗水时，道光帝在异常恼怒的情况下，真想诛杀几位承修大臣，以解心中的怒气。当时的皇太后即孝和皇后知道了道光帝的这一想法后，劝诫道光帝说“不欲以家事诛大臣”[3]。道光帝听从了皇太后的劝告，所以承修宝华峪万年吉地工程的大臣一个也没有诛杀。

九月二十三日，道光帝又下令将戴均元拿交刑部治罪，迅速解京，并将其家产严密查抄[4]。

九月二十五日，道光帝怒气未消，下令罚赔办工官员：绵课办工最久，罚赔银十万两。穆克登额罚赔银三万两，阿克当阿罚

①《宣宗成皇帝实录》卷一四二，第35册，第180页，中华书局影印本，1986年。

②《宣宗成皇帝实录》卷一四二，第35册，第186页，中华书局影印本，1986年。

③赵尔巽等撰《清史稿》第38册，卷三六三，传一五〇，英和传，第11412页，中华书局，1977年12月第1版。

④《宣宗成皇帝实录》卷一四三，第35册，第196页，中华书局影印本，1986年。

赔银四万两，穆彰阿罚赔银八千两，阿尔邦阿罚赔银二千两。嵩年、继昌各罚赔银三万两。广泰罚赔银六千两。庆惠罚赔银八千两，宝兴罚赔银二千两，并令他们“俱著按限完缴，毋许稍有延宕[①]”。

九月二十六日，道光帝又发谕旨：

庄亲王绵课派办宝华峪吉地工程，经历数年之久。伊系亲王，受恩深重，朕特加简派，应如何慎重详审，督率工员妥办，乃漫不经心，一任承办之员草率从事，实属昧良负恩。绵课之子除奕賫已有旨降为郡王外，奕胜著革去不入八分辅国公，奕叡革去镇国将军、委散秩大臣。奕腆著革去辅国将军，奕赓著革去头品顶带，以示惩儆。[②]。

道光八年（1828年）十月初四日，道光帝对此案作了最后处理：本应将英和拟斩，但念其“曾任尚书、协办大学士，于此案讯无赃私，尚可宽其一线”，“著加恩发往黑龙江充当苦差，以示朕法外之仁”。其子奎照、奎耀随其父前往黑龙江。英和的孙子锡祉的荫生、候补员外郎被革去。牛坤发往伊犁效力赎罪。百寿、延凤发往乌鲁木齐效力赎罪。定善、长淳、玛彦布俱发往军台效力赎罪。庆玉在宝华峪工次效力[③]。

道光八年（1828年）九月二十四日，道光帝宽免了庄亲王五万两罚银[④]。

道光八年（1828年）十一月二十三日，道光帝念戴均元“尚未始终经手工程，且已年逾八旬，耄不加刑，著加恩免其死罪，并免发遣，即行逐回原籍，用施法外之仁[⑤]”。其子孙官职均被革去。

①《宣宗成皇帝实录》卷一四三，第35册，第197页，中华书局影印本，1986年。

② 中国第一历史档案馆编《嘉庆道光两朝上谕档》第33册，第1005条，第286页，广西师范大学出版社，2000年。

③ 中国第一历史档案馆编《嘉庆道光两朝上谕档》第33册，第1052条，第297页，广西师范大学出版社，2000年。

④《宣宗成皇帝实录》卷一六〇，第35册，第475页，中华书局影印本，1986年。

⑤《宣宗成皇帝实录》卷一四七，第35册，第252页，中华书局影印本，1986年。

裕陵地宫

陵寝依山而建，地宫又深在地下，地宫里出现些潮气、积水，在所难免，不足为怪。乾隆帝的裕陵，在竣工的当年乾隆十七年（1752年），孝贤皇后尚未入葬，地宫里就出现了积水。当时负责工程事务的工部右侍郎三和等大臣找不出出现积水的原因。乾隆帝经细加思考，认为“地宫低于宝城，其工两层成做，不能不渗水”。后来“补成一层，费无数工作[①]”，终于解决了地宫出积水问题，在以后的近半个世纪时间里再也未出现积水。宝华峪陵寝地宫出现积水，完全可以仿照裕陵做法，维修地宫，得到治理。起码道光帝在道光八年（1828年）九月十四日也曾有修治地宫的想法[②]。

农历的六、七月正是阴雨连绵的季节。于是道光帝在道光九

①《高宗纯皇帝实录》卷一〇二六，第21册，第751页，中华书局影印本，1985年11月。

②《宣宗成皇帝实录》卷一四二，第35册，第180—181页，中华书局影印本，1986年。

年六月二十九日命马兰镇总兵黄文煜“带同官弁人役亲诣地宫详加察勘有无浸湿存水处所暨宝城上下有无情形，据实覆奏[①]”。

马兰镇总兵黄文煜接到廷寄上谕以后不敢怠慢，马上率人到宝华峪地宫进行查看。在七月初五日道光帝就收到了他的回奏：“由木门至头层石门水深一尺五寸。由头层石门至二层石门水深一尺六寸。由二层石门至三层石门水深一尺五寸五分。四层石门内宝床上水深二寸二分。宝床下水深一尺三寸五分。”黄文煜又奏“现在券内积存之水，或即淘洗干净，抑或俟雨水过后查看有无增长，再为淘洗之处，伏候训示祗遵”。道光帝看了黄文煜的奏折后，对宝华峪陵寝已彻底丧失了信心。他在奏折上批道：“所奏俱悉。何必代人费此无用之力。竟无庸收拾，凭他可也。[②]”

当时部分有见识的大臣也提议维修地宫，然而道光帝却讽刺他们说：“尚云设法修理者，不知是何肺腑？可笑之至！[③]”乾隆帝可以通过维修治理地宫出水问题，道光帝有什么理由不可以做？既然道光帝不想就地修理地宫，有的大臣就建议在东陵界内其他地方重新卜择陵址。道光九年（1829年）三月十四日曾派户部尚书禧恩、户部右侍郎耆英带领风水官前往东陵界内的平安峪相度[④]（后来的定陵所在地）。没有相中。道光九年四月，道光帝曾命户部左侍郎敬征、马兰镇总兵黄文煜到九凤朝阳山相度[⑤]。道光九年十月，道光帝从东北盛京回銮途中展谒东陵时，他又亲自到东陵界内的成子峪进行了相度[⑥]，也没有相中。署理热河都

① 中国第一历史档案馆编《嘉庆道光两朝上谕档》第34册，第857条，第263页，广西师范大学出版社，2000年。

②《宣宗成皇帝实录》卷一五八，第35册，第428页，中华书局影印本，1986年。

③《宣宗成皇帝实录》卷一五八，第35册，第428页，中华书局影印本，1986年。

④《宣宗成皇帝实录》卷一五三，第35册，第353页，中华书局影印本，1986年。

⑤ 清宫档案《内务府来文》，第2946包。

⑥《宣宗成皇帝实录》卷一五九，第35册，第453页，中华书局影印本，1986年。

统的嘉道两朝的名臣松筠就向道光帝建议："东陵山脉绵长，孝陵之右，裕陵东北一带可否令精于堪舆之人详加履勘？"道光帝对于松筠的这一颇有见地的建议却拒不采纳，只是说："朕自有主见，徐为之。[①]"

既不想维修地宫，又不想在东陵其他地方相度地，这表明道光帝此时想将自己的万年吉地建在什么地方已成竹在胸了。

从道光九年（1829年）开始，道光帝就放弃了宝华峪吉地。从道光十年开始，道光帝开始放弃在东陵相度他的万年吉地。他派出了许多大臣分头到京畿和直隶各地相度万年吉地。

道光十年二月，户部尚书禧恩、礼部尚书耆英、户部左侍郎汪守和就选中了易州境内的凤凰台和魏家沟（后来的金龙峪）[②]。

道光十年（1830年）四月，禧恩等人又在直隶密云县找到了一处叫云峰山的佳壤[③]。

道光帝在此之前曾命署理西陵泰宁镇总兵兼总管内务府大臣的宗室成员敬征在易州一带相履勘万年吉地[④]。这一年，原直隶布政使屠之申在直隶先后找到了白旗村、松山、唐湖、梁格庄山后等几个地方[⑤]。

道光十年四月二十九日，道光帝又派白镕、容照前往房山县境内的大峪山相度，并命直隶总督访寻熟悉堪舆之人，迅速选派一二人交与白镕、容照带往相度[⑥]。

道光十年闰四月初，直隶总督那彦成又在易州梁格庄山后和

①《宣宗成皇帝实录》卷一四五，第35册，第214页，中华书局影印本，1986年。

② 中国第一历史档案馆编《嘉庆道光两朝上谕档》第35册，第209条，第64页，广西师范大学出版社，2000年11月。

③ 中国第一历史档案馆编《嘉庆道光两朝上谕档》第35册，第479条，第136页，广西师范大学出版社，2000年11月。

④ 中国第一历史档案馆编《嘉庆道光两朝上谕档》第35册，第470条，第134页，广西师范大学出版社，2000年11月。

⑤ 中国第一历史档案馆编《嘉庆道光两朝上谕档》第35册，第486条，第137页，广西师范大学出版社，2000年11月。

⑥《宣宗成皇帝实录》卷一六八，第35册，第596页，中华书局影印本，1986年。

易州城五十里远的朗山下找到了一处叫南旗村的佳壤[①]。

道光十年闰四月初四日，道光帝又派白镕、容照“前往房山县界内大峪山相度[②]”。

道光十年闰四月十二日，道光帝派直隶总督那彦成“先至易州，将梁格庄山后等三处地势履勘。再赴蓟州、丰润，将桃花峪等二处山峦形势详加相度，顺道来京复命[③]”。

道光十年闰四月，敬征在西陵红桩内找到了李庄，穆彰阿找到了高家峪、胡各庄、魏家沟、诸葛庄、东金龙背、凤凰台等处地方，道光帝命泰宁镇总兵兼总管内务府大臣的海龄“派委熟悉路径之官弁带往各处再行详细相度，据实覆奏[④]”。

到了道光十年（1830年）闰四月中旬，已到盛夏，天气炎热，大雨时行，而且树高林密，庄稼茂密，对于相度吉地很不适宜。于是道光帝根据直隶总督那彦成的奏请，将“易州梁格庄山后等五处地方覆看完竣，即行来京复命。所有前派该委员等即行撤回。俟秋间候旨遵行[⑤]”。

道光帝一向是不想承担责任，委过于人的人。想当年康熙帝采纳了部分大臣的建议，下令撤藩，引起了三藩叛乱。当时就有人提议将主张撤藩的大臣杀掉。康熙帝表示既然我同意撤藩，就等于是我的主见，主动承担了责任，没有诛杀主张撤藩的大臣。道光帝与康熙帝相比，逊色多了。确定宝华峪为万年吉地是道光帝亲自决定的，而且他又曾派礼部右侍郎吴烜、工部左侍郎穆彰阿带领堪舆人员前往宝华峪详慎覆勘。在道光五年和道光七年亲

① 中国第一历史档案馆编《嘉庆道光两朝上谕档》第35册，第510条，第145页，广西师范大学出版社，2000年11月。

②《宣宗成皇帝实录》卷一六八，第35册，第600页，中华书局影印本，1986年。

③ 中国第一历史档案馆编《嘉庆道光两朝上谕档》第35册，第533条，第150页，广西师范大学出版社，2000年11月。

④ 中国第一历史档案馆编《嘉庆道光两朝上谕档》第35册，第544条，第152页，广西师范大学出版社，2000年11月。

⑤ 中国第一历史档案馆编《嘉庆道光两朝上谕档》第35册，第551条，第154页，广西师范大学出版社，2000年11月。

临宝华峪阅视，认为新建的陵寝“宏整坚固”，表示非常满意，大赏了办工大臣。可是到了道光十年闰四月二十四日，道光帝居然说宝华峪“地势既非美善，工程又还坚固[①]”，简直就像一个无赖之徒一样。

时至道光十年（1830年）闰四月底，派出的人不少，找到的地方很多，一处使道光帝遂心满意的也没有，折腾两年了，吉地的事还没有个着落，道光帝不由得有些着急起来。闰四月二十四日他在谕旨中说：“饬谕臣工另行相度，而事越两年，仍未得有佳壤，岂容再事迁延？朕思事权归一，斯责无旁贷。所有相度之事，著责成禧恩、耆英、那彦成三人公同经理，即带谙习堪舆者，逐细履勘，悉心商酌，一经得有福基，会同勘明具奏，勿得稽延观望。[②]”刚过32天，又以那彦成“总督任内事务繁多，若专驻差次，会同筹商，转恐有误公事”为由，令其不必前往相度，改换敬征前往[③]。初派时那彦成就是直隶总督，那时道光帝就不知道他“事务繁多”吗？三个月后即道光十年（1830年）九月初五日，道光帝又将户部尚书禧恩、礼部尚书耆英撤回，改派容照、工部左侍郎奕经“详慎履勘[④]”。四个月中，原派三人全部撤换，改派了新人。时过不久，又令禧恩、耆英再度会同敬征、容照、奕经相度。表面上看，道光帝谨小慎微，虑事周详，但纵观道光帝一生所为，却是个临事优柔无主见，反复多变的人。上述一事就是明显一例。在对待鸦片，使用林则徐一事上，表现更为充分。他的这一弱点，给国家造成了许多麻烦和损失。乾隆帝一再告诫他的后世子孙“且遵化、易州两处山川灵秀宽广，其中吉地甚多，我子孙务须恪遵前训，永垂法守，断不必另择他处，

① 中国第一历史档案馆编《嘉庆道光两朝上谕档》第35册，第584条，第161页，广西师范大学出版社，2000年11月。

② 中国第一历史档案馆编《嘉庆道光两朝上谕档》第35册，第584条，第161页，广西师范大学出版社，2000年11月。

③ 中国第一历史档案馆编《嘉庆道光两朝上谕档》第35册，第750条，第205页，广西师范大学出版社，2000年11月。

④ 中国第一历史档案馆编《嘉庆道光两朝上谕档》第35册，第1180条，第320页，广西师范大学出版社，2000年11月。

有妨小民田产[①]”。可是道光帝却偏偏派大臣到东西陵之外的其他许多地方去相度吉地，他为了自己的私利，早已将皇祖的遗谕抛到了九霄云外，暴露了他标榜的“恪遵成宪”、“咸遵旧制”的虚伪。

禧恩、耆英、敬征、容照、奕经等五位大臣踏遍了直隶境内、京畿附近的山山水水，反复卜择，往来相度，于道光十一年（1831年）二月，终于在易县西陵界内西端找到了一处上吉佳壤[②]，绘图贴说，迅速上奏，同时为这个地方拟了4个佳名供皇帝挑用，这4个佳名是：龙泉峪、麟祥岫、兴安峪、毓芝岩[③]。道光帝吸取了上次选择宝华峪自己未亲临阅视的教训，这次他接到禧恩等人的奏报后，没有表态，也没有另派大臣前往复勘，他借展谒西陵之机，于二月二十二日亲自到这个地方阅视了一番，感到非常满意，当天就颁谕，确定这个地方为万年吉地，赐名“龙泉峪”。这道谕旨虽然不长，但内容丰富，很有价值，抄录于下：

> 禧恩等于西陵红桩界内选勘万年吉地，朕本日亲临阅看形势，甚合朕意，著名为龙泉峪。将来建立规模，因地制宜，一切俱从俭约，以副朕之素志。著派尚书穆彰阿、侍郎敬征、宝兴、阿尔邦阿敬谨办理，于今岁诹吉开工[④]。

在同一天，道光帝命泰宁镇总兵兼总管内务府大臣海龄派官弁前往龙泉峪吉地看守。将来开工后负责工地的稽察弹压事宜[⑤]。

能够找到如此遂心如意的万年兆域，上吉佳壤，其功劳除相度大臣之外，自然要首推那些精通堪舆之术的风水官们。所以，

---

① 中国第一历史档案馆编《嘉庆道光两朝上谕档》第1册，第1000条，第389页，广西师范大学出版社，2000年11月。

② 中国第一历史档案馆编《嘉庆道光两朝上谕档》第36册，第215条，第54页，广西师范大学出版社，2000年11月。

③ 中国第一历史档案馆编《嘉庆道光两朝上谕档》第36册，第216条，第54页，广西师范大学出版社，2000年11月。

④ 中国第一历史档案馆编《嘉庆道光两朝上谕档》第36册，第215条，第54页，广西师范大学出版社，2000年11月。

⑤ 中国第一历史档案馆编《嘉庆道光两朝上谕档》第36册，第215条，第54页，广西师范大学出版社，2000年11月。

道光帝阅视龙泉峪的第二天，即道光十一年（1831年）二月二十三日对众风水官大加封赏：云南候补州判告假回籍之戴泽同著赏给六品顶带，以知县升用；现任浙江归安县教谕端木国瑚著赏给六品顶带，以内阁中书升用；现任兴武卫九帮领运千总张熊飞著以卫守备升用。并赏给他们每人线绉袍褂料二套[①]。三个月后即道光十一年（1831年）五月二十二日，道光帝对三位风水官再一次施恩：戴泽同著免补州判，本班以知县即补。端木国瑚著以内阁中书即补。张熊飞以卫守备即补[②]。其实参与相度的风水官很多，他们三人只是其中最主要者。这些风水官是从全国各地征调的，均为国内知名的一流高手、风水大师。其中的端木国瑚是由直隶总督那彦成和户部尚书禧恩竭力推荐的，并将端木国瑚所著的《地理原文注》一书进献给皇帝御览。当时的文渊阁大学士、首席军机大臣曹振镛也向道光帝极力推荐端木国瑚[③]。

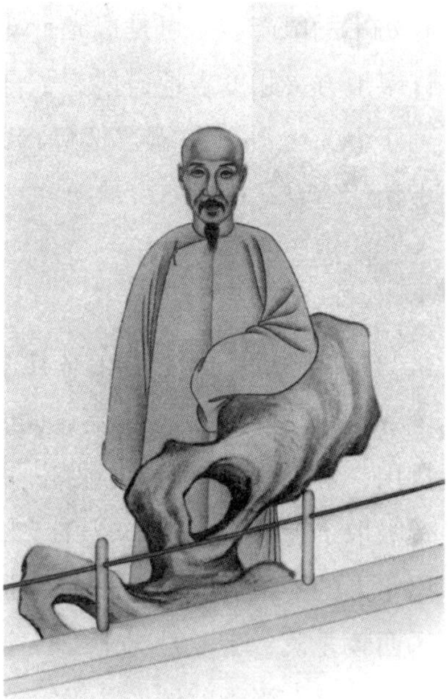

端木国瑚像

端木国瑚，字子彝，时任浙江归安县教谕，官阶正八品，为名孝廉，精于堪舆，当时颇负盛名。他得知皇上召他进京，相度万年吉地的消息后，赋诗两首。

应召（一）

儒官行且老，读易白蘋洲。

① 清宫档案《内务府奏案》，第463包。

② 中国第一历史档案馆编《嘉庆道光两朝上谕档》第36册，第219条，第55页，广西师范大学出版社，2000年11月。

③ 章乃炜等编《清宫述闻》（初续编合编本）上册，第289页，紫禁城出版社，2009年12月第1版。

帝有万年虑，臣无一日谋。
诏书行驿马，祖道出江鸥。
期及长安日，黄山禁树秋。

应召（二）

旌召虞人贱，轮征处士虚。
才疏远世用，力薄诣公车。
帝重苍生问，臣轻黄石书。
何处塞明诏，归守卞山庐。

道光十三年（1833年岁次癸巳），端木国瑚考中了进士，任内阁中书。从此他闭门谢客，一心著书，不再为任何人卜地。《易指》一书著成以后，弃官回乡，不复出仕[①]。

自西陵的龙泉峪被确定为万年吉地之后，东陵的宝华峪陵寝遂被废弃。因办理宝华峪工程不善被革职的前任内务府郎中庆玉主动要求自备资斧，拆除宝华峪陵寝，以报效朝廷。经协办大学士、吏部尚书穆彰阿替他向皇帝奏请，得到了皇帝的钦准[②]。

宝华峪陵寝地宫出水后，孝穆皇后的梓宫从地宫里移出。道光九年（1829年）三月十三日颁谕“著钦天监择吉恭移孝穆皇后梓宫于宝华峪妃衙门享殿中间暂行奉安。神牌恭移于妃衙门享殿东间[③]”。很快钦天监选择了道光九年五月四日为奉移吉期[④]。

正当户部左侍郎敬征及内务府、陵寝官员们为孝穆皇后梓宫及神牌奉移妃衙门而紧张准备的时刻，突然于四月十五日接到兵部通过驿站递交的一份廷寄谕旨，原来道光帝又改变了主意，不想让孝穆皇后的梓宫和神牌奉移到宝华峪妃衙门享殿暂安，而改到宝华峪陵寝。这道谕旨是在四月十三日发出的，内容如下：

著于五月初四日寅时奉移孝穆皇后梓宫暂安宝华峪正

---

① 章乃炜等编《清宫述闻》（初续编合编本）上册，第289页，紫禁城出版社，2009年12月第1版。

② 清宫档案《内务府来文》，第2948包。

③ 中国第一历史档案馆编《嘉庆道光两朝上谕档》第34册，第301条，第854页，广西师范大学出版社，2000年11月。

④ 清宫档案《内务府来文》，第2946包。

殿。是日午时移请神牌于东配殿。仍派大阿哥行礼。其一切应办事宜，著派敬征、阿尔邦阿敬谨妥为办理。所有前议于妃衙门奉安并禧恩等奏请添建砖殿之处，俱无庸置议[①]。

四月十六日，敬征又一次接到一份廷寄谕旨，将原来定的五月四日寅时移梓宫、午时移神牌改为都在寅时奉移，而且先移神牌[②]。

仅奉移孝穆皇后梓宫和神牌地点和日期一事，道光帝先后就两次变动，充分表现了他的优柔寡断，毫无主见的性格。

暂时停放在隆恩殿内，在西迁龙泉峪之前，逢四时大祭、忌辰大祭及每月的朔望小祭在东配殿进行[③]。所以隆恩门以里的各建筑，即隆恩殿、东西配殿、陵寝门、方城、明楼、地宫、宝城等暂不拆卸，先拆卸东西朝房、神道碑亭、牌楼门、神厨库、礼部、工部衙署、内务府大小营房、八旗营房、妃园寝大殿、宫门等。第一批应拆卸的建筑从道光十二年闰九月二十七日起陆续拆卸[④]，时至道光十五年底，除36间内务府营房留作官学及赏给首领太监居住外，宝华峪陵寝、妃园寝以及各相关衙署、营房的建筑，全部拆卸完毕。道光帝谕令，将木料运往西陵龙泉峪吉地应用。所拆的石料、砖块交石门工部存贮备用[⑤]。后来在营建咸丰帝的定陵、定陵妃园寝、定陵内务府大小营房时，将宝华峪的这些旧砖块、石料几乎都用上了。第二批拆卸的建筑有方城明楼、地宫、隆恩殿、东西配殿、隆恩门、碑亭、石像生等。孝穆皇后是于道光十五年（1835年）八月二十日奉移西陵的[⑥]。第二批拆

① 中国第一历史档案馆编《嘉庆道光两朝上谕档》第34册，第476条，第134页，广西师范大学出版社，2000年11月。

② 中国第一历史档案馆编《嘉庆道光两朝上谕档》第34册，第490条，第144页，广西师范大学出版社，2000年11月。

③ 中国第一历史档案馆编《嘉庆道光两朝上谕档》第34册，第363条，第106页，广西师范大学出版社，2000年11月。

④《宣宗成皇帝实录》卷二一九，第36册，第267页，中华书局影印本，1986年。

⑤ 中国第一历史档案馆编《嘉庆道光两朝上谕档》第38册，第1747条，第617页，广西师范大学出版社，2000年11月。

⑥ 清宫档案《内务府来文》礼仪，第146包。

宝华峪陵寝遗址

卸工作是于道光十五年八月二十六日开始的[①]，于当年十二月拆完。据清宫档案记载，在营建咸丰帝的定陵时，使用的宝华峪陵寝大件石料有：地宫门楼枋子带门簪瓦件3件、旧石门2件、用旧石料改做石门6件、平水带月光石1件、马蹄柱子带须弥座6件、中槛1件。神道碑亭内龙趺1件、碑身1件、水盘1件、武士2件、石狮1件、望柱身1件、下马牌2件、下马牌土衬2件、用旧门框改做省牲亭池底1件、宝城挑头沟嘴4件、方城角柱2件、花门面枋好头4件、苍龙头1件、金柱顶4件、檐柱顶12件、牌楼门柱子2件、牌楼门中槛1件、管脚顶1件、明楼底垫1件、石香炉1件、御路石1件，以上共65件[②]，占定陵大件石料的27%；所用的宝华峪小件石料占定陵小件石料的25%强；所用的宝华峪紫砂石和豆渣石，占定陵这些石料的一半。宝华峪石像生中的有破损的石雕像，无法再用，最初就地掩埋，后来形家者云地在陵园之内，究与风水不甚相宜，于是又将这些被埋起来的石像生残件起出，运出陵园之外，择僻静处所妥为掩埋[③]。宝华峪陵寝地宫中的8扇石门，除2扇用到定陵地宫中外，所剩6扇皆移放到马

① 清宫档案《内务府来文》，第2948包。

② 清宫档案《定陵销算黄册》，第1号。

③ 清宫档案《内务府来文》，第2970包。

道光帝宝华峪地宫石门

兰峪北山鲁班庙最后一层大殿内，立于东西两山墙，一边3扇，成为马兰峪地区一大亮点。这6扇石门在1965年尚在，后来在“文化大革命”中，这6扇石门及这座马兰峪地区规模最大的庙宇全部被毁无存。笔者家在马兰峪，曾无数次去鲁班庙，观赏这6扇石门上镌刻的菩萨立像，每次都被这6件精美的石雕作品所吸引，为之驻足，舍不得离去。自被毁掉后，每次想起此事都深感痛心。

宝华峪陵寝被拆毁以后，庆玉率人按照原有山势坡度，平高垫低，将残砖、碎瓦、灰渣掩埋，铺上山土，恢复旧有山貌，补栽上2000多棵松树，与周围景观保持一致。因庆玉干得勤奋出色，经马兰镇总兵容照奏请，道光帝于道光十六年（1836年）十一月初五日，赏给庆玉四品顶带，以东陵内务府郎中补用①。

自从宝华峪被确定为万年吉地以后，在日常题本、奏折等书写中，凡遇到“宝华峪”字样，均要另起一行，抬写二格。道光十五年（1835年）七月十五日，道光帝谕：“嗣后题奏事件，于宝华峪字样，均著毋庸抬写。②”从此结束了宝华峪陵寝的历史，画上了句号。

宝华峪陵寝被废以后，100多年来，由于雨水的冲刷，当地人的刨砖取土，后来又搞农田基本建设，被掩盖的宝华峪遗址逐渐显露出来，放眼望去，一片废墟。到处是残砖、碎瓦、石灰渣，层层夯土外露，昔日填平的地宫已塌陷下去，因挖土打井形

① 中国第一历史档案馆编《嘉庆道光两朝上谕档》第41册，第1707条，第485页，广西师范大学出版社，2000年。

② 中国第一历史档案馆编《嘉庆道光两朝上谕档》第40册，第924条，第295页，广西师范大学出版社，2000年。

宝华峪三路三孔拱桥遗址下的柏木钉

成的大沟、土坑中，密排的柏木桩、柏木钉都露了出来，个别被掩埋的残破石件也露出地面。20世纪80年代初期，清东陵文物保管所将宝华峪陵寝遗址列为保护项目，划出了保护范围。90年代后期，进一步明确了保护界限，征收了保护范围内的农民土地、树株，设置了保护标志，栽植了松柏树，安排了专人保护。如今，宝华峪陵寝遗址已成为一处重要的历史遗迹，对于研究清朝历史、陵寝建筑史，研究道光帝，均具有重要的价值。

道光帝将他的陵寝从东陵迁走以后，在东陵界内又先后建起了2座皇帝陵、2座皇后陵和2座妃园寝[①]。这些陵的陵址都是经风水家们长时间踏勘，精心选择的，均称得上风水宝地，上吉之地。道光帝明明知道他的祖父乾隆帝有“昭穆相建”的敕谕，并直接提到他的孙子应在东陵建陵，而且东陵又有如此之多的佳壤，道光帝为什么不在东陵建陵，偏偏迁到西陵呢？

埋在地里的宝华峪道光陵苍龙头

乾隆帝苦口婆心，反复叮咛他的子孙们断不可于他处另

①2座皇帝陵是定陵和惠陵；2座皇后陵是普祥峪定东陵、菩陀峪定东陵；2座妃园寝是定陵妃园寝和惠陵妃园寝。

慕陵隆恩殿前的石幢

卜吉地，有妨百姓田产，道光帝对此十分清楚，为什么还要到丰润、蓟县、房山、密云诸地相度佳壤？在所选的诸多地方中，不乏有上吉佳壤，比如易县的魏家沟后来成了光绪帝的万年吉地，建起了崇陵。南旗村一地“龙气甚旺，双脉齐落，并结南向一穴，东向一穴，龙虎砂环抱有情，堂局宽展，土色明润[①]”。梁格庄山后一处“来龙悠远，平地过峡，突起端正星峰，落脉结穴，砂水环抱”，“刨看土色，极为净细”，“堂局足敷规制，可为上吉福地[②]”。这些上吉之地，为什么都不能使道光帝心动，而龙泉峪一地刚一提出，就立刻引起了他的极大兴趣，亲身前往阅视，很快就确定为万年吉地呢？究竟是什么原因，竟使得这位“敬天法祖”、“恪遵成宪”的“模范”皇帝有如此胆略和魄力，毅然决然地违背祖训，勇破“昭穆相建”之制呢？雕刻在慕陵隆恩殿前石幢上的道光帝的两首诗及其注释泄露了天机。

（一）

毋谓重劳宜改卜，龙泉想是待于吾。
人情可叹流虚伪，天命难谌懔典谟。
郁郁山川通王气，哀哀考妣近陵区。
因时损益无非教，驭世污隆漫道迂。
岂敢上沿诸制度，或能后有一规模。
心犹自慊增惭惧，慎俭平生其庶乎。

① 中国第一历史档案馆编《嘉庆道光两朝上谕档》第35册，第510条，第145页，广西师范大学出版社，2000年。

②《宣宗成皇帝实录》卷一六八，第35册，第600页，中华书局影印本，1986年。

（二）

吉卜龙泉工始成，永安二后合佳城。
山川惬意时光遇，新故堪伤岁月更。
世事看花悲既往，人情寄梦叹平生。
东望珠阜瞻依近，罔极恩慈恋慕萦。

他的诗中有这么两句话：“东望珠阜瞻依近，罔极恩慈恋慕萦。”“郁郁山川通王气，哀哀考妣近陵区”。如果说这两联诗句表达得还不明显明确的话，那么他亲做的注释则再清楚不过了。他在注释中直言不讳地说：

皇考仁宗睿皇帝、皇妣孝淑睿皇后奉安昌陵，山川王气，毓瑞钟祥。兹龙泉峪在昌陵之西，相去八里许。五云在望，一脉相承，子臣依恋之忱，庶符夙愿也。

他又说：

吉地形势毗近昌陵，望翠微之屏嶂，俱在目前；联瑞气于桥山，宛依膝下。睇览神皋之磅礴，益深罔极之哀思[①]。

简言之，就因为龙泉峪紧靠他父母的昌陵，可以长依父母膝下，从此实现了他多年的“子随父葬”的愿望。道光帝的儿子咸丰帝说得更直截了当：“我皇考孝思不匮，谓斯地不独龙脉蜿蜒，且咫尺昌陵，得遂依依膝下素志。[②]”道光帝为了达到自己的私愿，什么家法、祖训统统可以不顾。

道光帝在他的诗中还大言不惭地说：“毋谓重劳宜改卜，龙泉想是待于吾。”意思是说不要认为把陵寝从东陵迁到西陵是劳民伤财，龙泉峪吉地是上帝赐给他的，这是天意。天意是不可违的，所以改迁陵寝是合情合理的，别人不要说三道四。从建陵一事上，不能不令人怀疑道光帝平时所表白的“恪遵成宪”、“爱惜民力”是否是发自内心！

---

①道光帝的这两首诗及注释镌刻在慕陵隆恩殿前的月台上的石幢上。

②《文宗显皇帝实录》卷五五，第40册，第727页，中华书局影印本，1986年11月第1版。

慕陵的营建及规制

道光十一年（1831年）二月二十二日，道光帝在阅视西陵龙泉峪的当天，就将龙泉峪定为他的万年吉地。在谕旨中提出了建陵的指导方针是“因地制宜，一切俱从俭约[①]”。同时任命工部尚书穆彰阿、户部左侍郎敬征、户部右侍郎宝兴、工部右侍郎阿尔邦阿为承修大臣，办理龙泉峪万年吉地工程，并谕令钦天监在当年选择兴工吉期。

钦天监接到在当年选吉的谕旨后，遵照《钦定协纪辨方书》，恭照龙泉峪吉地山向，按道光十一年岁次辛卯年神方位，逐月详查，择得道光十一年十一月初八日丙辰，宜用酉时，由丁壬二方动土兴工，万全大吉。道光帝接到钦天监的回奏后，立即批道：“依议。[②]”

穆彰阿等4位承修大臣奉命承修万年吉地工程，首先要办的就是组建工程处，选调监督、监修官员。4位承修大臣经过共同商量，从各部院衙门抽调了一批精明能干、懂得工程的官员充任监督，并进行了分工。上奏后，道光帝全部同意。抽调的官员及分工如下：圆明园郎中文祥、工部郎中龄鉴、户部员外郎凤保、内务府员外郎景福、副参领春祥、奉宸苑主事辂敏等6人承修万年吉地中路各建筑，不分段落，一体办理；户部郎中绢实、工部郎中存兴、内务府郎中庆魁、员外郎琔珠等4人承修妃衙门一切工程；其礼部、工部衙署、八旗、内务府营房及添修墙垣等项工程，由前面提到的十名官员分别兼办，不再另为委派监督。选派内务府郎中德顺、工部员外郎兆那苏图、内务府员外郎存森、那昆在京档房办理日常事件[③]。道光帝对承修大臣们挑选的这些监督及分工，表示完全同意。

---

① 中国第一历史档案馆编《嘉庆道光两朝上谕档》第36册，第215条，第54页，广西师范大学出版社，2000年11月。

② 清宫档案《内务府来文》，第2946包。

③ 清宫档案《内务府来文》，第2946包。

任命承修大臣不久，道光帝对陵寝的规制做了具体指示：

酌改宝城规制。方城、明楼、穿堂诸券、琉璃花门、石像生均著撤去。大殿建盖三间，单檐成做。甬路不必接至大红门[①]。

穆彰阿等遵照皇帝旨意，拟定了陵寝规制如下：

谨拟吉穴分位，修建地宫、宝顶、月台一座、丹陛一座，上留隧道。建石牌楼一座，前设台石五供。成砌叠落泊岸，上建石栏板一层。至内水分位，修石平桥一座。前进大殿、配殿、宫门、朝房、碑亭、三路三孔桥、石牌楼、一路五孔桥及神厨库、罗圈墙等项工程，均就地势广狭，酌拟丈尺。其石桥分位去水方向，系就山势曲折酌定，以成天然形势[②]。

道光十一年四月二十九日，道光帝针对穆彰阿拟定的陵寝规制作了批复。他在谕旨中，首先重申了前两次所降谕旨的内容，然后将穆彰阿等人所拟定的规制作了两处修改，一是将原拟的三路三孔拱桥改为一路三孔拱桥。二是原拟中，在左侧砂山外建盖太监营房（上文未引），道光帝批示太监营房毋庸建造[③]。实际建成后的慕陵规制，与这次所拟定的规制有一定的差异，这说明在后来，所定规制又有一次或几次变动。陵寝在修建过程中，不断变更原拟规制和做法，是经常发生的事。乾隆帝的裕陵在初拟的规制中没有石像生、牌楼门，陵寝门前的玉带河上只建3座平桥[④]，后来增加了石像生、牌楼门，将3座平桥改为3座一孔拱券桥。在乾隆十三年（1748年），乾隆帝曾下令将裕陵殿宇内地面由铺墁金砖改为铺墁花板石[⑤]，后来不知什么原因作罢，仍用金砖铺墁。普祥峪定东陵（慈安陵）和菩陀峪定东陵（慈禧陵）在

① 清宫档案《内务府来文》，第2946包。

② 清宫档案《内务府来文》，第2946包。

③ 中国第一历史档案馆编《嘉庆道光两朝上谕档》第36册，第493条，第198页，广西师范大学出版社，2000年11月。

④ 清宫档案《工科题本》陵寝坛庙，第2包。

⑤ 清宫档案《内务府来文》建筑工程，第1944包。

道光帝的慕陵鸟瞰

营建时，曾先后5次变更原拟做法。这次穆彰阿所拟定的规制只是粗线条的大致规制，是为勘估做准备的，属于“征求意见稿”，待奏准后，再由勘估大臣按皇帝同意的规制详细制定，估算钱粮。如果在上奏前就按所拟规制估算钱粮，一旦皇帝不同意所拟规制，或有局部改变，则以前的工作都白做了。其他陵寝在营建时大都这样做。道光十一年（1831年）五月底，道光帝派东阁大学士托津带领销算人员进行勘估，估算用银二百四十万二千三百七十六两二钱一分五厘[①]，实际销算二百四十三万四千三百两有奇。这个数字中包括妃园寝、各衙门、各营房工程所用的银两。

龙泉峪万年吉地工程按钦天监所选择的吉日，于道光十一年（1831年）十一月初八日酉时正式破土兴工[②]，历时4年，于道光十五年（1835年）八月全工告竣。龙泉峪隆恩殿内的神龛是从东陵宝华峪陵寝移过来的[③]，另外将宝华峪陵寝的铜缸、铜鼎及神厨库内的一口铜缸、一口铜海也移到龙泉峪陵寝使用[④]。龙泉峪陵寝和妃园寝共栽树6507株[⑤]。陵寝完工后，道光帝派文渊阁大学士文孚、东阁大学士潘世恩“率领司员人等先后赴工，调取承修监督造报细册，将通工活计，逐处详查丈量核算，与做法丈尺清册均属相等[⑥]”。

道光十五年（1835年）九月初三日，道光帝到西陵参加孝穆、孝慎两位皇后梓宫的暂安礼时，阅视了刚刚竣工的龙泉峪万年吉地。为了有充裕的时间仔仔细细地好好看一看自己苦心设计经营的万年后的冥间居住之所，他特地在两位皇后梓宫到达陵寝的前一天就来到了龙泉峪，同时还阅视了妃园寝。他见陵寝工程坚固宏整，非常满意，对承修大臣及办工官员大加奖赏：晋监工

①清宫档案《内务府来文》，第2927包。

②清宫档案《内务府来文》，第2946包。

③清宫档案《内务府来文》，第2927包。

④清宫档案《内务府来文》，第2946包。

⑤《宣宗成皇帝实录》卷二四三，第36册，第653页，中华书局影印本，1986年。

⑥清宫档案《内务府来文》，第2927包。

大臣、协办大学士、吏部尚书穆彰阿为太子太保，赏给紫缰；加户部右侍郎阿尔邦阿为太子少保；赏还总管内务府大臣敬征二品顶带花翎；赏泰宁镇总兵官奎照花翎①。对其他办工官员也均有封赏。同时对昔日相度龙泉峪吉地的大臣也进行了封赏：晋户部尚书耆英为太子少保；晋理藩院尚书禧恩为太子少保；加户部左侍郎奕纪太子少保，并下部优叙②。

根据实地考察并结合清宫档案记载，慕陵的布局及建筑规制如下：

地宫一反传统的九券四门，改为四券二门。四券是隧道券、罩门券、门洞券和金券及两道石门。4扇石门上分别雕刻除盖障菩萨、虚空藏菩萨、慈氏菩萨和普贤菩萨。金券内东西两侧设7组册宝座。地宫顶部为砖砌蓑衣顶。地宫下设两条龙须沟即下水道。地宫的罩门券内、门洞券内和金券内分别设2个龙须沟漏眼即地漏。龙须沟的出口在陵院进深墙外两侧的马槽沟内泊岸上。慕陵是清陵中第一个有明确记载的安设龙须沟的陵寝，显然是汲取了宝华峪陵寝地宫出水的惨痛教训，这也是陵寝建筑的一大

慕陵西马槽沟的龙须沟出口

① 中国第一历史档案馆编《嘉庆道光两朝上谕档》第40册，第1154条，第370页，广西师范大学出版社，2000年11月。

② 中国第一历史档案馆编《嘉庆道光两朝上谕档》第40册，第1155条，第370页，广西师范大学出版社，2000年11月。

慕陵宝顶

进步。

地宫之上建方形月台，其台面及陡板均用青白石料墁砌。月台边长38.37米，高1.58米。月台南有一座11级垂带石踏跺。

月台之上，靠北正中建宝顶一座，圆体，较以前诸清帝宝顶大为收小，而且“拆去小夯灰土，改砌砖块”。宝顶下碱为圆形石须弥座。石须弥座以上的宝顶外皮周砌宝城。慕陵以前的清朝诸帝后陵的宝城几与城墙无异，高大宽厚，而且外沿作雉堞，内砌宇墙，中为马道，马道上可以行人。而慕陵的宝城仅仅是一道紧贴宝顶环砌的围墙，墙顶覆以黄色琉璃瓦料。宝城周圈上部伸出6个沟嘴，以排出宝顶上的雨水。据笔者考证，原为铜沟嘴，解放前丢失，于20世纪70年代补换上石沟嘴。

宝顶前的泊岸南沿安设青白石栏杆，龙凤柱头，设12级踏跺3座，再往下为一通长的石礓礤。礓礤南正中为石台五供。此座石台五供其形制无独特之处，石香炉和花瓶上不是雕刻传统的兽面纹（也称饕餮纹），而是流云图案，这一新颖的创意成为昌西陵和慕东陵效法的蓝本。而且昌西陵和慕东陵石香炉上不仅雕刻了流云，而且还增加了无数只飞翔的蝙蝠，形成了“万福流云”的吉祥图案，更具有动感和新意。

在石台五供之南是一座石牌坊，三门四柱三楼，采用木结构形式，实际上却完全用青白石料构筑而成。楼顶为庑殿顶，二跑兽。中门上面两额枋之间的花板处嵌有一块石匾，南面上用三种文字刻“慕陵”二字，满文居中，蒙文在左，汉字在右。汉字为

慕陵石牌坊及石桥

咸丰帝亲笔御书，落款处刻有“咸丰尊亲之宝”的印文。此匾的阴面，即石牌坊北面的此匾的背面，镌刻道光帝的一道谕旨，上款刻“皇考宣宗成皇帝朱笔遗谕”。正文是：“敬瞻东北，永慕无穷，云山密迩，呜呼！其慕与慕也。”下款是“子臣奕讠宁敬录”。字均为咸丰帝御书，楷体阴刻。每根石柱的夹杆石顶面均雕刻一只卧麒麟。此石牌坊所在的位置本应该建陵寝门三座，由于道光帝刻意改革陵制，总想标新立异，故建石牌坊一座。笔者窃认为以石牌坊代替原三座琉璃花门形式的陵寝门，似乎有些不妥。在中国古代，牌坊与门的作用和位置是不一样的。门是一组建筑或一座院落的门户，而牌坊则是这组建筑群体前的标志物，因而牌坊一般都建在这组建筑群的总大门之前。它不仅“可以获得在刚进入古建筑群就马上构成了艺术处理上的一个高潮的效果，而且

慕陵额枋背面的文字

也把整组建筑群体烘托得更加华丽和层次分明[①]”。例如明十三陵、清东西陵、雍和宫、福佑寺、寿皇殿、白云观等在大门前都建有规制崇宏、精美高大的牌坊。一般此类牌坊是不安装大门的，两侧也没有面阔墙。不能起到关门闭户的安全保护作用。而建筑和院落的门则需要安门扇，需要加锁的，门与院墙相连接。陵寝门是陵寝后寝部分的门户。入关后建造的清朝帝后陵，乃至妃、王爷的园寝，凡寝门不但要安门，还要加锁，这也是安全的需要。北京紫禁城的乾清门是紫禁城后寝（后宫、内廷）的门户。假如把乾清门也改成石牌坊能行吗？那简直不可思议！而当年的慕陵设计者们竟将石牌坊代替了陵寝门，从建筑角度上讲不伦不类，不能不说是一个败笔。从安全角度上讲，更不应该。当然这只是作者个人的看法，不一定对，仅供参考。

石牌坊前有一条东西贯通的筒子河，上建3座桥，唯中间那座桥上安设青白石栏杆，每侧有望柱6根、龙凤柱头，有栏板5块。两侧的为三孔便桥。筒子河的两端分别与东西墙外的马槽沟相通。

玉带河之南是隆恩殿和东西配殿。三殿均为单檐歇山顶，面阔3间。隆恩殿周围带回廊。三殿木料均用金丝楠木，不油饰，不披麻做底仗，不施彩画，外露楠木本色，显得十分古朴典雅。

慕陵隆恩殿

① 文化部文物保护科研所主编《中国古建筑修缮技术》第218页，中国建筑工业出版社，1983年8月第1版，1987年9月第三次印刷。

慕陵三殿的每块天花板上，都采用高浮雕手法雕刻一条正龙，龙头朝下，栩栩如生。抬头仰望，但见龙头济济，十分壮观。三殿的雀替、隔扇的裙板上也都雕刻着立体感很强的云龙，几乎成了龙的世界，令人叹为观止。这种装修不仅在明清两朝的皇陵中独一无二，就是在紫禁城中也难以找见。笔者通过多次实地考察，隆恩殿、东西配殿共有天花板948块，每块有雕龙1条，共948条；隆恩殿、东西配殿共有雀替52件，每件有雕龙2条，共有雕龙104条；隆恩殿、东西配殿共有隔扇40扇，每扇有雕龙4条，共有雕龙160条；东西配殿共有槛窗16扇，每扇有雕龙2条，共有雕龙32条；隆恩殿暖阁之间的隔扇共有8扇，每扇4条雕龙，共有雕龙32条；隆恩门共有雀替20件，每件有雕龙2条，共有雕龙40条。以上共合计有雕龙1316条。隆恩殿前的月台上设铜鼎式炉1对，东旁设一座方体石幢，上面镌刻道光帝的二首御制诗。西旁设一座石日晷。隆恩殿及月台周围无石栏杆围护。清制：陵寝隆恩殿大脊两端的螭吻两侧各下垂一条铜镀金的链子，称为吻链，清宫档案中称之为“见广识大”。如今北京紫禁城的太和殿、乾清宫、奉先殿、皇极殿、神武门等主要建筑上仍完整地保留着当年的吻链。慕陵隆恩殿上的吻链虽然不存在了，但螭吻两端连接吻链的如意式铜拉扯以及瓦垅上连接吻链下端的桃式镀金铜钉如今依然存在。这是清陵中目前仅存的吻链遗物，十分珍贵。

慕陵隆恩殿天花板

慕陵隆恩殿雀替

慕陵隆恩殿隔扇

慕陵隆恩殿头停唯一幸存的见广识大铜拉扯

东西燎炉各一座，单檐歇山顶。隆恩门单檐歇山顶，面阔5间。隆恩门的扇面墙和山墙都是用澄浆砖干摆。

清朝陵制，无论是帝后陵还是妃园寝，陵院的围墙，上身都是糙砖灰砌，抹饰红灰，提刷红浆。下碱澄浆砖干摆。然而慕陵的院墙却一反常规做法，从墙根到墙顶完全用澄浆砖干摆。仅这一项，就不知要多花费多少银钱。

隆恩门外东西值班房各一座，单檐硬山卷棚顶，面阔3间。东西朝房各5间，单檐硬山顶。马槽沟1道，上建桥3座，中桥为三孔拱券桥，龙凤望柱头。两旁均为五孔平桥，两侧有栏板。

马槽沟以南神道正中为神道碑亭，重檐歇山顶，四面各显3间。神道碑的阳面（南面）用满、蒙、汉三种文字镌刻“宣宗效

慕陵神道碑亭

天符运立中体正至文圣武智勇仁慈俭勤孝敏成皇帝之陵”27个字，满文居中，汉字在右，蒙文在左。汉字为咸丰帝御书，碑身的右下面刻有“咸丰尊亲之宝”的宝文。碑阴用满、汉两种文字镌刻咸丰帝撰写的颂扬其父的一篇碑文，这篇碑文共有汉字839个。汉字在东边，满文在西边。这是清陵中唯一碑阴刻有文字的神道碑。神道碑下是龙首龟趺，龟趺下是刻满海水江崖图案的水盘。水盘四角分别刻有鱼、龟、虾、蟹四水族。值得一提的是该碑亭四门券脸石上的雕刻，其纹饰虽然只是蔓草和山石，并不复杂奇特，但形象却十分流畅，尤其是刻技精湛，立体感极强，在清西陵的四座神道碑亭中，以慕陵的神道碑亭为最精美。据笔者观察，四门中有东西南三个门的券脸石上均雕刻有蜥蜴，唯北门没有。神道碑亭前左右为下马牌。碑亭前是龙凤门。再前是五孔拱券桥。神道直通到五孔拱券桥。神道碑亭之左（东）方是神厨库。库内建神厨房1座，面阔5间，单檐悬山顶。南北神库各1座，各面阔3间，单檐悬山顶。重檐歇山顶的省牲亭1座，环以红墙，西侧建门楼1座。

神厨库南墙外是井亭。

慕陵神道不与首陵泰陵神道相接。

慕陵规制与以前的孝陵、景陵、泰陵、裕陵、昌陵相比，发生了许多变化。这些变化大致划分为三类，即属于缩减规制类型的变化，属于奢华铺张类型的变化，属于创新类型的变化。当然这三类变化之间没有严格的界线，有的同时兼有其他类型的性质。

属于缩减规制的变化有：

一、地宫由九券四门改为四券二门；取消经文、佛像雕刻；

二、隆恩殿由重檐、面阔5间改为单檐、面阔3间带回廊。

三、裁撤了隆恩殿及月台周围的石栏杆。

四、东西配殿由5间缩为3间。

五、隆恩门前的马槽沟上，由传统的三路三孔拱桥改为一路三孔拱桥，两侧改为五孔平桥。

六、神道不与泰陵神道相接。

七、裁撤了方城、明楼、二柱门、石像生、石望柱。

八、不再建圣德神功碑亭及华表。

属于奢华铺张的变化有：

一、将传统的三座门形式的陵寝门改为四柱三门三楼形式的石牌坊。据清宫档案记载，这一项改动，比原估增加银2387两9钱9分9厘[①]。这一变化也属于独创。

二、隆恩殿和东西配殿的木件全部使用名贵稀有的金丝楠木。楠木生长在川、广、云、贵诸省的深山之中，生长慢、产量少。早在嘉庆初年就已很难采到大件楠木，在建昌陵时，因采不到大件楠木，曾拆用了京城东直门城楼的楠木木料。仍不够使用，最后不得不全部改用围场的黄松。到了道光中期，楠木之稀少珍贵更是可想而知。然而慕陵的三殿木料竟全部为金丝楠木！仅此一项就不知要多耗费多少钱财和民力。

三、隆恩殿和东西配殿的木件虽然不油饰彩画，节省了一些银钱，但天花板、雀替和隔扇裙板上采用高浮雕手法雕刻云龙1276条之多（隆恩门的40条未计算在内），不知要浪费多少银两！

四、三殿的檐、山墙、陵院围墙，按传统做法，都是上身糙砖灰砌，内外墙皮抹灰，提刷红浆或黄浆，下碱内外均为澄浆砖干摆。隆恩门的扇面墙也是如此，可是慕陵的这些建筑的墙体却全部干摆到顶。以骄奢淫逸著称的慈禧皇太后，在重修她的陵寝时，只

慕陵三殿的檐墙及院墙都是干摆到顶的

① 清宫档案《内务府来文》，第2927包。

将隆恩殿和东西配殿的山、檐墙改为干摆到顶，而陵院院墙及宫门的扇面墙仍采用传统做法，未敢大变。干摆，俗称磨砖对缝，是一种工艺高超、工序复杂、费工费料的砌墙方法。外表一看，砖缝细如发丝，甚至几无缝隙，浑然一体，看不到一点灰痕，实际墙体内部，砖与砖之间全用灰来粘接。这种砌法的墙体，外观整洁、典雅，实际又颇坚固，由于费工费料费钱，所以很少有干摆到顶的墙体。而慕陵的院墙（不包括神厨库院墙）、隆恩殿和东西配殿的山、檐墙，隆恩门的扇面墙竟全部干摆到顶，这在古建中是极为少见的，浪费之巨可想而知。

一向以俭朴自诩的道光帝，自己的陵寝两建一拆，就已多耗费了许多钱粮，新建的龙泉峪陵寝虽然裁撤了许多建筑，但同时又新增了上述四项靡费之举，整个龙泉峪陵仍耗银240万两之多，与规模宏大的西陵首陵——泰陵用银一样多。如果再加上宝华峪陵寝的用银，在清朝建皇帝陵中，慕陵是耗银最多的一座。道光帝的虚伪可见一斑。

属于创新的变化有：

一、隆恩殿前的月台上不设铜鹤、铜鹿，而陈设石幢、石日晷。

二、在神道碑的背面镌刻碑文。

三、石五供的花瓶、香炉上不刻兽面纹而刻流云。

四、后寝部分即后院面阔比前院变窄。

五、将陵名镌刻在陵寝门中门之上。

六、地宫下设置龙须沟。

七、地宫头停由琉璃瓦顶改为蓑衣顶。

在这7项创新中，只有后3条对后世清陵产生了影响。自慕陵以后，凡皇帝陵和皇后陵，后院均比前院窄。凡帝后陵，乃至妃园寝，所有地宫都设置龙须沟。第五项，只有昌西陵和慕东陵效仿之，因为只有这两座陵不建方城、明楼，没有悬挂陵名斗匾的地方。假设昌西陵和慕东陵都建了方城、明楼，肯定不会把陵名镌刻在陵寝门之上的。后来建的定陵、定东陵、惠陵、崇陵就是例证。

道光帝为什么要将他的列祖列宗奉行不替的陵寝制度如此大事更张呢？他的用心何在？道光帝变更陵制的思想早在他即位之初就产生了，只不过还不成熟，走得还不太远。陵寝的西迁助长了他这一思想的形成。在道光二年（1822年）七月十四日，宝华峪陵寝开工还不到一年，他就披露了这一思想及产生这一思想的原因，他是这样说的：

我朝自开创以来，敦尚淳朴。列祖、列宗黜华崇实，贻谋宏远，奕禩昭垂。……国家定制，登极后选建万年吉地，总以地臻全美为重，不在宫殿壮丽以侈观瞻。朕于嘉庆二十三年随侍皇考仁宗睿皇帝巡幸盛京，恭谒祖陵，瞻仰桥山规制，实可为万世法守。朕敬绍先型，谨遵前制，固不敢稍涉奢靡，失朕初心，亦不敢过从简陋，有所难言。但恐将来踵事增华，有加无已，是以节经降旨，概从撙节，俾世世子孙仰体此意，有减无增，永守淳朴家风，从此累次递减，相传勿替，实为我皇清万世无疆之福也[1]。

他的这段话的意思是：东北关外的陵制好，万世可法，应该流传后世。如果说在营建宝华峪陵寝时缩减规制，旨在使子孙以后建陵有减无增，永守纯朴家风，维护大清江山，还是出于公心的话，那么到了营建龙泉峪陵寝，再度大改陵制时，他的用意则更大程度地转到了个人的私心上了。何以如此说呢？他的御制诗中的一句话十分清楚地暴露了他的这一思想，这联诗句是这样说的：“岂敢上沿诸制度，或能后有一规模。”意思是他不想沿袭关内诸祖陵的规制，是想使自己的陵寝成为后世子孙效仿的蓝本。后来的事实表明，他的理想只是很小一部分得到了实现。继慕陵之后建的定陵、惠陵和崇陵，仍是基本上采用了孝、景、泰、裕、昌诸陵规制。然而他的改革陵制的做法，却给他的子孙建陵制造了一定的麻烦，定陵规制之争就是一例。

① 中国第一历史档案馆编《嘉庆道光两朝上谕档》第二册，第1314条，第396页，广西师范大学出版社，2000年11月。

定陵前景

事情是这样的。咸丰十一年（1861年）十二月，长期负责陵寝工程事务的工部右侍郎宋晋向垂帘听政的两宫皇太后上了一个“慕陵规制万古可法，定陵可否仿照办理”的折子，他在奏折中说：

窃臣备员工部，每于查看陵寝工程，皆得敬谨瞻仰。所有各陵工前建圣德神功碑楼并像生石工等项，后建明楼，本系遵照成规，藉崇观饰。惟慕陵制度有超越寻常成例之外者，前层不建碑楼并石像等件，后层无明楼，仅于隆恩殿后建石牌楼，其上即为宝城。臣每叹为朴实宽敞。圣心制作之精为万世不可易也。……现闻定陵工程基址新立，蒇事尚未有期，……可否饬下钦工处，于定陵规模更加详度，总在工程之固，不在增饰之规。一切仿照慕陵规制办理，以期山陵早日奉安[1]。

变更陵寝规制关系重大，两宫皇太后也不敢做主，于是谕令众臣会议此事[2]。很快以礼亲王世铎为首的众大臣将会议结果上奏。众大臣的意见是：

① 清宫档案《内务府来文》陵寝事务，第2965包。

② 中国第一历史档案馆编《咸丰同治朝上谕档》第11册，第1787条，第591页，广西师范大学出版社，1998年8月。

现在定陵工程大局已定，若勉强仿照慕陵办理，则所备木石工料等项一切均须变更，既多滞碍，转恐稽迟。臣等公同细心酌商，自应仍遵现在成规，敬谨赶办，以期尽速蒇事，山陵早日奉安[①]。

众大臣的意见仍按原规制继续办理。两宫皇太后根据众大臣的意见，很快做出了最后决定：

该王大臣等所议，实系准情酌理，询谋佥同，自应俯允所请，著仍遵现在成规，迅速恭办，以期山陵及早奉安，用承妥佑[②]。

宋晋的建议未被采纳，定陵规制之争从此浪静风平。

13年后即光绪元年（1875年）营建惠陵时，有鉴于定陵的规制之争，在动土兴工之前，光绪元年（1875年）二月二十七日承修大臣们就向两宫皇太后奏请惠陵规制："惠陵……其尺寸做法是否仿照慕陵，或仿照定陵规制？开具尺寸清单并绘图，恭呈御览，伏候皇太后圣裁钦定，以便遵照灰线、烫样。[③]"当日两宫皇太后便降下懿旨："著照定陵规制，图留中。[④]"40天以后，即光绪元年四月初七日，两宫皇太后再降懿旨："惠陵现在择吉兴工，除神路、石像生毋庸修建外，其余均照定陵规制。[⑤]"惠陵原设计规制，神路与孝陵相接，设石像生5对。两宫皇太后为什么突然取消了石像生和神路与孝陵相接呢？说法种种，本书不想走题过远，笔者认为只能有两个解释，一是出于节省经费，二是局部效法慕陵，以示"绍休法祖"、"朴实俭约"。

道光帝不仅是虚伪的，而且是反复无常的。在营建龙泉峪陵寝时，道光帝先后两次谕承修大臣撤去方城、明楼。他又多次亲

① 清宫档案《内务府来文》陵寝事务，第2966包。

② 中国第一历史档案馆编《咸丰同治朝上谕档》第12册，第9条，第7页，广西师范大学出版社，1998年8月。

③ 延昌撰《惠陵工程备要》卷一。

④ 中国第一历史档案馆编《光绪朝上谕档》第1册，第177条，第61页，广西师范大学出版社，1996年10月第1版。

⑤ 中国第一历史档案馆编《光绪朝上谕档》第1册，第260条，第92页，广西师范大学出版社，1996年10月第1版。

临龙泉峪，阅视陵寝。他的陵寝未建方城明楼，道光帝应该是最清楚的。然而在他临终时却留下了一条令人匪夷所思的遗谕：朕“万年后，著于明楼碑上镌刻‘大清某某皇帝’清汉之文，碑阴即可镌刻陵名[1]”。清朝陵制，题写陵名的匾额悬挂在明楼的前檐上。“某某皇帝之陵”字样镌刻在明楼内的朱砂碑上。既然慕陵未建明楼，楼内的朱砂碑也就不会存在。既然无碑，怎么镌刻某皇帝清汉之名？怎么能在碑阴镌刻陵名？既然道光帝知道他的陵寝未建明楼，没有朱砂碑，为什么还要发出这样的遗谕？如果不是神志错乱，失去理智的话，只有一个解释，即：慕陵不建方城、明楼他后悔了，但又不好意思明说，只得采取这种方法，暗示嗣皇帝在他死后为他补建方城、明楼。道光帝临终前留下了4条朱谕，这4条朱谕长达千言，说得条理分明，头头是道。这表明，他当时的头脑是清醒的，神志是正常的。因此说，这道遗谕的用意就是暗示嗣帝为慕陵补建方城、明楼。

咸丰帝即位以后，对其皇父的这道遗谕也是迷惑不解，后来才悟到了皇父的用心。于是咸丰帝派大臣到东陵、西陵调查各陵规制，结合慕陵的具体情况，拟定了改建宝城，添建方城、明楼的方案。著名明清建筑专家、风水学专家、天津大学王其亨教授在国家图书馆查找到了这些大臣们拟定的《现拟慕陵方城一座等略节底》[2]、

拟添建的慕陵方城明楼立样图

① 中国第一历史档案馆编《嘉庆道光两朝上谕档》第55册，第50条，第29页，广西师范大学出版社，2000年11月。

② 中国国家图书馆藏样式雷图档第254包。

《慕陵拟添修方城明楼立样》[1]以及由样式雷的后人绘制的慕陵方城明楼的图纸。据这些大臣们拟定的方案所载，准备修建的慕陵方城、明楼规制如下：

方城一座，见方四丈八尺，城身高一丈四尺四寸五分。月台面宽五丈二尺，进深五尺、明高五尺。隧道口长八丈一尺七寸五分，面宽一丈八尺。马尾礓面宽四丈八尺，进深一丈四尺。

……

重檐明楼面宽一丈四尺七寸，周围廊深五尺，下檐柱高一丈四尺二寸；台明高九寸，台明至（方城）垛口五尺一寸。

宝城进深十三丈八尺，面宽十一丈六尺，城身高一丈一尺四寸五分。宇墙至拔檐高三尺。

……

石碑一座，碑额高五尺，碑身高九尺四寸，碑座高五尺一寸，面宽四尺八寸，进深二尺二寸五分，通高一丈九尺五寸[2]。

与其他陵寝的方城、明楼相比较，所拟的慕陵的方城、明楼明显收小。后来慕陵的添建方城明楼的方案并未付诸实施，其原因，据王其亨教授分析是："鸦片战争后，清室内忧外患，财用匮乏，又值昌西陵鸠工，帑金甚重，道光帝奉安典礼亦需靡费百万银两，再耗用巨资添建慕陵方城明楼，困难之大可想而知。其次，慕陵地宫内的孝穆皇后、孝慎皇后及咸丰帝生母孝全皇后灵柩奉安已久，一旦兴工，必至惊动，实为不宜。此外，慕陵规制特殊，即使添建，也难同清朝其他各帝陵规制划一，反以其方城、明楼规制远逊先前诸帝后陵的方城、明楼而有失尊严。[3]"

---

① 中国国家图书馆藏样式雷图档第254包。

② 转引自《当代中国建筑史家十书》之一、王其亨《中国建筑史论选集》第498页，辽宁美术出版社，2014年9月第1版。

③ 王其亨《清代帝陵建筑制度沿革》载于清宫史第三次研讨会论文集《清代皇宫陵寝》第12页，紫禁城出版社，1995年6月第1版。

慕陵规制，别开生面，“有越于寻常成例之外”，在清朝陵寝史上占有重要的地位。

道光陵为什么叫慕陵

清朝陵制，皇帝陵和皇后陵的陵名均于墓主人死后由嗣皇帝命名。然而道光帝的慕陵之名的确定的背后却隐藏着一段不同寻常的经历。

清朝的关外三陵，隆恩殿均为单檐歇山顶，面阔3间带回廊，永陵和昭陵的东西配殿为3间。永陵除此之外，还不建方城、明楼，不设石像生。道光帝对关外三陵的规制十分敬慕和欣赏，想竭力效仿之，所以，龙泉峪陵寝也不建方城、明楼，隆恩殿改为单檐歇山顶，面阔3间带回廊，东西配殿也缩为3间。因为这些规制是因仰慕关外祖陵才做的，所以道光帝很希望自己的陵将来叫“慕陵”。可是陵名只有在自己死后才能由嗣帝确定，自己没有命名权。用什么方法才能使自己的儿子在将来将龙泉峪陵寝命名为慕陵呢？道光帝冥思苦想，不知花费了多少脑筋，终于想出了一条妙计。道光二十八年（1848年）三月，这时距他死还有22个月，他展谒西陵时开始实行他的妙计。三月十二日，道光帝来到龙泉峪陵寝，升坐隆恩殿，将18岁的皇四子奕詝（即未来的咸丰帝）和17岁的皇六子奕䜣召到御座前，命他俩恭读早已写好的一道亲笔朱谕：“敬瞻东北，永慕无穷，云山密迩，呜呼，其慕与慕也。”读罢，命将这份朱谕珍藏于隆恩殿的东暖阁内[①]。不到两年，道光帝撒手西归。新即位的咸丰帝在道光三十年二月初四日就下令西陵的泰宁镇总兵德春将这道朱谕存放匣中，“即日派委妥员恭赍送京[②]”。咸丰帝收到这道朱谕之后，反复恭读这道谕旨，“寻绎再三”，猛然悟出了皇父的良苦用心和谕

①《文宗显皇帝实录》卷五五，第40册，第727页，中华书局影印本，1986年11月第1版。

② 中国第一历史档案馆编《嘉庆道光两朝上谕档》第55册，第141条，第65页，广西师范大学出版社，2000年11月。

慕陵石牌坊上的陵名

旨中的深刻含意，原来是在“默定陵名”，暗示自己用“慕”字命陵名。于是在道光三十年（1850年）二月初九日，咸丰帝颁谕，正式命名龙泉峪陵寝为慕陵，并决定“朕当和泪濡墨，敬谨书写。命武英殿选工镌刻，以彰圣孝而慰先灵[①]”。咸丰帝命军机处传谕西陵泰宁镇总兵官德春，将龙泉峪陵寝石牌坊中间上方应行镌字之处“敬谨量度，将高宽尺寸若干，用纸比对准确，即将样纸迅即送京，交军机处呈览[②]”。时隔不久，由咸丰帝御笔亲书的“慕陵”两个汉字及满文、蒙文“慕陵”二字镌刻在了慕陵石牌坊的南面中间的匾上。由咸丰帝御书的“隆恩殿”和“隆恩门”匾额，于道光三十年（1850年）九月十八日悬挂，前一天，遣官告祭道光帝几筵[③]。

幸亏咸丰帝聪明颖慧，及时悟出了其皇父默定陵名的用心。假设咸丰帝在当时因皇父宾天，悲恸哀毁过度，加之又因太平天国起义，心烦如焚，忘记了其皇父的那道谕旨，或虽未忘记，但未能及时悟出其皇父的用心，或虽悟出了其皇父的用心，但为时已晚，另外的陵名已经确定，甚至已刻在了石牌坊之上，道光帝岂不白费了心思？

清朝陵制，每座陵寝建成后，均有10年的保固期。在保固期

① 中国第一历史档案馆编《嘉庆道光两朝上谕档》第55册，第157条，第69页，广西师范大学出版社，2000年11月。

② 中国第一历史档案馆编《嘉庆道光两朝上谕档》第55册，第154条，第69页，广西师范大学出版社，2000年11月。

③《文宗显皇帝实录》卷一八，第40册，第250页，中华书局影印本，1986年11月第1版。

内，如果工程有问题，由承修大臣赔修。超过保固期，则由国家拨款维修。道光二十五年（1845年）十二月，慕陵及妃园寝的保固期满，其岁修及浇灌树株的工作转交给西陵守护大臣阿灵阿、福济及泰宁镇总兵官德春负责[①]。

慕陵内葬人物

慕陵地宫内共葬了4个人，即道光帝、孝穆皇后、孝慎皇后和孝全皇后。

□ 道光帝

道光帝，原名爱新觉罗·绵宁，即位后，为了便于避讳，改为旻宁。旻宁是清朝入关后的第六帝，是嘉庆帝次子。乾隆四十七年八月初十日（1782年9月16日）寅时生于紫禁城内的撷芳殿中所即南三所的中所[②]。生母是嘉庆帝的潜邸嫡福晋喜塔腊氏即孝淑皇后。旻宁是清帝中唯一由嫡皇后生育的皇帝。

道光帝朝服像

旻宁名义为皇次子，由于他的兄长出生后刚两个多月就夭亡了，所以他是实际上的皇长子。既是嫡出，又是长子，这无疑使旻宁在皇位的继承上具有得天独厚的优势。

①《文宗显皇帝实录》卷四二四，第39册，第324页，中华书局影印本，1986年11月第1版。

②《宣宗成皇帝实录》卷一，第33册，第75页，中华书局影印本，1986年8月第1版。

旻宁6岁就读，授读的老师是翰林院编修秦承业、检讨万承风。旻宁成年以后，常与当时的名臣礼部右侍郎汪廷珍、翰林院侍讲学士徐颋“朝夕讲论”[1]。汪、徐二人人品端纯，学问渊深，深受旻宁的敬重，他二人对旻宁的影响也较大。

清廷对皇子、皇孙的教育很严格，不仅要学习文化知识，还要学习满语和骑射。从幼年起就要随驾外出巡视，省方问民，行围打猎，培养他们的习武本领。乾隆五十六年（1791年）年仅10岁的旻宁随祖父乾隆帝到塞外威逊格尔围猎。旻宁跃马弯弓，射中一鹿。乾隆帝大喜，立赐黄马褂一件，赏戴双眼花翎，并赋七律一首：

尧年避暑奉慈宁，桦室安居聪敬听。
老我策骢尚武服，幼孙中鹿赐花翎。
是宜志事成七律，所喜争先早二龄。
家法永遵绵奕叶，承天恩贶慎仪刑[2]。

乾隆帝为什么见旻宁射中鹿只如此高兴呢？原来早在68年前，12岁的乾隆帝也是随祖父到塞外围猎，曾因射中一熊而受到康熙帝的夸奖。如今乾隆帝已经81岁了，亲眼见到自己的孙子弯弓射鹿，比当年自己还小2岁，感到后继有人，社稷有望，想到这些，乾隆帝怎会不高兴呢？

嘉庆帝即位时，旻宁已经15岁了，嘉庆元年十一月，经嘉庆帝指婚，与当时的銮仪卫使布彦达赉的女儿钮祜禄氏成婚，新娘就是后来的孝穆皇后[3]。嘉庆四年（1799年）四月初十日卯初，乾隆帝刚崩逝3个月，旻宁就被皇父秘立为皇储[4]。为了培养他将来的从政经验，锻炼他的才干，嘉庆帝经常派旻宁参与国家的许

①《宣宗成皇帝实录》卷一，第33册，第75页，中华书局影印本，1986年8月第1版。

②《宣宗成皇帝实录》卷一，第33册，第75页，中华书局影印本，1986年8月第1版。

③唐邦治著《清皇室四谱》，上册，卷二·后妃，第28页，1923年上海聚珍仿宋印书局聚珍铅印本。

④《宣宗成皇帝实录》卷一，第33册，第80页，中华书局影印本，1986年8月第1版。

多政务活动，每次举行木兰秋狝，多命他陪同前往。

嘉庆十八年（1813年）九月，发生的天理教义军攻打皇宫事件，使旻宁大露了脸面，身价大增。天理教义军趁嘉庆帝木兰秋狝，不在京城之机，与宫内太监勾结，于九月十五日同时从东华门和西华门进攻紫禁城。提前从热河回到皇宫的旻宁，临事不慌，沉着冷静，用枪击毙了2名爬上墙头的义军战士，从而阻止了义军的进攻。在清军的合围下，义军全部被歼。旻宁备受奖赏，晋封为智亲王，并将他用的那支枪赐名为“威烈”[①]。从此，旻宁更加受到皇父的宠信，在朝廷上下赢得了一片赞美声。

嘉庆二十五年（1820年）七月十八日，旻宁再次陪皇父去热河，举行木兰秋狝，没想到刚到避暑山庄第二天，嘉庆帝就龙驭上宾了，这次也成了旻宁最后一次去避暑山庄。遵照嘉庆帝立储密谕，旻宁理所当然地、毫无争议地继承了皇位，嘉庆二十五年八月二十七日在太和殿举行了登极大典[②]，这时旻宁已经是39岁的中年人了。如果说他的前半生是幸福、快乐、顺利的话，那么从他即位的那一天起，就开始了他的烦恼、忧虑、忙碌、艰难的后半生。这时的大清帝国犹如一台已运转了176年的巨大机器，所有零部件均已老化、破损，机油消耗殆尽，通体是病，已经不能正常运转，对于才智平平的道光帝来说，驾驭拥有数亿人口、一千多万平方公里的大清帝国这台机器，谈何容易！

道光帝亲眼目睹过乾隆盛世的辉煌，经历了他父亲在位25年的全过程。即位伊始的道光帝踌躇满志，颇有一腔重整朝纲，再现昔日辉煌的雄心壮志。他即位刚11天，采纳英和建议，决定整顿官场中的种种恶习陋规[③]，谕令颁发不久，就遭到了全国上下大小官僚们的强烈反对，其中包括道光帝一向敬重的授业老师汪

①《宣宗成皇帝实录》卷一，第33册，第78页，中华书局影印本，1986年8月第1版。

②《宣宗成皇帝实录》卷三，第33册，第110页，中华书局影印本，1986年8月第1版。

③《宣宗成皇帝实录》卷五，第33册，第124页，中华书局影印本，1986年8月第1版。

廷珍。道光帝见势不妙，于嘉庆二十五年十二月二十三日下令收回成命，偃旗息鼓。对反对者，温语褒奖，而对首倡清除陋规的大臣英和，则以“冒昧建言”的过失，令他退出了军机处[①]。道光帝登极后欲重振朝纲、刷新政治的第一个举措刚一出台就遭到了彻底失败。从这件事就暴露了道光帝软弱无能的本质，也暴露了道光帝不敢承担责任，推卸责任，诿过于人的缺点。这比他的祖辈康熙帝逊色多了。道光帝在位30年，就是在中国封建历史上，也算是享国较长的。从他坐上龙座那天起，忙忙碌碌，忧心忡忡，几无宁日，然而他的这30年留给人们印象最深刻的却只有三件事，一是取得了平定张格尔叛乱的胜利；二是营建他的陵寝；三是在鸦片战争中惨败，签订中国历史上第一个屈辱条约，将名臣林则徐治罪。

平定张格尔叛乱的胜利，可以说是旻宁在位的30年中最值得称道的闪光点。

道光帝的登极大典刚举行完10天，就从西北边陲传来了张格尔叛乱的消息[②]。

张格尔何许人也？他是新疆大和卓波罗尼都的孙子，萨木萨克的第二子[③]。乾隆二十四年（1759年），清政府派兵平定了大小和卓的叛乱以后，萨木萨克逃到了中亚河中地区的浩罕汗国，张格尔就是在那里降生的。他长大以后，时刻梦想恢复失去的天堂。他的野心得到了浩罕统治者的支持，在其背后还有英国殖民主义者的怂恿。张格尔自叛乱以来，多次遭到清军的围剿和重创，叛军不仅未被彻底消灭，反而势力越来越大，清军后来损兵折将，城池陷落，损失惨重，半个新疆地区落入了叛军之手。严峻的形势，迫使道光帝痛下决心，倾国之力平定叛乱。道光帝果

①《宣宗成皇帝实录》卷十，第33册，第209页，中华书局影印本，1986年8月第1版。

②《宣宗成皇帝实录》卷四，第33册，第121页，中华书局影印本，1986年8月第1版。

③ 孙文范、冯士钵、于伯铭著《道光帝》第123页，吉林文史出版社，1993年5月第1版。

断地采取了一系列重大措施：组成了以文华殿大学士、伊犁将军长龄为扬威将军，以署陕甘总督杨遇春、山东巡抚武隆阿为参赞大臣的三人前线指挥部；从京师及全国调集精锐军队三万六千多人；准备了充足的军火、粮饷等各类物品；仅军饷一项就调拨了一千万两白银；建立了通畅、周密、强大的、长达数千里的后勤物资供应补给线。经过3个多月的紧张周密的战前部署后，与叛军正式开战，清军九战九捷，叛军被歼殆尽。道光七年十二月二十八日（1828年2月13日）下午二时正，叛酋张格尔被擒获，平叛获得了彻底的胜利[①]。道光八年（1828年）五月十二日，举行了有清以来的第5次献俘礼。道光帝登上紫禁城午门城楼，受俘[②]。经廷讯后，五月十四日，将张格尔绑赴市曹，凌迟处死，枭首示众[③]。

道光十年（1830年）八月，浩罕国王又发兵四万，大举入寇。道光帝调兵遣将，全力抵御外侵，在新疆人民的大力支持和配合下，未用两年的时间，就粉碎了这场外敌的入侵[④]。

第一次鸦片战争的爆发，中国失败，签约辱国，此事不仅是道光朝的大事，对于清王朝，乃至中国历史都称得上是一件大事。这件事使道光帝一直到死也痛心疾首，给中国人民在心理上蒙上了耻辱的阴影。

清帝一向禁止鸦片的输入和吸用。道光帝即位后，更是严禁鸦片，并制定了一系列有关禁烟的《条例》和《章程》，派出了主张禁烟最坚决的、他最敬重的忠正大臣林则徐为查办禁烟事务钦差大臣。林则徐坚决执行道光帝的禁烟政策，在虎门销毁了2376000多斤，表明了中国人民反邪恶、抗侵略的坚定决心[⑤]。道

---

① 孙文范、冯士钵、于伯铭著《道光帝》第165页，吉林文史出版社，1993年5月第1版。

②《宣宗成皇帝实录》卷四，第35册，第80页，中华书局影印本，1986年8月第1版。

③《宣宗成皇帝实录》卷四，第35册，第84页，中华书局影印本，1986年8月第1版。

④ 孙文范、冯士钵、于伯铭著《道光帝》第181页，吉林文史出版社，1993年5月第1版。

⑤ 孙文范、冯士钵、于伯铭著《道光帝》第219页，吉林文史出版社，1993年5月第1版。

光帝对林则徐的卓有成效的禁烟行动大加表彰，全力支持和多方保护。

林则徐像

虎门销烟是中国人民维护民族尊严、反抗侵略的正义之举，而英殖民主义者却恼恨在心，为他们发动预谋已久的侵华战争找到了借口。不久，英军侵犯中国沿海诸地，挑起了第一次鸦片战争。中国军民虽然奋起战斗，给予英国侵略者以沉重打击，但由于道光帝指挥不力，所任命的将帅失当，许多重要大臣、官员贪生怕死，惧怕洋兵，轻敌无备，临阵脱逃，中国成了战争的失败者。林则徐蒙冤被革职，发往新疆伊犁充军。道光二十二年七月二十四日（1842年8月29日）清政府代表耆英、伊里布、牛鉴等在英舰“皋华丽”号上，与英方代表签订了《江宁条约》即《南京条约》。根据这个条约，清政府向英国赔款2100万银元，割让香港岛给英国，答应五口通商①。中国大门从此被打开，清朝的天朝大国威风扫地，中国开始进入被外国列强不断欺辱、瓜分的痛苦时代。

《南京条约》的签订，道光帝是深感痛心的。有关文献记载：

> 传闻和约既定，上退朝后，负手于便殿阶上，一日夜未尝暂息，侍者但闻太息声。漏下五鼓，上忽顿足长叹，旋入殿，以朱笔草草书一纸，封缄甚固……盖即谕和诸臣画押订约之廷谕也，……宣宗之议和，实出于不得已②。

道光帝是这场反侵略战争的组织者和最高指挥者。战争能坚

① 孙文范、冯士钵、于伯铭著《道光帝》第356页，吉林文史出版社，1993年5月第1版。

②《鸦片战争》（五），第543页。转引自孙文范、冯士钵、于伯铭著《道光帝》第359页，吉林文史出版社，1993年5月第1版。

持两年，与道光帝主战和抗战是分不开的。战争的失败，既反映了封建制度的落后腐朽，官僚集团的腐败，同时也证实了道光帝的才具、能力远非其祖辈康熙帝、乾隆帝相比。战争的失败，他应负主要责任。就他个人讲，他是个竭尽全力的失败者。

关于营建他的陵寝，两建一拆，历时15年之久，占了他在位时间的一半，不遵祖训，反复无常，耗费了国家大量财力，给后人留下了恶劣的影响，极大地损伤了他的节俭模范皇帝的形象。

道光帝执政期间，在奖励垦荒，兴办农业，屯田实边，赈济灾荒，蠲免赋税，减轻百姓负担，治理河患，兴建水利工程等诸多方面，做了许多有益的事情，收到了一定的实效，在这方面，道光帝是不遗余力的，是肯于花钱的，尤其是对于采矿的态度，与他的前辈截然相反，雍正帝、乾隆帝、嘉庆帝对矿业一向采取限制政策，而道光帝则大力支持，高度重视，因此在道光年间，矿业有了较大的发展。从这一点上讲，道光帝比他的父祖更有见地，思想上有了进步。

道光帝便装像

道光帝的作风和性格留给人最深刻的印象有三个，一个是节俭，一个是自谦，另一个是虚伪优柔。

无论怎么说，也不能否认道光帝是清朝最节俭的皇帝。他即位伊始，就颁布《御制声色货利论》，全面深刻地论述了崇俭黜华的意义和必要性。在他30年的执政当中，在他的谕旨、诗文中都体现了他的节俭思想。他率先垂范，从自己做起，即位之初，

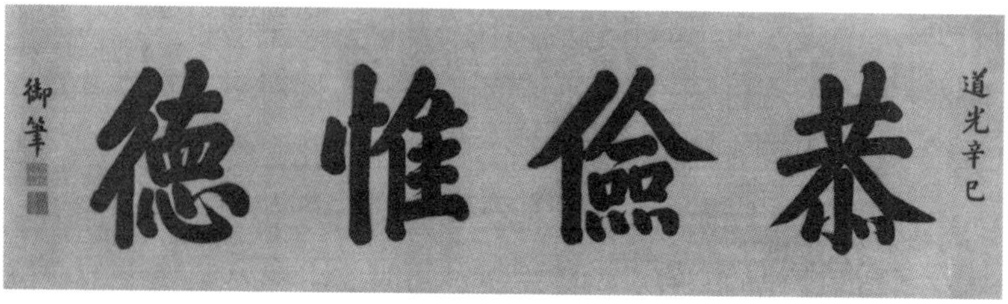

道光帝御笔“恭俭惟德”贴落

就停止了福建荔枝贡、扬州玉贡，减各省方物例贡。以后又停止了陕甘口外的梨贡、两淮盐政的烟盒花爆贡。在宫中，上至皇太后、皇帝、皇后，下至一般妃嫔，节衣简膳，简化不必要的繁文缛节，有时衣服破了要打补丁。为了减少开支，少扰民，他在位的30年间，除展谒祖陵外，很少离开京师。他不南巡，不谒三孔，不举行木兰秋狝，停兴筑，罢南府，减宴筵，撤三山及各园囿的陈设。道光十二年（1832年），他下令撤走了蓟县盘山静寄山庄的陈设[1]。他下令全国婚事、丧事一律从简办理[2]。即使是皇子、公主的婚事也“不得以豪华相尚，一概务从俭约[3]”。道光二十一年八月初十日是道光帝的六十大寿。群臣准备隆重庆祝。道光帝以“英夷内扰，海氛不靖”，没有答应群臣的请求[4]。

关于他的陵寝，规制确实大为缩减，如果他一生只建一次陵寝，完全可称得上俭约，但他出于私心，为了实现他的夙愿，宝华峪陵寝本可就地维修，不必拆迁，他却两建一拆，其建陵开支远超各祖陵，这与他的节俭言行大相径庭，有累节俭令名。

关于他的自谦，只举两例。道光八年（1828年），清廷取得了西北用兵的大捷，活捉了叛酋张格尔，这与道光帝的正确指挥

---

① 清宫档案《内务府来文》，第38包。

②《宣宗成皇帝实录》卷六，第33册，第143页，中华书局影印本，1986年8月第1版。

③《宣宗成皇帝实录》卷二八，第33册，第504页，中华书局影印本，1986年8月第1版。

④ 陈康祺著《郎潜纪闻初笔、二笔、三笔》（上册）卷八，第177页，中华书局，1984年3月第1版。

有直接的关系。因此，群臣要给他加尊号，遭到了他的拒绝[①]。他的先辈，康熙帝曾8次拒上尊号，乾隆帝曾4次拒上尊号。在这一点上，道光帝颇有其祖之风。

道光帝临终时，留下了一道御书朱谕，讲了4条内容：

一、他死后不行郊配之礼，即不将他的神牌供奉到天坛。

二、他死后不祔庙，即神牌不供奉于太庙。

三、他的陵寝不建圣德神功碑及碑亭。他说："谨按各陵五孔桥南均有圣德神功碑，清汉二通，覆以碑楼，制度恢宏，规模壮丽，在我列祖列宗之功德，自应若是尊崇，昭兹来许。在朕则曷敢上拟鸿规，妄称显号而亦实无称述之处，徒增后人之讥评，朕不取也。万年后，……嗣皇帝即欲撰作碑文，用申追慕，即可镌于宫门外之碑上，断不可于五孔桥南别行建造，石柱四根亦不准树立。碑文亦不可以圣神功德字样率行加称。若当时君臣不能仰体朕怀，不遵朕谕，是陷朕于不德，一世之忧勤惕厉，尽成虚矣。"

四、改变四执事库供奉先帝冠服之制，他死后，"只可将常用之秋冠、凉冠各一，棉衣服四五袭照例收贮外，其余皆酌量留用，或为赏赐之需皆可"。自鸣钟殿内亦不再收贮历代砚墨[②]。

道光帝死后，第三条、第四条得到了完全落实。第一条不行郊配改由咸丰帝开始。第二条没有实行。这道朱谕集中反映了道光帝的谦虚品格和作风。

道光帝性格的第三个特点是遇事无主见，优柔寡断。他的这个特点不仅在陵寝一事上有典型的表现，就是在处理国家大事上也有明显的表现，比如前面所举的即位初期的整顿官场陋习一事上、在利用林则徐一事上。

---

① 昆冈等修，刘启端等纂光绪朝《钦定大清会典事例》卷三〇二，《续修四库全书》编纂委员会编《续修四库全书》第802册，史部，政书类，第799页，上海古籍出版社，2002年。《宣宗成皇帝实录》卷一三三，第35册，第25页，中华书局影印本，1986年8月第1版。

②《宣宗成皇帝实录》卷四七六，第39册，第994—996页，中华书局影印本，1986年8月第1版。

道光帝读书像

道光帝勤于政务，办事小心认真，事必躬亲。他敢于正视并揭露社会上的种种弊端。他苦心推行实政，恭行节俭，谨慎自谦，这是他的优点。

他也有许多难以克服的致命的弱点和毛病。他没有像康、雍、乾三帝那样的雄才大略；他不知人善任；在他的身边没有形成一个忠心辅佐他的权力中枢；他心胸狭窄，优柔寡断，处事反复多变，而且显得虚伪；注重细节多，纵观全局少；他因循守旧，只知恪遵成宪，看摊守业，不敢开拓进取，与时俱进。这些弱点，终使他成为一个竭尽全力的失败者。

道光帝是个大孝之人。恭慈皇太后（孝和皇后）比他只大6岁，他却非常恭顺孝敬，待如亲生母亲一样。道光二十九年十二月十一日（1850年1月23日），恭慈皇太后的突然病逝[①]，给了道光帝以极大的精神打击。皇太后死后20天，道光帝就是69岁了。这位年近七旬的老皇帝就像孩子死了亲娘一样捶胸跺脚，号啕大哭，哭必尽哀。道光二十九年（1849年）入春以来，道光帝小病不断，体质明显不如以前。皇太后去世，他哀痛过度，拖着病体，挣扎着参加繁重的各项丧事活动，极大地损害了他的身体，时间不长，他就病倒了。道光三十年正月十四日（1850年2月25日）病情加重。他预感到大限将至，便于卯时（早晨5至7时）将宗人府宗令载铨，御前大臣载垣、端华、僧格林沁，军机大臣穆彰阿、赛尚阿、何汝霖、陈孚恩、季芝昌，总管内务府大臣文庆召至御座前，“公启镝匣”，将道光二十六年（1846年）六月十六日御书的“皇四子奕詝立为皇太子”的立储密谕当众公

①《宣宗成皇帝实录》卷四七五，第39册，第969页，中华书局影印本，1986年8月第1版。

布。当日午刻，病逝于圆明园慎德堂，终年69岁[①]。小殓后，当天下午用灵舆将遗体运回皇宫。戌刻（晚7至9时）将遗体安放在乾清宫西次间。亥时（夜9至11时）大殓（将遗体放入棺内）。梓宫停放在乾清宫正中[②]。道光三十年（1850年）二月初二日卯时，奉移梓宫于圆明园正大光明殿内暂安[③]。四月十二日上庙号、谥号为：宣宗效天符运立中体正至文圣武智勇仁慈俭勤孝敏成皇帝[④]。九月十八日，梓宫奉移西陵[⑤]。九月二十三日抵达慕陵，将梓宫安奉于隆恩殿内正中[⑥]。咸丰二年三月初二日丑时（1852年4月20日凌晨）道光帝梓宫葬入慕陵地宫[⑦]。咸丰十一年（1861年）七月，同治帝加上谥号“宽定”二字[⑧]。最后庙号、谥号全称为：宣宗效天符运立中体正至文圣武智勇仁慈俭勤孝敏宽定成皇帝。简称宣宗成皇帝。

道光帝有后妃23人，有皇子9人，皇女10人。

道光帝是一个因循守旧的守成皇帝。他平庸但不昏庸，更不荒淫。他多疑优柔但不残暴。他为了保住大清江山社稷，使出了浑身的解数，尽了自己的最大努力，由于他卫道乏术，无力回天，不仅未能使大清国再展昔日雄风，反而将清王朝拖进了外国列强瓜分凌辱的泥潭。

---

①《宣宗成皇帝实录》卷四七六，第39册，第992—993页，中华书局影印本，1986年8月第1版。

②《文宗显皇帝实录》卷一，第40册，第68页，中华书局影印本，1986年11月第1版。

③《文宗显皇帝实录》卷一，第40册，第71页，中华书局影印本，1986年11月第1版。

④《文宗显皇帝实录》卷七，第40册，第139页，中华书局影印本，1986年11月第1版。

⑤《文宗显皇帝实录》卷一八，第40册，第251页，中华书局影印本，1986年11月第1版。

⑥《文宗显皇帝实录》卷一八，第40册，第259页，中华书局影印本，1986年11月第1版。

⑦《文宗显皇帝实录》卷五五，第40册，第725页，中华书局影印本，1986年11月第1版。

⑧《穆宗毅皇帝实录》卷一，第45册，第85页，中华书局影印本，1987年1月第1版。

□ 孝穆皇后

孝穆皇后朝服像

孝穆皇后，钮祜禄氏，銮仪卫使布彦达赉之女[①]。乾隆四十六年生，比道光帝大1岁。经嘉庆帝指婚，于嘉庆元年（1796年）十一月二十四日与15岁的皇二子绵宁成婚，成了绵宁的结发之妻[②]。这对小夫妻虽然十分恩爱，然而在婚后的10余年中却没有生下一男半女。嘉庆十三年（1808年）正月二十一日，钮祜禄氏竟驾鹤西归[③]。按当时国家的规定，未分府的皇子福晋薨逝，要按照和硕亲王的福晋的丧事办理，金棺座罩等项均用红色，无仪仗。而这次钮祜禄氏薨逝。嘉庆帝特降旨加恩，金棺座罩俱用金黄色，其仪仗照亲王福晋例赏用，其旗色用镶白，并令将这道谕旨载入《大清会典》[④]。

嘉庆十三年正月二十六日，钮祜禄氏死后第6天，嘉庆帝派文宁、托津、苏楞额带领精通堪舆之人在京城附近百里以内地方为钮祜禄氏相度园寝福地[⑤]，很快就在京城西南找到了王佐村这

---

①唐邦治著《清皇室四谱》，上册，卷二·后妃，第28页，1923年上海聚珍仿宋印书局聚珍铅印本。

②《宣宗成皇帝实录》卷一，第33册，第76页，中华书局影印本，1986年8月第1版。

③中国第一历史档案馆编《嘉庆道光两朝上谕档》第13册，第62条，第27页，广西师范大学出版社，2000年11月第1版。

④《仁宗睿皇帝实录》卷一九一，第30册，第526页，中华书局影印本，1986年8月第1版。

⑤中国第一历史档案馆编《嘉庆道光两朝上谕档》第13册，第75条，第32页，广西师范大学出版社，2000年11月第1版。

个地方，绘图贴说，上奏皇帝。嘉庆帝同意在王佐村营建园寝。从嘉庆十五年（1810年）春兴工，到嘉庆十六年（1811年）底全工告竣，历时近2年，整座园寝建有地券一座、享堂5间、花门一座、大门3间、茶饭房6间、碑亭一座、一孔石券桥一座、两边泊岸4道、坐落房10间、大门1间、净房2间、看守房22间、门楼十座等，实际销算工料银206744两3钱4厘①。其规制与亲王园寝相同。嘉庆帝对这位儿媳妇为什么如此优厚对待呢？原来早在嘉庆四年（1799年）四月初十日已将绵宁秘定为皇太子，钮祜禄氏是绵宁的嫡妻，自然就是未来的皇后，因此，她的丧礼及园寝规制自然要予以优厚对待。

钮祜禄氏的金棺停放在静安庄殡宫。嘉庆十六年（1811年）十一月十四日，金棺奉移到刚建成的王佐村园寝②。第二天辰时，神牌刻字填青，神牌上镌刻“二阿哥福晋神位”。嘉庆十六年（1811年）十一月十七日葬入王佐村园寝③。嘉庆十八年（1813年）九月，因绵宁在天理教教民攻打紫禁城事件中，击毙了两名义军战士，表现出色，被封为智亲王，这样钮祜禄氏也就成了智亲王福晋。嘉庆十九年（1814年）五月二十一日在王佐村园寝举行典礼，追封钮祜禄氏为智亲王福晋④，神牌上改刻为“智亲王福晋神位”。嘉庆帝崩后，绵宁即位，改名为旻宁，翌年改元道光，即为道光帝。嘉庆二十五年（1820年）九月十二日，道光帝谕内阁：“朕元妃钮祜禄氏应追封为皇后。所有应行典礼，该衙门察例具奏。⑤”十月初二日，大臣们拟定了“孝静、孝和、孝德、孝穆”四个谥号，供皇上选用⑥。道光帝选用了“孝穆”。道光元年（1821年）六月十二日，在王佐村园寝举行册谥礼。命郑亲王乌尔恭阿为正使，顺承郡王伦柱为副使，恭赍册宝，册谥钮

① 清宫档案《内务府来文》陵寝事务，第937包。

② 清宫档案《内务府·敬事房》无朝年，第5496包。

③ 清宫档案《内务府来文》，第99包。

④ 清宫档案《新整内务府档》，第0002包。

⑤ 中国第一历史档案馆编《嘉庆道光两朝上谕档》第25册，第1174条，第414页，广西师范大学出版社，2000年11月第1版。

⑥ 清宫档案《新整内务府档》礼仪，第0073包。

祜禄氏为孝穆皇后[①]，其神牌又改刻为“孝穆皇后神位”。

道光七年（1827年）秋，东陵的宝华峪陵寝建成，孝穆皇后要迁葬到宝华峪陵寝。道光七年（1827年）五月初十日寅时，王佐村园寝破土，开始刨挖地宫隧道，到第二天午后就开通了。负责孝穆皇后迁葬事务的理藩院尚书英和、户部尚书禧恩、工部右侍郎阿尔邦阿进入地宫内看视，地宫内石墙上没有水迹，棺木虽然已20年了，仍很坚固。将金井内的玉扳指取出，放到匣内存放，带往宝华峪，安葬时用。五月十五日将孝穆皇后梓宫从地宫里移出，辰时，停放在园寝前殿内[②]。因为钮祜禄氏死在皇子福晋位上，所以棺木仍为金黄色，而此时钮祜禄氏已是皇后了，棺木不便更换，但颜色必须要变的，由金黄色改漆为浑金色，漆饰47次[③]。九月十三日卯时，孝穆皇后梓宫从王佐村园寝奉移遵化东陵。葬在王佐村的道光帝的皇长女端悯固伦公主也于闰五月初十日从地宫中移出，这次也随同孝穆皇后梓宫一同奉移东陵，葬入东陵许家峪公主园寝。暂安在静安庄殡宫的平贵人、二公主、皇二子的彩棺也于九月十三日奉移东陵，分葬到妃园寝和许家峪公主园寝。五具棺椁同时奉移，加上送葬的大臣官员、仪仗队、兵丁、执事员役，多达万人，浩浩荡荡，在清朝历史上是不多见的[④]。九月十九日，孝穆皇后梓宫到达东陵，梓宫暂安在宝华峪陵寝大殿。即日，以孝穆皇后入葬地宫，前期三日遣官分别告祭天、地、太庙、社稷、奉先殿、各陵、后土之神、昌瑞山神[⑤]。九月二十一日凌晨行毕迁奠礼，寅时，奉移孝穆皇后梓宫于方城前芦殿内。道光帝九月十八日从京师出发[⑥]，二十一日到达东

①《宣宗成皇帝实录》卷一九，第33册，第353页，中华书局影印本，1986年8月第1版。

② 清宫档案《孝穆皇后由王佐村奉移宝华峪册档》第二本，白44。

③ 清宫档案《孝穆皇后由王佐村奉移宝华峪册档》第二本，白44。

④ 清宫档案《内务府来文》，第126包。

⑤《宣宗成皇帝实录》卷一二六，第34册，第1105页，中华书局影印本，1986年8月第1版。

⑥《宣宗成皇帝实录》卷一二六，第34册，第1101页，中华书局影印本，1986年8月第1版。

陵，谒毕诸陵后，到宝华峪孝穆皇后梓宫前奠酒，并阅视刚刚竣工的宝华峪陵寝和妃园寝。道光七年（1827年）九月二十二日丑时，孝穆皇后梓宫葬入地宫[①]。道光帝亲自进入地宫与自己的结发之妻作最后的诀别。当日以孝穆皇后奉安礼成，遣官告祭昭西陵、孝陵、孝东陵、景陵、裕陵、后土之神、昌瑞山神。孝穆皇后的神牌于九月十七日从王佐村奉移东陵。孝穆皇后入葬的当天，神牌供奉到宝华峪陵寝隆恩殿[②]。

孝穆皇后入葬宝华峪陵寝地宫后的第二年，发现地宫里有积水，最多时，积水深达一尺六七寸。不得不于道光九年（1829年）五月初四日寅时，将孝穆皇后移出地宫，暂放在隆恩殿内，将隆恩殿内供奉的孝穆皇后的神牌移供到东配殿内[③]。道光十年（1830年）五月十九日辰时再一次漆饰孝穆皇后梓宫并缮写西番文字。

道光十五年，西陵龙泉峪陵寝建成，同年八月二十日丑时，孝穆皇后梓宫奉移西陵，随同一起奉移的还有已葬入妃园寝的平贵人彩棺[④]。八月二十八日在彰义村与从田村起程奉移西陵的道光帝的继后孝慎皇后梓宫、睦答应彩棺会合，从八月二十九日起，4具棺椁一起向西陵奉移。九月初三日到达龙泉峪。孝穆皇后梓宫停在隆恩殿东间正中，孝慎皇后梓宫停在隆恩殿西间正中[⑤]。平贵人、睦答应彩棺移往妃园寝。道光帝从京城赶赴西陵，在两位皇后的梓宫前奠酒。道光十五年（1835年）八月二十五日，孝穆皇后的神牌从宝华峪奉移，九月初五日到达龙泉峪，暂安在东配殿内[⑥]。道光十五年十二月十一日卯时，孝穆皇后、

①《宣宗成皇帝实录》卷一二六，第34册，第1105页，中华书局影印本，1986年8月第1版。

②《宣宗成皇帝实录》卷一二六，第34册，第1105页，中华书局影印本，1986年8月第1版。

③ 中国第一历史档案馆编《嘉庆道光两朝上谕档》第34册，第490条，第144页，广西师范大学出版社，2000年11月第1版。

④ 清宫档案《内务府来文》礼仪，第146包。

⑤ 清宫档案《内务府来文》礼仪，第146包。

⑥《宣宗成皇帝实录》卷二六九，第37册，第133—134页，中华书局影印本，1986年8月第1版。

孝慎皇后梓宫葬入地宫[①]。即日，两皇后神牌供奉入隆恩殿[②]。道光三十年（1850年）九月二十二日，咸丰帝给孝穆皇后加上谥号10个字并系宣宗庙谥[③]。咸丰二年（1852年）三月初七日，孝穆皇后神牌随道光帝神牌升祔太庙[④]。同时升祔太庙的还有孝慎皇后、孝全皇后的神牌。咸丰十一年（1861年）十月，同治帝给孝穆皇后加上“恪惠”2字。光绪元年（1875年）六月，光绪帝又加上“宽钦”2字[⑤]。最后谥号全称为：孝穆温厚庄肃端诚恪惠宽钦孚天裕圣成皇后。简称孝穆成皇后或孝穆皇后。

孝穆皇后神牌

孝穆皇后死后三次入葬，两次迁葬，五次改刻神牌，三次漆饰棺椁，这在清朝是不多见的。

□ 孝慎皇后

孝慎皇后，佟佳氏，世袭三等承恩公追封一等公舒明阿之女[⑥]，乾隆五十七年五月十七日生[⑦]。嘉庆十三年（1808年）正月二十一日，绵宁的嫡福晋钮祜禄氏病故，经嘉庆帝指婚，将佟佳

①《宣宗成皇帝实录》卷二七五，第37册，第243页，中华书局影印本，1986年8月第1版。

②《宣宗成皇帝实录》卷二七五，第37册，第243页，中华书局影印本，1986年8月第1版。

③《文宗显皇帝实录》卷一八，第40册，第255页，中华书局影印本，1986年11月第1版。

④《文宗显皇帝实录》卷五五，第40册，第731页，中华书局影印本，1986年11月第1版。

⑤ 唐邦治著《清皇室四谱》，上册，卷二·后妃，第28页，1923年上海聚珍仿宋印书局聚珍铅印本。

⑥ 唐邦治著《清皇室四谱》，上册，卷二·后妃，第28页，1923年上海聚珍仿宋印书局聚珍铅印本。

⑦ 朱家溍、丁汝芹著《清代内廷演剧始末考》第194页，中国书店，2007年。

氏赐予绵宁为继福晋。嘉庆十三年（1808年）十月十六日行初定礼，十二月十八日佟佳氏与绵宁成婚[①]。十二月二十四日绵宁同佟佳氏行回门礼。嘉庆十八年（1813年）七月初三日

孝慎皇后半身像

酉时，佟佳氏生皇长女端悯固伦公主[②]。嘉庆十八年（1813年）九月，因绵宁在“癸酉之变”中表现出色，被封为智亲王，嘉庆十九年（1814年）三月初一日在撷芳殿册封佟佳氏为智亲王继福晋[③]。道光帝即位后，佟佳氏被立为皇后。嘉庆帝的27个月大丧期过后，于道光二年（1822年）十一月十六日巳时，道光帝命文华殿大学士长龄为正使，协办大学士户部尚书英和为副使，持节赍册宝，册立佟佳氏为皇后[④]。

道光十三年（1833年）四月，皇后佟佳氏染病在床。四月二十一日，道光帝到绮春园给皇太后请安。在与皇太后说话时，道光帝把皇后佟佳氏有病的事告诉给了恭慈皇太后。皇太后听了后，立刻命道光帝陪着到圆明园的皇后寝宫“天地一家春”看望皇后[⑤]。三天以后，皇太后再一次去看望皇后，道光帝在皇后寝宫门外跪迎，看视后并送皇太后回绮春园[⑥]。尽管道光帝千方百

①《仁宗睿皇帝实录》卷二〇五，第30册，第736页，中华书局影印本，1986年8月第1版。

②唐邦治著《清皇室四谱》，下册，卷四·皇女，第20页，1923年上海聚珍仿宋印书局聚珍铅印本。

③清宫档案《内务府来文》，第101包。

④《宣宗成皇帝实录》卷四五，第33册，第791页，中华书局影印本，1986年8月第1版。

⑤《宣宗成皇帝实录》卷二三六，第36册，第523页，中华书局影印本，1986年8月第1版。

⑥《宣宗成皇帝实录》卷二三六，第36册，第533页，中华书局影印本，1986年8月第1版。

计医治皇后的病，无奈已病入膏肓，于四月二十九日申刻（下午3至5时）皇后溘然长逝。道光帝亲自到皇后寝宫，临视悲痛[①]。据清宫档案记载，孝慎皇后梓宫内铺垫香面89斤，每斤价银2钱5分，计银22两2钱5分[②]。皇后佟佳氏的梓宫停放在圆明园中的长春园正殿澹怀堂。酉刻，道光帝在皇后梓宫前奠酒[③]。对于皇后的病逝，道光帝是非常悲痛的。他在皇后死的当天，颁发谕旨，对皇后的一生进行了总结和高度的评价，他说：

> 本日申刻皇后薨逝，回思嘉庆十三年二月奉皇考仁宗睿皇帝恩命作配朕躬，嘉庆二十五年奉圣母皇太后懿旨立为皇后，正位中宫。事朕二十六年，柔嘉维则，孝敬无违，此宫中府中所共知者。今抱沉疴，竟成长逝，失此内佐，痛何忍言！[④]”

道光帝任命惇亲王绵恺、总管内务府大臣禧恩、礼部右侍郎文庆、工部右侍郎裕诚为总理皇后丧仪王大臣[⑤]。从四月二十九日皇后去世那天起，到五月初十日，道光帝每天都到皇后梓宫前奠酒[⑥]。四月三十日午刻，皇太后亲自到皇后几筵前临奠。道光帝跪迎于澹怀堂外。赐奠毕，侍送皇太后回绮春园[⑦]。五月十二日辰刻行启奠礼，道光帝亲临奠酒[⑧]。这天的酉刻，皇太后又亲

---

①《宣宗成皇帝实录》卷二三六，第36册，第536页，中华书局影印本，1986年8月第1版。

② 清宫档案《新整内务府档》礼仪，第50包。

③《宣宗成皇帝实录》卷二三六，第36册，第536页，中华书局影印本，1986年8月第1版。

④ 中国第一历史档案馆编《嘉庆道光两朝上谕档》第38册，第652条，第231页，广西师范大学出版社，2000年11月第1版。

⑤《宣宗成皇帝实录》卷二三七，第36册，第538页，中华书局影印本，1986年8月第1版。

⑥《宣宗成皇帝实录》卷二三六，第36册，第536页，中华书局影印本，1986年8月第1版。

⑦《宣宗成皇帝实录》卷二三六，第36册，第537页，中华书局影印本，1986年8月第1版。

⑧《宣宗成皇帝实录》卷二三六，第36册，第541页，中华书局影印本，1986年8月第1版。

孝慎皇后朝服像

临奠酒[1]。五月十三日，道光帝亲临大行皇后梓宫前奠酒。当日大行皇后梓宫奉移到景山观德殿暂安。五月十七日又奠酒、五月二十五日大祭礼、五月二十九日初满月礼、六月二十九日二满月礼、八月初三日百日礼，道光帝均至大行皇后梓宫前奠酒。七月二十四日在观德殿举行册谥礼，前一天（二十三日）遣官告祭太庙后殿、奉先殿。二十四日举行册谥礼之前，道光帝先到观德殿大行皇后梓宫前奠酒，然后回宫，升御太和门，命肃亲王敬敏为正使、顺承郡王春山为副使，赍册宝，诣观德殿，册谥大行皇后为孝慎皇后[2]。翌日，以册谥大行皇后礼成，颁诏天下[3]。

道光十三年（1833年）九月初二日，以孝慎皇后翌日奉移田村殡宫，行启奠礼。这一天，道光帝先后两次到孝慎皇后梓宫前奠酒。九月初三日孝慎皇后梓宫奉移田村殡宫暂安，道光帝亲诣观德殿孝慎皇后梓宫前奠酒，目送梓宫启行[4]。九月初五日，道光帝又到田村殡宫，在孝慎皇后梓宫前奠酒[5]。

①《宣宗成皇帝实录》卷二三六，第36册，第544页，中华书局影印本，1986年8月第1版。

②《宣宗成皇帝实录》卷二四一，第36册，第610页，中华书局影印本，1986年8月第1版。

③《宣宗成皇帝实录》卷二四一，第36册，第611页，中华书局影印本，1986年8月第1版。

④《宣宗成皇帝实录》卷二四三，第36册，第635—636页，中华书局影印本，1986年8月第1版。

⑤《宣宗成皇帝实录》卷二四三，第36册，第637页，中华书局影印本，1986年8月第1版。

道光十五年（1835年），西陵龙泉峪陵寝建成，道光帝决定先将两位亡妻葬入地宫，以待自己。八月二十日丑时，孝穆皇后梓宫从东陵的宝华峪启程，八月二十八日巳时，孝慎皇后梓宫从京城的田村发引[①]，两位皇后的梓宫于彰义村会合后，一路同行。九月初三日到达西陵。孝穆皇后和孝慎皇后梓宫分别停放在龙泉峪隆恩殿东西间正中。道光帝从京师赶到西陵，参加了两位皇后的暂安礼，在梓宫前奠酒[②]。道光十五年十二月十一日（1836年1月28日）卯时，两皇后梓宫葬入地宫[③]。同日两皇后神牌供奉龙泉峪陵寝隆恩殿内[④]。道光十五年十二月十六日（1836年2月2日）孝慎皇后神牌升祔奉先殿[⑤]。道光三十年（1850年）九月二十二日，咸丰帝给孝慎皇后谥号加上"敏肃哲顺和懿熙天诒圣"10个字，并系宣宗庙谥，称"孝慎敏肃哲顺和懿熙天诒圣成皇后"[⑥]。咸丰二年（1852年）三月初七日，孝慎皇后与道光帝、孝穆皇后、孝全皇后同时升祔太庙[⑦]。咸丰十一年（1861年）十月，同治帝给孝慎皇后谥号加上"诚惠"2字。光绪元年（1875年）六月，光绪帝为孝慎皇后谥号又加上"敦恪"2字。最后谥号全称为：孝慎敏肃哲顺和懿诚惠敦恪熙天诒圣成皇后。简称孝慎成皇后或孝慎皇后[⑧]。

---

①清宫档案《内务府来文》礼仪，第146包。

②《宣宗成皇帝实录》卷二七一，第37册，第166—167页，中华书局影印本，1986年8月第1版。

③清宫档案《内务府来文》礼仪，第146包。

④《宣宗成皇帝实录》卷二七五，第37册，第243页，中华书局影印本，1986年8月第1版。

⑤《宣宗成皇帝实录》卷二七五，第37册，第247页，中华书局影印本，1986年8月第1版。

⑥《文宗显皇帝实录》卷一八，第40册，第255页，中华书局影印本，1986年11月第1版。

⑦《文宗显皇帝实录》卷五五，第40册，第731页，中华书局影印本，1986年11月第1版。

⑧唐邦治著《清皇室四谱》，上册，卷二·后妃，第28页，1923年上海聚珍仿宋印书局聚珍铅印本。

□ 孝全皇后

孝全皇后朝服像

孝全皇后，钮祜禄氏，满洲镶黄旗，二等侍卫颐龄之女。孝穆皇后死后37天，即嘉庆十三年（1808年）二月二十八日出生[①]，比道光帝小26岁。清宫档案《宫中杂件》“人事·太监·妈妈·女子档”载，道光二年（1822年）九月后妃排名中尚无全嫔，到十月则出现了全嫔。以此推断，全嫔当于道光二年九月底、十月初进宫。道光帝在孝全皇后死后曾说：“念自入宫伊始，即肇锡以嘉名。[②]”初入宫就封为嫔，越过了答应、常在、贵人三级，起点很高，表明钮祜禄氏刚一进宫就颇受道光帝的喜爱。

道光三年（1823年）二月二十二日，总管孙得禄传旨：“全嫔晋封为全妃。[③]”同年十一月二十五日，道光帝命协办大学士英和为正使，内阁学士奕经为副使，持节赍册印，册封全嫔为全妃[④]。第二年的八月初十日，道光帝再发谕旨：“奉皇太后懿旨，全妃晋封为全贵妃。[⑤]”道光五年（1825年）二月二十日寅时，新晋升为贵妃的钮祜禄氏为道光帝生下了皇三女即后来的端顺固

---

① 唐邦治著《清皇室四谱》，上册，卷二·后妃，第29页，1923年上海聚珍仿宋印书局聚珍铅印本。

② 中国第一历史档案馆编《嘉庆道光两朝上谕档》第55册，第64条，第18页，广西师范大学出版社，2000年11月第1版。

③ 清宫档案《登记簿》，第655号“传旨档”。

④《宣宗成皇帝实录》卷六一，第33册，第1077页，中华书局影印本，1986年8月第1版。

⑤ 清宫档案《内务府奏底》，第11包。

伦公主[①]。道光五年四月十三日卯时，道光帝命协办大学士英和为正使，礼部左侍郎汪守和为副使，持节赍册宝，册封全妃为全贵妃[②]。道光六年（1826年）四月初六日酉时，全贵妃又为道光帝生下了皇四女即后来的寿安固伦公主[③]。道光十一年（1831年）六月初九日丑时，24岁的全贵妃为道光帝生下了皇四子奕詝即后来的咸丰帝[④]。

孝全皇后便装像

道光十三年（1833年）四月二十九日，中宫皇后（孝慎皇后）崩逝，中宫之位悬缺，后宫无首，八月十五日中秋节这天，道光帝谕内阁：

奉皇后太后懿旨，全贵妃钮祜禄氏著晋封为皇贵妃。一切服色、车舆俱著查照《大清会典事例》服用，并著摄六宫事。于明年十月举行册后典礼[⑤]。

在清朝历史上，皇贵妃摄六宫事不乏其例，如乾隆十三年（1748年）三月十一日孝贤皇后崩逝，本年七月初一日晋封娴贵

① 唐邦治著《清皇室四谱》，下册，卷四·皇女，第21页，1923年上海聚珍仿宋印书局聚珍铅印本。

②《宣宗成皇帝实录》卷八一，第34册，第310页，中华书局影印本，1986年8月第1版。

③ 唐邦治著《清皇室四谱》，下册，卷四·皇女，第21页，1923年上海聚珍仿宋印书局聚珍铅印本。

④《文宗显皇帝实录》卷一，第40册，第65页，中华书局影印本，1986年11月第1版。

⑤ 中国第一历史档案馆编《嘉庆道光两朝上谕档》第38册，第1165条，第411页，广西师范大学出版社，2000年11月第1版。

妃为皇贵妃，摄六宫事。嘉庆二年（1797年）二月初七日孝淑皇后崩逝，嘉庆二年五月二十日晋封贵妃为皇贵妃，摄六宫事。这次全贵妃是第三位晋封摄六宫事的皇贵妃。这三次册封是谕旨中明确带着“摄六宫事”的皇贵妃。其实不带“摄六宫事”4字实际摄六宫事的皇贵妃还有孝昭皇后死后的皇贵妃佟佳氏即后来的孝懿皇后。乾隆帝那拉皇后死后的令懿皇贵妃。孝全皇后死后的皇贵妃博尔济吉特氏。

道光十四年（1834年）十月十八日，道光帝升御太和殿，宣制册立皇后，命文华殿大学士长龄为正使，署礼部尚书奕颢为副使，持节赍册宝，册立皇贵妃钮祜禄氏为皇后[①]。前两位摄六宫事的皇贵妃册立为皇后，册立典礼均在先皇后丧期27个月过后举行。而这次册立礼却在孝慎皇后丧期之内，未满27个月，这位一向标榜敬天法祖，恪遵成宪而著称的道光帝，不知何故这次竟改变了祖制成宪？钮祜禄氏于道光二年14岁入宫，到道光十四年26岁就登上了皇后的宝座，可谓平步青云，直线上升。她为什么如此受宠，晋升如此之快呢？她比道光帝小26岁，年轻固然是一个优势，但不是主要原因，因为其他妃嫔也都很年轻，这个优势并非她一人独有。再者皇帝纳一个年轻女子，轻而易举。有一首诗，对我们探解其中奥秘有所启示。

蕙质兰心并世无，垂髫曾记住姑苏。

谱成六合同春字，绝胜璇玑织锦图。

诗注说：“孝全皇后为承恩公颐龄之女，幼时随宦至苏州，明慧冠时。曾仿世俗所谓七巧板者，斫木若干方，排成‘六合同春’字，以为宫中新年玩具。[②]”由此可知，孝全皇后是一位聪明智慧、心灵手巧的美女，加之年轻，善体人意，自然要受到皇帝的青眼相待。

道光二十年（1840年）元旦刚过，皇后钮祜禄氏有了病。正

①《宣宗成皇帝实录》卷二五九，第36册，第942页，中华书局影印本，1986年8月第1版。

② 汉史氏《满清野史》三编第十一种，第6—7页。转引自宝成关著《奕䜣慈禧政争记》第9页，吉林文史出版社，1980年6月第1版。

月初六日，恭慈皇太后在道光帝的陪同下到圆明园的皇后寝宫看望皇后[①]。正月十一日丑刻（凌晨1至3时）皇后仙逝[②]，年仅33岁，可谓英年早逝。这位皇后为什么这么年轻就突然去世了呢？在清朝，英年早逝的后妃大有人在，唯独这位皇后之死，在社会上颇有微词。《清宫词》中有一首诗对该皇后死因有所披露：

如意多因少小怜，蚁杯鸩毒兆当筵。

温成贵宠伤盘水，天语亲褒有孝全。

诗注："孝全皇后由皇贵妃摄六宫事，旋正中宫，数年暴崩，事多隐秘。其时孝和皇后尚在，家法森严，宣宗亦不敢违命也。故特谥之曰全。宣宗既痛孝全之逝，遂不立他妃嫔之子，而立文宗，以其为孝全所出，且于诸子中年齿较长。[③]"

如果说这首诗及诗注说得还比较晦涩难懂的话，那么罗惇融所写的《宾退随笔》、《庸言》则表述得再清楚不过了，他在书中说：

宣宗爱恭王，欲立之。孝全后欲鸩杀诸子。一日置馔召诸子饮，置毒鱼中，预戒文宗勿食。文宗殊友爱，阴告诸弟勿食此鱼，诸弟得不死。既而谋泄。宣宗母太后怒甚，立命赐死。后徘徊不能引决。太后命悬白宫门，集宫人昼夜哭之，后乃投缳死[④]。

上面所说孝全后欲毒死诸皇子未成，自己反被皇太后赐死之事，只是野史中的一个传说，不能轻易相信，有待今后继续考证。

笔者认为，道光帝是慈善仁爱之人，如果孝全皇后真有欲鸩杀诸子之事，道光帝绝对不会容忍这种伤天害理、灭绝人伦的行为，即使皇太后不赐死，道光帝也会将她赐死，最起码也要废掉皇后位号，将她打入冷宫。然而史实是，孝全皇后死后，道光帝

①《宣宗成皇帝实录》卷三三〇，第38册，第3页，中华书局影印本，1986年8月第1版。

②《宣宗成皇帝实录》卷三三〇，第38册，第5页，中华书局影印本，1986年8月第1版。

③ 汉史氏《满清野史》三编第十一种，第6—7页。转引自宝成关著《奕䜣慈禧政争记》第9页，吉林文史出版社，1980年6月第1版。

④ 罗惇融《宾退随笔》，《庸言》第二卷，第5页。转引自宝成关著《奕䜣慈禧政争记》第9页，吉林文史出版社，1980年6月第1版。

为她隆重治丧，对她的一生给予了极高的评价，并亲自赐谥孝全。皇后有病期间，皇太后曾亲自看望皇后。皇后丑时死，辰时恭慈皇太后就亲自到皇后梓宫前奠酒。如果孝全皇后真的有上述劣迹，不仅皇太后不会探病、奠酒，也不会容忍皇后饰终之典如此隆重。朝中大臣、宗室成员也会交章谏阻。道光帝也不会做出大失民心、有损自己声望的傻事。所以说，孝全皇后鸩杀皇子一事很可能是无中生有。

道光帝闻知皇后去世的消息以后，马上赶到寝宫临视。皇太后也于辰时赶来临奠[①]。大殓后，皇后梓宫停放在长春园正殿澹怀堂。当天道光帝发布谕旨，公布了皇后去世的消息，并对皇后进行简单的评价，他说：

> 本日丑刻皇后崩逝，回思道光十三年奉皇太后懿旨晋封皇贵妃摄六宫事，旋于十四年册立皇后，正位中宫，先后事朕多年，恭俭柔嘉，壸仪足式。窃冀侍奉慈帏，藉资内佐，遽尔长逝，痛何可言！[②]

命惠亲王绵愉、总管内务府大臣裕诚、礼部尚书奎照、工部尚书廖鸿荃为总理丧仪大臣。从皇后去世日起，道光帝冠摘缨，穿青长袍褂13天[③]。从正月十一日到正月二十三日这13天中，道光帝天天到皇后梓宫前奠酒[④]。正月十七日这天，皇太后至澹怀堂大行皇后梓宫前临奠，道光帝跪迎于碧静堂外，侍送皇太后还绮春园[⑤]。正月十七日，道光帝发布谕旨，对皇后的一生进行了全面总结，对她的美言嘉行给予了高度的评价。他说：

---

①《宣宗成皇帝实录》卷三三〇，第38册，第5页，中华书局影印本，1986年8月第1版。

② 中国第一历史档案馆编《嘉庆道光两朝上谕档》第55册，第42条，第14页，广西师范大学出版社，2000年11月第1版。

③ 中国第一历史档案馆编《嘉庆道光两朝上谕档》第55册，第43条，第14页，广西师范大学出版社，2000年11月第1版。

④《宣宗成皇帝实录》卷三三〇，第38册，第6页，中华书局影印本，1986年8月第1版。

⑤《宣宗成皇帝实录》卷三三〇，第38册，第8页，中华书局影印本，1986年8月第1版。

皇后钮祜禄氏德秉安贞，礼彰雍肃。珩璜协度，夙娴九御之仪；袆翟流徽，早摄六宫之事。溯萱殿祝厘之日，玉旨恭承；迨椒庭作配之年，璇仪益茂。顺昭四德，偕侍膳以承欢；勤赞万几，佐求衣而警旦。远绍练裳之俭，茧馆垂型；广推樛木之仁，兰轩毓秀。综地道而成妻道，厚德应乎坤元；自宫中以达府中，芳誉传其巽顺。兹于道光二十年正月十一日崩逝，眷徽音之丕著，咸仰遗规；宜嫩谥之崇加，式昭茂典，念自入宫伊始，即肇锡以嘉名；迄乎正位以来，洵克符乎实行。奉慈闱而成顺孝；秉淑德而著醇全。惟孝全二字之徽称；赅皇后一生之懿范。应即谥为孝全皇后[1]。

道光帝亲自赐谥为孝全皇后。皇后的谥号，不由礼臣事先拟定，直接由皇帝赐予，这在清朝是不多见的，在清朝只有孝贤皇后的“孝贤”二字是乾隆帝亲自赐予的。看来道光帝是仿照乾隆帝的做法，与孝穆皇后和孝慎皇后上谥号明显不同。表明道光帝对孝全皇后的感情确实深厚，非同一般。从此以后，道光帝不再立皇后。

皇后崩逝，是为国丧，百日内，大臣官员不得剃发。可是有一位叫佛立的宗室成员，竟在百日以内剃了头发，被定郡王载铨参了一本。宗人府会同刑部定拟：革去四品顶带，斩立决。道光帝加恩，改为革去四品顶带，发往吉林，交吉林将军管束[2]。

正月二十三日，道光帝到澹怀堂皇后梓宫前奠酒，释服。这一天，皇后梓宫奉移到景山观德殿暂安[3]。

道光二十年（1840年）四月初一日举行册谥礼。道光帝升御太和门，命睿亲王仁寿为正使，怡亲王载垣为副使，赍册宝，诣观德殿，册谥钮祜禄氏为孝全皇后[4]。十月二十七日，孝全皇后

---

① 中国第一历史档案馆编《嘉庆道光两朝上谕档》第55册，第64条，第18页，广西师范大学出版社，2000年11月第1版。

②《宣宗成皇帝实录》卷三三二，第38册，第28页，中华书局影印本，1986年8月第1版。

③《宣宗成皇帝实录》卷三三〇，第38册，第12页，中华书局影印本，1986年8月第1版。

④《宣宗成皇帝实录》卷三三三，第38册，第46页，中华书局影印本，1986年8月第1版。

梓宫奉移西陵[①]，十一月初三日到达龙泉峪，梓宫停放在隆恩殿内[②]。道光帝在十一月初四日从京师启銮赴西陵，参加孝全皇后的永安大典[③]。十一月初八日，孝全皇后梓宫从隆恩殿移到宝顶前芦殿内。这天道光帝到达西陵，在谒毕各陵后，到龙泉峪陵寝芦殿内，在孝全皇后梓宫前奠酒[④]。十一月初九日，孝全皇后梓宫葬入地宫。待梓宫在宝床上安奉毕，将谥册、谥宝恭设在金券内左右石几上。执事人员将龙輴及木轨送出地宫，道光帝进入地宫，与孝全皇后作最后的诀别。即日寅时行题主礼，孝全皇后神牌供入隆恩殿。十二月初九日卯时，孝全皇后神牌升祔奉先殿[⑤]。道光三十年（1850年）九月二十二日，文宗加上孝全皇后谥号"慈敬宽仁端悫符天笃圣"10个字并系宣宗庙谥，称"孝全慈敬宽仁端悫符天笃圣成皇后"[⑥]。咸丰二年（1852年）三月初七日，孝全皇后神牌与宣宗、孝穆皇后、孝慎皇后神牌一起升祔太庙[⑦]。咸丰十一年（1861年）十月，同治帝加上谥号"安惠"2字。光绪元年（1875年）六月，光绪帝加上谥号"诚敏"2字[⑧]，最后谥号全称是：孝全慈敬宽仁端悫安惠诚敏符天笃圣成皇后。简称孝全成皇后或孝全皇后。

---

①《宣宗成皇帝实录》卷三四〇，第38册，第176页，中华书局影印本，1986年8月第1版。

②《宣宗成皇帝实录》卷三四一，第38册，第182页，中华书局影印本，1986年8月第1版。

③《宣宗成皇帝实录》卷三四一，第38册，第183页，中华书局影印本，1986年8月第1版。

④《宣宗成皇帝实录》卷三四一，第38册，第185页，中华书局影印本，1986年8月第1版。

⑤《宣宗成皇帝实录》卷三四一，第38册，第186页，中华书局影印本，1986年8月第1版。

⑥《文宗显皇帝实录》卷一八，第40册，第255页，中华书局影印本，1986年11月第1版。

⑦《文宗显皇帝实录》卷五五，第40册，第731页，中华书局影印本，1986年11月第1版。

⑧唐邦治著《清皇室四谱》，上册，卷二·后妃，第29页，1923年上海聚珍仿宋印书局聚珍铅印本。

东陵宝华峪妃园寝

慕东陵的前身是妃园寝，而妃园寝又分为两个阶段，即东陵宝华峪妃园寝阶段和西陵双峰岫妃园寝阶段。

东陵宝华峪妃园寝初称宝华峪妃衙门，位于宝华峪陵寝西南约1华里地方，在宝华峪内务府大小营房（也叫大小圈）以东。这座妃园寝是与宝华峪陵寝于道光元年（1821年）十月同时兴建的，至道光七年（1827年）完工。根据清宫档案《黄册》记载，这座妃园寝的规制如下：

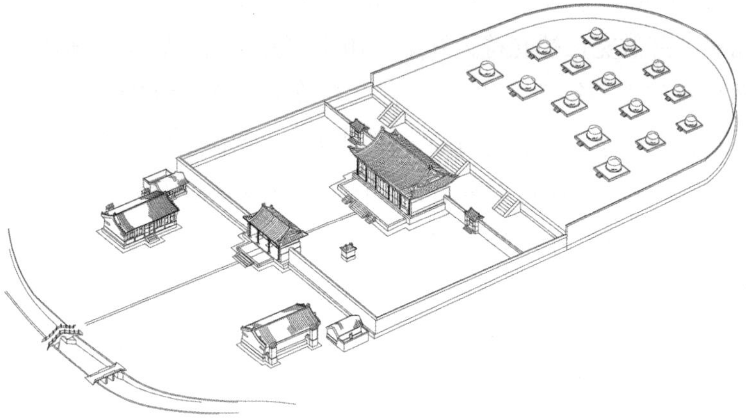

宝华峪妃园寝复原效果图（贾嘉绘）

> 石券五座，砖券五座，砖池五座。享殿一座，享殿内神龛三座。琉璃花门二座，焚帛炉一座、叠落泊岸一道、宫门一座三间、茶饭、饽饽房二座，每座五间。宫门前值班房二座，每座三间。宫门内外甬路、海墁。一孔桥一座、东边三孔石便桥一座。宫门前有下马桩、弓箭枪架[①]。

看来宝华峪妃园寝的规制是景陵妃园寝和昌陵妃园寝相结合的产物。何以这样说呢？景陵妃园寝的茶饭、饽饽房各5间，享殿后园寝门3座。昌陵妃园寝茶饭、饽饽房各3间。园寝门2座，

① 清宫档案《黄册》，第0322号。

设在享殿两旁。享殿后有叠落泊岸一道。宝华峪妃园寝采用的是景陵妃园寝茶饭、饽饽房各5间，昌陵妃园寝将园寝门设在享殿两旁、享殿后为泊岸的格局。

笔者认为这座妃园寝的位置是不妥当的，理由是：一是，该园寝在景陵皇贵妃园寝的西南，相距不足1华里。该园寝又在景陵妃园寝的东南，相距1华里许，三座妃园寝形成三足鼎立之势，这就打乱了清东陵各陵寝东西横向排列的格局，显得杂乱无章。二是，清朝皇家陵寝，除昭西陵属于特例外，无论帝后陵，还是妃园寝，乃至王爷、保姆园寝，均依山为陵，而且有的园寝还有青龙、白虎砂陪护。而宝华峪妃园寝既无靠山，也无砂山，而是建在平地之上，西侧与宝华峪内务府大小营房为邻。这与清朝选择陵址“陵制与山水相称”的指导思想是不相符的。三是，道光帝是康熙帝的孙子的孙子，而道光帝的妃园寝竟在康熙帝的两座妃园寝的前面。当年乾隆帝派大臣相度景陵皇贵妃园寝福地时，特地告诉相度大臣要“于景陵稍后附近处敬谨相度，择地营造[①]”。在乾隆元年（1736年）九月，办理泰陵事务的恒亲王弘晊奏请泰陵地宫内是否预留分位时，乾隆帝谕：“至皇考梓宫奉安时，著照例安设龙山石，其随入地宫之皇妣孝敬宪皇后梓宫应居左稍后。敦肃皇贵妃金棺应居右，比孝敬宪皇后梓宫稍后。[②]”这表明，无论是园寝，还是棺椁，地位、辈分越低，其位置越落后，不能超出长辈。而宝华峪妃园寝则在康熙帝的两座妃园寝之前，明显有僭越之嫌。因此说，宝华峪妃园寝的位置是不妥当的。不免有人会问：相度大臣皆为朝廷重臣、饱学之士，且又有多名精通风水之术的堪舆家，难道他们就看不出这座妃园寝的位置不妥吗？其实他们心里比谁都清楚，那又为什么还要选用这个地点呢？宝华峪的左（东）边是山，没有平地，右边是一个陡坡，坡下不远就是景陵皇贵妃园寝。而道光帝的妃园寝又必须建

①《高宗纯皇帝实录》卷四三，第9册，第759页，中华书局影印本，1985年11月第1版。

②《高宗纯皇帝实录》卷二六，第9册，第573页，中华书局影印本，1985年11月。

从卫星图看宝华峪陵寝、妃园寝与景陵皇贵妃园寝和景陵妃园寝之间的位置关系

在宝华峪旁边，其间不能有其他辈分的陵寝相隔，实在没有一个合适的地方。为此事，相度大臣和风水官们绞尽了脑汁，迫不得已而求其次，不得不选用了这个地点。后来，道光帝曾说："予因宝华峪办理不善，规制又拂朕意，不能不改图吉壤。[①]"所谓的"规制又拂朕意"，其中很可能也含有妃园寝地点不合格局的因素。

宝华峪妃园寝于道光七年（1827年）建成，其内务府小营房（也称小圈）也随之建成。内务府小营房位于内务府大营房（也称大圈）之南，两营房相连，均在妃园寝西傍。在内务府小营房内建有官员住房2所，每所4间，计8间。拜唐阿住房40所，每所2间，计80间。碾房一所，计2间。营门一座、大影壁一座、更房1间，食水井2眼，共计大小房92间。四周环以围墙[②]。

道光七年（1827年）九月二十一日，道光帝到宝华峪陵寝，准备参加翌日的孝穆皇后葬礼。这一天他阅视毕宝华峪陵寝后，

① 见慕陵隆恩殿前石幢上的御制诗注。

② 清宫档案《北图舆图》197第12号。

宝华峪妃园寝遗址

又阅视了宝华峪妃园寝[1]。三天以后，即道光七年（1827年）九月二十四日辰时，从京城静安庄殡宫移来的平贵人葬入了宝华峪妃园寝内地宫，成为这座妃园寝的第一位主人[2]。道光八年（1828年），宝华峪陵寝地宫出现渗水。道光十一年（1831年）西陵龙泉峪被确定为道光帝的万年吉地，不久，宝华峪陵寝及妃园寝被废弃不用，逐渐被拆毁。宝华峪内务府大小营房也被拆掉，从此结束了宝华峪妃园寝的历史。如今这座妃园寝的遗址上大部分建上了民房，不过部分券坑、夯土及罗圈墙的遗迹还能看到。当地人将这个遗址称为“妃子坑”。

宝华峪妃园寝的一次抢劫案

道光七年（1827年）九月二十二日，道光帝在宝华峪参加完孝穆皇后的葬礼以后，当天就踏上了回京的路程，马兰镇总兵官宝兴沿途护送。九月二十三日，道光帝驻跸白涧行宫。宝兴向道光帝跪安后，返回东陵马兰镇。他刚到总兵衙署，郎中庆玉就向他报告了一个惊人的消息：妃园寝祭器被一伙人公开抢走。

事件的经过是这样的。道光帝的平贵人彩棺从静安庄奉移，于九月二十一日到达宝华峪妃园寝。经钦天监选择，定于九月二十四日辰时入葬地宫。前一日即二十三日举行奉安致祭礼。辰时，致祭礼结束后，执事人员将座罩等撤到宫门外海墁南的空地

①《宣宗成皇帝实录》卷一二六，第34册，第1103页，中华书局影印本，1986年8月第1版。

②清宫档案《内务府来文》，第126包。

燎池准备焚化，其他员役收拾器皿、祭器。正当众人紧张忙碌的时候，突然从外面冲进三四十人来，不由分说，上前就将正在收拾祭器的光禄寺库使业普肯和墨即格打倒在地，其他强人一拥而上，把桌案上的祭器抢走。在场的官员、差役、兵丁被这突如其来的事件惊呆了，等他们明白过来，带领兵丁追赶时，这伙强人早已跑得无影无踪了。经清查，被抢走的祭器有银奠池、银执壶、银台盏、银酒盅等多件[①]。宝兴听完庆玉的禀报，顿时惊出了一身冷汗，一路之上的鞍马劳顿早已抛到了九霄云外。他立即密派郎中博启通额、三多，员外郎明吉带领兵丁，马上分头行动，侦破此案。在案件发生的当天，宝兴还未回署时，大臣舒英等就将此事迅速报给了朝廷。道光帝接到奏报后，也是大吃一惊，在光天化日之下，在皇家陵园中，竟敢公开抢劫皇陵祭器，简直是无法无天了。九月二十七日道光帝谕军机大臣，命直隶总督那彦成、马兰镇总兵官宝兴“派委妥干员弁严密查拿，务将该匪徒获案究办，毋稍疏纵[②]”。由于宝兴行动迅速，措施得力，只经过几天，就侦破了此案，拿获了首犯赵五、刘四、张辉、赵四、连英以及物华楼首饰铺银匠邱九，被抢走的祭器全部查获追回。宝兴将侦破此案的情况迅速上奏。道光帝闻奏后，很是高兴，对宝兴迅速破案深表满意。同意宝兴提出的将案犯及银匠押解京师刑部严审治罪的奏请。后来又抓获了一个叫恒柱的案犯。经过一个月的审讯，案情审清，各犯供认不讳。刑部将审讯结果及处理意见上奏。道光帝做了部分改动，最后做如下处理：将上述五犯杖徒，销除旗档，刺字，交兵部解送马兰镇地方，各枷号两个月示众。连英不准留养。张辉、邱九枷号一个月，满日后分别鞭责发落[③]。对失职的官员、差役等也分别轻重进行了惩处。此案只用了一个多月就处理结案。

---

① 清官档案《上传档》，第139号。

② 中国第一历史档案馆编《嘉庆道光两朝上谕档》第32册，第1050条，第345页，广西师范大学出版社，2000年11月第1版。

③ 中国第一历史档案馆编《嘉庆道光两朝上谕档》第32册，第1238条，第286页，广西师范大学出版社，2000年11月第1版。

西陵双峰岫妃园寝

慕东陵前身的第二阶段是西陵双峰岫妃园寝。双峰岫位于龙泉峪东北1公里的地方。风水官戴泽同等人在相度龙泉峪吉地时，同时选中了双峰岫这个地方。这里“砂水环抱，堂局宽展[①]”。经相度大臣禧恩等人再次履勘，见那里“地势平坦”，确实是建立妃园寝的好地方，奏准后，与龙泉峪万年吉地同时于道光十一年（1831年）十一月破土兴工，至道光十五年（1835年）建成。兴工前，勘估钱粮为254959两4钱4分9厘[②]。园寝建成后，同年九月，从东陵宝华峪妃园寝移来的平贵人和由京师田村移来的睦答应同时葬入园寝内。入葬前这座园寝称双峰岫妃衙门，入葬后称平贵人园寝。道光十六年（1836年）三月初九日，道光帝谕：平贵人园寝著书做龙泉峪妃园寝[③]。龙泉峪陵寝被命名为慕陵后，龙泉峪妃园寝改称慕陵妃园寝。但自道光十七年（1837年）和妃葬入这座园寝，成为这座园寝内当时地位最高的墓主人以后，在一些档案和其他书籍中，甚至皇帝的某些谕旨中，有时也称妃园寝为“和妃园寝”。

慕东陵前景

①清宫档案《内务府来文》，第2946包。

②清宫档案《内务府杂册》，第115号。

③《宣宗成皇帝实录》卷二八，第37册，第314页，中华书局影印本，1986年8月第1版。

我们现在看到的是改建为慕东陵的规制。原来双峰岫妃衙门是什么样子已无法看到，只能从文献中了解。笔者从中国第一历史档案馆珍藏的《内务府杂册》中找到了一份关于双峰岫妃园寝的规制、用银情况的档案，有较高的史料价值，现抄录于下，以飨读者。

双峰岫妃衙门石券六座、砖池十座，随石券龙须沟十二道，凑长一百五一丈二尺。享殿一座，五间，宝龛三座。宫门一座，三间。焚帛炉一座。茶饭、饽饽房二座，每座五间。值房二座，每座三间。面阔、进深红墙、罗圈墙、宇墙十三道，凑长一百八十五丈二尺。享殿后叠落泊岸二道，凑长四十八丈八尺。面阔、进深、罗圈墙外护脚泊岸五道，凑长一百四十一丈一尺二寸。更道一段，长七十七丈七尺五寸。宫门外一路五孔石平桥一座，东边五孔石便桥一座。大料石泊岸二道，凑长二十丈。山石泊岸四道，凑长一百十四丈。以及甬路、海墁、散水、平垫地面、培堆垫土、弓箭枪架、下马桩、木踏跺、坠风鼓、备用如意石、开挖引河、成打挡水坝……约需物料匠夫工价银二十五万四千九百五十九两四钱四分九厘[1]。

这份档案所载的内容有两点值得我们注意。

其一，档案中未提及园寝门，当然也就不知道其位置。园寝是一定要建园寝门的，是仿景陵、泰陵妃园寝那样，将园寝门设在大殿后面，建门三个，中门有门楼、月台，两旁门为随墙门，还是仿昌陵、宝华峪妃园寝规制，将园寝门设在大殿两旁，或为随墙门，或建门楼？档案中虽然没有记载，但细加分析，则又不难解决。档案载："面阔、进深红墙、罗圈墙、宇墙十三道，凑长一百八十五丈二尺。享殿后叠落泊岸二道。"这表明，享殿后面是两道叠落泊岸；如果园寝门建在享殿后，门三座，则墙为11道，如果园寝门建在享殿两侧，享殿后层泊岸仿昌陵妃园寝形式建宇墙，则墙数正好是13道。因此说，双峰岫妃园寝的园寝门是

① 清官档案《内务府杂册》，第115号。

建在享殿两旁的，只不过享殿后比昌陵妃园寝多了一道叠落泊岸而已。

其二，该档案载："宫门外一路五孔石平桥一座，东边五孔石便桥一座。"清朝陵制，宫门前，妃园寝建一孔拱桥一座。多数妃园寝在一孔拱桥东旁建三孔平桥一座。而双峰岫妃园寝未建一孔拱桥，而是中间建一座五孔平桥，有石栏杆。两侧各建一座五孔便桥。这在清朝妃园寝中是绝无仅有的。这座妃园寝为什么采用这种规制呢？"陵制与山水相称"，是明清两代建陵的最基本的指导思想。山川形势是不可改变的，陵制是由人定的，是活的，陵制要适应山川形胜的特点。双峰岫妃园寝宫门前的河很宽，水量大，这样桥身自然要长，建一孔拱桥是不可能的，跨度既达不到，一个桥孔也容纳不下巨大的河水流量，只能建五孔桥，但又不能建成拱券式桥，因为只有皇帝陵才可以建五孔拱桥，因此才建了一座五孔平桥，两座便桥。当然这只是笔者的分析和推想。

双峰岫妃园寝坐北朝南，方向为子午兼癸丁正向[①]。16座宝顶分成前后四排，第一排只有一座，处于园寝中轴线上，后面的三排，每排均为5座。第一排的一座宝顶和第二排的5座地宫均为石券，后两排均为砖池。所有宝顶均用城砖灰砌，外皮抹饰红灰，提刷红浆。这与景陵、泰陵、裕陵的妃园寝的宝顶做法有所不同，这三陵的妃园寝的绝大部分的宝顶皆用灰土夯筑，十分坚固耐久，极少数常在答应的宝顶才是砖砌的。双峰岫妃园寝宝顶取消夯筑做法而采取砖砌，很可能出于节省经费。

道光二十九年（1849年）九月二十三日，道光帝面谕户部左侍郎阿灵阿，龙泉峪妃园寝要添建石券一座，传知西陵总管内务府大臣德春到妃园寝进行丈量，看是否有分位[②]。十月十六日德春将丈量的情况及绘制的图纸上奏，回奏说："尽有添筑石券分位。"阿灵阿又面奉谕旨："妃园寝前层中座石券宝顶著照龙泉峪

① 清宫档案《新整内务府档》修建工程，第0358包。

② 清宫档案《新整内务府档》修建工程，第0358包。

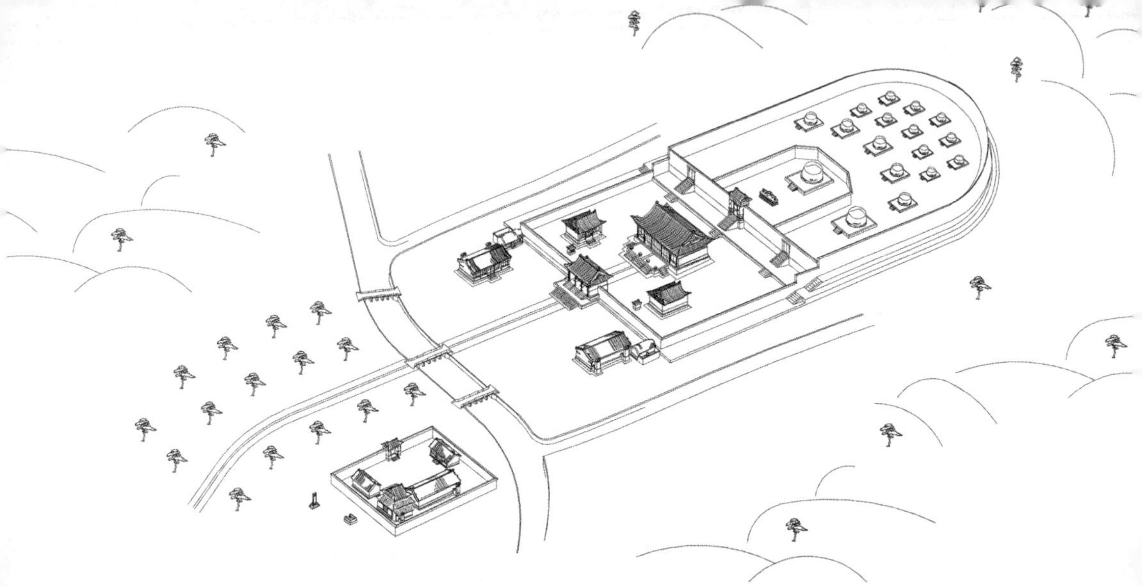

慕东陵效果图（北京坟协贾嘉绘）

宝城式样改修宝城一座，再行踏勘，绘图呈览。[1]”所谓龙泉峪宝城式样就是宝顶的下碱是圆形石须弥座，上身周圈贴砌围墙一道，作为宝城。道光帝当时命改建中座宝顶时，并没有明言将哪位妃子要葬入这座地宫，享受如此优厚待遇。但明眼人一看就明白。自孝全皇后崩后，道光帝不再立后，后宫事务自然由当时地位最高的皇贵妃博尔济吉特氏（后来的孝静皇后）管理，而这座改建的石券位于诸券座之前正中，是该园寝中至高无上的尊贵之位。不言而喻，此券位非皇贵妃博尔济吉特氏莫属。此券座左（东）旁新添建的石券使用了改建中座宝顶时撤下来的下碱石须弥座[2]，后来葬入了光绪帝的祖母庄顺皇贵妃乌雅氏。道光二十九年（1849年），乌雅氏在贵妃之位，其地位仅次于皇贵妃博尔济吉特氏。

道光帝任命文华殿大学士穆彰阿、奉宸苑卿基溥为承修大臣，负责承办添建石券、改建宝顶的工程。两个多月以后，还未动工，道光帝就撒手西归了。咸丰帝即位后，除掉了穆彰阿，改派阿灵阿、基溥和德春三人勘估并承办此项工程。经按例勘估，这项工程除应用架木、叶铁、平铁、琉璃件活、江米、颜料直接

---

① 清宫档案《新整内务府档》修建工程，第0358包。

② 清宫档案《新整内务府档》修建工程，第0358包。

行取，铜管扇、沟嘴交造办处自行踏勘办理外，估需工料银38642两2钱8分5厘。遵照钦天监选择的吉期，于咸丰元年（1851年）二月二十日巳时破土兴工[①]，历时不足半年，即于咸丰元年（1851年）九月初八日全工告竣。昌西陵宝城周圈现有6个铜沟嘴，慕陵宝城现有6个石沟嘴。据说，此石沟嘴是后制的，原来也是铜沟嘴。慕东陵宝城的沟嘴是石质的，还是铜质的？现在实物已不存在，但根据档案中“铜管扇、沟嘴交造办处自行踏勘办理[②]”一句判断，慕东陵孝静皇后宝城的沟嘴也应该是铜质的。

由妃园寝升格的慕东陵

道光二十年（1840年）正月十一日孝全皇后崩逝，实足年龄只有8岁零7个月的咸丰帝便由皇贵妃博尔济吉特氏抚养。道光帝刚去世七天，刚即位的咸丰帝就于道光三十年（1850年）正月二十一日发布谕旨：

> 皇贵妃侍奉皇考淑慎素著，允宜加崇称号，以申敬礼。谨尊封为康慈皇贵太妃。所有应行典礼，各该衙门察例豫备，届期蠲吉举行[③]。

咸丰元年（1851年）三月十五日，命文华殿大学士赛尚阿为正使，体仁阁大学士祁寯藻为副使，恭赍册宝，举行了隆重的尊封典礼[④]。

咸丰五年（1855年）七月初一日，咸丰帝到寿康宫给康慈皇贵太妃行礼后，召见惠亲王绵愉、军机大臣恭亲王奕䜣、怡亲王载垣、僧格林沁、德木楚克札布、景寿、军机大臣、总管内务府

---

① 清宫档案《新整内务府档》修建工程，第0358包。

② 清宫档案《新整内务府档》修建工程，第0358包。

③ 中国第一历史档案馆编《嘉庆道光两朝上谕档》第55册，第92条，第45页，广西师范大学出版社，2000年11月第1版。

④《文宗显皇帝实录》卷二九，第40册，第412页，中华书局影印本，1986年11月第1版。

大臣，向他们发出了晋尊博尔济吉特氏为康慈皇太后谕旨：

朕维礼缘于义，首重慈闱之尊养；孝本乎诚，宜崇母范之鸿称。钦惟康慈皇贵太妃侍奉皇考廿余年，徽柔素著，抚育朕躬十五载，恩恤优加。虽懿德抑谦而孝忱难罄。今谨上尊号为康慈皇太后。福履无疆，长承爱日之暄；寿考有征，永协亿龄之庆。一切应行典礼，著该衙门察例具奏[①]。

9天后，康慈皇太后病逝。清制，皇太后死后要单独建陵。然而咸丰帝却以其皇考生前已将皇太后葬位确定在妃园寝内为理由，不予单独建陵，只是将妃园寝进行一下改建，升格为皇后陵。咸丰帝是这样说的，八月初八日谕内阁：

朕仰承大行皇太后慈恩覆庇，礼极尊崇。山陵大事，亟应敬择吉壤。惟念慕陵妃园寝为皇考钦定位次，即为大行皇太后灵爽所凭，自应恪守成规，藉安慈驭。谨将慕陵妃园寝恭定为慕东陵。此次奉移大行皇太后梓宫即暂安于慕东陵正殿。所有应行添建工程，著派吏部尚书翁心存、兵部尚书阿灵阿、工部右侍郎基溥会同前往敬谨办理[②]。

将妃园寝升格为皇后陵，做了以下几项改建、添建项目：

慕东陵的内罗圈墙

一、将原来设在享殿两旁的园寝门改建到享殿后上层叠落泊岸处，建成3个门，中门建有门楼，两旁门为随墙门，与一般妃园寝一样，由园寝门改称陵寝门。

二、用一道内罗圈墙将皇太后的宝顶（即咸丰元年改建的那座宝顶）围起来，形成一个独立的小院，与其他妃嫔的宝顶相隔离，以示对皇太后的尊崇。这道罗圈墙

① 中国第一历史档案馆编《咸丰同治朝上谕档》第5册，第509条，第248页，广西师范大学出版社，1998年8月第1版。

② 中国第一历史档案馆编《咸丰同治朝上谕档》第5册，第645条，第290页，广西师范大学出版社，1998年8月第1版。

（也称内屏墙）的两端与陵寝门中门两边的面阔墙相接。进中门，只能进入这个小院。进两旁的随墙门可达后院诸妃嫔宝顶。

慕东陵石五供是目前清陵中保存最完整的

三、增设台石五供一座、下马牌一对、晾奶房木棚二座、井一眼。

四、享殿月台上增设铜炉一对、铜鹿一只、铜鹤一只。享殿檐下增挂题写“隆恩殿”的斗匾。园寝门中门上增刻陵名匾一块。

五、除值班房外，所有建筑及墙顶全部改用黄色琉璃瓦。

六、在宫门外马槽沟上增建西五孔便桥一座。

七、增建东西配殿各一座，每座面阔3间。

八、增建神厨库一座，内建神厨一座，面阔5间。南北神库各一座，每座面阔3间。省牲亭一座，环以红墙。

九、增挖水井一眼，并建井台[1]。

双峰岫妃园寝尽管做了如此之多的改建、增建工程，但与标准规制的皇后陵相比，还是逊色了许多。清朝标准规制的皇后陵建有方城、明楼和带雉堞的宝城。陵寝门的3个门均建门楼。隆恩殿重檐歇山顶，殿及殿前月台环以青白石栏杆。月台前安设御路石，上刻龙凤呈祥图案。东西配殿均面阔5间。隆恩门单檐歇山顶，面阔5间。东西朝房各5间，有前廊。马槽沟正中建三孔拱桥一座。井台上起建井亭。而慕东陵则无方城、明楼。所谓的宝城只是紧贴宝顶砌的一圈墙。陵寝门只有中门建有门楼，两旁门为随墙门。隆恩殿为单檐歇山顶，无石栏杆环绕，亦无有“龙凤呈祥”雕刻的御路石。配殿、隆恩门均为面阔3间。东西朝房无前廊，马槽沟上无拱券桥，有井无亭。慕东陵在清朝的7座皇

① 清宫档案《内务府奏底》，第16包。

后陵中是规制最低下的。然而慕东陵的3座并排的五孔桥和大院中又套小院的格局，则是清朝陵寝中唯一的一例，为清朝皇后陵平添了新意。

双峰岫妃园寝并没有因为升格为皇后陵而将其他妃嫔迁出。因此说这座皇后陵同时还兼有妃园寝的功用。孝惠皇后的孝东陵内也祔葬有妃嫔，兼有妃园寝性质。但是孝东陵是始建时就按皇后陵建的，它是清朝第一座皇后陵，无前例可循，制度尚不健全。而慕东陵则是由妃园寝升格的皇后陵，其性质是有区别的。

慕东陵后院有四排宝顶，后三排每排5座宝顶。内罗圈墙东侧是光绪帝的祖母庄顺皇贵妃的宝顶。合计后院共有16座宝顶。孝静皇后和庄顺皇贵妃以及前排5个宝顶各设有龙须沟二条，共计有14条。10座砖池未设龙须沟应该说是一个遗憾。

慕东陵的陵名用满、蒙、汉三种文字镌刻在陵寝门中门之上的青白石匾上。由咸丰帝御书的“隆恩殿”和“隆恩门”的两块斗匾于咸丰七年（1857年）四月十五日悬挂[①]。陵名匾上的汉字虽然是咸丰帝御笔，却没有“咸丰尊亲之宝”，不知为什么。

镌刻慕东陵陵名的匾

慕东陵自道光十五年（1835年）首批葬入平贵人、睦答应起，到光绪二十三年（1897年）最后葬入豫嫔止，历经道、咸、同、光四朝，延续72年之久。

①《文宗显皇帝实录》卷二二三，第43册，第491页，中华书局影印本，1986年11月第1版。

慕东陵内葬人物

记载清朝后妃人数最多，内容最翔实的，莫过于唐邦治著的《清皇室四谱》了。该书共记载了道光帝20名后妃。笔者多年来从清宫档案中又查找到了3名，这样，迄今发现道光帝共有后妃23名。实际上，慕陵地宫内葬有3位皇后，慕东陵内葬有1位皇后和16位妃嫔，两陵共计葬了20名后妃，尚有3名不知葬于何地。笔者分析，这3名很可能是珍嫔、曼常在和刘官女子。当然这只是推断，有待进一步考证。

道光帝的后妃，不仅封号多变，而且升降频繁。笔者用了很长时间，费了很大气力，总算理出了些头绪，当然个别地方还有不清楚之处，有待进一步考证。即使认为清楚的地方，限于笔者水平，也难免有舛错之处。下面就将20名后妃情况做以简要介绍，不妥之处，敬请读者指正。

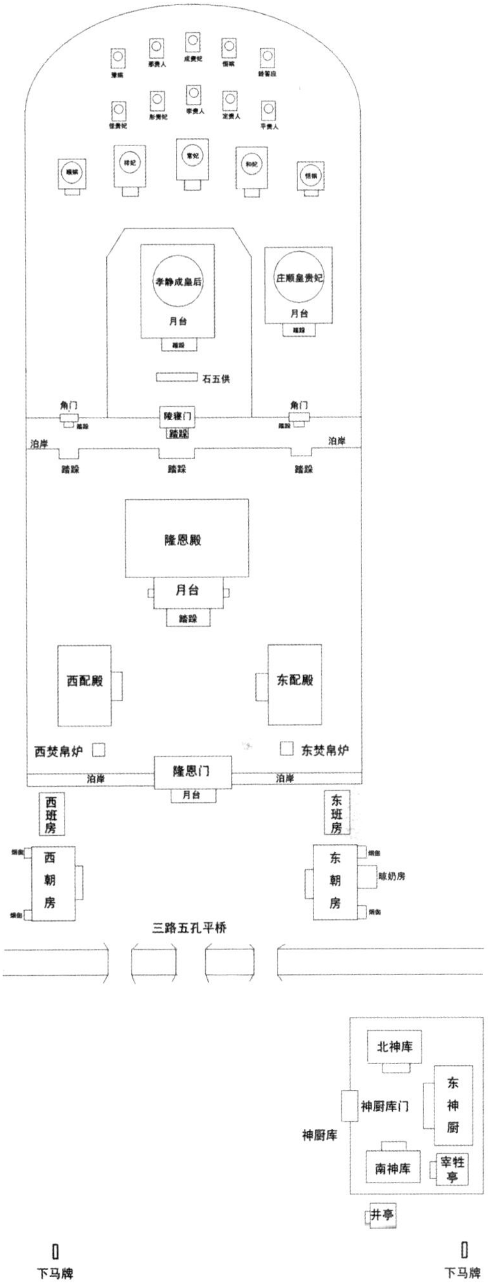

慕东陵平面示意图（徐鑫绘）

□ 孝静皇后

静妃像

孝静皇后，博尔济吉特氏，蒙族，满洲正黄旗。原刑部员外郎追封三等承恩公花良阿之女，生于嘉庆十七年（1812年）五月十一日[①]，比道光帝小30岁。道光五年（1825年）二月初九日她被封为静贵人。同年三月二十八日，14岁的静贵人进宫[②]，从此成了44岁的道光帝后宫中的一名贵人。皇帝广纳妃嫔的目的之一就是多生皇子，延续后代。道光五年（1825年），道光帝已经44岁，人到中年，尽管妃嫔不少，辛勤耕耘，普施雨露，但收获不丰，当时只有一名皇子，道光帝的盼子之心何等急切，可想而知。静贵人进宫刚一年，就身怀有孕了，道光帝喜之不尽。皇太后有再抱皇孙的希望，自然也是高兴异常。道光六年（1826年）四月初七日，道光帝谕内阁：

> 奉皇太后懿旨，静贵人晋封为静嫔。所有应行事宜，著各该衙门察例具奏[③]。

6个月后，即道光六年（1826年）十月二十三日亥时（夜9至11时），15岁的静嫔果然不负众望，生下了一个男婴，排行为皇二子，命名奕纲[④]，似乎有希望他将来掌握朝纲之意。刚过满月几天，道光帝就为静嫔举行了册封礼。道光六年十二月初一日，道光帝命礼部尚书松筠为正使，礼部左侍郎舒英为副使，持

---

① 唐邦治著《清皇室四谱》，上册，卷二·后妃，第29页，1923年上海聚珍仿宋印书局聚珍铅印本。

② 清宫档案《新整内务府杂件》敬事房，第5248包。

③ 中国第一历史档案馆编《嘉庆道光两朝上谕档》第31册，第397条，第109页，广西师范大学出版社，2000年11月第1版。

④ 唐邦治著《清皇室四谱》，下册，卷三·皇子，第27页，1923年上海聚珍仿宋印书局聚珍铅印本。

《喜溢秋庭图》中携小孩的是静妃

节赍册，晋封静贵人为静嫔[1]。进宫刚一年多，就为皇帝诞育龙儿，静嫔自然备受宠幸。道光七年（1827年），元旦刚过，元宵节这一天，道光帝再谕内阁，晋封静嫔为静妃[2]。这年的四月二十日卯时，举行了册封礼。任命的正使还是礼部尚书松筠，副使是内阁学士钟昌[3]。道光九年（1829年）十一月初七日午时，静妃又生下了皇三子奕继[4]。道光十年十二月初七日（1831年1月20日）寅时，静妃又生皇六女寿恩固伦公主[5]。道光十二年十一月二十一日（1833年1月11日）丑时，静妃又生下了第三个皇子即皇六子奕䜣[6]。这时静妃刚21岁，在不足8年之中，她连续生了3个皇子、1个皇女，功劳不小。这不仅表明了静妃的生育能力旺盛，更主要的是表明她是深受皇帝宠爱的。道光十三年（1833年）中秋节这一天，道光帝又晋升静妃为静贵妃[7]，道光十四年（1834年）十一

①《宣宗成皇帝实录》卷一一一，第34册，第845页，中华书局影印本，1986年8月第1版。

② 中国第一历史档案馆编《嘉庆道光两朝上谕档》第32册，第46条，第14页，广西师范大学出版社，2000年11月第1版。

③《宣宗成皇帝实录》卷一一六，第34册，第959页，中华书局影印本，1986年8月第1版。

④ 唐邦治著《清皇室四谱》，下册，卷三·皇子，第27页，1923年上海聚珍仿宋印书局聚珍铅印本。

⑤ 唐邦治著《清皇室四谱》，下册，卷四·皇女，第21页，1923年上海聚珍仿宋印书局聚珍铅印本。

⑥ 唐邦治著《清皇室四谱》，下册，卷三·皇子，第28页，1923年上海聚珍仿宋印书局聚珍铅印本。

⑦ 中国第一历史档案馆编《嘉庆道光两朝上谕档》第38册，第1165条，第411页，广西师范大学出版社，2000年11月第1版。

月初三日举行了静贵妃的册封礼[1]。道光二十年（1840年）四月二十五日，敬事房传旨：

静贵妃封为皇贵妃。琳贵人封为琳嫔[2]。

同年十二月十七日，道光帝命东阁大学士王鼎为正使，礼部左侍郎关圣保为副使，持节赍册宝，册封博尔济吉特氏为皇贵妃[3]。孝全皇后于道光二十年（1840年）正月崩逝后，博尔济吉特氏担起了抚养皇四子奕詝的担子。道光帝崩后刚7天，新即位的咸丰帝就于道光三十年（1850年）正月二十一日尊封博尔济吉特氏为康慈皇贵太妃。他在谕旨中说："皇贵妃侍奉皇考淑慎素着，允宜加崇称号，以申敬礼。谨尊封为康慈皇贵太妃。[4]"咸丰元年（1851年）三月十五日，举行了尊封礼。咸丰帝命文华殿大学士赛尚阿为正使，体仁阁大学士祁寯藻为副使，恭赍册宝，尊封皇贵妃博尔济吉特氏为康慈皇贵太妃[5]。由两名大学士任正副使，这是很少见的。

似乎这样做，还不足以报答博尔济吉特氏的抚养深恩。咸丰五年（1855年）七月初一日，咸丰帝谕惠亲王绵愉等："……钦惟康慈皇贵太妃，侍奉皇考廿余年，徽柔素著；抚育朕躬十五载，恩恤优加。虽懿德㧑谦，而孝忱难罄。今谨上尊号为康慈皇太后。[6]"清王朝共有11位皇太后，其中有5位是先帝的中宫皇后，有5位是嗣帝的生母，只有这位博尔济吉特氏既不是前朝的中宫皇后，也不是嗣帝的生母，只是因抚育过嗣帝而登上了皇太后的宝座，这是清王朝的唯一一例。

---

①《宣宗成皇帝实录》卷二六〇，第36册，第958页，中华书局影印本，1986年8月第1版。

② 清宫档案《宫中杂件》人事后妃，第1247包。

③《宣宗成皇帝实录》卷三四三，第38册，第217页，中华书局影印本，1986年8月第1版。

④ 中国第一历史档案馆编《嘉庆道光两朝上谕档》第55册，第92条，第45页，广西师范大学出版社，2000年11月第1版。

⑤《文宗显皇帝实录》卷二九，第40册，第412页，中华书局影印本，1986年11月第1版。

⑥《文宗显皇帝实录》卷一七一，第42册，第896页，中华书局影印本，1986年11月第1版。

不知是无福享受，还是乐极生悲，博尔济吉特氏刚被尊为皇太后7天，就有了病，而且一病不起，竟于咸丰五年（1855年）七月初九日巳刻撒手人寰，驾鹤西归了[①]，终年44岁。当日酉刻（下午5至7时）大殓，梓宫奉安于慈宁宫正中[②]。咸丰帝命恭亲王奕䜣、怡亲王载垣、文华殿大学士裕诚、刑部尚书麟魁、工部尚书文庆、仓场侍郎文彩为办理丧仪王大臣[③]。七月二十一日卯刻，大行皇太后梓宫奉移绮春园迎晖殿暂安[④]。九月二十二日，恭上尊谥曰：孝静康慈弼天抚圣皇后[⑤]。咸丰五年（1855年）十月十九日，孝静皇后的神牌升祔奉先殿[⑥]。十月二十五日卯时，孝静皇后梓宫奉移西陵[⑦]，恭亲王奕䜣等王大臣沿途护送。梓宫安奉于慕东陵隆恩殿正中。梓宫在那里停放了一年半以后，于咸

慕东陵隆恩殿

①《文宗显皇帝实录》卷一七一，第42册，第896页，中华书局影印本，1986年11月第1版。

②《文宗显皇帝实录》卷一七一，第42册，第906页，中华书局影印本，1986年11月第1版。

③《文宗显皇帝实录》卷一七一，第42册，第908页，中华书局影印本，1986年11月第1版。

④《文宗显皇帝实录》卷一七三，第42册，第920页，中华书局影印本，1986年11月第1版。

⑤《文宗显皇帝实录》卷一七八，第42册，第987页，中华书局影印本，1986年11月第1版。

⑥《文宗显皇帝实录》卷一八〇，第42册，第1018页，中华书局影印本，1986年11月第1版。

⑦清宫档案《内务府来文》礼仪，第198包。

孝静皇后宝顶

丰七年（1857年）四月二十日申刻（下午3至5点）葬入慕东陵前排正中地宫内[①]。当天，孝静皇后的神牌就供放到了慕东陵隆恩殿内[②]。

孝静皇后的丧事与其他皇太后相比，大为减杀，规格降低，主要表现在以下几方面：

不单独建陵，葬入妃园寝，将妃园寝改建后升格为皇后陵。

孝静皇后梓宫奉移山陵，咸丰帝不亲自护送；入葬地宫，咸丰帝不参加丧礼。

按制度，皇太后初上谥号应上12个字，并系先帝庙谥。而孝静皇后只上8个字谥号，并且不系宣宗庙谥，不称成皇后。

孝静皇后神牌不升祔太庙，只升祔奉先殿，供奉山陵。

孝静皇后生育了3个皇子、1位公主，是先帝的宠妃，又有抚养嗣帝之恩，为什么咸丰帝对她的丧事如此大加减杀呢？对于每项减杀，咸丰帝都有一大堆冠冕堂皇的理由，其实都有些勉强，不太令人信服，这里不便条条展开细说，只简单分析一下不单独建陵，缩减规制一条。

清朝葬制，从康熙中期以后，凡死于皇帝入葬之后的皇后，均单独建陵。孝静皇后正好符合这条，应该单独建陵。可是咸丰帝却以“慕陵妃园寝为皇考钦定位次[③]”为理由，仍将她葬在妃

---

①清宫档案《新整内务府档》礼仪，第0004包。

②《文宗显皇帝实录》卷二二四，第43册，第497页，中华书局影印本，1986年11月第1版。

③《文宗显皇帝实录》卷一七四，第42册，第944页，中华书局影印本，1986年11月第1版。

园寝，不予单独建陵。道光帝生前确实已将孝静皇后葬位定于妃园寝前排正中之位，但是当时孝静皇后尚在皇贵妃位上，是按皇贵妃的身份来定位的，当时道光帝并不知道博尔济吉特氏后来会被尊为皇太后。后来，博尔济吉特氏尊为皇太后了，地位变了，其葬位自然也应随之变化。例如，嘉庆帝的恭顺皇贵妃，在贵妃位上时，已将葬位确定。到了道光二十六年（1846年），晋尊为皇贵妃了，因此改变了原定的葬位，将葬位定在了最前排①。这件事发生在孝静皇后死前9年，咸丰帝应该知道，朝中大臣更是清楚。既有前例、成宪，为何不遵？礼缘义起，事可通权达变，为孝静皇后单独建陵，完全是可行的。可行却不行，看来是有其政治背景的。恭亲王奕䜣只小咸丰帝1岁，论相貌、论才智，均胜咸丰帝一筹，奕䜣是皇位的最有力的竞争者。而作为奕䜣生母的博尔济吉特氏，在立储一事上，自然要偏护、支持自己亲生的儿子奕䜣，难免经常给道光帝吹些枕头风，因而给咸丰帝造成了很大的威胁和麻烦。咸丰帝对于奕䜣母子总是耿耿于怀。据说咸丰帝即位后，本来不想晋尊博尔济吉特氏为皇太后，但奕䜣"频以宜尊号太后为言②"，而博尔济吉特氏又似有不尊为皇太后不瞑目之意，迫于情势，咸丰帝才晋尊博尔济吉特氏为皇太后。咸丰帝的心里是十分不痛快的。为了发泄心中的积怨，咸丰帝才减杀了博尔济吉特氏的丧礼。博尔济吉特氏死后12天即七月二十一日，咸丰帝颁朱谕：

恭亲王像

恭亲王奕䜣于一切礼仪多有疏略之处，著勿庸在军机大

①清宫档案《新整内务府档》修建工程，第0357包。

②中国史学会主编中国近代史料丛刊《第二次鸦片战争》，第2册，第324页。转引自宝成关著《奕䜣慈禧政争记》第23页，吉林文史出版社，1990年6月第1版。

臣上行走。宗人府宗令、正黄旗满洲都统均著开缺并勿庸恭理丧仪事务、管理三库事务，仍在内廷行走，上书房读书，管理中正殿等处事务。俾自知敬慎，勿再蹈愆尤，以副朕成全之至意。特谕[①]。

解除了奕䜣的一切职务，只让他在上书房读书，很明显，这是对奕䜣的报复，是给他点颜色看看。

上述关于晋尊博尔济吉特氏为皇太后的理由，并非来自清朝官书和档案，而是来自私人著述和个人分析。所以只供参考。

笔者认为，不单独建陵，减杀丧仪，确有其实际原因。主要是经济方面的因素。咸丰帝即位之初，就爆发了大规模的太平天国农民起义，清政府竭尽全力镇压，耗银似水。又同时办理孝和皇后、道光帝的丧事，营建昌西陵，使清政府财政雪上加霜，已经没有财力再为孝静皇后单独建陵了，能省点就省点。在当时的情况下，谁坐在太和殿的龙座上，也会千方百计减少开支的。

咸丰帝崩后10天，即咸丰十一年（1861年）七月二十七日，初议准，为孝静皇后谥号增加"端淑"2字[②]。十月二十一日又发生了变化，改为增加"懿昭端惠"4个字，并系宣宗庙谥，称"成皇后"[③]。同治元年（1862年）四月初八日在慕东陵举行加谥礼，遣惇亲王奕谅诣慕东陵隆恩殿恭代行礼，进献册宝[④]。将香册、香宝供奉于慕东陵隆恩殿内[⑤]。九月初一日孝静皇后神牌升祔太庙、奉先殿[⑥]。光绪元年（1875年）六月，光绪帝加上

---

① 中国第一历史档案馆编《咸丰同治朝上谕档》第5册，第579条，第271页，广西师范大学出版社，1998年8月第1版。

②《穆宗毅皇帝实录》卷一，第45册，第86页，中华书局影印本，1987年1月第1版。

③《穆宗毅皇帝实录》卷八，第45册，第207页，中华书局影印本，1987年1月第1版。

④《穆宗毅皇帝实录》卷二四，第45册，第658页，中华书局影印本，1987年1月第1版。

⑤ 中国第一历史档案馆编《咸丰同治朝上谕档》第11册，第1708条，第555页，广西师范大学出版社，1998年8月第1版。

⑥《穆宗毅皇帝实录》卷四二，第45册，第1125页，中华书局影印本，1987年1月第1版。

孝静成皇后谥宝

“庄仁”2字[①]。宣统元年（1909年）四月，又加上“和慎”2字[②]。最后谥号为：孝静康慈懿昭端惠庄仁和慎弼天抚圣成皇后，简称孝静成皇后或孝静皇后。

□ 庄顺皇贵妃

庄顺皇贵妃，乌雅氏，笔帖式灵寿之女[③]，生于道光二年（1822年）十月十六日寅时[④]，比道光帝小40岁。进宫日期约在道光十五年至十六年之间。初封为琳贵人。道光十七年（1837年）十一月初六日降为秀常在[⑤]。道光十九年（1839年）七月二十三日，内殿总管康进喜交出朱笔一件，谕：“秀常在封为琳贵人，位次在成贵人之次。[⑥]”道光二十年（1840年）四月二十五日，琳贵人晋封为琳嫔[⑦]。尚未举行册封礼，琳嫔即于这年的九

---

①唐邦治著《清皇室四谱》，上册，卷二·后妃，第30页，1923年上海聚珍仿宋印书局聚珍铅印本。

②唐邦治著《清皇室四谱》，上册，卷二·后妃，第30页，1923年上海聚珍仿宋印书局聚珍铅印本。

③唐邦治著《清皇室四谱》，上册，卷二·后妃，第30页，1923年上海聚珍仿宋印书局聚珍铅印本。

④清宫档案《新整内务府档》掌仪司，第3783包。

⑤清宫档案《宫中档簿》“出入女子、嬷嬷、妈妈里”簿654。

⑥清宫档案《宫中杂件》人事后妃，第1247包。

⑦《宣宗成皇帝实录》卷三三三，第38册，第63页，中华书局影印本，1986年8月第1版。

月二十一日子时生下了皇七子奕譞[①]。看来乌雅氏由贵人升为嫔，与她身怀有孕有直接的关系。道光帝喜得皇子，高兴之下，即于同年十一月十七日，又晋封琳嫔为琳妃，同时又谕："其嫔分册封之礼著勿庸举行。[②]"因为道光二十年（1840年）正月孝全皇后崩逝，大办丧事，所以

奕譞50岁寿诞时，摄于什刹海醇王府

琳妃的册封礼推迟到道光二十二年（1842年）五月十八日才举行[③]。在举行妃的册封礼之前的道光二十二年（1842年）二月十三日寅时（《清皇室四谱》载为戌时[④]），琳妃又生了皇九女寿庄固伦公主。道光二十四年（1844年）正月初六日寅时又生皇八子奕詥[⑤]。第二年，道光二十五年（1845年）十月十六日寅时，24岁的琳妃又生下了皇九子奕譓[⑥]。乌雅氏连续为皇帝生了1个公主、3个皇子，这给盼子心切的道光帝带来了极大的喜悦和兴

① 唐邦治著《清皇室四谱》，下册，卷三·皇子，第29页，1923年上海聚珍仿宋印书局聚珍铅印本。

② 中国第一历史档案馆编《嘉庆道光两朝上谕档》第55册，第1656条，第457页，广西师范大学出版社，2000年11月第1版。

③《宣宗成皇帝实录》卷三七三，第38册，第715页，中华书局影印本，1986年8月第1版。

④ 唐邦治著《清皇室四谱》，下册，卷四·皇女，第22页，1923年上海聚珍仿宋印书局聚珍铅印本。

⑤ 唐邦治著《清皇室四谱》，下册，卷三·皇子，第30页，1923年上海聚珍仿宋印书局聚珍铅印本。

⑥ 唐邦治著《清皇室四谱》，下册，卷三·皇子，第30页，1923年上海聚珍仿宋印书局聚珍铅印本。

奋，因此在道光二十五年十二月十二日（1846年1月9日），又晋封琳妃为琳贵妃[①]。一年以后，到道光二十六年十二月初九日（1847年1月25日）（实录为二月初十日[②]）举行了琳贵妃的册封礼。这时，乌雅氏已成了仅次于皇贵妃博尔济吉特氏的后宫中第二号人物，炙手可热，红极一时。三年后，道光帝龙驭上宾。道光帝刚死7天，新即位的咸丰帝就于道光三十年正月二十一日尊封琳贵妃为琳贵太妃[③]。咸丰元年（1851年）三月十五日举行了琳贵太妃的册尊礼[④]。十一年以后，新即位的同治帝在咸丰十一年（1861年）十月十日以“琳贵太妃诞育醇郡王、钟郡王、孚郡王，寿禧和硕公主，谨尊封为琳皇贵太妃[⑤]”。（经过笔者考证，皇帝谕旨有误，寿禧和硕公主应为彤贵妃所生，寿庄和硕公主应为庄顺皇贵妃所生。）

同治帝在尊封琳皇贵太妃的谕旨中，同时还晋封彤嫔为彤妃，佳嫔为佳妃，顺贵人为顺嫔等，其册封礼本应在数月后，或一年内举行，然而这次却大出意外，拖了13年之久，到同治十三年（1874年）九月初九日才举行，不知是何原因，这在有清一代是罕见的[⑥]。因琳皇贵太妃在同治五年（1866年）病逝，所以未能赶上这次迟到的册封礼。

同治五年（1866年）十一月初七日，这位历经三朝的琳皇贵太妃与世长辞[⑦]，终年45岁。琳皇贵太妃刚一停止呼吸，就用吉

---

① 中国第一历史档案馆编《嘉庆道光两朝上谕档》第50册，第1481条，第558页，广西师范大学出版社，2000年11月第1版。

②《宣宗成皇帝实录》卷四三七，第39册，第470页，中华书局影印本，1986年8月第1版。

③ 中国第一历史档案馆编《嘉庆道光两朝上谕档》第55册，第93条，第45页，广西师范大学出版社，2000年11月第1版。

④《文宗显皇帝实录》卷三〇，第40册，第413页，中华书局影印本，1986年11月第1版。

⑤《穆宗毅皇帝实录》卷六，第45册，第172页，中华书局影印本，1987年1月第1版。

⑥ 清宫档案《宫中杂件》敬事房来文，第2462包。

⑦《穆宗毅皇帝实录》卷一八八，第49册，第375页，中华书局影印本，1987年1月第1版。

庄顺皇贵妃宝顶

祥轿将遗体移送到景山东北方向的临时停灵处——吉安所，同治帝辍朝5日。十一月十二日，大内以下，宗室以上暨王公文武官员穿素服一日[①]。十一月十七日，同治帝亲自到吉安所琳皇贵太妃金棺前酹酒[②]。同治五年十二月二十四日，琳皇贵太妃金棺奉移田村殡宫暂安。同治五年十二月，琳皇贵太妃谥为庄顺皇贵妃。同治六年（1867年）三月初三日琳皇贵太妃金棺奉移慕东陵[③]，同年十月十五日卯刻葬入地宫[④]。她的宝顶位于孝静皇后内罗圈墙东墙外。

同治帝崩后，以庄顺皇贵妃之亲孙、醇亲王奕譞之子载湉入承大统，是为德宗即光绪帝。光绪十三年（1887年）三月十一日，光绪帝展谒西陵时，特地到庄顺皇贵妃宝顶前行一跪三拜礼、奠酒三爵[⑤]。光绪十六年（1890年）以本年为光绪帝的二旬万寿，追封庄顺皇贵妃母家三代一品官职。

①《穆宗毅皇帝实录》卷一八八，第49册，第378页，中华书局影印本，1987年1月第1版。

②《穆宗毅皇帝实录》卷一八八，第49册，第389页，中华书局影印本，1987年1月第1版。

③ 清宫档案《新整内务府档》，第0053包。

④ 清宫档案《新整内务府档》，第0055包。

⑤《德宗景皇帝实录》卷二四〇，第55册，第235页，中华书局影印本，1987年6月第1版。

□ 彤贵妃

彤贵妃，舒穆鲁氏，郎中玉彰之女[①]，生于嘉庆二十二年（1817年）四月十九日卯时[②]，小道光帝35岁。约在道光十一年（1831年）入宫，时年15岁。初入宫封为彤贵人。道光十二年

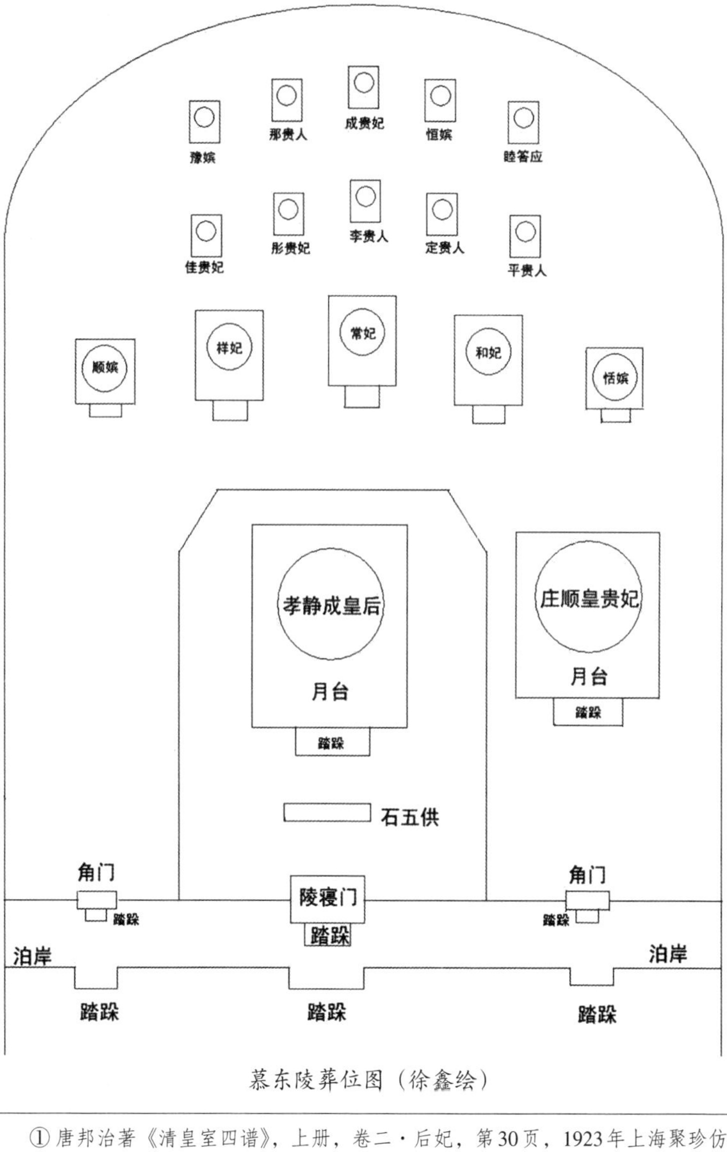

慕东陵葬位图（徐鑫绘）

① 唐邦治著《清皇室四谱》，上册，卷二·后妃，第30页，1923年上海聚珍仿宋印书局聚珍铅印本。

② 清宫档案《新整内务府档》掌仪司，第3783包。

（1832年）四月初二日道光帝谕："奉皇太后懿旨，彤贵人晋封为彤嫔。[①]"同年十一月初八日辰时举行彤嫔的册封礼[②]。道光十三年（1833年）八月十五日，道光帝又谕："奉皇太后懿旨，彤嫔晋封为彤妃。[③]"道光十四年（1834年）十一月初三日巳时举行了彤妃的册封礼[④]。道光十六年（1836年）七月初七日内阁奉朱谕："彤妃著晋封为彤贵妃。"同年十二月二十一日午时[⑤]（《清实录》载为二十日[⑥]，清宫档案载为二十一日午时，本书采用清宫档案所记日期）举行了彤贵妃的册封礼，这一年彤贵妃刚20岁。入宫不足6年就直线升为贵妃，足见彤贵妃受宠之深。道光二十年（1840年）七月初二日亥时，彤贵妃生皇七女[⑦]。第二年十一月二十六日午时又生皇八女寿禧和硕公主[⑧]。道光二十四年（1844年）三月十七日寅时又生皇十女。彤贵妃在5年之内连生了三个皇女，表明她入宫14年来一直久宠不衰。正当皇帝春深，彤贵妃受宠之际，乐极生悲，变生意外。就在她生下十公主半年

彤妃画像

① 中国第一历史档案馆编《嘉庆道光两朝上谕档》第37册，第376条，第126页，广西师范大学出版社，2000年11月第1版。

②《宣宗成皇帝实录》卷二二五，第36册，第362页，中华书局影印本，1986年8月第1版。

③ 中国第一历史档案馆编《嘉庆道光两朝上谕档》第38册，第1165条，第411页，广西师范大学出版社，2000年11月第1版。

④ 清宫档案《内务府来文》，第144包。

⑤ 清宫档案《新整内务府档》掌仪司，第3781包。

⑥《宣宗成皇帝实录》卷二九二，第37册，第402页，中华书局影印本，1986年8月第1版。

⑦ 唐邦治著《清皇室四谱》，下册，卷四·皇女，第22页，1923年上海聚珍仿宋印书局聚珍铅印本。

⑧ 唐邦治著《清皇室四谱》，下册，卷四·皇女，第22页，1923年上海聚珍仿宋印书局聚珍铅印本。

之后，道光二十四年（1844年）九月初十日，道光帝突然降旨，将彤贵妃降为彤贵人，一下子降了三级[①]。到底是什么原因，清朝史书、清宫档案乃至私人著述，均无记载，至今仍是不解之谜。

彤贵妃自降为贵人后，在道光帝生前再也未能得到晋升。道光帝死后，咸丰帝即位。新君继统，给彤贵人带来了希望和转机。道光帝刚死7天，咸丰帝就于道光三十年正月二十一日颁发谕旨，晋封彤贵人为彤嫔[②]，又开始了19年前她刚一入宫时的历程。咸丰元年（1851年）三月十五日举行了第二次嫔的册封礼[③]。在咸丰朝的11年间，舒穆鲁氏始终在嫔位，没有得到升迁。咸丰帝死后，新即位的同治帝于咸丰十一年（1861年）十月初十日，以彤嫔曾生育寿禧和硕公主，晋封她为彤妃[④]。册封礼到13年后的同治十三年（1874年）九月初九日辰时才举行[⑤]。册封礼刚举行过两个多月，又于同年十一月十六日晋封为彤贵妃[⑥]。上次由贵人升到贵妃，用了5年多时间，这次由贵人升到贵妃，用了30年，多用了25年。舒穆鲁氏好不容易又熬上了贵妃。可是天有不测风云，人有旦夕祸福。晋封为彤贵妃不足一年，便于光绪元年（1875年）十月十二日溘然长逝[⑦]，终年59岁。

彤贵妃死后，立刻用吉祥轿将遗体移到皇宫之外的吉安所，当日盛殓，将金棺停放在吉安所殿内。光绪元年（1875年）十月二十日卯初二刻，彤贵妃金棺从吉安所奉移田村殡宫，沿途由醇

---

① 清宫档案《宫中杂件》人事后妃，第1247包。

② 中国第一历史档案馆编《嘉庆道光两朝上谕档》第55册，第93条，第45页，广西师范大学出版社，2000年11月第1版。

③《文宗显皇帝实录》卷二九，第40册，第413页，中华书局影印本，1986年11月第1版。

④ 中国第一历史档案馆编《咸丰同治朝上谕档》第11册，第1365条，第415页，广西师范大学出版社，1998年8月第1版。

⑤ 清宫档案《宫中杂件》敬事房来文，第2462包。

⑥《穆宗毅皇帝实录》卷三七三，第51册，第938页，中华书局影印本，1987年1月第1版。

⑦ 清宫档案《宫中杂件》妃嫔遗物，第2333包。

亲王奕譞夫妇护送，将金棺暂安于田村西所殿内[①]。光绪三年（1877年）九月初三日寅时，彤贵妃金棺及恒嫔金棺奉移西陵，九月初七日到达慕东陵，彤贵妃金棺暂安于享殿以东的芦殿内，恒嫔暂安于西配殿内。第二天即九月初八日巳时[②]，彤贵妃葬于前数第三排（庄顺皇贵妃宝顶算第一排）的西数第二座砖池内。西旁为佳贵妃。

□ 佳贵妃

佳贵妃，郭佳氏，正黄旗，嘉庆二十一年十二月初三日子时出生[③]，比道光帝小34岁。道光十五年（1835年）已是佳贵人。道光十六年（1836年）七月初七日，内阁奉朱笔："奉皇太后懿旨，彤妃著晋封为彤贵妃。贵人郭佳氏著封为佳嫔。所有应行事宜，各该衙门照例办理。特谕。[④]"同年十二月二十一日午时（《清实录》载为十二月二十日；清宫档案载为十二月二十一日午时）道光帝命礼部尚书贵庆为正使，内阁学士倭什讷为副使，持节赍册，晋封佳贵人为佳嫔[⑤]。道光二十年（1840年）二月二十三日，不知是什么原因，道光帝突然将佳嫔降为佳贵人[⑥]。从此10年之内，郭佳氏再也没有得到晋升。道光三十年（1850年）正月十四日，道光帝驾崩。正月二十一日，即位刚7天的咸丰帝就晋封佳贵人郭佳氏为佳嫔[⑦]。咸丰元年（1851年）三月十五日举行了佳嫔的册封礼[⑧]。10年后，咸丰帝病逝，新即位的同

---

① 清宫档案《宫中杂件》丧葬祭祀，第2333包。

② 清宫档案《新整内务府档》礼仪，第0009包。

③ 清宫档案《新整内务府档》掌仪司，第3783包。

④ 中国第一历史档案馆编《嘉庆道光两朝上谕档》第41册，第1000条，第284页，广西师范大学出版社，2000年11月第1版。

⑤《宣宗成皇帝实录》卷二九二，第37册，第526页，中华书局影印本，1986年8月第1版。

⑥ 清宫档案《宫中档簿》"出入女子、嬷嬷、妈妈里"，第654号。

⑦ 中国第一历史档案馆编《嘉庆道光两朝上谕档》第55册，第93条，第45页，广西师范大学出版社，2000年11月第1版。

⑧《文宗显皇帝实录》卷二九，第40册，第413页，中华书局影印本，1986年11月第1版。

治帝于咸丰十一年（1861年）十月初十日晋封佳嫔为佳妃[①]。册封礼于13年后的同治十三年（1874年）九月初九日举行[②]。过了两个多月，于同治十三年（1874年）十一月十六日，佳妃又晋封为佳贵妃[③]。这位已经历了嘉庆、道光、咸丰、同治四朝的佳贵妃，在光绪年间又度过了16个春秋。光绪十六年（1890年）四月初六日深夜（亥初一刻）病死于紫禁城内的寿安宫[④]，终年75岁，在道光帝的后妃中属于高寿者之一。第二天即四月初七日午正三刻，用吉祥轿将佳贵妃遗体移出皇宫，送到吉安所，当日酉时（下午5至7时）大殓[⑤]。四月二十日卯时，佳贵妃金棺从吉安所奉移到京西的田村殡宫西所正殿内暂安[⑥]。光绪十九年（1893年）四月十三日寅时，佳贵妃金棺从田村奉移西陵。四月十七日辰时至慕东陵，暂安于享殿旁之芦殿内。四月十八日卯时葬入地宫[⑦]，其地宫为砖池。第三排（庄顺皇贵妃宝顶算第一排）西数第一位。

□ 成贵妃

成贵妃，钮祜禄氏，嘉庆十八年（1813年）二月初八日丑时生[⑧]，比道光帝小31岁。道光八年（1828年）二月进宫，时年16岁，初赐号为成贵人[⑨]，起码到道光十年已降为余常在。道光十六年（1836年）十月初一日，总管郝进喜奉旨："余常在仍著封为成贵人。[⑩]"道光二十五年（1845年）十月初五日敬事房太监

① 中国第一历史档案馆编《咸丰同治朝上谕档》第11册，第1365条，第415页，广西师范大学出版社，1998年8月第1版。

② 清宫档案《宫中杂件》敬事房来文，第2462包。

③《穆宗毅皇帝实录》卷三七三，第51册，第938页，中华书局影印本，1987年1月第1版。

④ 清宫档案《新整内务府杂件》敬事房，礼仪，第5505包。

⑤ 清宫档案《新整内务府杂件》敬事房，礼仪，第5505包。

⑥ 清宫档案《宫中杂件》，第2333包。

⑦ 清宫档案《内务府奏案》，第689包。

⑧ 清宫档案《新整内务府档》掌仪司，第3783包。

⑨ 清宫档案《新整内务府杂件》敬事房，第5248包。

⑩ 清宫档案《新整内务府档》掌仪司，第3781包。

慕东陵后院

王喜传旨："成贵人封为成嫔。谨此。[1]"道光二十六年（1846年）十二月初九日（《清实录》载为初十日[2]）为成嫔举行了册封礼。两年半以后，道光二十九年（1849年）六月十五日，敬事房太监王喜传旨："成嫔降为成贵人，在彤贵人之次。[3]"半年后，道光帝驾崩，七天后，道光三十年正月二十一日，咸丰帝尊封成贵人为成嫔[4]。咸丰元年（1851年）三月十五日举行了成嫔的册封礼[5]。咸丰十一年（1861年）十月初十日，新即位的同治帝又尊封成嫔为成妃[6]。十三年后，同治帝载淳在他死前86天，

---

① 清宫档案《宫中杂件》人事后妃，第1247包。

②《宣宗成皇帝实录》卷四三七，第39册，第471页，中华书局影印本，1986年8月第1版。

③ 清宫档案《宫中档簿》"出入女子、嬷嬷、妈妈里"，第654号。

④ 中国第一历史档案馆编《嘉庆道光两朝上谕档》第55册，第93条，第45页，广西师范大学出版社，2000年11月第1版。

⑤《文宗显皇帝实录》卷二九，第40册，第413页，中华书局影印本，1986年11月第1版。

⑥ 中国第一历史档案馆编《咸丰同治朝上谕档》第11册，第1365条，第415页，广西师范大学出版社，1998年8月第1版。

即同治十三年（1874年）九月初九日为成妃等人举行了册封礼[①]。两个多月后，即十一月十六日，同治帝又尊封成妃为成贵妃[②]。光绪十四年（1888年）三月三十日申时，这位经历了嘉庆、道光、咸丰、同治、光绪五朝的老贵妃——成贵妃走完了她76年的人生旅程，寿终正寝。当即用吉祥轿将成贵妃遗体移送到景山东北的吉安所前殿。四月初一日午初三刻将遗体殓入金棺内[③]。四月十六日寅时，成贵妃金棺从吉安所奉移到田村殡宫西所正殿暂安[④]。光绪十四年（1888年）九月十九日寅刻，成贵妃金棺从田村奉移西陵，九月二十三日巳刻抵达慕东陵，金棺暂安于西配殿[⑤]，在那里停放了一年。第二年，光绪十五年（1889年）九月二十四日寅时，成贵妃金棺葬入地宫[⑥]。

□ 和妃

和妃，那拉氏，卿衔成文之女[⑦]。嘉庆中期那拉氏入侍皇二子绵宁潜邸，为官女子（地位最低的侍妾）。她是道光帝的早期嫔御之一。嘉庆十三年（1808年）四月二十一日，那拉氏生下了皇长子奕纬[⑧]，时年已27岁的绵宁第一次当上了父亲。绵宁如

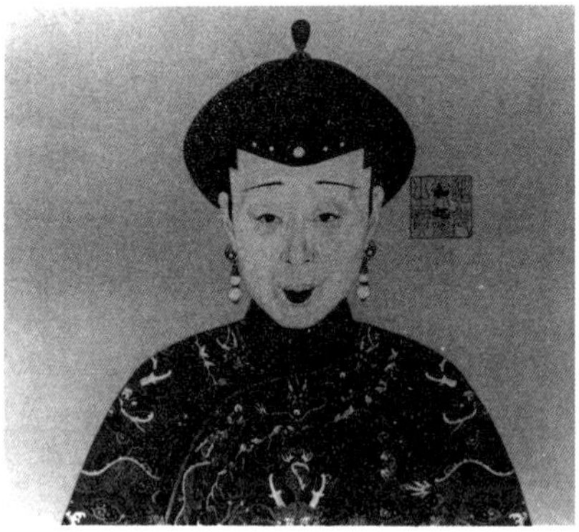
和妃像

①清宫档案《宫中杂件》敬事房来文，第2462包。

②《穆宗毅皇帝实录》卷三七三，第51册，第938页，中华书局影印本，1987年1月第1版。

③清宫档案《宫中杂件》礼仪，丧葬祭祀，第2336包。

④清宫档案《宫中杂件》礼仪，丧葬祭祀，第2336包。

⑤清宫档案《内务府奏案》，第669包。

⑥清宫档案《内务府奏案》，第675包。

⑦唐邦治著《清皇室四谱》，上册，卷二·后妃，第31页，1923年上海聚珍仿宋印书局聚珍铅印本。

⑧唐邦治著《清皇室四谱》，下册，卷三·皇子，第27页，1923年上海聚珍仿宋印书局聚珍铅印本。

何欣喜自不必说，就连嘉庆帝也异常高兴。因为这年嘉庆帝已经49岁了，还没有一个孙子。奕纬的出生，使嘉庆帝喜得皇长孙，又恰恰是在嘉庆帝五十大寿之前，可谓双喜临门，嘉庆帝怎么会不高兴呢？当天，嘉庆帝就发出谕旨：

> 朕仰蒙昊苍鸿佑，列圣慈恩，于本日得皇长孙，云礽兆庆，奕叶延厘。明岁正值朕五旬万寿，喜贶频仍，洵为吉祥喜事。允宜加惠宫闱，用昭福瑞。诚妃著加恩晋封为诚贵妃，吉嫔著加恩晋封为庄妃，信贵人著加恩晋封为信嫔。二阿哥之官女子那拉氏庆育皇孙，著加恩封为侧室福晋①。

道光帝即位后，于嘉庆二十五年（1820年）九月初五日，晋封侧福晋那拉氏为和嫔②。嘉庆帝的丧期过后，于道光二年（1822年）十一月十六日巳时为和嫔举行了册封礼③。道光三年（1823年）二月二十二日诏封和妃④，同年十一月二十五日举行和妃册封礼⑤。道光十六年（1836年）四月初四日亥时溘然长逝⑥，其丧仪照信妃之例，不辍朝。四月初九日金棺奉移田村殡宫暂安。九月二十一日和妃金棺奉移西陵，随同奉移的还有死于道光十五年的11岁的皇三女端顺固伦公主（孝全皇后所生）。九月二十五日到达双峰岫妃园寝⑦。道光十七年二月初六日和妃金棺葬入地宫⑧。第二排东数第二位。

□ 祥妃

祥妃，钮祜禄氏，嘉庆十三年（1808年）正月十三日辰时

---

① 中国第一历史档案馆编《嘉庆道光两朝上谕档》第13册，第458条，第198页，广西师范大学出版社，2000年11月第1版。

② 清宫档案《造办处活计档》道光元年。

③ 清宫档案《新整内务府档》掌仪司，第3780包。

④ 中国第一历史档案馆编《嘉庆道光两朝上谕档》第28册，第241条，第70页，广西师范大学出版社，2000年11月第1版。

⑤《宣宗成皇帝实录》卷六一，第33册，第1077页，中华书局影印本，1986年8月第1版。

⑥ 清宫档案《内务府来文》礼仪，第148包。

⑦ 清宫档案《内务府来文》，第2948包。

⑧ 清宫档案《内务府来文》，第2948包。

生[①]，比道光帝小26岁。她是郎中久福之女[②]，约于道光二年四月至十月之间进宫，初赐号为祥贵人。道光三年（1823年）二月二十二日，祥贵人晋封为祥嫔[③]。同年十一月二十五日举行册封礼[④]。道光四年（1824年）八月初十日，封已身怀有孕的祥嫔为祥妃[⑤]。道光五年（1825年）正月十三日子时祥妃生下了皇二女[⑥]。道光五年（1825年）四月十三日卯时为祥妃举行了册封礼[⑦]。道光九年（1829年）十月十九日卯时祥妃又生下了皇五女寿臧和硕公主[⑧]。道光十一年（1831年）六月十五日辰时又生了皇五子奕誴[⑨]。正当祥妃受宠之时，道光十七年（1837年）突然被降为祥贵人[⑩]。在以后的12年中，祥贵人一直未能得到升迁。道光帝死后第7天，新即位的咸丰帝就于道光三十年（1850年）正月二十一日将祥贵人封为祥嫔[⑪]。册封礼于咸丰元年（1851年）三月十五日举行[⑫]。咸丰十年（1860年）八月初八日祥嫔随

---

①清宫档案《新整内务府档》掌仪司，第3783包。

②唐邦治著《清皇室四谱》，上册，卷二·后妃，第31页，1923年上海聚珍仿宋印书局聚珍铅印本。

③中国第一历史档案馆编《嘉庆道光两朝上谕档》第28册，第241条，第70页，广西师范大学出版社，2000年11月第1版。

④《宣宗成皇帝实录》卷六一，第33册，第1077页，中华书局影印本，1986年8月第1版。

⑤中国第一历史档案馆编《嘉庆道光两朝上谕档》第29册，第1084条，第319页，广西师范大学出版社，2000年11月第1版。

⑥唐邦治著《清皇室四谱》，下册，卷四·皇女，第20页，1923年上海聚珍仿宋印书局聚珍铅印本。

⑦《宣宗成皇帝实录》卷八一，第34册，第154页，中华书局影印本，1986年8月第1版。

⑧唐邦治著《清皇室四谱》，下册，卷四·皇女，第21页，1923年上海聚珍仿宋印书局聚珍铅印本。

⑨唐邦治著《清皇室四谱》，下册，卷三·皇子，第27页，1923年上海聚珍仿宋印书局聚珍铅印本。

⑩清宫档案《内务府来文》礼仪，第213包。

⑪中国第一历史档案馆编《嘉庆道光两朝上谕档》第55册，第93条，第45页。广西师范大学出版社，2000年11月第1版。

⑫《文宗显皇帝实录》卷二九，第40册，第414页，中华书局影印本，1986年11月第1版。

咸丰帝逃往热河。第二年的正月初六日祥嫔病逝于避暑山庄[①]，终年54岁。同年二月初七日卯时，祥嫔金棺由避暑山庄奉移西陵[②]。由于当时时局动荡，财政紧张，所以这次奉移祥嫔，一切从简办理。金棺到达西陵后，将金棺暂安于慕东陵西配殿[③]。这一停就是两年半。咸丰十一年十月二十一日，同治帝追尊祥嫔为祥妃[④]。到同治二年（1863年）九月初四日辰时，才将祥嫔金棺葬入慕东陵地宫[⑤]。地宫位于第二排西数第二位。

□ 常妃

常妃，赫舍里氏，嘉庆十三年（1808年）十一月十五日巳时生[⑥]，小道光帝26岁，与祥妃同岁，但小10个月零2天。道光九年（1829年）已是常贵人，一直到道光帝死，始终在贵人的位子上。道光三十年（1850年）正月二十一日，新即位的咸丰帝晋封常贵人为常嫔[⑦]，咸丰元年（1851年）三月十五日举行了常嫔册封礼[⑧]。

咸丰十年（1860年）农历八月，英法侵略军攻打北京，形势极为危急，咸丰帝携带部分后妃和亲近大臣于八月初八日从圆明园逃往热河避暑山庄，常嫔等未随行，仍留住圆明园的绮春园。八月二十二日，英法侵略军，一路烧杀，杀气腾腾地直扑圆明园。驻守圆明园的数千名护军闻信，早已逃得无影无踪。侵略强盗进入圆明园时，遭到了以任亮为首的20多名技勇太监的殊死抵

---

①《文宗显皇帝实录》卷三四〇，第44册，第1054页，中华书局影印本，1986年11月第1版。

② 清宫档案《内务府来文》礼仪，第213包。

③ 清宫档案《内务府来文》礼仪，第213包。

④《穆宗毅皇帝实录》卷八，第45册，第210页，中华书局影印本，1987年1月第1版。

⑤ 清宫档案《内务府来文》礼仪，第221包。

⑥ 清宫档案《新整内务府档》掌仪司，第3783包。

⑦ 中国第一历史档案馆编《嘉庆道光两朝上谕档》第55册，第93条，第45页，广西师范大学出版社，2000年11月第1版。

⑧《文宗显皇帝实录》卷二九，第40册，第414页，中华书局影印本，1986年11月第1版。

圆明园遗址之一

抗，终因寡不敌众，全部壮烈牺牲①。当天晚上，侵略军就占据了圆明园三园。侵略军到处乱窜，杀人放火，常嫔哪见过这种世面，于八月二十三日竟被惊吓而死②，终年53岁。管理圆明园事务的总管内务府大臣文丰见大势已去，不肯受辱，也投福海而亡。九月初五日留驻圆明园的官员、差役等，从外面买来棺木，准备盛殓常嫔，侵略匪军冲过来，将拉棺木的车、马抢走，办理丧事的员役顿时被吓跑。从九月初五日（公历10月18日）开始，英法侵略军对这座世界名园进行大肆疯狂的抢掠和焚烧，圆明园遭到了空前的浩劫。常嫔遗体直到九月二十三日丑时（早晨1时至3时）才殓入棺内，从当地雇来了一些人夫，仅用大红蟒缎罩，用32人夹杠抬行，趁着凌晨的夜色，急忙赶赴田村，于辰时（上午7时至9时）初刻到达田村殡宫，将金棺抬到殡宫西所院内，放到提前已挖好的土坑内，用土掩埋，地面不留任何痕迹③。咸丰十一年（1861年）二月局势已趋平静，才将常嫔金棺起出，二月二十二日奉移西陵，停放在慕东陵东配殿内，从三月

① 张恩荫著《圆明大观话盛衰》第177页，紫禁城出版社，1998年6月第1版。

② 清宫档案《内务府奏销档》。引自中国第一历史档案馆编清代史料《圆明园》上册，第303条，第556页，上海古籍出版社，1991年5月第1版。

③ 清宫档案《宫中朱批奏折》。引自中国第一历史档案馆编清代史料《圆明园》上册，第313条，第570—571页，上海古籍出版社，1991年5月第1版。

初二日起漆饰金棺[1]。同治二年（1863年）九月初二日卯时葬入地宫[2]。常嫔地宫位于第二排正中之位。

咸丰帝死后，于咸丰十一年（1861年）十月初十日，同治帝对其皇祖的未亡人进行了晋封。11天后，即十月二十一日又为已经去世的常嫔、祥嫔进行了追赠。他在谕旨中说："皇祖宣宗成皇帝嫔御前经加崇位号，以申敬礼。因思常嫔奉皇祖最久，谨尊封为常妃。祥嫔诞育惇亲王，谨尊封为祥妃。[3]"这两位道光帝的早期嫔妃，到了晚年，国家不靖，一个仓皇出逃，死在外地，未能寿终正寝；一个虽然留在了京师，却被惊吓而死，均未得善终。

□ 珍嫔

珍嫔，赫舍里氏，满洲镶蓝旗，前任广东按察使容海之女，其母为伊尔根觉罗氏。赫舍里氏生于嘉庆十三年的十一月十五日巳时[4]。道光二年（1822年）十一月初二日进宫[5]，初赐号为珍贵人。道光四年（1824年）九月初七日封为珍嫔[6]。道光五年（1825年）四月十三日卯时举行册封礼[7]。道光五年（1825年）八月初八日，晋封为珍妃[8]。其册封前的有关事宜，如铸印、制册、做仪仗、派正副使等基本准备就绪，就要举行册封礼时，道光六年（1826年）十一月初八日，总管内务府大臣英和、禧恩奉谕旨："所有珍妃册印，著由内阁移交内务府暂行存贮。[9]"

---

① 清宫档案《内务府来文》礼仪，第213包。

② 清宫档案《内务府来文》礼仪，第221包。

③ 中国第一历史档案馆编《咸丰同治朝上谕档》第11册，第1452条，第452页，广西师范大学出版社，1998年8月第1版。

④ 清宫档案《新整内务府档》敬事房，第5247包。

⑤ 清宫档案《宫中杂件》人事后妃，第1249包。

⑥ 清宫档案《宫中杂件》人事后妃，第1249包。

⑦《宣宗成皇帝实录》卷八一，第34册，第310页，中华书局影印本，1986年8月第1版。

⑧ 中国第一历史档案馆编《嘉庆道光两朝上谕档》第30册，第894条，第249页，广西师范大学出版社，2000年11月第1版。

⑨ 清宫档案《内务府来文》，第126包。

这对于赫舍里氏来说是一个令她痛心的不祥之兆。果然14天以后，即道光六年（1826年）十一月二十二日道光帝降旨："珍妃降为珍嫔。[①]"同一天，道光帝谕总管内务府大臣英和、禧恩、穆彰阿："所有广储司存贮册封珍妃金印、金册，著交造办处熔化。[②]"赫舍里氏被降为珍嫔以后，在道光八年（1828年）十一月十五日生日这天尚得到了200两银子的赏赐，可是到了道光九年（1829年）的妃嫔生辰赏银单上却不见了珍嫔的名字，而出现了常贵人。这位常贵人也姓赫舍里氏，出生的年月日时完全一样，经过考证，珍妃于道光九年降为常贵人了。珍妃就是常妃。

□ 恬嫔

恬嫔，富察氏，三月二十日生辰[③]。她是道光帝即位前的侧福晋。道光帝即位后，在嘉庆二十五年（1820年）九月初五日，将他的潜邸妻妾们都进行了加封，富察氏被封为恬嫔[④]，在道光二年（1822年）十一月十六日巳时举行了册封礼[⑤]。这位在道光帝即位前地位很高的侧福晋富察氏，在道光帝即位后的25年中却一直没有得到晋封，始终在嫔的位子上。道光二十五年（1845年）七月十九日离开了人世[⑥]。七月二十一日恬嫔金棺奉移田村殡宫暂安。十一月初二日卯时恬嫔金棺奉移西陵，随同一起奉移的还有定贵人彩棺。十月初六日到达西陵。十月初七日申时葬入地宫[⑦]。

---

① 清宫档案《宫中杂件》，第1247包。

② 清宫档案《内务府活计档》胶片，第13号。

③ 清宫档案《新整内务府档》敬事房，第5247包。

④ 清宫档案《新整内务府档》掌仪司，第3780包。

⑤《宣宗成皇帝实录》卷四五，第33册，第792页，中华书局影印本，1986年8月第1版。

⑥ 唐邦治著《清皇室四谱》，上册，卷二·后妃，第32页，1923年上海聚珍仿宋印书局聚珍铅印本。

⑦ 清宫档案《内务府来文》陵寝事务，第2952包。

□ 顺嫔

顺嫔，有的书载为那拉氏，嘉庆十四年（1809年）二月初六日子时生[①]，比道光帝小27岁。约于道光四年（1824年）入宫，初赐号顺常在。道光四年（1824年）九月以后晋封为顺贵人。道光九年（1829年）又降为顺常在，一直到道光帝死，始终在常在位上。咸丰帝即位后，于道光三十年（1850年）正月二十一日，顺常在晋封为顺贵人[②]。咸丰十一年（1861年）十月十日同治帝晋封顺贵人为顺嫔[③]。同治七年（1868年）三月十九日巳正二刻卒于寿安宫，终年60岁。当即用吉祥轿将顺嫔遗体移送到吉安所。三月二十日巳时，遗体殓入金棺。四月初七日寅时顺嫔金棺由吉安所奉移田村殡宫暂安[④]。不知是什么原因，顺嫔金棺在殡宫竟停放了4年之久，到同治十一年（1872年）四月十三日辰时才从田村殡宫奉移西陵，随同一起奉移的还有李贵人彩棺。四月十七日巳刻到达慕东陵。顺嫔金棺安放在西配殿北次间[⑤]，李贵人彩棺安放在西配殿南次间。同治十二年（1873年）二月二十五日顺嫔金棺葬入地宫[⑥]。

□ 恒嫔

恒嫔，蔡佳氏，二月二十四日生辰。道光十四年（1834年）入宫，初赐号宜贵人，后来降为宜常在[⑦]。道光十八年（1838年）八月十三日宜常在又降为蔡答应。道光三十年（1850年）正月二十一日，新即位的咸丰帝晋封蔡答应为蔡常在[⑧]。咸丰十一

---

① 清宫档案《新整内务府档》掌仪司，第3783包。

② 中国第一历史档案馆编《嘉庆道光两朝上谕档》第55册，第93条，第45页，广西师范大学出版社，2000年11月第1版。

③ 中国第一历史档案馆编《咸丰同治朝上谕档》第11册，第1365条，第415页，广西师范大学出版社，1998年8月第1版。

④ 清宫档案《新整内务府杂件》敬事房，礼仪，第5507包。

⑤ 清宫档案，第600包。

⑥ 清宫档案《新整内务府档》，第0053包。

⑦ 清宫档案《新整内务府档》敬事房，第5325包。

⑧ 中国第一历史档案馆编《嘉庆道光两朝上谕档》第55册，第93条，第45页，广西师范大学出版社，2000年11月第1版。

年（1861年）十月十日同治帝晋封蔡常在为蔡贵人[①]。同治十三年（1874年）十一月十六日，蔡贵人晋封为恒嫔[②]。光绪二年（1876年）闰五月初六日辰时恒嫔卒，奉移吉安所，闰五月十六日卯时，恒嫔金棺奉移田村殡宫西耳殿暂安[③]。光绪三年（1877年）九月初三日寅时，恒嫔金棺随彤贵妃金棺奉移西陵，金棺暂安西配殿，同年九月初八日葬入地宫[④]。

□ 豫嫔

豫嫔，尚佳氏，嘉庆二十一年（1816年）十一月初二日卯时生[⑤]，比道光帝小34岁。道光十年（1830年）尚佳氏已是玲常在。道光二十年（1840年）六月初二日，玲常在降为尚答应。一直到道光帝驾崩，尚佳氏一直在答应的位置上。道光三十年（1850年）正月二十一日，刚即位7天的咸丰帝将尚答应晋封为尚常在[⑥]。11年后，咸丰十一年（1861年）十月初十日，同治帝晋封尚常在为尚贵人[⑦]。同治十三年（1874年）十一月十六日，同治帝在死前19天，对其皇祖的妃嫔再一次进行尊封，尚贵人被晋封为豫嫔[⑧]。尚佳氏自入宫以来，在妃嫔的最低的答应、常在位子上度过了44年之久，这次终于熬到了后庭主位的位子上，真是来之不易！尚佳氏在光绪朝又度过了23个春秋，经过了嘉庆、道光、咸丰、同治、光绪五朝，于光绪二十三年（1897年）八月

---

① 中国第一历史档案馆编《咸丰同治朝上谕档》第11册，第1365条，第415页，广西师范大学出版社，1998年8月第1版。

②《穆宗毅皇帝实录》卷三七三，第51册，第938页，中华书局影印本，1987年1月第1版。

③ 清宫档案《新整内务府档》礼仪，第5325包。

④ 清宫档案《新整内务府档》礼仪，第009包。

⑤ 清宫档案《新整内务府档》掌仪司，第3783包。

⑥ 中国第一历史档案馆编《嘉庆道光两朝上谕档》第55册，第93条，第45页，广西师范大学出版社，2000年11月第1版。

⑦ 中国第一历史档案馆编《咸丰同治朝上谕档》第11册，第1365条，第415页，广西师范大学出版社，1998年8月第1版。

⑧《穆宗毅皇帝实录》卷三七三，第51册，第938页，中华书局影印本，1987年1月第1版。

慕东陵内第二、第三排部分妃嫔宝顶

二十八日辰时与世长辞[①]，终年82岁。豫嫔是道光帝后妃中最高寿的，也是道光帝后妃中最后一位离开人世的。

光绪二十三年（1897年）八月二十九日辰刻用吉祥轿将豫嫔遗体移送到皇宫外的吉安所。同日申时殓入金棺。九月初七日辰时，豫嫔金棺由吉安所奉移田村殡宫[②]。九月十八日寅时豫嫔金棺由田村殡宫奉移西陵。九月二十二日辰刻豫嫔金棺葬入地宫[③]。

□ 平贵人

平贵人，赵氏，嘉庆时入侍绵宁潜邸，为低级侍妾格格。绵宁即位后，于嘉庆二十五年（1820年）九月初五日，晋封赵氏为平贵人。道光三年（1823年）三月二十五日卒[④]，彩棺暂安于静安庄殡宫。道光七年（1827年）秋，东陵宝华峪陵寝及妃园寝建成。这一年的九月十四日寅时，平贵人彩棺随同从王佐村园寝奉

---

① 清宫档案《新整内务府档》礼仪，第0020包。

② 清宫档案《新整内务府档》礼仪，第0055包。

③ 清宫档案《新整内务府档》礼仪，第0450包。

④ 唐邦治著《清皇室四谱》，上册，卷二·后妃，第32页，1923年上海聚珍仿宋印书局聚珍铅印本。

移东陵的孝穆皇后梓宫、皇长女端悯固伦公主金棺、皇二子金棺一同奉移。九月二十一日，到达东陵，平贵人彩棺暂安于宝华峪妃园寝，九月二十四日葬入地宫[1]。平贵人是道光帝妃嫔中最早去世的一位，也是唯一葬入过宝华峪妃园寝的人。孝穆皇后葬入宝华峪陵寝的第二年，发现地宫渗水，不久将宝华峪陵寝废弃，选中西陵境内的龙泉峪为新的万年吉地，重新建陵。道光十五年（1835年）秋，龙泉峪陵寝和双峰岫妃园寝全工告竣，道光帝决定将东陵的孝穆皇后、平贵人迁葬西陵。道光十五年（1835年）七月十一日巳时开始拆卸平贵人宝顶、月台，开启地宫。七月十三日申时，将平贵人彩棺从地宫中移出，停放在芦殿内[2]。从七月二十三日开始重新漆饰平贵人彩棺[3]。八月二十日丑时，平贵人彩棺随同孝穆皇后梓宫奉移西陵[4]。九月初三日到达西陵双峰岫妃园寝。九月初八日平贵人彩棺和睦答应彩棺葬入妃园寝[5]。成为这座妃园寝的第一批墓主人。

□ 定贵人

定贵人，孙氏，原是道光帝的潜邸格格。嘉庆二十五年（1820年）九月初五日，新即位的道光帝晋封孙氏格格为定贵人[6]。在22年中，定贵人始终未能得到晋封。道光二十二年十二月十四日（1843年1月14日）去世[7]。十二月二十日定贵人彩棺奉移田村殡宫暂安[8]。道光二十五年（1845年）十一月初二日卯时，定贵人彩棺随恬嫔金棺奉移西陵，十一月初六日到达双峰岫

① 清宫档案《内务府来文》，第126包。

② 清宫档案《内务府奏案》，第480包。

③ 清宫档案《内务府奏案》，第480包.

④ 清宫档案《内务府来文》礼仪，第146包。

⑤ 清宫档案《内务府来文》礼仪，第146包。

⑥ 清宫档案《造办处活计档》道光元年。

⑦ 唐邦治著《清皇室四谱》，上册，卷二·后妃，第32页，1923年上海聚珍仿宋印书局聚珍铅印本。

⑧ 清宫档案《宫中杂件》礼仪，丧葬祭祀，第2337包。

妃园寝。第二天申时，定贵人彩棺葬入妃园寝[1]。

□ 李贵人

李贵人，李氏，内务府六库郎中善宝之女，道光七年（1827年）十月初七日酉时生[2]，比道光帝小45岁，她刚呱呱坠地时，道光帝已经是46岁的年过中年的皇帝了，是迄今已知生年的道光帝后妃中岁数最小的一位。道光二十年（1840年）三月，14岁的李氏进宫，三月十二日李氏被封为意常在，其位分在琭常在之前[3]。不知是什么原因，李氏惹恼了皇帝，道光二十年十二月二十日（1841年1月12日）道光帝降旨，将意常在降为李答应。九年以后，道光帝死去，新即位的咸丰帝于道光三十年（1850年）正月二十一日晋封李答应为李常在[4]。十一年以后，咸丰帝宾天，同治帝即位后，于咸丰十一年（1861年）十月初十日晋封李常在为李贵人。李贵人因患痰壅气闭之病，于同治十一年（1872年）二月十八日巳正二刻病逝于寿安宫[5]，终年46岁。李贵人死后，立刻用吉祥轿将遗体移送到吉安所。当日戌时（下午7时至9时），遗体殓入彩棺[6]。同治十一年（1872年）三月初三日辰时，李贵人彩棺从吉安所奉移田村殡宫东耳殿安放[7]。同治十一年（1872年）四月十三日辰刻，李贵人彩棺随同顺嫔金棺一起奉移西陵，四月十七日到达慕东陵。顺嫔金棺停放在西配殿北次间，李贵人彩棺安放在西配殿南次间[8]。同治十二年（1873年）二月二十五日，李贵人葬入地宫[9]。

---

①清宫档案《新整内务府档》陵寝事务，第0449包。

②清宫档案《新整内务府档》掌仪司，第3783包。

③清宫档案《宫中杂件》人事后妃，第1247包。

④中国第一历史档案馆编《嘉庆道光两朝上谕档》第55册，第93条，第45页，广西师范大学出版社，2000年11月第1版。

⑤清宫档案《新整内务府杂件》敬事房，礼仪，《李贵人溘逝档》，第5501包。

⑥清宫档案《新整内务府杂件》敬事房，礼仪，《李贵人溘逝档》，第5501包。

⑦清宫档案《新整内务府杂件》敬事房，礼仪，《李贵人溘逝档》，第5501包。

⑧清宫档案《新整内务府杂件》敬事房，礼仪，《李贵人溘逝档》，第5501包。

⑨清宫档案《新整内务府档》，第0053包。

□ 那贵人

那贵人，那氏，正白旗蓝翎长那俊之女，道光五年（1825年）六月二十一日辰时生[①]，比道光帝小43岁。道光十九年（1839年）二月十七日，那氏已被封为球常在[②]。道光二十年（1840年）十一月十七日，球常在晋为球贵人。道光二十一年（1841年）三月十八日，球贵人降为球常在[③]。道光二十五年（1845年）十月二十七日，球常在又降为那答应[④]。道光三十年（1850年）正月二十一日，咸丰帝晋升那答应为那常在[⑤]。咸丰十一年（1861年）十月初十日，同治帝晋封那常在为那贵人[⑥]。同治四年（1865年）七月二十日午时那贵人卒于寿安宫。当日将遗体用吉祥轿移送到吉安所，以后又移到田村殡宫暂安。同治六年（1867年）三月三日那贵人彩棺奉移西陵，葬于慕东陵。

□ 睦答应

睦答应，赫舍哩氏，满洲正黄旗，生辰是十月二十八日。道光二年（1822年）十月已是睦贵人。道光十年十二月二十三日（1831年2月5日）奉上谕："奉皇太后懿旨，睦贵人晋封为睦嫔。所有应行事宜，著各该衙门察例具奏。[⑦]"当册封睦嫔的各项事宜基本就绪，册封礼即将举行之时，道光帝突然于道光十一年（1831年）九月十一日降旨："睦嫔降为睦贵人。[⑧]"不久，睦贵人又降为睦答应。睦答应于道光十五年（1835年）上半年以前离世。睦答应彩棺暂安于田村殡宫。在此前后，孝慎皇后的梓宫

---

①清宫档案《新整内务府档》掌仪司，第3783包。

②清宫档案《宫中杂件》人事后妃，第1247包。

③清宫档案《宫中档簿》"出入女子、嬷嬷、妈妈里"，簿654。

④清宫档案《宫中档簿》"出入女子、嬷嬷、妈妈里"，簿654。

⑤中国第一历史档案馆编《嘉庆道光两朝上谕档》第55册，第93条，第45页，广西师范大学出版社，2000年11月第1版。

⑥中国第一历史档案馆编《咸丰同治朝上谕档》第11册，第1365条，第415页，广西师范大学出版社，1998年8月第1版。

⑦中国第一历史档案馆编《嘉庆道光两朝上谕档》第55册，第93条，第45页，广西师范大学出版社，2000年11月第1版。

⑧清宫档案《内务府来文》，第137包。

也停到了田村殡宫。道光十五年（1835年）八月二十八日，睦答应彩棺随孝慎皇后梓宫一起奉移西陵，在彰义村与从东陵奉移来的孝穆皇后梓宫及平贵人彩棺会合。从八月二十九日起，4具棺木一同向西陵进发，加之送葬的大臣官、执事人员、太监、宫女、兵丁、杠夫，数以万计，浩浩荡荡，十分壮观。九月初三日到达西陵①。九月初八日，睦答应葬入双峰岫妃园寝②。

□ 曼常在

清宫档案《内务府·敬事房》载："道光十一年四月十一日赏曼常在绣绿缎八元花卉补子一付。③"表明曼常在在此日期以前已入宫，封号为曼常在，到道光十三年（1833年）八月尚有曼常在之名，以后不再出现。其他情况均待考。曼常在有可能是未葬入慕东陵的三个人之一。

□ 刘官女子

刘官女子，刘氏。在清宫档案《宫中杂件·后妃年总》中，道光十三年（1833年）九月第一次出现刘答应。从道光十五年（1835年）开始刘答应降为刘官女子。官女子实际与宫中的奴仆宫女相差无几，只不过有为皇帝侍寝的资格。从道光二十二年（1842年）开始，刘官女子的名字不再出现。笔者在中国第一历史档案馆藏的敬事房档中发现一张纸条，上面写着："道光十三年十二月初一日总管王具赏主位等银两、小锞折片二个，随奉旨：'刘答应不赏，其余照例赏。'钦此。④"看来刘氏自入宫以来，始终未能得到皇帝的宠幸。根据曼常在的消失日期和刘答应的出现日期分析，刘答应很可能是被降前的原曼常在？这不过是笔者的一个推测，有待今后考证。刘答应有可能是未葬入慕东陵的三个人之一。

---

① 清宫档案《内务府来文》，第145包。

② 清宫档案《内务府来文》，第146包。

③ 清宫档案《新整内务府杂件》敬事房，第5325包。

④ 清宫档案《新整内务府杂件》敬事房，第5250包。

光绪皇帝的崇陵及其妃园寝

竣工不久的崇陵

崇陵的选址

光绪三十四年十月二十一日酉正二刻三分（1908年11月14日18时33分）清朝入关后第九帝爱新觉罗·载湉病逝于北京南海瀛台之涵元殿[①]。死后第三天，即十月二十四日，摄政王载沣以宣统皇帝的名义发出了一道上谕：

> 大行皇帝尚未择有陵寝，著派溥伦、陈壁带领堪舆人员，驰往东、西陵，敬谨查勘地势，绘图贴说，奏明请旨办理[②]。

溥伦是道光帝的曾孙，当时的爵位是固山贝子，属于近支宗室成员。陈璧当时是邮传部尚书，他曾多次承办过陵寝工程，对陵寝事务颇为谙练。溥伦、陈璧到东陵、西陵相度万年吉地，所带的风水官员主要有法部候补郎中春寿，度支部候补主事钟秀。他们在东陵、西陵踏看了许多地方，经过筛选后，最后选出了四处风水最佳的备选吉地，即东陵境内的兴隆台、长龙岭，西陵境内的丁家沟和金龙峪。春寿等人对兴隆台的风水是这样论述的：

> 兴隆台自祖山起脉，右枝劈干横张，星峰兀起，迤十数里展开大帐，为一方面独尊之位。黄花山形具廉贞递前，剥换低峰，至大杏花山，结三吉星体。从左角挂落，群砂拱卫，连起

① 清宫档案《德宗景皇帝大事档》白29。

② 中国第一历史档案馆编《光绪朝上谕档》第34册，第962条，第255页，广西师范大学出版社，1996年10月第1版。

三峰。左辅金星，中平过渡，迎送齐全，穿插明显，跌断柔和，层层开帐，桡棹直前。圆峰三起，由庚转辛，至主山处。金星端正，个字中抽，癸酉入首，轮影分明。双环蝉翼，穴结少阴。向立癸山丁向兼子午三分，丙子、丙午分金。三吉在前，对天台而耸秀；双溪合右，环坤纽而呈祥。诸峰罗列而朝宗；四势端严而和会。允称吉壤，宜卜崇封[①]。

尽管兴隆台风水如此之佳，但也非是十全十美，其不足之处是“东西砂体卑弱。砂外临大西河，将来夏令水势浩大，桥工未易保固耳”。

对于长龙岭之地，春寿、钟秀等风水官是这样描述它的风水形势的：

长龙岭，脉自黄花山起干，廉贞作祖，以琉璃屏为后，前有杏花山作帐，支撑堂案，宽大深藏。自中峰跌落，层级中抽。势若建瓴，勇往有无前之象；形如飘带，相从见突兀之尊。水合双溪，后作缠而前作会；山分两翼，南为列而北为托。局面横开，关阑严密。四山围绕，一脉独尊。穴结太阴，面对小杏花山。向立干山巽向，兼亥巳三分，庚戌、庚辰分金[②]。

长龙岭足可以称上吉之地，但也有缺欠，就是堂局不太宏敞，大势逊于兴隆台，但水口有出煞之吉，稍可弥补。

西陵境内的丁家沟形势，风水官们在说帖中作了如下描述：

丁家沟龙自干亥方起伏而来，俱结金水之体，势如飞蛾，个字中抽。由壬字方入手，再起星峰。金星端正，缠送砂全。轮影分明，到头结穴，太阴窝形，他山借助，众水回环，堂局完全，罗星周密。向立亥山巳向兼干巽三分，丁亥、丁巳分金。四山息伏，见一脉之独尊；双护前随，如两班之拱列。低平远案，贵人特起，尖峰高耸。后龙金水，平开大帐[③]。

---

① 清宫档案《朱批奏折》，第95号。
② 清宫档案《朱批奏折》，第95号。
③ 清宫档案《朱批奏折》，第95号。

丁家沟的不理想之处是“微嫌来处稍单，前过重。虽有完全之势，惜非老干所钟”。

风水官们最为推崇的是金龙峪。他们把金龙峪的风水说得完美无瑕，十全十美，是一处不可多得的上吉佳壤。他们在风水说帖中是这样描述的：

崇陵地势图（九龙峪现定山向标志丈尺画样）

金龙峪脉起自后祖山，横开左帐，另起高峰，山势庄严，宛如宝殿，由中峰细抽一脉，天梯石磴，阶级分明，递下二三节后，自亥转壬，兀起寿星一山，备具左辅，土金形势，高圆端正。大帐平开，桡棹向前，直送到穴，班排衙列，枝脚整齐。由少祖山再转癸而入壬，每一转必有帐护。再由壬而入癸。山列峨眉，砂分蝉翼，环围轮转，穴结少阴。其承送到穴之牛角砂，完全脱化，都成肮壤。向立壬山丙向兼亥巳三分，丁亥、丁巳分金。离水坎山，局参既济；壬龙丙向，象合文明。山势逶迤，有雄峙一方之概；局形端正，综包藏四势之奇。左列旗枪，右张华盖。水环流而清晏，砂朝拱以伏从。起挟飞鸣，落如翔集。定一尊之全局，无涓派之斜趋。斯实乾坤灵秀之区，阴阳合会之所。龙、穴、砂、水无美不收，形势理气为诸穴冠[①]。

溥伦、陈璧根据风水官们的论证，经过详慎选择，认为金龙峪确实在储备选吉地中风水最佳，因此具折上奏，推荐金龙峪为万年吉地，并将风水官的风水说帖一并恭呈御览。光绪三十四年十二月十四日（1909年1月5日）宣统帝发出了一道有关大行皇帝山陵的重要上谕，谕内阁：

前经降旨派贝子溥伦等于东陵、西陵附近地方敬谨相度皇考德宗景皇帝山陵。昨据溥伦等奏称，谨看得附近西陵之金龙峪，地势宽平，系属上吉之地等语。金龙峪谨定为崇陵，即行择吉兴工，著派载洵、溥伦、载泽、鹿传霖敬谨承修，并著庆亲王奕劻会同办理一切事宜[②]。

从派溥伦、陈璧相度吉地，到发布这道谕旨，前后只隔50天，在如此短的时间内就选定了万年吉地，可谓神速，这在清朝陵寝史上是史无前例的。

自西汉的文帝刘恒建霸陵开始，除宋、元两朝外，一般都是

① 清宫档案《朱批奏折》，第95号。

② 中国第一历史档案馆编《光绪朝上谕档》第34册，第962条，第255页，广西师范大学出版社，1996年10月第1版。

新君即位后就要相度万年吉地，营建陵寝，成为定制。清朝绝大多数皇帝也遵照此制，于即位初期就相度吉地，营建陵寝。光绪帝在位34年，虽不能与康熙帝和乾隆帝相比，但与清朝的其他皇帝相比，享国还是较长的，在清帝中在位时间之长，光绪帝位居第三位。光绪帝为什么在生前不相度万年吉地，营建陵寝呢？难道他不知有历代相沿的即位就建陵的制度吗？经过一些专家、学者的多年潜心研究，不断努力，这个问题有了突破性的进展。首先对这个问题提出质疑并且发现重要线索的是文化部研究院的于进化先生。于进化先生是一位平易近人、治学严谨的专家，笔者在中国第一历史档案馆多次见到他在那里查阅清宫档案，由于共同的爱好和追求，我们很快就成了要好的朋友。后来他又多次到清东陵调查考证，与他在一起探讨问题。他所写的《清东陵与西陵》是新中国成立以来第一部研究清陵的专著。正当他的这部处女作即将付梓之际，由于过度的劳累，他永远地离开了他所热爱的工作，未能亲眼看到他呕心沥血的结晶。《清东陵与西陵》1981年9月由北京出版社出版发行，该书很快销售一空。他在该书中首次提出了光绪帝在生前已择定了万年吉地的观点。其依据是，他在中国第一历史档案馆找到了一份《金龙峪图》，图中画有金星宝盖，在宝盖旁清楚地写有“石柱系光绪十三年三月十四日立”字样。因此，他认为“崇陵之选择与确定，当在光绪生前而不是死后[①]”。

于进化先生的这一重大发现及观点为我们研究光绪帝选择万年吉地问题提供了重要线索和方向。几年以后，天津大学的王其亨教授经过深入的研究考证，又有了突破性的进展。孙鼎烈、潘祖荫、翁同龢等都是光绪十三年（1887年）三月跟随慈禧、光绪帝展谒西陵的主要随扈大臣。王其亨教授从孙鼎烈写的《永宁山扈从纪程》、潘祖荫的《西陵日记》和翁同龢的《翁文恭公日记》中找到了许多关于这次谒陵当中相度九龙峪的翔实记载。同时王其亨教授还在北京图书馆收藏的大量清朝样式雷家藏图稿

① 于进化著《清东陵与西陵》第26页，北京出版社，1981年9月第1版。

中，发现了一幅光绪十九年绘制的《金龙峪金星宝盖图》，因此，王教授认定“光绪十三年三月十二日由光绪帝侍奉慈禧皇太后共赴西陵九龙峪，选定万年吉地，更名金龙峪一事属于史实[①]”。但对于为什么官修的史书《清实录》、《东华录》、《宣统政纪》、《清史稿》等对光绪十三年（1887年）三月卜择金龙峪一事隐而不载，在光绪帝死后又以“大行皇帝尚未择有陵寝”为理由，派大臣重新相度这一矛盾的做法，却没有做出解释。

对于这个问题，笔者是这样看的。光绪十三年，虽然慈禧、光绪帝对九龙峪进行了反复踏勘，立了石桩，又改名金龙峪，后来还绘制了《金龙峪金星宝盖图》，这只是初定，并不是最后的决定。谁又敢说在其他的地方未进行相度呢？也有可能在当时确定了，后来因为某种原因又改变了初衷。立桩、改名、绘图不能作为被确定为万年吉地的最终依据。无论哪朝皇帝，在初选的吉地上都要立桩，确定穴中位置。雍正帝在遵化的初选吉地九凤朝阳山，恐怕原来并不是这个雅号。金龙峪原来叫魏家沟，是在同治年间改为九龙峪的，到光绪十三年（1887年）才改为金龙峪。魏家沟改名为九龙峪后并没有成为同治帝的万年吉地，后来将惠陵建在了东陵的双山峪。光绪帝死后，派溥伦、陈璧到东陵西陵相度陵址，绝非故作姿态，虚晃一枪。前文所引用的兴隆台、长龙岭、丁家沟、金龙峪的风水论证，均为溥伦、陈璧这次到东陵、西陵实地踏勘的结果，如果陵址真的早在光绪十三年（1887年）就已确定在金龙峪，又何必再去东陵踏勘，再到西陵的丁家沟去卜择呢？所以笔者认为，最后确定金龙峪为万年吉地当在光绪三十四年十二月十四日。不可否认，光绪十三年（1887年）三月对金龙峪的反复相度、立桩、绘图，为后来确定金龙峪为万年吉地，提供了一定的便利。

其实，金龙峪（即魏家沟）这个地方早在乾隆初期，在相度端慧皇太子园寝福地时，就被钦天监的风水官们看中。乾隆四年

① 王其亨《光绪生前于西陵金龙峪择定万年吉地的史实》，载故宫博物院院刊，1989年第一期，总第43期，第96页。

（1739年）四月初九日，钦天监向皇帝奏道："端慧皇太子园寝应于魏家沟地方营造。"乾隆帝批道："此事不必太忙，可交与讷亲、海望，俟万年吉地看定之后，再于附近处所选择。[①]"后来乾隆帝的万年吉地确定在东陵界内的胜水峪，所以端慧皇太子园寝也建在东陵附近，地点在东陵西南的朱华山。假设乾隆帝的万年吉地选定在西陵境内，那么很可能金龙峪就成了端慧皇太子园寝的所在地了。

在道光年间，东陵宝华峪陵寝地宫出现积水以后，在道光十年（1830年），道光帝曾派穆彰阿带领堪舆家戴泽同到西陵一带卜择吉壤，他们曾前往魏家沟详细相度[②]。后来因选中了龙泉峪，才放弃了魏家沟。

咸丰帝即位后，便派大臣前往东陵、西陵卜择吉地。咸丰二年（1852年）二月二十七日，咸丰帝利用谒西陵之机，曾亲自到魏家沟，阅视那里的山势[③]。这表明，相度大臣及风水官们已相中了魏家沟，并把这个地方上奏给了皇帝，引起了咸丰帝的好感和兴趣，所以咸丰帝才不辞辛劳，亲临实地阅视。后来著名的堪舆家陆应穀选中了东陵的平安峪，使咸丰帝更加钟意于平安峪，魏家沟才再度落选。

同治帝在位13年，迄今未发现在他生前相度陵址的材料。同治帝崩后，光绪元年（1875年）正月，醇亲王奕譞等奉慈安、慈禧两宫皇太后懿旨，前赴西陵为同治帝相度陵址。他们踏勘了魏家沟，见那里"气局严整[④]"，实为上吉佳壤。同治帝的万年吉地也是同时在东陵、西陵两地卜择的。经过多次筛选，反复比较，最后就剩下了东陵的双山峪和西陵的九龙峪（魏家沟）。相度大

---

①《高宗纯皇帝实录》卷九〇，第10册，第392页，中华书局影印本，1985年11月第1版。

②《宣宗成皇帝实录》卷一六八，第35册，第604页，中华书局影印本，1986年8月第1版。

③《文宗显皇帝实录》卷五四，第40册，第721页，中华书局影印本，1986年11月第1版。

④王其亨著《中国建筑史论选集》（中国建筑史家十书之一）第479页，辽宁美术出版社，2014年9月第1版。

臣们将此两处备选吉地同时上奏，请两宫皇太后裁定。光绪元年（1875年）二月二十一日，两宫皇太后在养心殿西暖阁召见恭亲王奕䜣、醇亲王奕譞、内阁学士翁同龢等人，议定同治皇帝的陵址。翁同龢在他的日记中是这样记述这次召见的。

……与恭邸等入，见于西暖阁。皇太后流涕不止。诸臣慰问毕，询两边地势。两邸（指恭亲王奕䜣和醇亲王奕譞）奏对，语极多。恭邸语意，偏重东边，且谓："以理，则九龙峪固佳；以情，则臣下不敢赞。"圣意遂决，定双山峪①。

致使将九龙峪留给了光绪帝。

最后这次派溥伦、陈璧相度吉地，尽管找到了几处佳壤，但与金龙峪相比，均显得逊色。金龙峪以风水最佳入选。金龙峪先后历经乾隆、道光、咸丰、同治、光绪五朝反复踏勘，终于成了中国封建社会最后一座皇帝陵的陵址。

崇陵的营建

光绪三十四年十二月十四日（1909年1月5日）的谕旨，不仅确定了金龙峪为光绪帝的陵址，确定了陵名，而且还任命了承修大臣，并决定即行择吉兴工。四位承修大臣中，有三位是皇室成员，还令庆亲王奕劻会同办理。两天以后，即十二月十六日，明确庆亲王为恭修崇陵工程的总稽查，毋庸会同估修②。宣统二年（1910年）七月二十三日，又派总管内务府大臣奎俊为承修大臣，负责崇陵的第四段工程③。同年十一月二十八日又派署农工商部右侍郎溥善为承修大臣④。自道光帝营建了规制独特的慕陵

① 翁同龢著、陈义杰整理《翁同龢日记》第三册，第1111页，中华书局，1998年8月第1版。

② 中国第一历史档案馆编《光绪朝上谕档》第34册，第1234条，第343页，广西师范大学出版社，1996年10月第1版。

③ 中国第一历史档案馆编《宣统朝上谕档》第36册，第627条，第272页，广西师范大学出版社，1996年10月第1版。

④《宣统政纪》卷四五，第60册，第812页，中华书局影印本，1987年7月第1版。

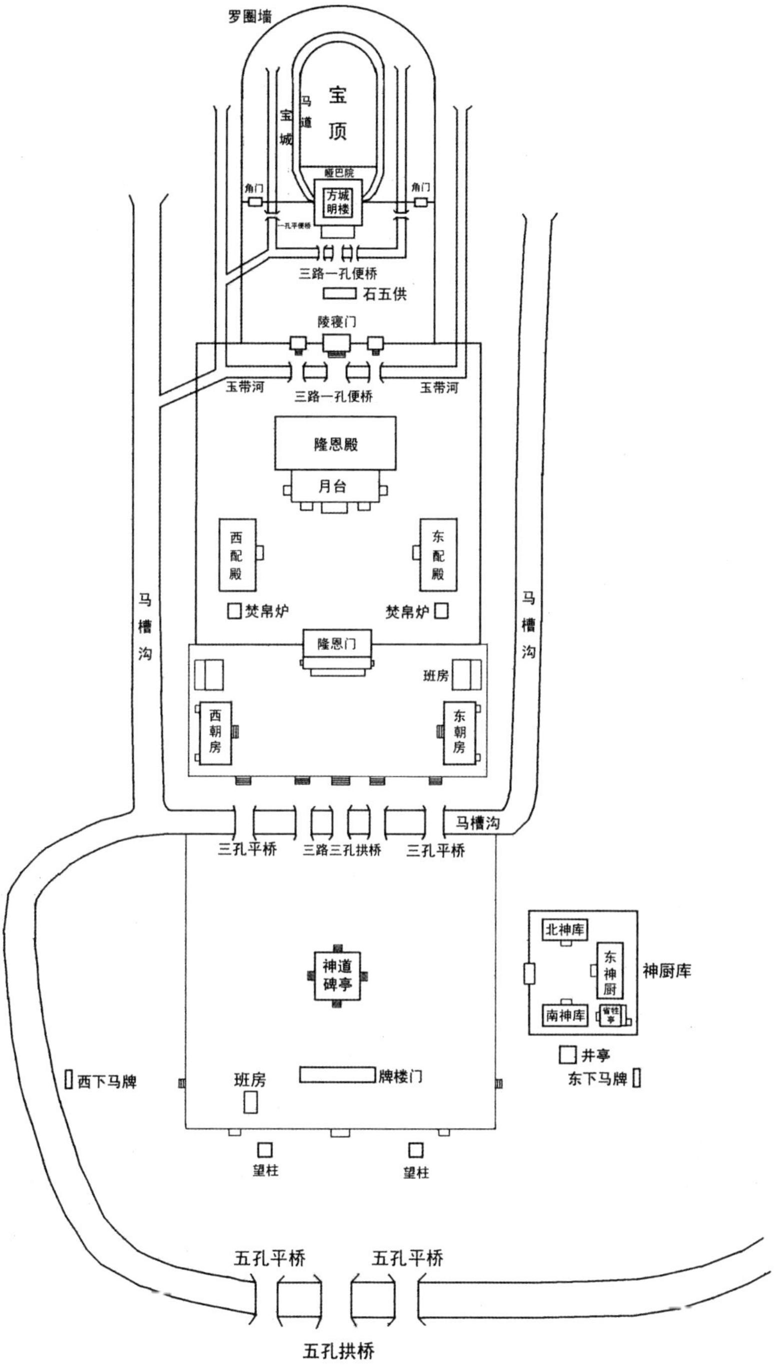
罗圈墙
宝
顶
马
道
宝
城
哑巴院
角门
方城
明楼
角门
一孔平便桥
三路一孔便桥
石五供
陵寝门
玉带河
三路一孔便桥
玉带河
隆恩殿
月台
西
配
殿
东
配
殿
焚帛炉
焚帛炉
马
槽
沟
马
槽
沟
隆恩门
班房
西
朝
房
东
朝
房
马槽沟
三孔平桥
三路三孔拱桥
三孔平桥
北神库
东
神
厨
神厨库
南神库
省牲
亭
神道
碑亭
井亭
西下马牌
东下马牌
班房
牌楼门
望柱
望柱
五孔平桥
五孔平桥
五孔拱桥

崇陵平面示意图（徐鑫绘）

崇陵承修大臣载洵像

之后，清陵的规制变得复杂起来。有孝陵到昌陵的传统祖陵规制，有慕陵的特殊规制，有祖陵规制与慕陵规制相结合，同时又有独创的定陵规制。崇陵应该照哪种规制办理？为此，以载洵为首的承修大臣奏请崇陵应按何种规制办理。光绪三十四年十二月二十五日（1909年1月16日）宣统帝谕内阁："载洵等奏请崇陵规制一折。著恭照惠陵规制，敬谨兴修。[①]"

动土和兴工是有区别的。动土也称破土。有时破土后，立即动工，开始营建。有时因年份与山向不合，或因季节不宜施工，破土后，隔一段时日后才动工。这种情况很多，崇陵和惠陵都属于破土和兴工分开进行的。经钦天监择吉，奏准[②]，崇陵工程于宣统元年（1909年）二月初八日卯时破土，于闰二月十七日兴工[③]。

经承修大臣勘估，崇陵工程共需工料折价实银5517420两6钱4分3厘，妃园寝工程共需工料折价实银747757两3钱1分，风水围墙等工共需工料折价实银79010两8钱3分9厘，奉祀礼部营房等工共需工料折价实银219380两1钱4分9厘，八旗营房等工共需工料折价实银244773两8钱1分，内务府营房等工共需工料折价实银213124两1钱9分8厘，绿营营房等工共需工料折价实银203375两3钱9分3厘，以上通共估需工料实银7224842两3钱4分2厘[④]。宣统元年（1909年）七月初，承修大臣载洵等将崇陵全工钱粮数目上奏朝廷，请求拨款。奉旨："所需一切款项，著

① 中国第一历史档案馆编《光绪朝上谕档》第34册，第1296条，第364页，广西师范大学出版社，1996年10月第1版。

② 清宫档案《军机处来文》礼仪，第178号。

③《宣统政纪》卷九，第60册，第162页，中华书局影印本，1987年7月第1版。

④ 秦国经著《逊清皇室轶事》，第120—121页，紫禁城出版社，1985年8月第1版。

承修大臣随时核实办理，度支部知道。[1]”

崇陵工程刚进行一年，就遇到了麻烦。按照万年吉地的起码要求，不仅要求土层深厚，而且还应该土质细腻无沙，颜色纯正，动工之前要刨验土色。相度裕陵陵址在刨验土色时，“三尺有紫色土，四尺至八尺系纯细土，自九尺至一丈五尺零俱系紫黄色土[2]”。雍正帝的九凤朝阳山吉地，发现穴中之土带砂石，加之形局未全，吉地竟被废掉，可见土质，尤其是穴位即地宫金井下的土质是何等至关重要。金龙峪风水形势固佳，无可挑剔，可是土质却意想不到的低劣。承修大臣载洵在写给皇帝的奏章中，忧心忡忡地说：

> 第一段地宫分位左右刨深之处，渐露巨石多处，凿打颇觉费力，且性颇潮湿，有无砂水，尚难预料。方城地基，土质近似砂石，将来打桩，诚恐不易着手。第二段，隆恩殿地基西北角近倚山根，迤逦东南，土石深浅不一，打桩试验，施工甚难。第三段，殿座之下，亦多见有砂石。第四段，自碑亭、牌楼门前，依次地势愈低，多有砂石积水[3]。

几乎整座陵寝的地下，无一处理想的土层，不是巨石，就是沙石积水，给工程带来了极大的困难。朝廷对工程上遇到的这些困难，也是束手无策，一筹莫展，无可奈何地批道：“即著承修大臣妥筹善法，以期巩固而昭敬慎。[4]”

社会发展到清朝晚期，工程的工官制度发生了重大变化。陵寝的工程同时由多家木厂（即包工队、建筑公司）分别承包，有时一座建筑由两家木厂承包。崇陵工程就是这样办理的。据1913年担任过驻守西陵的禁卫军连长的杜如松回忆，承修崇陵的厂家有兴隆木厂、斌兴木厂、广丰木厂、德源木厂、广和木厂、二合

---

① 中国第一历史档案馆编《宣统朝上谕档》第35册，第816条，第326页，广西师范大学出版社，1996年10月第1版。

② 清宫档案《工科题本》建筑工程，陵寝坛庙，第2包。

③《宣统政纪》卷三三，第60册，第582页，中华书局影印本，1987年7月第1版。

④《宣统政纪》卷三三，第60册，第582页，中华书局影印本，1987年7月第1版。

公柜、三合公柜等20余家。工程开始时，仅有架子工和壮工数百名。至工程紧张时，每日上工人数总在6000名左右。杜如松还回忆说，施工区设有工程处，管理一切设施、运输等事宜，附设有监工、走工等组织。并由北京调来消防队一中队，防备火灾。另由禁卫军设立弹压处，附设稽查班。每班由宪兵2名、禁卫军士兵10名组成，循着规定路线，昼夜巡查①。

崇陵工程尚未到一半，国家政局发生了历史性的翻天覆地的大变化。宣统三年十二月二十五日（1912年2月12日），清廷发布退位诏书，宣统帝被迫宣布退位②，中华民国成立，大清帝国从此灭亡，结束了中国2000多年的封建帝制。清皇室与中华民国政府签订了《优待清室条件》，共八款。其中第五款是："德宗崇陵未完工程，如制妥修。其奉安典礼，仍如旧制。所有实用经费，均由中华民国支出。③"清朝覆亡后，崇陵工程曾停顿一段时间。后来逊清皇室与民国政府经过协商，崇陵工程继续进行。袁世凯派国务总理赵秉钧负责崇陵的工程，他经常往来于北京和西陵之间，为崇陵的营建做出了很多努力，起了很大作用。后来，赵秉钧就葬在了梁格庄行宫对面的龟山南山坡上。

崇陵工程后段主持人赵秉钧像

公元1913年12月13日（农历十一月十六日）光绪帝和孝定皇后葬入崇陵地宫，当时崇陵还没有建成，到1914年崇陵工程才全工告竣④。

---

①《晚清宫廷生活》第124—125页，中国文史出版社，2000年9月第1版。

② 中国第一历史档案馆编《宣统朝上谕档》第37册，第1507条，第432页，广西师范大学出版社，1996年10月第1版。

③《宣统政纪》卷七〇，第60册，第1295页，中华书局影印本，1987年7月第1版。

④ 清宫档案《移交崇陵工程档案》记载，崇陵工程于民国四年一月十三日，清室派人接收崇陵工程。这表明在民国三年年底就已完工。民国三年为1914年。

崇陵是我国封建社会最后一座皇帝陵，长达2000多年的陵寝史从此画上了句号。

崇陵的规制及特点

崇陵位于西陵永福寺西北约3华里的一个山坳里，距泰陵、昌陵有10多华里，处于西陵陵区的东北位置。金龙峪三面环山，南面有一个天然的陵口，崇陵正好建在这个山环中，无论后宝山，还是左右的青龙、白虎砂山均为天然形成的，松柏茂密滴翠，河水潺潺清澈，诚为一处负阴朝阳、避风聚气的风水宝地。

崇陵坐北面南，其规制仿照同治帝的惠陵。其建筑布局从南到北依次是这样的：

陵前的第一座建筑是五孔拱券桥，桥面每侧的石栏杆，有栏板19块，望柱20根，火焰式柱头。拱桥两侧对称地各有一座五孔平桥。拱桥北约200米处左右各有一根青白石大望柱。每根望柱用石栏杆围

崇陵五孔拱桥

俯视崇陵

绕，栏板和小望柱各4个，柱头为狮子。大望柱与五孔拱桥之间无神道。大望柱北是一座冲天式牌楼门，五门六柱五楼。神道碑亭一座，重檐歇山顶。亭内龙首龟趺上树立神道碑一统，用满、蒙、汉三种文字镌刻“德宗同天崇运大中至正经文纬武仁孝睿智端俭宽勤景皇帝之陵”27个字。右下角有“宣统尊亲之宝”的宝文。清朝谥法制度，除清太祖谥号为24个字外，其余皇帝的谥号字数以22个字为限，分两次上。第一次由嗣帝上20个字，第二次由孙辈嗣帝上2个字，达到22个字，以后不再加谥。光绪帝的这20个字的谥号是由宣统帝上的。宣统帝为清朝末帝，以后没有嗣帝，所以光绪帝是清朝唯一谥号不足22个字的皇帝。在神道碑亭的西侧海墁上有一座值房，坐西朝东，单檐硬山卷棚顶，面阔3间。神道碑亭北有马槽沟一道，上建三路三孔拱桥一组，栏杆望柱为龙凤柱头。每侧石栏杆有11

崇陵神道碑

崇陵三路三孔拱桥

崇陵隆恩殿

块栏板，12根望柱。每个拱券形桥孔上有吸水兽。三路三孔拱桥两侧各建三孔平桥一座，有栏板。桥北为大月台，有石踏跺5座。大月台上有东西朝房各一座，单檐硬山顶，面阔5间。东西值房各3间，单檐硬山卷棚顶。隆恩门一座，面阔5间，单檐歇山顶。进入陵院，东西燎炉各一座，单檐歇山顶，外饰黄色琉璃件活，内装铁板。东西配殿各5间，单檐歇山顶。隆恩殿重檐歇山顶，面阔5间，内设暖阁3间，东暖阁为佛楼。殿前月台陛五出，上设鼎式炉1对、铜鹿1对、铜鹤1对。隆恩殿的东、西、北三面无石栏杆围护，殿前月台周围设有石栏杆，龙凤柱头。月台前正中设龙凤呈祥图案的御路石一块。隆恩殿后有玉带河一道，上设小平桥三座。北泊岸有龙须沟出口两个，每个出口图案为一条正龙。桥北为陵寝门3座。陵寝门两侧面阔红墙下南侧各有仪树池4个，东西进深墙下内侧各设树池8个。陵寝门以内，东西各有纵向仪树池2行，每行5个，共20个。院内神道上设祭台五供一座。石

崇陵龙须沟出口

五供以北有玉带河一道，正面设小便桥3座，左右侧面各设小平桥一座，玉带河北面是方城，方城上建明楼。方城前的月台及礓䃰两侧安设石栏杆，龙凤柱头。礓䃰中间有叠落月台。明楼形制与神道碑亭相仿。四券门各有青白石的券脸石。明楼内正中立石碑一统，因碑身四面均涂以红色朱砂，故名之为朱砂碑。碑阳用满蒙汉三种文字镌刻“德宗景皇帝之陵”7个字。右下角镌有“宣统尊亲之宝”的宝文。碑座为长方形须弥座，搭袱子。方城北面为哑巴院，院的北墙即为月牙城，正中贴墙建琉璃影壁一座。院内左右各有七星沟漏一个。哑巴院的东西两边各有一座转向蹬道，仿惠陵做法，改传统的砖礓䃰为条石踏跺。崇陵宝顶也和惠陵一样，为长条状。宝顶环以宝城。宝城设有荷叶沟。陵前左侧建神厨库，内建神厨一座，面阔5间，单檐悬山顶。南北神库各3间，单檐悬山顶。东南角建省牲亭，重檐歇山顶，环以围墙，西侧建大门一座。神厨库南墙外为井亭。崇陵神路不与泰陵神路相接。

刚建成的崇陵方城明楼

崇陵地宫

崇陵地宫为传统的九券四门规制，这九个券由前到后依次为隧道砖券、闪当砖券、罩门券、第一道石门、第一道门洞券、明堂券、第二道石门、第二道门洞券、穿堂券、第三道石门、第三道门洞券、第四道石门、金券。这九券中除隧道券和闪当券为砖券外，其余七券均为石券。八扇石门上各雕一尊菩萨立像，第二道石门上的菩萨带有胡须，其余菩萨皆为女性形象。地宫之下设有两条排水沟，称为龙须沟。地宫内设有14个龙须沟漏眼，龙须沟出口设在陵寝门前的玉带河北槽帮。金券内靠北墙设石棺床，棺床中心凿金井一眼，据实地勘测金井口直径为14.2厘米、深42厘米。棺床正中安放光绪帝棺椁，东旁安放孝定景皇后棺椁。棺椁每角安设龙山石2块，用以固定棺椁。两具棺椁共设16块龙山石。以前诸陵的龙山石上的龙、云、海水、江崖图案皆为浮雕，而崇陵的龙山石则为彩画图案，而且每块

崇陵地宫第二道石门东门扇上的菩萨像

崇陵地宫第二道石门西门扇上的菩萨像

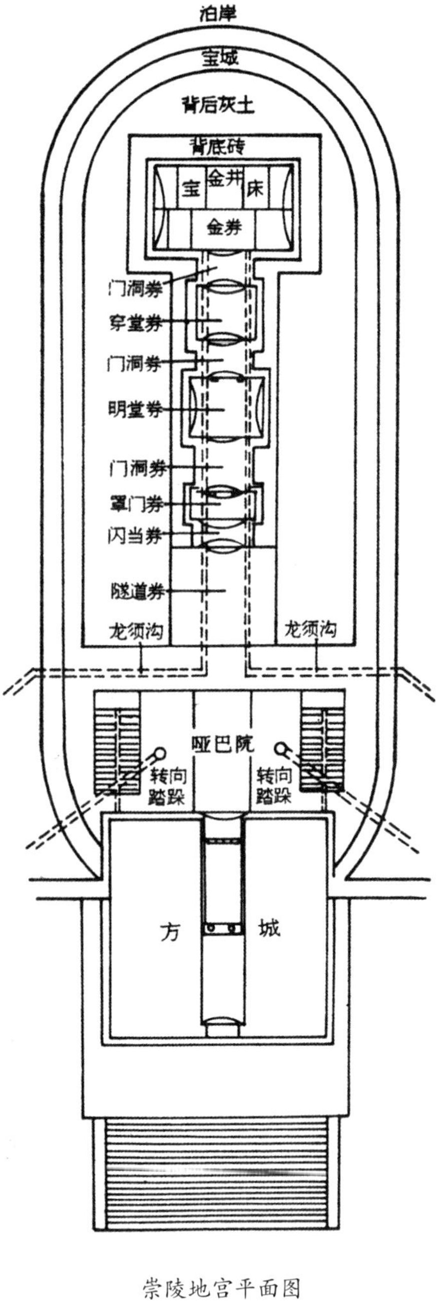

崇陵地宫平面图

龙山石下没榫。这可能是出于节省经费的考虑吧。在金券内设4个册宝座，均为石制，正方形须弥座，分置金券东西墙根，上面陈放光绪帝和孝定皇后的香册、香宝。无左右垂手棺床。

根据笔者实际测量，崇陵地宫的相关尺寸如下：

隧道券：进深（南北，下同）11.43米　面阔（东西）4.43米

闪当券：进深1.6米　面阔6.82米

罩门券：进深2.86米　面阔5.88米

第一道门洞券：面阔3.8米

明堂券：进深5.37米　面阔7.78米

第二道门洞券：面阔2.55米

穿堂券：进深7.775米　面阔5.09米

第三道门：高3米　宽1.52米　厚0.2米　门轴处厚0.26米

第三道门洞券：进深2.27米　面阔3.78米

金券：面阔12.2米　中高8.8米（测距仪数据）

棺床：面阔12.2米　高0.43米。没有垂手棺床。

从整体上看，崇陵确实是仿照惠陵规制建的，几乎别无二致。但也不是一点区别也没有。笔者经过多次实地考察，从惠陵和崇陵之间总结出七点区别：

一、崇陵五孔拱桥两旁对称地各有一座五孔平桥，而惠陵五孔拱桥两侧的五孔平桥则很远，也不完全对称，皆设在人日常必行的道与河相交处，实用性很强。

二、崇陵的三块斗匾（明楼上题陵名的匾、大殿上题“隆恩殿”的匾、宫门上题“隆恩门”的匾）和二统碑（神道碑和朱砂碑）上都刻有“宣统尊亲之宝”的宝文。而惠陵的碑匾上则无宝文。在光绪五年（1879年），同治帝入葬之前，陵工大臣曾奏请两宫皇太后惠陵碑匾是否钤用宝文，奉旨：“毋庸钤用宝文。[①]”陵寝碑匾上钤用“××尊亲之宝”由雍正帝首创，从景陵开始实行，以后沿袭不替，成为制度。为什么惠陵不钤用宝文呢？笔者

①《德宗景皇帝实录》卷六九，第53册，第75页，中华书局影印本，1987年6月第1版。

崇陵神道碑上的“宣统尊亲之宝”

崇陵隆恩殿内的沥粉盘龙柱

认为，惠陵之外的各陵，嗣帝与先帝之间均为父子关系，用“××尊亲之宝”合情合理，天经地义。而同治帝死后，由载湉即位，他们俩是兄弟关系，用“××尊亲之宝”就不适宜，所以，惠陵所有碑匾上均未用“××尊亲之宝”。而宣统帝与光绪帝则是父子辈分，当然就可以用“宣统尊亲之宝”了。当然这只是作者本人的分析，应以历史文献记载为准。

三、惠陵隆恩殿内的四根钻金柱，其图案为传统的缠枝莲花，而崇陵则为沥粉盘龙，这在清朝帝陵中是唯一的一例。

四、惠陵石五供中的花瓶、烛台皆为圆体，而崇陵石五供中的花瓶、烛台则为方体，与各陵迥异。

五、惠陵两根大望柱下的石栏杆的狮子柱头，北侧的朝向

崇陵石五供旧影

北，南侧的朝向南。而崇陵的则内侧的朝向内，外侧的朝向外。

六、崇陵地宫棺椁使用了龙山石，据档案记载，惠陵未用龙山石[①]。

七、惠陵下马牌牌身两面均刻“官员人等至此下马”，而崇陵下马牌只前面刻这几个字。背面无字。

崇陵最值得称道的是木料。崇陵木料和惠陵一样，均为十分坚硬的比重很大的铜铁木，俗称铜铁操，据故宫研究木器的专家说此种木叫鸡翅木。在清宫档案中，称这种木料为“桫楠木”。此种木植十分名贵稀少。在光绪二十年（1894年）维修惠陵大殿时，曾由新加坡进口了一批这种木料。惠陵和崇陵素有“铜梁铁柱”之美誉。

崇陵地宫的随葬品及被盗

中国几千年来，多数帝王后妃都实行厚葬，把大量珍贵物品随葬墓中。清朝皇帝、后妃大多数也是如此。光绪帝驾崩时，尽管清王朝已风雨飘摇，行将灭亡，但其棺内的随葬品也颇为可观。据清宫档案记载，其随葬品大致如下：

> 光绪皇帝头戴天鹅绒冠一顶，身穿绛丝棉金龙袍、石青绛丝棉金龙褂、月白春绸面白纺丝里小棉袄、月白春绸棉裤、月白春绸中衣带、月白春绸套裤、白纺丝棉袜、青江绸凉里尖靴、戴金箔朝珠，束白玉镶红碧线鞓带，随银镀金带挎钩一对。黄妆缎大褥一床、黄妆缎棉被一床、黄缎大枕头一个、珊瑚朝珠一盘、伽楠香朝珠一盘、木子朝珠一盘、各种衣服四十五件。绿玉佛手簪一支、雕绿玉杵杆一支、镀金镶绿玉活环圣手折篮一支、镀金点翠佛手九连环簪一支、镀金点翠镶绿玉佛手金九连环簪一支、镀金镶绿玉佛手簪二支、金镶珍珠佛手簪四支、红碧玭万福暖手五件[②]。

孝定景皇后梓宫内的随葬品有：

---

① 清宫档案《惠陵工程记略》。

② 清宫档案《德宗景皇帝梓宫奉移奉安及殓入物品和万年吉祥帐》。

金累丝点翠镶珠石长寿花寻常钿一顶、大正珠帽花一件、红碧玙钮一副、正珠朝珠一盘、镀金镶正珠钻石钳子一副、大正珠钉一号、汉玉针一件、莲花鞋一双，上钉大正珠一百三十八颗。汉玉珞子二件、汉玉琴扫一件、汉玉乳钉带结子一件、白玉杵一件、雕白汉玉暖手一件、洋金镶钻石表一件、代八音金表一件、珊瑚雕寿字朝珠一盘、红碧玙朝珠二盘、绿玉朝珠一盘、正珠念珠二盘、绿玉元镯一对、绿玉蒲镯一对、绿玉挑杵一支、镀金镶黄碧玙圣手折篮一支、洋金镶紫宝石镏子一件、洋金镶珠石别针一件、洋金镶白钻石蛇紫宝石抱头莲一支、洋金镶白钻石子母绿软镯一支、金镶正珠软镯一对、洋金带链镶珠石镯一对、洋金镶钻石宝石镏子一件、洋金镶子母绿镏子一件、洋金镶绿玉镏子二件、横绳子钉洋金镶钻石帽花十一件、雕汉玉螭虎双套环一件、绿玉烟壶一件、红碧玙烟壶二件、旧玉烟碟二件、金烟碟一件、金球一对、镀金镶绿玉一轮太平车一件、明黄石青江绸绣棉龙袍褂一套、明黄石青江绸绣夹龙袍褂一套、雪灰缎棉衬衣三件、蓝缎棉衬衣一件、驼色缎棉衬衣一件、灰色缎棉衬衣五件、湖色缎棉衬衣二件、绛色缎棉衬衣一件、蓝绉绸棉衬衣一件、月白绉绸棉衬衣一件、蓝缎夹衬衣二件、绛色缎夹衬衣一件、灰色缎夹衬衣一件、驼色缎夹衬衣一件、湖色缎夹衬衣三件、雪灰缎夹衬衣一件、湖色缎绣夹半宽袖二件、绛色缎绣夹马褂一件、湖色缎绣夹马褂一件、蓝缎绣夹紧身一件、月白缎绣夹紧身一件、月白缎绉绸斗篷一件、湖色缎棉马褂一件、绛色缎棉马褂二件、灰色缎棉马褂一件、驼色缎棉马褂一件、绛色缎夹马褂一件、灰色缎夹马褂一件、蓝缎夹马褂一件、月白缎棉紧身一件、灰色缎棉紧身一件、月白缎夹紧身一件、蓝色缎棉紧身一件、蓝缎夹紧身一件、灰色缎夹紧身二件、湖色缎夹紧身一件、绛色缎夹紧身一件、雪灰缎夹紧身一件、青色缎夹紧身一件[①]。

① 清宫档案《孝定景皇后殓入送衣版山陵供奉赏遗念玉品衣服等帐》簿3694，宣统五年五月立。

放在金井内的珍宝有20余件，其中主要有：子母球一对、怀表五件、玉石别子、青石手球、白玉人、翠八宝等。在金券内的四个册宝石座上放置着光绪帝和孝定皇后的香册、香宝。

1938年秋，一伙不明番号的军人盗掘了崇陵地宫。他们对地宫的构造十分熟悉，从哑巴院内的琉璃影壁下掘入，从门缝拨开自来石，毫不费力地进入了地宫的核心部位——金券。匪徒们将光绪帝的棺椁后尾面（清制：入葬后的棺椁均头朝北，脚朝南，故棺椁的前头朝北，尾部向南，即进入地宫所看到的是棺椁后堵）凿开一个大洞，将光绪帝的尸体从棺内拖出，掠走了棺内的随葬品。又将孝定皇后的外椁毁坏，将棺盖打开，盗走了棺内葬宝。

经国家文物主管部门批准，1980年6月15日，清西陵文物管理处对崇陵地宫进行保护性清理。在清理时，发现光绪帝的左手还握着一对翠环，两环相套连。还有一块白玉石，上面阴刻着精美的鸳鸯、荷花图案。孝定皇后左手的无名指上，还戴着一件金刚石戒指。身右边的锦囊里装有朝珠一挂、陈香子18颗。尽管这伙盗墓贼盗墓比较内行，但对皇家葬制还不太了解。他们不知道金井内还放有镇墓宝物。因此，金井内的20多件随葬品幸免被盗，安然无恙地全部保留了下来。文物工作者在清理金井内物品时，发现子母铁球尽管多有锈迹，但部分表面依然光闪闪，摇动时尚能听到清脆悦耳的响声。大三针的银怀表是白色表盘，上面

光绪帝棺椁残破状况

孝定皇后棺椁残破状况

崇陵地宫出土的金壳怀表、翡翠环等文物

的文字、数码仍然清晰可见，表壳光滑白亮。金壳表金光闪闪，珐琅的凤、蝶、莲花图案清晰精美。崇陵地宫经过清理、整修，于1980年8月对游人开放。

梁鼎芬与崇陵

梁鼎芬像

梁鼎芬，字星海，号节庵，生于咸丰九年（1859年），广东省番禺县人，光绪六年（1880年）进士，授编修[①]。中法战争时，他弹劾北洋大臣、大学士李鸿章，以妄劾，交部严加议处，降五级调用。后来两广总督张之洞聘请他主持广雅书院。张之洞调署两江总督后，又聘他主持钟山书院。张之洞回任湖广总督时，他也随着回到湖广。梁鼎芬是张之洞的重要幕僚。后来，经端方、张之洞推荐，梁鼎芬先后任知州、知府、道员、按察使、署布政使。光绪三十二年（1906年）入觐时，他当着皇帝面弹劾庆亲王奕劻收受贿赂。他还弹劾直隶总督袁世凯说："权谋迈众，城府阻深，能谄人又能用人。自得奕劻之助，其权威遂为我

① 秦国经著《逊清皇室轶事》第64页，紫禁城出版社，1985年8月第1版。

朝二百年来满汉疆臣所未有。引用私党，布满要津。我皇太后、皇上或未尽知。臣但有一日之官，即尽一日之心。言尽有泪，泪尽有血。奕劻、袁世凯若仍不悛，臣当随时奏劾，以报天恩。”梁鼎芬的披肝沥胆、泣心椎血的陈奏，不仅未能使皇太后、皇上感动，反而遭到了斥责。梁鼎芬心灰意冷，引疾告退，闭门读书，不理政事。光绪三十四年（1908年）十月，光绪帝和慈禧皇太后相继崩逝，梁鼎芬曾赴阙哭临，越日即回。宣统元年（1909年）三月十二日，光绪帝梓宫奉移西陵梁格庄行宫暂安[①]，十七日梓宫到达梁格庄，暂安于行宫大殿。王公大臣分成六班轮流守护梓宫，祭奠行礼。每逢节日和忌辰，六班王公大臣才齐集一次，祭祀行礼。唯有梁鼎芬长期居住在公所里，而且不论哪班，他都随班祭奠行礼，风雨不误。每次举哀，极为哀恸，出于至诚，在梓宫前长跪不起，在场的人无不感动。他对皇帝的忠心和感情，超过了皇亲国戚、王公大臣[②]。

1913年12月13日（农历十一月十六日）光绪帝和孝定皇后葬入崇陵地宫[③]。梁鼎芬恭送梓宫到地宫内。梓宫安奉毕，恭送人员退出地宫，准备关闭石门，唯独梁鼎芬一人瘫坐在地宫里不动，两眼望着光绪帝的梓宫发呆。他的随从忽然想起他曾经说过皇上奉安时要殉葬的话，怕他死在地宫里，急忙把他背出地宫，送回梁格庄住处[④]。

按惯例，在营建陵寝的后期，就要栽植仪行树。陵寝的仪行树，不仅能起到树威仪、壮观瞻的作用，而且还有调节气候、净化空气、防风沙的功能，所以树株的作用很大，是陵寝的重要组成部分，不可或缺。然而崇陵因经费不足，加之与厂商在订合同时又没有植树的条款，所以到崇陵快完工时，植树一事尚无着落。1914年，溥仪见梁鼎芬对清室忠心耿耿，于是就派他去守护

①《宣统政纪》卷一一，第60册，第222页，中华书局影印本，1987年7月第1版。

②《晚清宫廷生活》第126页，中国文史出版社，2000年9月第1版。

③ 清宫档案《溥仪档》，第2155号，《大行隆裕皇太后升遐记事档》头本。

④《晚清宫廷生活》第127页，中国文史出版社，2000年9月第1版。

崇陵宝顶

崇陵，并办理植树事宜。

梁鼎芬深知此件事情十分难办，但他勇于任事，竭尽全力去办。植树的关键是经费，没钱什么也办不成。为了解决没有经费的困难，他率先垂范，自己带头捐献了1000元。为了筹集资金，他想出了一条妙计，他派人从北京买回了二三百个陶质酒瓶，在一场大雪后，他率领从人，带着酒瓶，到崇陵宝顶上，将所有酒瓶里都装满了宝顶上的洁白的雪，封好瓶口，贴上纸签，签上写："崇陵雪水"。他将这些装满雪水的酒瓶运回北京。他不辞劳苦，挨门挨户地到宗室皇族、王公大臣家登门拜访，每家赠送崇陵雪水一瓶，请求他们为崇陵植树贡献力量，捐献资金。如果对方拿出的钱与其身份、财力相称，他就含笑而别；如果拿出的钱少，或者拒绝捐献，他就用十分激烈的语言使对方难堪；倘若登门不遇，他就留言，约定日期再来拜访[①]。梁鼎芬的这种执着精神感动了许多人。有志者事竟成，梁鼎芬用这种方法居然筹到了一笔数目可观的资金。他用这笔资金从丰台、蠡县买回了松树、柏树、桧树树苗。那时梁鼎芬已经50多岁了，自光绪帝入葬后，由于过度悲痛，身体一直不好，但他不顾年老体弱，在植树时，他身先士卒，带头挖掩、浇水。由于梁鼎芬的艰苦努力，崇陵的砂山、后宝山、陵院内外，共栽植松、柏、桧、杨树40601株[②]，放眼一望，一片绿海，极为壮观。梁鼎芬在栽下第一棵松树时，

①《晚清宫廷生活》第126页，中国文史出版社，2000年9月第1版。

② 秦国经著《逊清皇室轶事》第65页，紫禁城出版社，1985年8月第1版。

刚竣工的崇陵周边植满了仪树

一手扶镐，一手持锹，站在树下，留影一张。后来溥仪的老师陈宝琛在这张照片上题诗一首，高度赞扬了梁鼎芬的忠心和义举，诗言道：

补天挥日手能闲，冠带扶锄土石间。

不见成荫心不死，长留遗蜕在桥山。

梁鼎芬对戊戌变法持反对态度。他指责康有为、梁启超“信奉邪教、邪说”，心同叛逆。清帝逊位后，经陈宝琛的推荐，他被溥仪召为毓庆宫行走。溥仪赐他紫禁城骑马，每月赏养廉银600元。他的忠心深受溥仪赞赏。

梁鼎芬能诗善文。1916年10月19日（农历九月二十三日），溥仪亲笔在黄绢上题写一副对联赏给梁鼎芬，这副对联是：

读书众壑归沧海；

下笔微云起泰山。

1917年（丁巳年）张勋复辟时，梁鼎芬正在患病，曾“强起周旋”。1920年1月5日（农历己未年十一月十五日）梁鼎芬病逝，终年61岁。临终前，由他口授，其子梁劬执笔，给溥仪写了一份遗折，最后一次向溥仪表达了他对大清皇帝的忠心和诚悃。他在遗折中说：

梁鼎芬植第一棵树时留影

伏念臣弱冠通籍，滥侧清班，偶因建言获谴，伏处田里十有七年。荷德宗景皇帝特达之知，起自废籍，由知府荐至臬司，因病开缺。皇上御极后，命以三品京堂候补。辛亥以还，因陵工未蒇，南北奔驰，露宿风餐，不遑安处。旋管理崇陵种树事宜，复赏加二品衔，命在毓庆宫行走，赏赐稠叠，恩礼有加。……伏愿我皇上勤学亲贤，谨身纳谏。立志务期坚定，用财力节虚靡。臣前此每日手书进讲诸条，皆昔贤为学之方，明主懋德之要，尚祈时加省览，日进无疆，则臣虽死之日，犹生之年矣，臣无任感激凄恋之至[1]。

溥仪接到遗折，知道梁鼎芬病故，非常悲痛，立即派贝勒载瀛带领侍卫前往奠醊，加恩赐谥“文忠”，赠太子少保，赏给陀罗尼经被，并赏银3000元治丧，其子梁劬赏给乾清门三等侍卫。

梁鼎芬在西陵期间，每遇天晴气朗的好天气，他就让人搀扶着到梁格庄后的山根下的田地里溜达。有一次他在一块地的地边坐下不走了。他让从人去打听这块地是公产还是私产。得知是私人田地后，他就托人将这块地买了过来，向公方和他的家属声明，他死后一定要葬在这块地里，他的心意是：他在九泉之下也要看守在光绪帝的陵旁。他死后，公方和他的家属，遵照他的遗嘱，将他葬在了这块地里。如今坟墓已无存。

① 秦国经著《逊清皇室轶事》第65页，紫禁城出版社，1985年8月第1版。

崇陵内葬人物

崇陵地宫里共葬两个人，即光绪帝载湉和孝定皇后。

□ 光绪帝

光绪画像

光绪帝，爱新觉罗·载湉，清朝入关后第九帝。他是道光帝第七子醇亲王奕譞的第二子，同治十年六月二十八日子时（1871年8月14日凌晨）生于北京宣武门内太平湖东岸的醇郡王府的槐荫斋[①]。其生母叶赫那拉氏是慈禧的胞妹、奕譞的嫡福晋。同治十一年（1872年）九月十九日，以同治帝大婚礼成，两宫皇太后赏给这位来到世间尚不足15个月的婴儿以头品顶带[②]。第二年的十二月二十八日，同治帝以翌年为慈禧皇太后四旬大庆并亲政后初届元日令辰，载湉被赏戴花翎[③]。同治十三年（1874年）十一月十五日，以同治帝遇有天花之喜，赏载湉食辅国公俸[④]。同治十三年十二月初五日（1875年1月12日）酉刻同治帝崩逝，当天两宫皇太后召见众王公大臣，宣布立年仅4虚岁的载湉为文宗显皇帝之子，入承大统，为嗣皇帝[⑤]。第二天寅刻（初六日凌晨3至5时）天还未亮，就将载湉从醇郡王府接走，进午门、乾清门，至

①《德宗景皇帝实录》卷一，第52册，第70页，中华书局影印本，1987年6月第1版。

②《穆宗毅皇帝实录》卷三四一，第51册，第491页，中华书局影印本，1987年1月第1版。

③ 中国第一历史档案馆编《咸丰同治朝上谕档》第23册，第990条，第359页，广西师范大学出版社，1998年8月。

④ 中国第一历史档案馆编《咸丰同治朝上谕档》第24册，第1059条，第320页，广西师范大学出版社，1998年8月。

⑤ 中国第一历史档案馆编《咸丰同治朝上谕档》第24册，第1069条，第403页，广西师范大学出版社，1998年8月。

养心殿，成了清王朝第四位娃娃皇帝[1]。因载湉年幼，仍由两宫皇太后垂帘听政。光绪元年（1875年）正月二十日举行了登极大典[2]，从此开始了他长达34年的傀儡皇帝的生活。

光绪帝在位的34年，大致可分为三个阶段。第一阶段是从即位的光绪元年（1875年）到光绪十五年（1889年）二月慈禧归政，历时14年，这一阶段又分光绪十三年（1887年）正月以前的垂帘听政时期和后两年的训政时期。第二阶段是从光绪十五年（1889年）二月至光绪二十四年（1898年）八月初五日戊戌政变，为亲政时期。第三个阶段是从光绪二十四年（1898年）八月光绪帝被囚禁瀛台，一直到光绪帝驾崩，为慈禧第二次训政时期。后两个阶段均为10年。

光绪帝在位的34年是大清帝国历史上最艰难困苦的衰落时期，是中华民族备受欺辱、灾难深重的时期。帝国主义列强依恃他们船坚炮利，拥有先进的科学技术，将中国当成一块肥肉来瓜分，视中国为懦弱的小羊羔而任意欺凌。在光绪年间强迫清政府签订了一个又一个不平等条约，割去了一块又一块中国的大好河山，索去了几百万、几千万、几亿两白花花的银子，掠走、盗窃了数以万计的价值连城的珍宝，破坏焚毁了大量文物古迹。然而清政府使团却又到欺

光绪帝朝服像

①《德宗景皇帝实录》卷一，第52册，第74页，中华书局影印本，1987年6月第1版。

②《德宗景皇帝实录》卷三，第52册，第114页，中华书局影印本，1987年6月第1版。

辱中国的外国都城去赔礼道歉……对于这些国难、奇耻，慈禧似乎视而不见，无动于衷，只要不影响她的挥霍享乐，只要能保住她手中的权力，她都不在乎，极力推行“量中华之物力，结与国之欢心”的政策，使中国的锦绣山河支离破碎，百孔千疮，使中华民族陷入了苦难的深渊，慈禧罪责难逃。

光绪帝并非昏庸无能之君，他有志气，有抱负，他想刷新政治，通过变法，重振朝纲。他对侵略者疾恶如仇，有满腔的爱国热忱，由于手中无实权，在慈禧的强大淫威下，他指挥不灵，一筹莫展，连自己的皇位、自己的爱妃都保不了。所以说，载湉在位的34年血泪史、耻辱史，实际上是慈禧的罪行史。

光绪时期距现在很近，史料丰富翔实，有关著述很多，笔者在这里不对光绪年间的史实详加评述，只对几件大事略加介绍。

一、不应该坐在龙座上的皇帝

当年咸丰帝崩逝时，只有6岁的载淳一个皇子。载淳入统，继承皇位，天经地义，顺理成章。因载淳年幼，由两位皇太后垂帘听政，在清朝虽无前例，但在历史上却不乏此例，所以似乎倒也说得过去。

按清朝的祖制家法，同治帝崩逝，膝下无子，则应由溥字辈中择一成年贤者为大行皇帝嗣子，以皇太子身份入承统绪。当时宗室中溥字辈的成年人很多，可慈禧偏偏从同治帝的平辈中挑选了一个年仅4岁的载湉，立为嗣君，这就于理不通了。慈禧这样做的原因，说法很多，概括起来主要原因有四点：其一，慈禧是权欲极强的人，以载字辈的载湉入统即位，慈禧仍可以以皇太后的身份垂帘听政。其二，载湉的生母是慈禧的胞妹，这样，光绪帝既是慈禧的侄子，又是慈禧的外甥，亲上加亲，更有利于控制光绪帝。其三，光绪帝的父亲奕譞既是慈禧的小叔子，又是慈禧的妹夫，不仅至亲至近，更主要的是，奕譞向无野心，始终是慈禧的心腹和亲信，对慈禧一向“忠心耿耿，小心翼翼”，奕譞不会构成对慈禧的威胁，以其子入统，他会更加效忠朝廷，效忠慈禧。其四，以慈禧之妹之子入承大统，也会提高和加强叶赫那拉氏一族在朝中的地位和势力。

按清朝的祖制家法，光绪帝头上的皇冠、所坐的龙座，本不该为他所有，只是由于慈禧的倒行逆施，独断专行，才使他当上了皇帝，造成了他的终生悲剧。

二、没有爱情的政治婚姻

光绪十四年（1888年）光绪帝已经是18岁的风度翩翩的英俊青年了。顺治帝14岁大婚，康熙帝12岁大婚。康熙帝18岁时，已经是拥有4个皇子、2个皇女的父亲了。光绪帝为什么这么大年龄尚未成婚呢？其原因在慈禧身上。结婚是一个人长大成人的标志。皇帝大婚了，表明皇帝已长大成人，不再是孩子了，垂帘听政的慈禧就得归政交权，不能再干预朝政，这当然是慈禧最不愿意的事，所以一拖再拖。光绪帝已经18岁了，再也不能拖了，于是慈禧不得不硬着头皮开始为光绪帝操办婚事了。

当年为同治帝选立皇后时，慈禧的本意是想立凤秀之女富察氏，由于同治帝听从了慈安的意见，选中了崇绮之女阿鲁特氏，使慈禧的愿望落了空。为此，十几年来，慈禧始终念念不忘，耿耿于怀。如果说昔日慈安对慈禧还能起到些左右、控制作用的话，那么慈安死后，任何约束和左右慈禧的力量也没有了，她可以

光绪大婚　图之一

为所欲为了。慈禧深知皇后在自己与皇帝之间的关系中是何等的重要。她决心让光绪帝完全按自己的意愿办，同治帝选后之事绝不能重演。她深思熟虑，精心策划，大婚的整个过程完全在她的导演下进行。所选立的皇后是比光绪帝大3岁的慈禧娘家的亲侄女、副都统桂祥之女叶赫那拉氏。流传于世的这位皇后的照片很多，一般人都能看到，其容貌实在没有值得恭维之处，岂能与潇洒英俊的光绪帝相匹配！难怪光绪帝对这位皇后终生厌倦，一眼也瞧不上。但迫于慈禧的淫威，光绪帝只能暗中叫苦，硬着头皮于光绪十五年（1889年）正月二十七日在坤宁宫洞房与新娘行了合卺礼①。

光绪帝与叶赫那拉氏的结合是一桩地地道道的政治婚姻，完全是出于慈禧的政治需要，其目的是显而易见的。让自己的亲侄女长期陪伴在皇帝身边，是最理想的耳目和密探，有利于控制皇帝；让自己的亲侄女当皇后，能进一步加强叶赫那拉氏家族在朝中的地位和势力。一旦皇后生有皇子，再能继承皇位，下一代皇帝身上又带有叶赫那拉氏的血脉，那么叶赫那拉氏家族势力将会更大。一旦这位皇后死于光绪帝之后，就会被尊为皇太后，甚至有可能垂帘听政。慈禧在光绪帝婚事上，可谓用心良苦。然而使她始料不及的是，她硬行撮合的这桩婚姻，加深了她与光绪帝之间的鸿沟，加剧了他们之间的矛盾，同时也害了她的侄女。

三、亲政后仍当傀儡皇帝

顺治帝和康熙帝均是14岁亲政的。在亲政前后，孝庄皇后既未听政，也未训政。光绪十三年（1887年）光绪帝17岁时，于是年的正月十五日曾宣布光绪帝亲政，并诏告天下②，但慈禧仍训政。光绪帝大婚后6天即光绪十五年（1889年）二月初三日正式宣布归政，由光绪帝“亲裁大政”③。从听政到训政，再到归

①《德宗景皇帝实录》卷二六五，第55册，第555页，中华书局影印本，1987年6月第1版。

②《德宗景皇帝实录》卷二三八，第55册，第202页，中华书局影印本，1987年6月第1版。

③《德宗景皇帝实录》卷二六六，第55册，第564页，中华书局影印本，1987年6月第1版。

政，名词不同，但实质未变。在同治、光绪两朝的47年中，慈禧何尝一日放弃过权力？同治帝、光绪帝始终是傀儡皇帝。

四、慈禧掣肘，光绪帝指挥不灵，甲午战败

光绪二十年（1894年）中日两国发生战争，最后以中国失败，被迫签订《马关条约》而结束。因为这一年是甲午年，所以史称“甲午战争”。这场战争包括陆战和海战。而陆战和海战均在不同区（海）域多次进行。这场战争，日本是经过长期充分准备后首先挑起的。光绪帝力排妥协派之议，为维护国家主权和尊严，高举反侵略大旗，于七月初一日颁谕，毅然对日宣战[1]，大长了中国人民的志气。尽管光绪帝为这场反侵略战争做出了一系列部署，做了种种努力，但由于以慈禧为代表的顽固派势力强大，中国军队主要指挥者李鸿章秉承慈禧旨意，不听从光绪帝指挥，一味向日军退让、妥协，使中国遭到了惨败，苦心经营多年的北洋舰队全军覆没。在第二年，清政府被迫与日本签订了《马关条约》，将辽东半岛、台湾全岛、澎湖列岛割让给日本，赔偿日本军费白银二亿两[2]。《马关条约》是继《南京条约》以来最严重的丧权辱国的卖国条约，是中华民族的奇耻大辱。战争的失败和条约的签订，使中国的半殖民化和民族危机大大加深。

光绪帝读书像

①《德宗景皇帝实录》卷三四四，第56册，第369页，中华书局影印本，1987年6月第1版。

②《德宗景皇帝实录》卷三六四，第56册，第759页，中华书局影印本，1987年6月第1版。

五、变法失败，幽禁瀛台

甲午战争的失败和《马关条约》的签订，极大地震动和刺激了中国人民，促使了中国人民的醒悟。许多有志之士痛定思痛，总结失败原因，认为只有变法，改革旧制，国家才能强盛，民族才有希望。光绪帝在以康有为为代表的维新派的巨大影响下，决心变法，重振国威，洗雪国耻。从光绪二十四年四月二十三日（1898年6月11日）颁布《明定国是》诏开始[①]，到同年的八月六日（9月21日）止，这103天中，光绪帝顶着巨大压力，冲破重重阻力，大刀阔斧地进行改革、变法，发出谕旨一百九十条之多。但这场维新变法只进行了103天，就被以慈禧太后为首的顽固守旧派给扼杀了。谭嗣同、康广仁、杨深秀、杨锐、林旭、刘光第6位维新志士血溅菜市口。光绪帝从此被囚禁在瀛台，失去了自由，慈禧再度训政。

囚禁光绪帝的瀛台旧影

① 中国第一历史档案馆编《光绪朝上谕档》第24册，第519条，第177页，广西师范大学出版社，1996年10月第1版。

戊戌变法虽然短命夭折，但具有划时代意义，如一颗闪光的星划破了中国封建社会的夜空，使中国人民看到了一丝希望之光。光绪帝是这场变法维新运动的最高决策者和领导者。尽管变法失败了，但表明了光绪帝是一位不甘国弱被欺、敢于冲破祖制、勇于改革创新、奋发图强的君主。

六、出京西逃，再签屈辱条约

把中国变为殖民地，掠夺中国的财富和资源，这是帝国主义列强长期以来的既定方针和目的。义和团的兴起，再一次给帝国主义列强侵略、瓜分中国提供了借口和机会。光绪二十六年七月二十日（1900年8月14日），德、英、俄、美、法、意、日、奥八国联军攻陷了北京，第二天紫禁城陷落①。40年前，北京曾被英法联军攻占，咸丰帝逃到热河。40年后，北京再次陷落。金碧辉煌的北京城、数千年灿烂的文物古迹遭到了浩劫，中国人民遭到了惨绝人寰的大屠杀和欺侮。七月二十一日（8月15日）凌晨，慈禧挟持光绪帝，只带着十几名亲近大臣和宫眷，护军百余人，化装逃出了北京②。北京两次陷落、清帝后妃两次出逃，慈禧都经历过了。第一次慈禧26岁，而这一次出逃，慈禧已经是66岁的老妪了。慈禧、光绪帝先逃到山西，又改逃到陕西西安。光绪二十七年七月二十五日（1901年9月7日）清政府的全权代表奕劻、李鸿章在北京与英、美、德、日、奥、法、意、西、比、荷、俄11国签订了不平等的屈辱的《辛丑条约》③，赔款四亿五千万两白银，年息四厘，本息合计九亿八千多万两，使中国人民再一次遭到了空前的耻辱和灾难，使中国完全陷入了半封建半殖民地的深渊。慈禧不顾国家的安危，人民的死活，在逃西安期间，仍过着骄奢淫逸的生活。

---

①《德宗景皇帝实录》卷四六七，第58册，第123页，中华书局影印本，1987年6月第1版。

②《德宗景皇帝实录》卷四六七，第58册，第123页，中华书局影印本，1987年6月第1版。

③ 冯元魁著《光绪帝》第346页，吉林文史出版社，1993年5月第1版。

七、立溥儁为大阿哥，光绪帝险被废掉

自戊戌变法以后，光绪帝与慈禧之间的矛盾达到了水火不相容的地步。慈禧总觉得光绪帝对自己是一个极大的威胁，于是她便产生了废掉光绪帝，另立新君的想法。她经过精心策划，于光绪二十五年十二月二十四日（1900年1月24日）正式宣布立端郡王载漪之子溥儁为大阿哥[①]，以达到逐步取代光绪帝的目的。预定光绪二十六年正月初一日（1900年1月31日）逼光绪帝行让位礼，改元“保庆”。慈禧导演的这场政治把戏刚一出笼，就被人们看穿，全国一片哗然。十二月二十六日上海绅商经元善等联合1231人联名上书谏阻立嗣。维新派蔡元培等及海外保皇党华侨，号称数十万人，纷纷致电反对。督抚刘坤一等更是公开表示不同意。不仅中国人反对立大阿哥、废掉光绪帝，就连外国也不赞成。外国公使一致拒绝入贺，同时向以慈禧为首的反对派不断施加压力，准备出面干预此事，“各国兵轮皆于（十二月）二十六日鼓轮北驶”，以此向慈禧等顽固派示威，表示反对，慈禧见势不妙，废立之事只得暂时作罢。后来慈禧见废掉光绪帝已彻底无望，溥儁已成了一具政治僵尸，毫无用处，于是于光绪二十七年十月二十日（1901年11月30日）宣布撤去溥儁的大阿哥名号，逐出皇宫[②]。

大阿哥溥儁像

① 中国第一历史档案馆编《光绪朝上谕档》第25册，第1511条，第397页，广西师范大学出版社，1996年10月第1版。

② 中国第一历史档案馆编《光绪朝上谕档》第27册，第713条，第217页，广西师范大学出版社，1996年10月第1版。

八、大志难伸，泣血瀛台

光绪帝死于涵元殿

光绪二十七年十一月二十八日（1902年1月7日），光绪帝随慈禧回到了满目疮痍的北京①。当年金碧辉煌的紫禁城变成了荆棘丛生，蒿草遍地，一片凄凉景象。由于大阿哥的撤销，外国干预的减少，慈禧对光绪帝的控制相对放松。虽然光绪帝仍幽禁于瀛台，有时也让他参与一些政务活动，但仍无任何实权。这样的日子又熬过了7年。光绪三十四年十月二十一日酉正二刻三分（1908年11月14日下午6时33分），光绪帝怀着大志未伸的遗恨病死在瀛台涵元殿②，在位34年，终年38岁。翌日辰初二刻用吉祥轿将光绪帝的遗体运到乾清宫，巳初二刻五分（上午9点35分）光绪帝的遗体殓入梓宫，梓宫安奉于乾清宫正中。同年十一月十六日梓宫奉移景山观德殿暂安③。宣统元年（1909

崇陵地宫金券内的光绪帝和孝定皇后的棺椁

①《德宗景皇帝实录》卷四九〇，第58册，第484页，中华书局影印本，1987年6月第1版。

②清宫档案《新整内务府杂件》敬事房，礼仪，第5508包。

③《宣统政纪》卷三，第60册，第40页，中华书局影印本，1987年7月第1版。

年）三月十二日梓宫奉移易县西陵，暂安于梁格庄行宫[①]。1913年12月13日申初二刻（农历十一月十六日）梓宫葬入崇陵地宫[②]。其庙号、谥号为：德宗同天崇运大中至正经文纬武仁孝睿智端俭宽勤景皇帝。简称德宗景皇帝。他是清朝唯一谥号不足22个字的皇帝。

九、光绪帝死因

光绪帝与慈禧互为政敌，水火难容。38岁的光绪帝竟死在了74岁的慈禧之前，这不能不让人感到疑窦丛生。关于光绪帝的死因，100年来有以下五种说法：

有病正常死亡。

被慈禧害死。

被李连英害死。

被袁世凯害死。

被皇后害死。

后面的四种说法都是光绪帝是被害死的。关于第一种说法是清朝的官方说法，对于这种说法，中国第一历史档案馆藏的大量的清宫档案可以证明。但这毕竟是文字的东西，似乎还不能让人心悦诚服。在高科技的今天，如果能用事实说话，那是最令人信服的。

当年在清理崇陵时，有意将光绪帝的若干头发、遗骨和衣服等保存在外，以备日后供研究之用。为解开“光绪之死”这一历史谜案，从2003年开始，中央电视台、中国原子能科学研究院、北京市公安局法医检验鉴定中心、清西陵文物管理处等单位的领导和专家组成了“清光绪帝死因”专项研究课题组，研究时间长达5年之久。国家清史编纂委员会的专家给予了支持和帮助，参与多次相关讨论，并将这一研究纳入《国家清史纂修工程重大学术问题研究专项课题（清光绪帝死因研究）》，积极推动此项

①《宣统政纪》卷一一，第60册，第222页，中华书局影印本，1987年7月第1版。

② 清官档案《溥仪档》，第2155包。

工作。

专家们运用侦查破案的思维方式，按照法医工作规范，充分利用“中子活化”、“X射线荧光分析法”、“原子荧光光度”、“液相色谱/原子吸收联用”等一系列现代专业技术手段，通过开展对比、模拟实验进行双向推理、多维论证等工作，对光绪头发、衣服、遗骨等进行检测和研究，发现其胃腹部衣物上的砷是其含毒尸体腐败后直接侵蚀遗留所致，而其衣领部位及头发上的大量砷，则由其含毒腐败尸体溢流侵蚀所致，并最终得出结论：“光绪帝系砒霜中毒死亡。[1]”

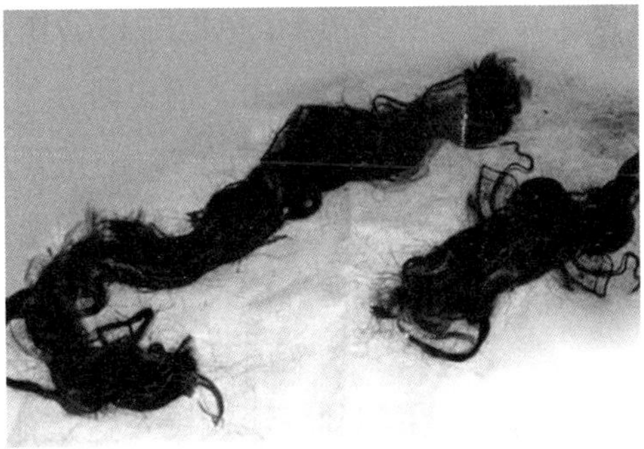

光绪帝和孝定皇后的头发

光绪帝死后穿在最外面的龙袍

2008年11月2日上午9时30分至12时，国家清史编纂委员会等单位在北京著名的京西宾馆会议楼十四会议室举行了《清光绪皇帝死因》研究报告会，正式宣布光绪帝死于急性砷中毒。

人民日报 文化新闻 2008年11月4日 星期二 11

中国影视节目出口突破二十一亿元

现代科技手段破解“百年疑案”，证明确为砒霜中毒

光绪帝死因是如何查明的

中国人口占世界比重降至20.1%

文昌新航天发射基地预计本月开工建设

登录 注册

人民日报公布光绪帝死因

① 2008年11月4日《人民日报》。

由4个单位的13名作者合作撰写的《清光绪帝死因研究工作报告》已由《清史研究》2008年第4期正式发表。《清光绪帝死因研究工作报告》的作者是：中央电视台清史纪录片摄制组主任钟里满，清西陵文物管理处耿左车、李军、邢宏伟，中国原子能科学研究院反应堆工程研究设计所王珂、张永保、邹淑芸、夏普、李义国，北京市公安局法医检验鉴定中心张新威、张大明、宋朝锦、潘冠民。这是他们历时五年的研究成果，在照片、图表、数据的基础上经过缜密研究分析得出了令人信服的结论。

光绪帝被毒害致死，百年疑案得以确证，尘埃落定，真相大白。但凶手是谁，尚需继续研究考证。

关于害死光绪帝的凶手，现在有四个嫌疑人即慈禧、李连英、袁世凯、皇后。现在多数人认为慈禧的可能性较大，但没有找到令人信服的证据。

□ 孝定皇后

孝定皇后，叶赫那拉氏，满洲镶黄旗，其父副都统桂祥是慈禧的弟弟。她是慈禧的娘家侄女。同治七年（1868年）正月初十日生[①]，比光绪帝长3岁。光绪十四年十月初五日（1888年11月8日）慈禧降旨，决定立叶赫那拉氏为皇后[②]。光绪十五年正月二十六日（1889年2月26日），光绪帝命武英殿大学士额勒和布为正

孝定皇后像

① 唐邦治著《清皇室四谱》，上册，卷二·后妃，第38页，1923年上海聚珍仿宋印书局聚珍铅印本。

② 中国第一历史档案馆编《光绪朝上谕档》第14册，第334页，第1008条，广西师范大学出版社，1996年10月第1版。

使、礼部尚书奎润为副使，持节奉册宝，诣皇后府邸，册封叶赫那拉氏为皇后[1]。第二天（正月二十七日）皇后由府邸升坐凤舆，设仪仗、车辂，鼓乐前导，由大清门中门沿着御道进入皇宫，至乾清宫降舆，在坤宁宫与光绪帝行合卺礼[2]，大婚礼成，载湉时年19岁，皇后22岁。因这门亲事是由慈禧一手包办的政治婚姻，无爱情可言，所以婚后，帝后关系冷淡，双方都很痛苦，成为终生悲剧。光绪二十六年七月二十日（1900年8月14日），八国联军攻陷北京，七月二十一日凌晨，皇后随慈禧、光绪帝化装逃出北京[3]，先到山西，后驻跸陕西西安。光绪二十七年十一月二十八日（1902年1月7日），皇后随慈禧、光绪帝回到北京[4]。光绪帝驾崩时，皇后41岁。宣统帝即位后，尊她为隆裕皇太后，宣统元年（1909年）十一月初三日行上徽号礼[5]。

隆裕庸碌无识，其才具和胆略远不如慈禧，但对朝政却有觊觎之心。3岁的溥仪即位，她本想效仿其姑母，也垂帘听政，也许是慈禧已看透了自己的这位侄女是个庸才，不堪大用，所以决定由溥仪之父、醇亲王载沣监国摄政，“遇有重大事件，有必须请皇太后懿旨者，由摄政王随时面请施行[6]”。隆裕垂帘听政的愿望未能实现，迁怒于载沣，遂与他产生了矛盾。隆裕心灰意冷，为排解忧愁，在太监张兰德（小德张）的怂恿下，于宣统元年，在慈禧、光绪帝的大丧期间，隆裕不顾国库空虚，命度支部拨巨款在延禧宫内修建水晶宫。“四周浚池，引玉泉山水环绕

①《德宗景皇帝实录》卷二六五，第55册，第555页，中华书局影印本，1987年6月第1版。

②《德宗景皇帝实录》卷二六五，第55册，第555页，中华书局影印本，1987年6月第1版。

③《德宗景皇帝实录》卷四六七，第58册，第123页，中华书局影印本，1987年6月第1版。

④《德宗景皇帝实录》卷四九〇，第58册，第484页，中华书局影印本，1987年6月第1版。

⑤《宣统政纪》卷二五，第60册，第465页，中华书局影印本，1987年7月第1版。

⑥中国第一历史档案馆编《光绪朝上谕档》第34册，第946条，第251页，广西师范大学出版社，1996年10月第1版。

延禧宫内未完工的水晶宫

之。殿上窗棂承尘金铺，无不嵌以玻璃，隆裕自题匾额曰‘灵沼轩’[①]”。后来因溥仪逊位，财政紧张，不得不停工。

武昌起义爆发后，隆裕最初主战，后来在袁世凯的软硬兼施下，同意清帝逊位，让出政权，实行共和。宣统三年十二月二十五日（1912年2月12日），隆裕以溥仪的名义下诏，正式宣布清帝退位[②]，大清国从此灭亡，中国2000多年的封建社会结束。清廷与民国政府签订优待皇室八条、皇族待遇四条、满蒙回藏各族待遇七条。

溥仪退位以后的事实，并非原来想象的那样皇太后的地位、权力、享受一概不变，她知道上了袁世凯的当，遂积郁成疾，1913年2月22日凌晨两点半（农历正月十七日丑刻），隆裕因患

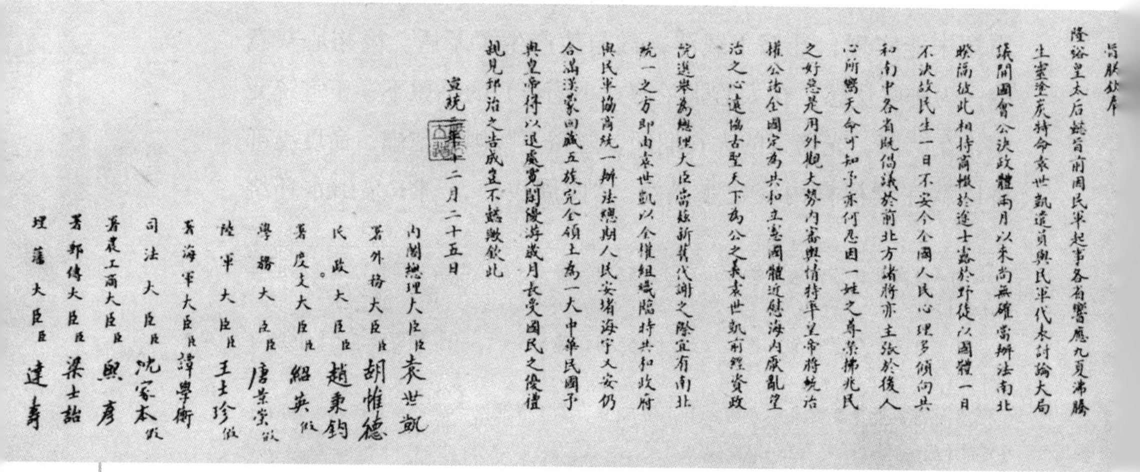

旨朕欽奉
隆裕皇太后懿旨前因民軍起事各省響應九夏沸騰
生靈塗炭特命袁世凱遣員與民軍代表討論大局
議開國會公決政體兩月以來尚無確當辦法南北
睽隔彼此相持商輟於途士露於野徒以國體一日
不決故民生一日不安今全國人民心理多傾向共
和南中各省既倡議於前北方諸將亦主張於後人
心所嚮天命可知予亦何忍因一姓之尊榮拂兆民
之好惡是用外觀大勢內審輿情特率皇帝將統治
權公諸全國定為共和立憲國體近慰海內厭亂望
治之心遠協古聖天下為公之義袁世凱前經資政
院選舉為總理大臣當茲新舊代謝之際宜有南北
統一之方即由袁世凱以全權組織臨時共和政府
與民軍協商統一辦法總期人民安堵海宇乂安仍
合滿漢蒙回藏五族完全領土為一大中華民國予
與皇帝得以退處寬閒優游歲月長受國民之優禮
親見郅治之告成豈不懿歟欽此

宣統三年十二月二十五日

內閣總理大臣臣袁世凱
署外務大臣臣胡惟德
民政大臣臣趙秉鈞
署度支大臣臣紹英（假）
學務大臣臣唐景崇（假）
陸軍大臣臣王士珍（假）
署海軍大臣臣譚學衡
司法大臣臣沈家本（假）
署農工商大臣臣熙彥
署郵傳大臣臣梁士詒
理藩大臣臣達壽

大清退位诏书

① 章乃炜、王蔼人编著《清宫述闻》（初、续编合编本）第716页，紫禁城出版社，1990年5月第1版。

②《宣统政纪》卷七〇，第60册，第1293页，中华书局影印本，1987年7月第1版。

痰症，医治无效，死于长春宫[①]，终年46岁。当日午正三刻五分，掌礼司太监用鹅黄吉祥轿将隆裕皇太后的遗体移送到皇极殿内。当日申初一刻（下午3点15分），将遗体殓入梓宫，梓宫停放在皇极殿[②]。

民国政府得知隆裕皇太后去世的消息以后，总统袁世凯立即派国务员荫昌前往皇极殿灵堂致祭。随后又派国务总理赵秉钧等民国政府要员前往吊唁。同时下令全国下半旗志哀3日，文武官员穿孝27天。参议院除下半旗之外，于2月26日休会一天。2月28日为祭奠之期，这一天，袁世凯臂戴黑纱，举哀致祭，并送上赙仪三万元[③]。外地军政要员也纷纷致电清室，表示哀悼。副总统黎元洪在唁电中称颂隆裕皇太后“德至功高，女中尧舜”。山西都督阎锡山在唁电中吹捧说：“皇太后贤明淑慎，洞达时机，垂悯苍生，主持逊位。视天下不私一姓，俾五族克建共和，盛德隆恩，道高千古。”吴景濂发表公启，倡言于3月19日在太和殿召开全国国民哀悼大会，他肉麻地颂扬隆裕道：“以尧舜禅让之心，赞周召共和之美。值中国帝运之末，开东亚民主之基。顺天应人，超今迈古。……前清隆裕皇太后，默审潮流，深鉴大势，见机独早、宸断无疑。诏书一下，化干戈为坛坫。合五族为一家，大道为公，纷争立解。盖宁可以敝屣天下，断不忍涂炭生民，所谓能以

设于太和殿内的隆裕灵堂

① 清宫档案《溥仪档》，第2155包。

② 清宫档案《溥仪档》，第2155包。

③ 秦国经著《逊清皇室轶事》第123页，紫禁城出版社，1985年8月第1版。

私让国。[①]"

隆裕皇太后梓宫上火车

1913年2月27日，溥仪尊谥大行皇太后为孝定隆裕宽惠慎哲协天保圣景皇后[②]，简称孝定景皇后或孝定皇后。

1913年4月3日（农历二月二十七日），孝定皇后梓宫从皇极殿奉移到正阳门西车站，用火车运送到易县西陵梁格庄行宫暂安[③]。1913年12月13日（农历十一月十六日）卯正三刻，孝定皇后梓宫从行宫奉移崇陵，申初二刻（下午3点半），孝定皇后随光绪帝梓宫一起葬入崇陵地宫[④]。

崇陵妃园寝的营建及规制

清朝陵寝制度，妃园寝均建在本朝皇帝陵的旁边，而且是随

刚竣工的崇陵妃园寝

① 秦国经著《逊清皇室轶事》第123页，紫禁城出版社，1985年8月第1版。
② 秦国经著《逊清皇室轶事》第122页，紫禁城出版社，1985年8月第1版。
③ 清宫档案《溥仪档》，第2155包。
④ 清宫档案《溥仪档》，第2155包。

着皇帝陵的营建而兴工。崇陵是于宣统元年闰二月十七日（1909年4月7日）兴工的[1]，妃园寝也随之动工，其承修大臣是载洵、溥伦、载泽、鹿传麟、奎俊、溥善等。庆亲王奕劻为总稽查，勘估工料折价实钱747757两3钱1分。1914年随着崇陵的全工告竣而完工。

崇陵妃园寝位于崇陵东1华里许，坐北朝南。该园寝的建筑布局及规制如下：

园寝的最前面是一道马槽沟，正中建一孔拱券桥一座，拱桥西旁建三孔平桥一座。马槽沟北是一个宽阔的广场，整个广场用澄浆砖铺墁。广场东西两侧是东西厢房，单檐硬山顶，面阔各5间，屋顶覆以布瓦。厢房北是东西值班房，单檐卷棚硬山顶，面阔各3间。广场北面正中建大门一座，单檐歇山顶，面阔3间。园寝内前院左（东）旁有燎炉一座，单檐歇山顶。院内中轴线上偏北建享殿一座，单檐歇山顶，面阔5间。殿内有暖阁3间，只有中暖阁内设有神龛。殿前的月台陛三出。前院东西两侧各有仪行树三行，每行8株。享殿后建园寝门三座，中门有门楼，门前有月台，

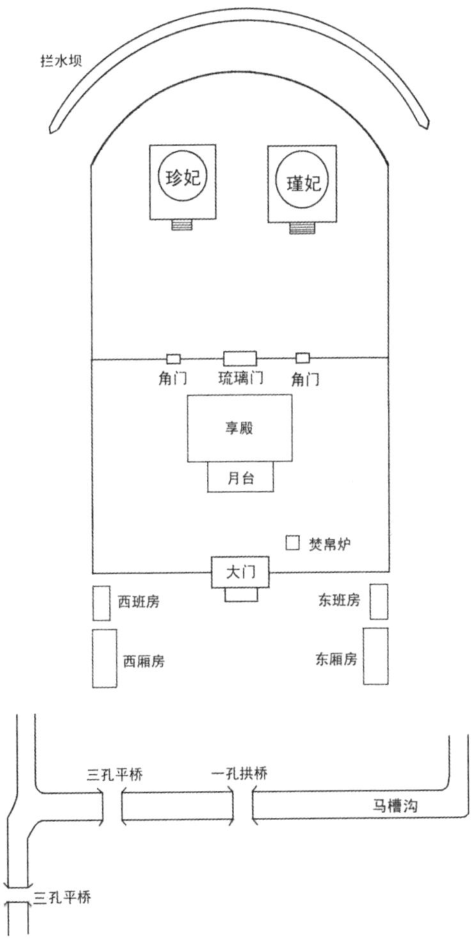

崇陵妃园寝平面图（徐鑫绘）

①《宣统政纪》卷九，第60册，第162页，中华书局影印本，1987年7月第1版。

两旁角门为随墙门，门前无月台。园寝后院并排建宝顶二座，基本东西对称。东宝顶是姐姐瑾妃的宝顶，稍大些。宝顶下是长方形月台，月台前为石踏跺，踏跺前为一块砖海墁，称神路。东宝顶下的月台也相对稍大些。两座月台后齐前不齐。东月台前的踏跺为5级，西边的踏跺为4级。然而西宝顶的神路（砖海墁）面积却比东边的大。后院的东西两侧各有5行仪行树，每行14株。整个园寝前后两进院落，围墙前方后圆。罗圈墙后面设有挡水石坝一道，中间没豁口。很显然，崇陵妃园寝是一座规制标准的妃园寝，它又是清朝乃至中国封建社会最后营建的一座妃园寝。

清西陵共有3座妃园寝，崇陵妃园寝与另外两座妃园寝（泰陵妃园寝和昌陵妃园寝）相比，有5点不同之处：

一、崇陵妃园寝一孔拱桥西旁有一座三孔平桥，而那两座妃园寝拱桥旁则无平桥之设。

二、崇陵妃园寝的东西厢房均面阔5间，而那两座妃园寝的厢房则各面阔3间。

三、崇陵妃园寝前后院均栽有仪行树，而那两座妃园寝院内则无仪行树。

四、崇陵妃园寝宝顶月台前各用澄浆砖铺墁一块海墁，而那两座妃园寝则无有。

五、崇陵妃园寝后面设有挡水坝，而那两座妃园寝则无挡水坝。

在宣统元年（1909年）营建崇陵妃园寝时，瑾妃和珍妃的地位是一样的，都是贵妃，为什么两妃的宝顶、月台大小不一呢？原来这两座妃园寝的宝顶、月台、地宫在初建时是完全一样的，都是砖券。后来东边瑾妃的地宫由砖券改成了石券。石券规模大于砖券，仅以金券为例，砖券面阔9尺、进深13尺、中高12尺[1]，改为石券后，面阔12.5尺、进深14尺、中高13.5尺，同时又增建了梓券、门洞券、石门、罩门券。地宫面积大了，地上建

---

① 清宫档案《妃园寝工程做法册第一至四号附头段》第1页。藏于日本东方文化学院东京研究所，5509号。

瑾妃珍妃墓（图中左为珍妃宝顶）

筑自然也要相应变大，所以，东边的宝顶、月台要大于西边的宝顶、月台。那么为什么东边的月台前的砖海墁（神路）面积反倒比西边的小呢？砖海墁下面实际上是地宫的入口，称隧道，露天，呈坡状。金棺入葬后，要填砌这个隧道，表面与地面相平。清朝中早期的妃园寝，隧道的最上层铺土，夯实，与周围地面保持一致，浑然一体。从定陵妃园寝开始，隧道的最上层改为用澄浆城砖平墁，形成一块海墁，称之为神路。这块海墁面积可大可小，只要把隧道口盖上就可以了，在规制上，没有严格的规定。珍妃入葬时是1913年，工程费用由民国列支。瑾妃入葬时是1925年12月14日，溥仪小朝廷被赶出紫禁城已一年多，经费奇缺，靠拍卖典当文物维生。瑾妃入葬的工程包给了宾兴木厂承办，其工程自然能省就省，与珍妃入葬时已不可同日而语。所以瑾妃宝顶前那块海墁不如西边的大是正常的，是可以理解的。当年营建惠陵妃园寝时，只有前排的宝顶下的地宫是石券，后排的三座地宫（瑜、珣、瑨三妃的地宫）均为砖券。到1921年初，瑜、珣、瑨三妃以及瑾妃均已晋尊为皇贵妃，地位尊贵。按清朝陵制，妃以上（含妃）地宫均为石券。为此，溥仪在1921年1月17日（庚申年十二月初九日）发出谕旨：

敬惟敬懿皇贵妃（瑜妃）、庄和皇贵妃（珣妃）、荣惠皇贵妃、端康皇贵妃体制较崇，所有吉地工程均应改修石工，以昭朕尊崇之意。著派载泽妥慎筹划修理[1]。

因为珍妃这时早已入葬，所以这次改建石券工程没有珍妃地宫。在瑾妃入葬的档案中有“掩闭石门二扇”之语，说明地宫里设置了石门，加之瑾妃的宝顶、月台比西边的均大，表明改建石券工程确已付诸实施。《刘敦桢文集》载：“据陵监云，清末营建地宫，因经费奇绌，仅甃以砖。其后瑾妃薨，妃父出资改石室，而珍妃之墓仍旧。”看来这个说法是失实的。

清朝陵制：地宫石门关闭以后，为防止被推开，就用一块叫自来石的长条石在门后支顶，两扇石门背面腰部雕出一个凸出的石坎，称磕绊，距门下槛里面约一米的石地面上有一个横向石槽，自来石下端戳在石槽内，上端顶住石门背面的磕绊，这样门就推不开了。但是这种顶门的方法有一个致命的弊病，即在门外面，用一根铁杆或厚木板，伸进门缝，猛力撞击，自来石很容易顶倒，门就可以推开了。无论是明定陵地宫，清朝裕陵、崇陵、慈禧陵地宫，还是容妃（香妃）地宫，都是采用的这种方法。在改建瑾妃地宫时，可能是发现了这种支顶方法的弊病，采取了顺沟滚球的方法[2]，即在每扇石门后的地面上凿出两条沟来，沟的南端是一个坑，沟底北高南低。随着两扇石门的慢慢关闭，门后石沟里的石球缓缓向下滚动。当门扇完全关闭后，两个石球分别滚落到沟南端的坑内，球的外露部分高出地面，挡住了石门，石门就推不动了。在外面从门缝往里是看不到石球的。这种方法显然比用自来石顶门方法先进、科学、可靠、安全。从清宫档案中得知，瑾妃的地宫就是用的这种方法。由用自来石，到用滚球法，这不能不说是陵寝建筑的一个进步。在中国第一历史档案馆藏有一份《惠陵、崇陵妃园寝改建石券地平样》，表明瑾妃地宫是与惠陵妃园寝敬懿皇贵妃、庄和皇贵妃、荣惠皇贵妃的三座地宫的改建工程使用的是同一图纸。笔者近年来通过对清陵进一步研究，并对实地进行详细考察后认为惠陵妃园寝的瑜、瑨二妃的

① 清宫档案《溥仪档》，第319包。
② 清宫档案《溥仪档》，第311包。

地宫并没有进行改建，只是将瑾妃的地宫和惠陵妃园寝内的庄和皇贵妃地宫进行了改建。

崇陵妃园寝的被盗

有关著述载，1938年11月，易县西陵华北村的鄂士臣、关友仁等8人，夜间炸开了崇陵妃园寝地宫的石券顶，踩着蜈蚣梯子进入地宫，将棺椁凿开一个大洞，发现尸体尚未完全腐烂，脸上皮肉尚存，五官依稀可辨，头戴朝冠，身穿朝服，手里握着玉石，腰里挂着锦囊，身边还放着如意。他们把随葬品全部掠走，其中有银壳怀表、镶玉云头金扁方等[①]。

一些著述说被盗的是珍妃的地宫，另一些著述则持相反意见，认为被盗的不是珍妃墓，而是瑾妃墓。这个问题不难解决，只要弄清两妃的葬位和盗的是东墓还是西墓就可以了。

关于瑾妃和珍妃的葬位。中国传统的观念素有“东为大，左为贵”的说法。瑾妃是姐姐，珍妃是妹妹，瑾妃自然应该在东边，珍妃在西边。清宫档案中更有明确清楚的记载：“宣统五年十月初三日钦奉谕旨：珍贵妃金棺现在梁格庄行宫暂安，拟于十一月十六日申时恭请珍贵妃金棺安奉寝园。珍贵妃奉安位次在园寝西宝圈。[②]”

那么瑾妃葬在东墓当确凿无疑。

关于被盗的是东墓还是西墓。《紫禁城》杂志第11期上发表的《瑾妃珍妃葬地》一文载：“两座墓中，东边月台和宝顶稍大的一座，已于一九三八年被匪徒盗挖。”

清史专家、原中国第一历史档案馆副馆长秦国经先生著的《逊清皇室轶事》载：“……于十一月十六日，将珍妃金棺由梁格庄移葬于崇妃园寝西墓穴内。……目前，崇妃园寝内的珍妃墓依

---

① 陈宝蓉编著《清西陵纵横》第216—217页，河北人民出版社，1987年6月第1版。

② 清宫档案《新整溥仪档》，第1447包。

然完整无损，葬于崇妃园寝东墓穴内的瑾妃墓则于日伪统治北平时期被盗。[①]”既指明了两妃的准确葬位，也指清了被盗的是东边的瑾妃墓。

《乾清门内》一书载：1901年打捞珍妃尸体时，发现“人泡得失了形态”。时至1938年11月又过了37年，可以想见，珍妃的尸体当会更加腐烂不堪。而盗墓贼在盗墓时发现尸体尚未完全腐烂，脸上皮肉尚存，五官依稀可辨，据此分析，不会是珍妃。死于1924年的瑾妃到1938年刚14年，瑾妃的尸体与盗墓贼见到的尸体状态还是相符的。

《清西陵纵横》一书记载，盗匪是从宝顶前的月台面上往下挖的。当挖到深3米的时候，下面便是地宫的券顶石[②]，是用炸药炸开了券石，进入地宫的。前文已经讲过，珍妃的地宫是砖券，瑾妃的地宫已经改建为石券。既然盗匪挖到了券石，就说明地宫是石券，既然是石券，自然就是瑾妃地宫。

综上所述，1938年11月被盗的是东边的瑾妃墓而不是西边的珍妃墓，当确凿无疑。

崇陵妃园寝内葬人物

崇陵妃园寝内埋葬着一对同胞姐妹，即瑾妃和珍妃。

□ 瑾妃

瑾妃，他他拉氏，满洲镶红旗，原任户部右侍郎长叙之女，其祖父裕泰在道咸年间任过多年的湖广总督[③]。瑾妃生于同治十三年八月十五日（1874年9月25日）[④]。光绪十四年（1888年）

---

① 秦国经著《逊清皇室轶事》第125—126页，紫禁城出版社，1985年8月第1版。

② 陈宝蓉编著《清西陵纵横》第215页，河北人民出版社，1987年6月第1版。

③ 唐邦治著《清皇室四谱》，上册，卷二·后妃，第38页，1923年上海聚珍仿宋印书局聚珍铅印本。

④ 清宫档案《宫中杂件》人事后妃，第1248包。

十月入宫，住东六宫的永和宫[①]。同月五日被封为瑾嫔[②]。光绪十五年（1889年）二月二十八日巳时[③]（《清实录》载十八日。清宫档案和光绪朝《东华录》均载为二十八日）命协办大学士、户部尚书福锟为正使，户部左侍郎续昌为副使，册封年仅16岁的他他拉氏为瑾嫔，封其妹为珍嫔[④]。光绪二十年（1894年）正月初一日（《清实录》和清宫档案均为正月初一日，《东华录》为初三日）以该年为慈禧六旬庆典，被晋封为瑾妃，其妹被封为珍妃[⑤]。同年十月二十九日，尚未举行册封礼，慈禧以瑾妃、珍妃“近来习尚浮华，屡有乞请之事”干预朝政，有违祖制，降旨将姐妹二人由妃均降为贵人，一下子降了两级[⑥]。一年后，光绪二十一年（1895年）十月十五日，慈禧颁懿旨：“瑾贵人赏还瑾妃，珍贵人赏还珍妃。[⑦]”同年十一月十二日辰时，为她们姐妹二人举行了册封礼，册封瑾妃的正使是礼部左侍郎溥善，副使是

瑾妃像

① 清宫档案《光绪大婚典礼红档》，转引自章乃炜、王蔼人编著《清宫述闻》（初、续编合编本）第715页，紫禁城出版社，1990年5月第1版。

② 清宫档案《新整内务府档》礼仪，第0076包。

③ 清宫档案《新整内务府档》礼仪，第0076包。

④《德宗景皇帝实录》卷二七六，第56册，第576页，中华书局影印本，1987年5月第1版。

⑤ 中国第一历史档案馆编《光绪朝上谕档》第20册，第1条，第1页，广西师范大学出版社，1996年10月第1版。

⑥ 中国第一历史档案馆编《光绪朝上谕档》第20册，第1301条，第523页，广西师范大学出版社，1996年10月第1版。

⑦ 清宫档案《新整内务府档》，第0020包。

礼部右侍郎堃岫[①]。光绪二十四年（1898年）八月初，慈禧发动戊戌政变，将光绪帝囚禁在瀛台，将支持皇帝变法的珍妃也囚禁了起来。瑾妃虽然未遭囚禁，也受到了牵连，颇受冷遇。光绪二十五年（1899年）二月初一日慈禧降旨："嗣后瑾妃有赏，不准题奏。"这年的十月初一日慈禧再降旨："嗣后遇有进瑾妃、珍妃时宪书，著敬事房首领接。[②]"光绪二十六年（1900年）七月二十一日，瑾妃随慈禧西逃出京，第二年十一月二十八日回到京师[③]。光绪帝崩逝时，瑾妃35岁。光绪帝死后刚4天，即光绪三十四年（1908年）十月二十五日，宣统帝溥仪晋尊瑾妃为皇考瑾贵妃[④]。1913年3月12日（农历二月初五日）溥仪又晋尊瑾贵妃为端康皇贵妃[⑤]。溥仪逊位后，瑾妃始终居住在东六宫的永和宫。瑾妃身体肥胖，且体质较差。她40岁以后，患甲状腺肥大症，颈粗目凸。据溥仪的《我的前半生》一书载，隆裕皇太后死后，瑾妃地位在宫中为首，位于同治帝的敬懿皇贵妃、庄和皇贵妃、瑨贵妃之前，以皇额娘的身份对溥仪的管教很严。1921年9月的一天，她辞退了一个叫范一梅的医生，溥仪本来对她的严格管教就心中不满，在别人的怂恿下，溥仪以此为由，跟瑾妃大闹了一场，使瑾妃十分难堪。为了挽回面子，瑾妃将溥仪的祖母、母亲召进宫来，向她俩施加压力，迫使溥仪向瑾妃道了歉[⑥]。溥仪的母亲瓜尔佳氏性情刚烈，咽不下这口气，一气之下，于1921年9月30日吞食了鸦片烟死了。瑾妃怕溥仪找她算账，心中也害怕了，从此对溥仪的管教也不那么严了。

---

①《德宗景皇帝实录》卷三七九，第56册，第964页，中华书局影印本，1987年5月第1版。

② 清宫档案《宫中杂件》人事后妃，第1249包。

③《德宗景皇帝实录》卷四九〇，第58册，第576页，中华书局影印本，1987年5月第1版。

④ 中国第一历史档案馆编《光绪朝上谕档》第34册，第967条，第256页，广西师范大学出版社，1996年10月第1版。

⑤ 清宫档案《新整溥仪档》，第1385包。

⑥ 爱新觉罗·溥仪著《我的前半生》第59—60页，群众出版社，1996年2月第19次印刷。

瑾妃性格内向，长得也不如妹妹珍妃漂亮，因此，在皇帝面前，不如珍妃受宠。她的一生，在婚姻上是不如意的。光绪二十六年（1900年），她27岁时，眼睁睁地看着妹妹被害身亡而不能相救，使她在精神上受到了极大的刺激。她35岁时，又失去了夫君，使她成了名副其实的寡妇。自入宫以来，她每天生活在井一样的高墙围起的空间，看到的是红墙黄瓦，黄瓦红墙，生活枯燥无味。幸亏她善于绘画，经常靠笔墨丹青消愁解闷，消磨时光。北京故宫原藏有一柄团扇，扇面上画有秀石淡竹，清新典雅，形象逼真，画工精细，题字清秀。上面钤有“端康皇贵妃御笔”一枚方印。另外上面还盖有“乐琴书”、“寿永年”、“平”、“安”四枚闲章。落款处的字为楷书的“乙未仲夏上浣”，可知此扇面画于1919年农历五月上旬，当时瑾妃已46岁了。从这幅扇面可知，瑾妃的绘画有一定的功底。后来，这柄团扇拨给了清东陵文物管理处。从瑾妃书写的“怀远堂”和“精卫通诚”

端康皇贵妃

瑾妃画的松鹿图

横幅来看，她的书法也有一定的造诣。

1924年10月20日凌晨（农历九月二十二日丑时），瑾妃离开了人世[①]，终年51岁，金棺暂安于慈宁宫。瑾妃死后半个月，于1924年11月5日，溥仪小朝廷被赶出了紫禁城，11月19日辰时（农历十月二十三日）瑾妃金棺从慈宁宫移出紫禁城，仪仗及执事人等一律改从民国制度，穿便服，由军警护送，移送到地安门外鸦儿胡同的广化寺内暂安[②]。1925年溥仪谥瑾妃为温靖皇贵妃[③]。1925年12月13日（农历十月二十八日），瑾妃金棺由广化寺奉移到西直门火车站，用火车将金棺拉运到西陵，12月14日（农历十月二十九日）葬入崇陵妃园寝东旁宝顶下地宫内[④]。

瑾妃入葬前，要开刨隧道，拆去踏跺、挡券墙。入葬后，要关闭石门，成砌挡券墙，填筑隧道，铺墁神路，安砌踏跺。这些工程由宾兴木厂承办，于1924年农历十一月初十日完工，通共核需工料银4684两5钱3分4厘[⑤]。工程完竣后，清皇室迟迟不付给工料钱，厂商马文连几次写信给贝勒载涛和朱益藩催要。清室以前三年（1921年）恭肃皇贵妃（庄和皇贵妃）入葬惠陵妃园寝，同样的工程只用银3500两为由，令宾兴木厂商人马文连核减银两。马文连回禀说："辛酉距今已阅五载，而金融之紧凑，物品之昂贵，工价、运脚之增高，俱不啻以倍蓰计，加以此次派工日期紧迫，日夜加工赶办，所有物料工价更较寻常兴修时不无耗费，又属情势必然。故此次所估钱粮数目比之辛酉（指1921年恭肃皇贵妃入葬工程）一役仅多千两有奇。[⑥]"因此商家不肯核减。以后结果如何，有待考证。

瑾妃是清西陵内葬人物中最后一位入葬皇陵的皇妃。

① 清宫档案《新整内务府档》，第0049包。

② 清宫档案《溥仪档》，第537包。

③ 清宫档案《新整溥仪档》，第1447包。

④ 清宫档案《新整溥仪档》，第1447包。

⑤ 清宫档案《溥仪档》，第311包。

⑥ 清宫档案《溥仪档》，第311包。

□ 珍妃

珍妃像

珍妃，他他拉氏，满洲镶红旗，原户部右侍郎长叙之女，原任总督裕泰之孙女，瑾妃之胞妹[①]，生于光绪二年二月初三日（1876年2月27日），比光绪帝小5岁，比瑾妃小2岁。光绪十四年（1888年）九月二十四日，她与姐姐进宫，与其他秀女一起参加了复选，结果姐妹二人双双入选，10天以后，即光绪十四年十月初五日（1888年11月7日）姐妹二人又双双被封为嫔，15岁的姐姐被封为瑾嫔，13岁的妹妹被封为珍嫔[②]。根据以往惯例，秀女初入宫，一般先封为答应、常在或贵人，而她们姐妹初入宫，就封为嫔，成了后庭主位，这是不多见的。珍嫔住在东六宫的景仁宫[③]。光绪十五年（1889年）二月二十八日，为她们姐妹举行了

珍妃住过的景仁宫

① 唐邦治著《清皇室四谱》，上册，卷二·后妃，第39页，1923年上海聚珍仿宋印书局聚珍铅印本。

② 清宫档案《军机处来文》礼仪及陵寝，第140包。

③ 清宫档案《光绪大婚典礼红档》，转引自章乃炜、王蔼人编著《清宫述闻》（初、续编合编本）第709页，紫禁城出版社，1990年5月第1版。

册封礼。册封珍嫔的正使是礼部尚书李鸿藻，副使是礼部右侍郎文兴[1]。光绪二十年（1894年）正月初一日，以该年是慈禧的六旬庆典，瑾嫔、珍嫔分别晋封为瑾妃、珍妃[2]。正当姐妹二人怀着激动喜悦的心情，等待着举行册封礼的时候，厄运降到了她俩的头上。这年的十月二十九日，慈禧降下了一道旨意：

> 本朝家法严明。凡在宫闱，从不准干预朝政。瑾妃、珍妃承侍掖廷，向称淑慎，是以优加恩眷，洊陟崇封。乃近来习尚浮华，屡有乞请之事。皇帝深虑渐不可长，据实面陈。若不量予儆戒，恐左右近侍藉以为夤缘蒙蔽之阶患有不可胜防者。瑾妃、珍妃均著降为贵人，以示薄惩而肃内政[3]。

两天以后，即十一月初一日，慈禧又降下两道懿旨，第一道是：

> 瑾贵人、珍贵人著恩准其上殿当差随侍，谨言慎行，改过自新。平素妆饰衣服，俱按宫内规矩穿戴，并一切使用对象，不准违例。皇后前遇年节，照例准其呈进食物。其余新巧稀奇物件及穿戴等项，不准私自呈进。如有不遵者，重责不贷。特谕[4]。

第二道懿旨是给皇后的：

> 皇后有统辖六宫之责。嗣后妃嫔等，如有不遵家法，在皇帝前干预国政，颠倒是非，著皇后严加访查，据实陈奏，从重惩办，决不宽贷[5]。

这两道懿旨，官书中皆没有记载，是从中国第一历史档案馆

---

①《德宗景皇帝实录》卷二七六，第56册，第576页，中华书局影印本，1987年5月第1版。

② 中国第一历史档案馆编《光绪朝上谕档》第20册，第1条，第1页，广西师范大学出版社，1996年10月第1版。

③ 中国第一历史档案馆编《光绪朝上谕档》第20册，第1301条，第523页，广西师范大学出版社，1996年10月第1版。

④ 李松龄《慈禧挟制珍妃的两块禁牌》，《紫禁城》1986年第3期，总第34期，第27页。

⑤ 李松龄《慈禧挟制珍妃的两块禁牌》，《紫禁城》1986年第3期，总第34期，第27页。

查找到的。这两道懿旨分别写在两个长方形的牌子上，悬挂在内庭，以示惩戒。此种牌称为“禁牌”[①]。这三道懿旨，对瑾、珍二妃被降的原因，说得很笼统，细节未提。后来，据曾经服侍过珍妃的姓白的宫女和光绪帝大婚时当过守夜喜婆的姓刘的宫女回忆，瑾妃、珍妃被降的原因，主要在珍妃身上。珍妃思想开通，追求时尚，喜欢猎奇。她爱玩相机，喜欢照相。她曾暗中指使某太监在东华门地方开设照相馆。慈禧得到密报，将照相馆查封取缔，太监被杖毙[②]。珍妃喜欢奇装异服，尤爱女扮男装，有时与光绪帝互换衣服穿。她曾经乘用过八人抬大轿。她还受人请托，在皇帝前奏请过一些事。这些事都是与大清的祖制家法相违背的，顽固守旧的慈禧自然不能容忍，因而招致了这次的下降。瑾妃被降，纯属是受其妹牵连所致。

姐妹二人在贵人位上熬了一年。光绪二十一年（1895年）十月十五日慈禧降懿旨，恢复了姐妹二人的妃位[③]。同年十一月十二日辰时为她们姐妹举行了册封礼。册封珍妃的正使是内阁学士寿耆，副使是内阁学士溥颋[④]。

龟钮“珍妃之印”

“珍妃之印”印文

① 现在这两块禁牌保存在中国第一历史档案馆。

②《故宫周刊》第三十期，中华民国十九年（1930年）五月三日版“珍妃专号”。

③ 清宫档案《新整内务府档》，第0020包。

④《德宗景皇帝实录》卷三七九，第56册，第964页，中华书局影印本，1987年5月第1版。

光绪二十四年（1898年）八月初六日，慈禧突然发动政变（因该年为戊戌年，故称戊戌政变），将光绪帝囚禁于瀛台，同时将支持光绪帝变法的珍妃也幽禁起来。据姓刘的宫女回忆，最初，将珍妃囚禁在建福宫，又改于钟粹宫北面的北三所，最后囚禁在景祺阁后的小屋内。

珍妃是在光绪二十六年七月八国联军攻陷北京，慈禧出逃前死于贞顺门内的井中的，年仅25岁。关于珍妃的死亡日期，众说不一。有的说是七月十九日，有的说是七月二十日，还有的说是七月二十一日，到底死于哪一天？北京城是七月二十日陷落的，慈禧携光绪帝于七月二十一日凌晨逃出北京。以慈禧之精明、虑事之周详，不会在二十一日凌晨之时处置珍妃，因为从心情和时间上都不允许。七月十九日北京还未陷落，是否外逃离京，慈禧很可能还未下最后决心，在这种情况下，处死珍妃的可能性也不大。因此，珍妃死于七月二十日的可能性最大。

珍妃井

关于珍妃是如何落井死的，更是众说纷纭。所述者或太监、宫女，或近侍、亲王，皆言是亲眼目睹，但死亡的日期，囚禁的地点，死前的情节，在场人物均不尽相同，更主要的是如何入井的情节，差异颇大。有的说是被李连英推入井中的，有的说是被崔玉贵裹挟投入井中的，还有的说是珍妃自己跳入井中的。经过对史料的分析、比较，我们认为还是清宫旧太监唐冠卿所讲最合情合理，可靠性最强。他是这样说的：

庚子七月十九日，联军入京（此日期有误，但他讲是联军入京那天，表明是二十日——笔者注），崔玉贵率快枪队四十人守蹈和门，予亦率四十人守乐寿堂。时甫过午，予在后门休息，突觇慈禧后自内出，身后并无人随侍，私揣将赴颐和轩，遂趋前扶持。乃至乐寿堂后，后竟循西廊行，予颇惊愕，启曰："老佛爷何处去？"曰："汝勿须问，随予行可也。"及抵角门转弯处，遽曰："汝可在颐和轩廊上守候，如有人窥视，枪击勿恤。"予方骇异间，崔玉贵来，扶后出角门西去，窃意将或殉难也，然亦未敢启问。少顷，闻珍妃至，请安毕，并祝老祖宗吉祥。后曰："现在还成话么，义和拳捣乱，洋人进京，怎么办呢？"继语音渐微，哝哝莫辨，忽闻大声曰："我们娘儿们跳井吧！"妃哭求恩典，且云未犯重大罪名。后曰："不管有无罪名，难道留我们遭洋人毒手么？你先下去，我也下去。"妃叩首哀恳。旋闻后呼玉贵。贵谓妃曰："请主儿遵旨吧！"妃曰："汝何亦逼我耶！"贵曰："主儿下去，我还下去呢！"妃怒曰："汝不配！"予聆至此，已木立神痴，不知所措。忽闻后疾呼曰："把她扔下去吧！"遂有挣扭之声，继而砰然一响，想妃已坠井矣。斯时光绪帝居养心殿，尚未之知也[①]。

唐冠卿虽未在场，但亲眼见到了慈禧、崔玉贵，亲耳听到了三人当时的对话和珍妃落井的声音，所言应该不差。

一位伺候过慈禧的何姓老宫女曾对这一事件做了如下回忆：

逃跑是光绪二十六年，即庚子年的七月二十一日。头一天的下午，老太后在乐寿堂屋里睡午觉。我和往常一样，陪伴在寝宫里，背靠西墙，坐在砖地上，面对着门口。这是侍寝的规矩。突然，老太后坐起来了，撩开帐子。平常撩帐子的事是侍女干的。今天很意外，吓了我一跳。老太后匆匆洗完脸，一声没吩咐，竟自己走出了乐寿堂。我们跟随老太后走到西廊子中间，老太后说："你们不用伺候。"这是老太后午睡醒来的第一句话。我们眼看着老太后自个儿往北走，进了颐和轩。大约有半个多时辰，老太后从颐和轩出来，铁青着脸皮，一句话也不说。我们是在廊子上迎老太后回来的。

①《故宫周刊》第三十期，中华民国十九年（1930年）五月三日版"珍妃专号"。

晚上便有人偷偷地传说，老太后赐死珍妃，让人把珍妃推到井里了。我们更不能多说一句话[①]。

这位何姓宫女所讲，与唐冠卿所讲完全吻合。这位何姓宫女还说，民国初年，崔玉贵曾到她家串门，亲口讲了处死珍妃的经过，与唐冠卿所讲也基本一样。这表明唐冠卿所讲的珍妃遇害的情节是真实的。

慈禧和光绪帝是于光绪二十七年十一月二十八日（1902年1月7日）从西安回到北京的[②]。回京后的第二天，即十一月二十九日，慈禧就追赠已屈死一年多的珍妃为珍贵妃，她在懿旨中对珍妃进行了赞扬：

上年京师之变，仓猝之中，珍妃扈从不及，即于宫内殉难，洵属节烈可嘉，加恩著追赠贵妃位号，以示褒恤[③]。

慈禧离京一年零四个月，可以想象，回宫以后，一定会万事待理，忙乱异常。回宫第二天就有此追赠之举，这说明在回京途中或更早些时间就有了这个想法，而且念念不忘。慈禧为什么要为恨之已极、并将她害死的珍妃予以晋封呢？这不等于是对自己的否定吗？笔者推想，可能是事后慈禧头脑冷静下来后，觉得自己的做法有些失当，屈死了珍妃，心感内疚。也可能迫于朝廷上下的舆论压力，不为之平反，不能够服人心。无论出于什么原因，总之是为珍妃恢复了名誉，表明了慈禧是不对的。珍妃的尸体从井中打捞出来之后，盛殓起来，将她葬在了京西的恩济庄。

清王朝灭亡以后，溥仪小朝廷决定于1913年3月将珍妃奉移西陵梁格庄行宫暂安，准备入葬妃园寝，择吉于1913年农历二月三十日辰时破土，于三月初二日巳时从地宫中起出珍妃金棺，三月初三日辰时，珍妃金棺由恩济庄奉移，金棺先从恩济庄奉移到

---

① 金易、沈义羚《宫女谈往录》第199—200页，紫禁城出版社，1992年7月第1版。

②《德宗景皇帝实录》卷四九〇，第58册，第576页，中华书局影印本，1987年5月第1版。

③ 中国第一历史档案馆编《光绪朝上谕档》第20册，第824条，第245页，广西师范大学出版社，1996年10月第1版。

怀远堂外景

正阳门火车站，用火车拉运到西陵梁格庄行宫[1]，安奉到行宫东院正殿。

瑾妃对于屈死的妹妹始终是梦绕魂牵，念念不忘。隆裕皇太后死后，1913年3月12日（农历二月初五日）瑾妃晋封为端康皇贵妃，她在宫中的地位最高，不再有所顾忌，她便在贞顺门内的珍妃井之南设了一个小灵堂，神龛内供奉着珍妃的神位，神龛横额上用楷书写着“精卫通诚”4个大字，上面钤盖着“端康皇贵妃御笔之宝”。灵堂的匾额“怀远堂”亦为瑾妃亲笔书写。神牌前的供案上摆放着供品和香炉、烛台。可以想见，瑾妃是经常到这里来祭奠她的亡妹的。设灵堂及亲写横幅、匾额，清楚地表达了瑾妃对珍妃的崇敬、怀念之情。

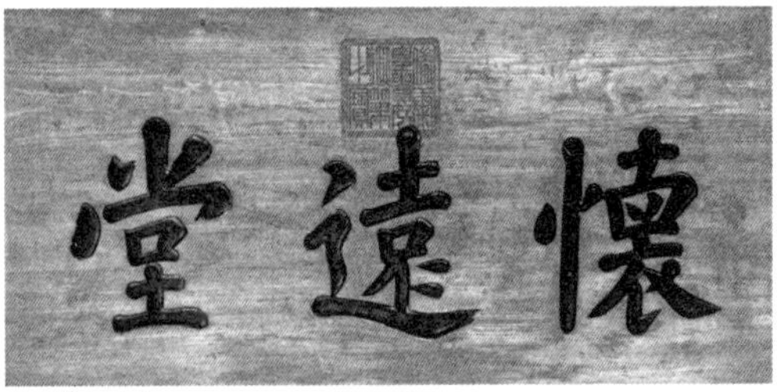

端康皇贵妃题写的“怀远堂”匾

怀远堂内景

1913年农历十

① 清宫档案《新整溥仪档》，第1447包。

月初三日，溥仪决定在光绪帝和孝定皇后梓宫入葬崇陵地宫的同时，也将珍妃葬入妃园寝，派武备院卿荣铨专门办理此事。十一月十三日，瑾妃乘火车从北京前往西陵，即日到达梁格庄行宫。先在光绪帝后梓宫前奠酒、举哀行礼，然后到珍妃金棺前站立奠酒[①]。十四日，瑾妃在谒毕各陵，回到行宫后，再一次到珍妃金棺前奠酒。十六日早晨，在梁格庄行宫大门外设80人大杠，随32人夹杠一份。卯正三刻（上午6时45分）珍妃金棺从行宫移出，安放在大杠上，上罩金黄蟒缎纬，石青妆缎檐行罩，移往金龙峪。午正三刻（中午12时45分）到达崇陵妃园寝，安奉在芦殿内，瑾妃到珍妃金棺前奠酒，向自己的妹妹做最后的告别。申初二刻（下午3点半）珍妃金棺葬入西旁宝券内[②]。

珍妃神牌于1913年农历十月十八日午时开工制造。按照惯例，神牌应在墓主人入葬前刻字填青，入葬后供奉于园寝享殿内。这次珍妃入葬，由于妃园寝尚未完工，享殿还在营建中，只得将珍妃的神牌暂时供奉在崇陵的西配殿内[③]。1914年，妃园寝的享殿建成，同年11月4日（农历九月十七日）将神牌正式供奉于崇陵妃园寝享殿内。

1921年4月24日（农历三月十七日）溥仪以珍妃“温恭夙著”，追谥为“恪顺皇贵妃”[④]。

崇陵妃园寝

① 清宫档案《大行隆裕皇太后升遐记事档》，第四本。

② 清宫档案《溥仪档》，第2150包。

③ 清宫档案《新整溥仪档》，第1447包。

④ 清宫档案《溥仪档》，第320包。

宣统皇帝的万年吉地及表地

宣统皇帝的万年吉地

自道光帝将他的陵寝从东陵迁到西陵，打乱了昭穆相建的次序之后，各清帝相度万年吉地均不再受昭穆次序的限制，在东陵、西陵两地同时卜择，哪处风水最好，最理想，就选定在哪里。

按照封建国家的惯例，新君即位后，就应该相度万年吉地，营建陵寝。宣统帝溥仪即位时仅是一个3岁的孩子，当时大清帝国风雨飘摇，行将灭亡，光绪帝的陵址刚刚派人相度，经费奇缺，哪里还顾及为宣统帝溥仪相度万年吉地呢？没想到溥仪在皇帝宝座上刚坐三年清王朝就覆亡了。

优待清室条件第一款规定："大清皇帝辞位之后，尊号仍存不废，中华民国以待各外国君主之礼相待。[①]"这就是说，溥仪虽然辞退了，但还承认他是皇帝，还要按皇帝的礼节相待。1915年，溥仪已经10岁了，于是端康皇贵妃（瑾妃）提议说："现因皇帝十年正寿，即著筹商吉地办法。[②]"经商量，决定在易县西陵境内为溥仪卜择陵址。皇帝的万年吉地要求很高，必须是上吉佳壤，所以要由精通风水的堪舆家前往相度。经过多方寻求，最

为宣统帝溥仪选的万年吉地

①《宣统政纪》卷七〇，第60册，第1294页，中华书局影印本，1987年7月第1版。

②秦国经著《逊清皇室轶事》第128页，紫禁城出版社，1985年8月第1版。

后经步军统领江朝宗推荐，决定聘请前任广东廉州府教授李青来相度吉地。内务府花了四百元路费，派专人将李青请来，由堂掌稿笔帖式锡泉等人陪同前往易县西陵。李青等人踏遍了西陵境内的山山水水，经过反复踏勘、卜算，认为泰东陵后山转东北口子地方是一处上吉佳壤，即今天的西大地村北山坡上。那里四面环山，中间是一块高阜之地，远有朝山相对，后有少祖山为靠，左右有青龙、白虎砂陪护。李青还写了一份《堪舆说帖》，供皇室参阅。清皇室根据李青的说帖和锡泉的奏报，经过详慎讨论，认为这个地方"灵秀巍峨"，可以选用。为慎重起见，又派前任文华殿大学士、军机大臣、当时任小朝廷内务府大臣的世续亲赴西陵验看。世续实地验看后，颇觉满意，向溥仪奏报说："内堂外堂皆在红桩界内，甚属相宜。"溥仪的万年吉地就这样定了下来，派人竖桩划界，将那里圈了起来。后来点了穴，确定了金井的位置，在穴位处挖了一个坑，留出原山吉地，用覆斗形木箱罩在穴位上，不让再见日月星三光。据亲自参加点穴的岳梁奏报，穴中之处开刨以后，土色甚佳，风水甚佳[①]。

陵址定了，穴位也点了，由于经费奇缺，民国政府答应每年拨的四百万两银子不能兑现，溥仪小朝廷的日子尚难维持，哪有钱去营建陵寝呢？所以一直没有兴工。1924年11月5日，溥仪小朝廷被驱逐出了紫禁城，建陵一事彻底成了泡影。

溥仪小传

宣统帝爱新觉罗·溥仪，字曜之[②]，号浩然，乳名午格。名字和乳名都是慈禧给起的[③]。溥仪是清朝入关后第十帝，也是最后一帝。光绪三十二年正月十四日（1906年2月7日）午时生于

---

①秦国经著《逊清皇室轶事》第128页，紫禁城出版社，1985年8月第1版。

②爱新觉罗·载沣著《醇亲王载沣日记》第211页，群众出版社，2014年4月第1版。

③爱新觉罗·载沣著《醇亲王载沣日记》第211页，群众出版社，2014年4月第1版。

北京什刹海醇王府[①]。因为道光帝死于正月十四日，溥仪的生日与道光帝的忌日相重，所以改为正月十三日为万寿日[②]。他是第二代醇亲王载沣的长子、光绪帝的侄子，其生母是载沣的嫡福晋。光绪三十四年（1908年）十月二十日晚，3岁的溥仪被抱进皇宫，第二天光绪帝崩逝，溥仪被慈禧立为皇帝，承继穆宗毅皇帝为嗣，并兼承德宗景皇帝之祧[③]。因年幼，由其父载沣监国摄政。光绪三十四年十一月初九日（1908年12月2日）即皇帝位于太和殿[④]，翌年改元宣统。宣统三年八月十九日（1911年10月10日），武昌起义爆发，各省纷纷宣布独立，脱离清廷统治。宣统三年十二月二十五日（1912年2月12日），溥仪奉隆裕皇太后懿旨，宣布退位[⑤]，在位仅3年，成为中国封建社会最后一位皇帝。根据优待清室条件，皇帝尊号不废，暂居紫禁城后半部。1917年军阀张勋进京，帮助清室复辟清朝，史称“丁

2岁时的溥仪

1922年大婚前的溥仪，时17岁

① 唐邦治著《清皇室四谱》，上册，卷一·列帝，第14页，1923年上海聚珍仿宋印书局聚珍铅印本。

② 爱新觉罗·载沣著《醇亲王载沣日记》第211页，群众出版社，2014年4月第1版。

③《宣统政纪》卷一，第60册，第4页，中华书局影印本，1987年7月第1版。

④《宣统政纪》卷二，第60册，第24页，中华书局影印本，1987年7月第1版。

⑤《宣统政纪》卷七〇，第60册，第1293页，中华书局影印本，1987年7月第1版。

巳复辟”，很快失败[①]。1924年11月5日（农历十月初九日）溥仪被冯玉祥驱逐出了紫禁城[②]。1925年2月24日移居天津日租界内之“张园”。1929年7月9日移居日租界内之“乾园”，后改称“静园”。1931年11月10日，在日军策划下，溥仪等逃出天津，乘船去东北[③]。1932年3月1日，宣布伪满洲国成立。3月9日，在长春举行伪满洲国建国式和“执政”就任式[④]。1934年3月1日，溥仪即伪满洲国皇帝之位[⑤]，年号“康德”。日本投降后，于1945年8月19日在沈阳东塔机场被捕，随后很快将溥仪押往苏联。1950年7月31日由苏联引渡回中国，8月2日入抚顺战犯管理所。1959年12月4日被特赦释放[⑥]，1960年2月26日到中国科学院植物研究所北京植物园半天劳动，半天学习。同年11月26日，第一次参加公民投票，选举人民代

溥仪戎装像

① 秦国经著《逊清皇室轶事》第38页，紫禁城出版社，1985年8月第1版。

② 爱新觉罗·溥仪著《我的前半生》第165页，群众出版社，1996年2月第19次印刷。

③ 爱新觉罗·溥仪著《我的前半生》第287页，群众出版社，1996年2月第19次印刷。

④ 爱新觉罗·溥仪著《我的前半生》第313页，群众出版社，1996年2月第19次印刷。

⑤ 爱新觉罗·溥仪著《我的前半生》第338页，群众出版社，1996年2月第19次印刷。

⑥ 爱新觉罗·溥仪著《我的前半生》第556页，群众出版社，1996年2月第19次印刷。

表[①]。1961年3月1日任全国政协文史资料委员会专员。1962年4月30日，与李淑贤结婚[②]，时年57岁。1964年12月20日至1965年1月5日出席全国政协四届一次会议，任全国政协委员。1967年10月17日2时30分，病逝于北京人民医院[③]，享年62岁（61周岁）。溥仪的骨灰安放于北京八宝山人民公墓。1980年5月29日下午，在政协礼堂为溥仪、王耀武、廖耀湘开追悼会。会后，将溥仪骨灰安放在八宝山革命公墓第一室副一室东侧26号[④]。

溥仪与李淑贤离家去上班

溥仪今葬何处

1994年，旅居海外的张世义先生在崇陵后面的山坡上建起了一座现代公墓，因毗邻皇陵，命名为华龙皇家陵园。为了提高这座公墓的知名度，扩大影响力，增加效益，他想到了溥仪的骨灰。经过不懈努力，他终于劝动了溥仪的未亡人李淑贤，同意将

① 梨园编著《溥仪画像》（末代皇帝的传奇一生）第186页，中国画报出版社，2009年4月第1版。

② 李淑贤《溥仪和我》，载《溥仪离开紫禁城以后》（爱新觉罗家族成员的回忆）第349页，文史资料出版社，1985年1月第1版。

③ 梨园编著《溥仪画像》（末代皇帝的传奇一生）第210页，中国画报出版社，2009年4月第1版。

④ 邢宏伟《末代皇帝宣统的"万年吉地"与葬地》，载邹爱莲主编、清代宫史研究会主编的第九届清宫史研讨会论文集《清代档案与清宫文化》第352页，中国档案出版社，2010年2月第1版。

华龙陵园的溥仪、婉容、谭玉龄墓

溥仪的骨灰迁葬华龙陵园。

1995年1月26日，李淑贤捧着溥仪的骨灰盒来到了华龙陵园，将骨灰盒安放在铺着黄缎子的灵台上，一个简单的仪式结束后，李淑贤捧起骨灰盒缓步走到墓穴前，陵园的工作人员接过骨灰盒，小心翼翼地放进由水泥筑成的“椁”内，坐北朝南，盖上“椁”盖，浇铸混凝土，清王朝最后一个皇帝的骨灰就这样安葬了[①]。

2006年10月23日，溥仪的皇后郭布罗·婉容和伪满时期的“祥贵人”谭玉龄也葬在了华龙陵园[②]，婉容在溥仪墓的左旁，因找不到婉容的葬埋地点，只得葬入了一张照片。谭玉龄的骨灰葬在了溥仪墓的右旁。三座墓东西一字排列，溥仪墓居中。

---

① 尚红英《溥仪归葬西陵》，载上官丰编《深宫轶事》第437页，新世界出版社，2005年1月第1版。

② 邢宏伟《末代皇帝宣统的“万年吉地”与葬地》，载邹爱莲主编、清代宫史研究会主编的第九届清宫史研讨会论文集《清代档案与清宫文化》第352页，中国档案出版社，2010年2月第1版。

陪葬墓 寺庙 行宫 祠堂

端亲王园寝

端亲王园寝位于崇陵西南的张各庄村西，内葬雍正帝的皇长子弘晖以及弘晖的3个弟弟弘昐、弘昀和福宜。

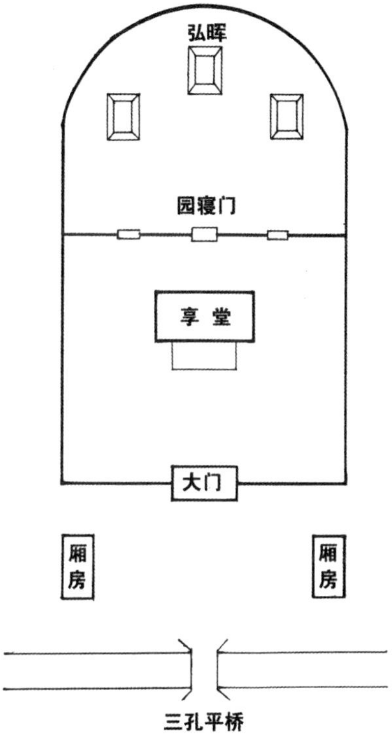

端亲王园寝平面示意图（徐广源绘）

□ 弘晖

弘晖，生于康熙三十六年（1697年）三月二十六日子时，生母是胤禛的嫡福晋即后来的孝敬皇后，康熙四十三年（1704年）六月初六日卯刻殇，年仅8岁[①]。雍正十三年（1735年）十一月十三日，新即位的乾隆帝追赠他的长兄弘晖为端亲王[②]。弘晖的墓穴位于园寝后院的正中，是这座园寝的最尊贵的位置。

---

① 唐邦治著《清皇室四谱》，下册，卷三，皇子，第20—21页，1923年上海聚珍仿宋印书局聚珍铅印本。

② 《高宗纯皇帝实录》卷五，第9册，第269页，中华书局影印本，1985年11月第1版。

□ 弘盼

弘盼，是雍正帝的皇二子，后来未叙齿。康熙三十六年（1697年）六月初二日子时生，生母为侧妃李氏即后来的齐妃。康熙三十八年（1699年）二月二十九日亥刻殇，年仅3岁[①]。

□ 弘昀

弘昀，初排行第三，后排行为雍正帝的皇二子。康熙三十九年（1700年）八月初七日酉时生。其生母为雍正帝藩邸侧妃李氏即齐妃，与弘盼、弘时为同母。康熙四十九年（1710年）十月二十日丑时死，年11岁[②]。

□ 福宜

福宜，初为雍正帝的皇七子，后来未叙齿。康熙五十九年（1720年）五月二十五日寅时生，生母为藩邸侧妃年氏即后来的敦肃皇贵妃。康熙六十年（1721年）正月十三日丑刻殇，年仅2岁[③]。

《钦定大清会典·礼部·丧礼》载：

> 乾隆三年黄花山端亲王金棺、皇三子金棺于十月二十二日移送。东直门外怀亲王金棺于二十六日移送，陈设仪卫随行，沿途各盖芦棚，咸于十一月初五日安葬[④]。

这条史料很重要，它告诉我们，端亲王弘晖、皇三子弘时死后均葬在东陵西侧的黄花山下。

有人不免要问：雍正帝的泰陵建在易县西陵，为什么他的两

---

① 唐邦治著《清皇室四谱》，下册，卷三·皇子，第21—22页，1923年上海聚珍仿宋印书局聚珍铅印本。

② 唐邦治著《清皇室四谱》，下册，卷三·皇子，第21页，1923年上海聚珍仿宋印书局聚珍铅印本。

③ 唐邦治著《清皇室四谱》，下册，卷三·皇子，第22页，1923年上海聚珍仿宋印书局聚珍铅印本。

④ 昆冈等修，刘启端等纂光绪朝《钦定大清会典事例》，卷四九六，礼部·丧礼。载《续修四库全书》编纂委员会编《续修四库全书》，第805册，史部·政书类，第813页，上海古籍出版社，2002年。

个皇子会葬在东陵的黄花山呢？原因是这样的，弘晖是在康熙四十三年（1704年）死的，皇三子弘时是于雍正五年（1727年）死的，当时雍正帝还没有建陵。雍正五年（1727年）时，雍正帝的万年吉地尚定在遵化州的九凤朝阳山。康熙年间曾有规定："凡皇子初殇，皆备小式朱棺，祔葬于黄花山园寝，惟开墓穴平葬，不封不树。①"不仅早殇皇子如此，就是许多成年皇子也葬在了黄花山下，如顺治帝的皇二子裕宪亲王福全、皇七子纯靖亲王隆禧，康熙帝的皇长子直郡王允禔、皇二子废太子允礽、皇十四子恂郡王允禵等都葬在了那里。所以说雍正帝的皇长子弘晖、皇三子弘时葬在黄花山下是顺理成章的。乾隆三年（1738年），雍正帝的泰陵在易县泰宁山下已建成，雍正帝又已入葬，将雍正帝的皇子迁葬到西陵附近，子随父葬，也是合情合理的。

端亲王园寝坐北朝南，园寝前有一道马槽沟，豆渣石泊岸，正中三孔平桥一座。东西厢房各3间，单檐布瓦悬山顶，五花山墙，西厢房现已无存。按《大清会典事例》载，应有东西守护班房，现俱无存。大门一座，单檐歇山顶，绿琉璃瓦，面阔3间，

端亲王园寝大门

① 昆冈等修，刘启端等纂光绪朝《钦定大清会典事例》，卷四九六，礼部·丧礼。载《续修四库全书》编纂委员会编《续修四库全书》，第805册，史部·政书类，第812页，上海古籍出版社，2002年。

进深2间，一斗二升夹麻叶头斗栱。大门前有月台，月台前为砖礓䃰，无抄手踏跺。门前为连三连面4级踏跺，门后为一座4级踏跺。前院正中

端亲王园寝享堂

享堂（俗称大殿）一座，单檐歇山顶，绿琉璃瓦顶，面阔3间，进深3间，三踩斗栱，享堂前有月台，月台前有4级踏跺，两侧无抄手踏跺。享堂后园寝门三座，中门有门楼，两旁为随墙角门。每扇门上有门钉纵横各7行。后院有三座微微隆起的土包，即封土，三座东西排列，中间的稍靠后。封土下面是地宫，均早年被盗。

1993年至1996年，清西陵文物管理处对端亲王园寝进行了全面的修缮。1994年7月20日经文物主管部门批准，对中间的端亲王地宫进行了清理，地宫的情况大致如下：

有石门一道，两扇门向外开，每扇石门面宽94.5厘米、高182厘米、厚26厘米。石门外191厘米远处有一道挡券墙，城砖成砌，墙面阔197厘米、高187厘米、厚98厘米，在石门至挡券墙之间的地上有被倒出的骨灰一堆。同时发现石门顶上有一个铁楔子。笔者认为，门是向外开的，门关上后，自然不能再用自来石支顶，很有可能这个铁楔子是用来固定石门的。如果是这样的话，就应该有两个铁楔子。门内墓室面阔160厘米、进深176厘米、高177厘米，四壁及顶部皆用条石成砌。靠北墙有一座长方形的石须弥座，此为宝床，面阔81厘米、进深96.5厘米、高35.5厘米。座的面上有一个圆形槽，据分析，此槽是放置骨灰坛用的。槽内正中为金井，金井口直径为9厘米。骨灰坛已被盗走，骨灰被倒在石门外。

弘昐、弘昀和福宜的地宫，由于没有进行清理，又没有查到有关文献，所以情况不得而知。笔者认为，弘昐、弘昀、福宜与弘晖均死于康熙年间，3座墓穴又是同时营建的，所以地宫规制、葬式很可能是一样的。这只是笔者的一种推断，还应以档案和实物为准。

弘晖和福慧（皇八子）是在雍正帝崩后才追赠为亲王的。雍正十三年（1735年）十一月十三日，刚即位80天的乾隆帝颁谕："朕兄大阿哥乃皇妣孝敬皇后所生，朕弟八阿哥素为皇考所钟爱，当日曾以亲王礼殡葬。今朕眷念手足之谊，均著追封亲王。一切应行典礼，著宗人府会同礼部察例具奏。[①]"这进一步表明，弘晖和福惠不仅早已入葬，而且是以亲王之礼殡葬的。

清宫档案《内务府来文》记载：

> 乾隆二年九月十五日办理妃衙门、阿哥园寝工程事务处咨内务府领取妃园寝、张各庄、王各庄阿哥园寝隔扇、槛窗糊饰所需的云纱[②]。

这说明到乾隆二年（1737年）九月十五日，妃园寝及张各

端亲王园寝后院坟冢

①《高宗纯皇帝实录》卷五，第9册，第269页，中华书局影印本，1985年11月第1版。

② 清宫档案《内务府来文》陵寝事务，第2922包。

庄、王各庄的阿哥园寝已基本建成，已进入到糊饰窗户的扫尾阶段。弘晖、弘时、福惠是乾隆三年（1738年）十一月初五日入葬的，以此可以推断，端亲王园寝以及下面将要介绍的阿哥园寝、怀亲王园寝均应始建于雍正十三年（1735年）年底，完工于乾隆二年（1737年）年底。

端亲王以及皇三子弘时、怀亲王福惠入葬以后，每年中元、岁暮致祭，各用金银锞二千锭、纸钱一千张。清明节用挂纸钱、宝花，每次皆供肴馔一桌、馔筵一桌、羊一只、酒一尊[①]。

端亲王园寝有三点应引起我们的注意：

其一，规制不伦不类。按《大清会典》载，和硕亲王园寝，享堂5间，建碑亭一座。而端亲王园寝的享堂却为3间，无碑亭之设。这是为什么呢？笔者认为，《大清会典》所载亲王园寝规制是那些成年亲王的园寝，非早殇幼子。在康熙年间，清廷曾规定："凡皇子初殇，皆备小式朱棺，祔葬于黄花山园寝，惟开墓穴平葬，不封不树。[②]"康熙帝的35位皇子中，有15位早殇，均未追赠爵号，也未给他们建坟立碑修园寝。他的皇十八子允衸8岁殇，葬入了景陵妃园寝内第三排东数第一位，地面上无任何痕迹。1978年在挖苹果树掩时，无意中发现了这个秘密，墓穴为砖池，内有一小型朱棺，砖池上用条石棚盖。不仅康熙帝的皇子殡葬如此简陋，其早殇皇女的殡葬则更甚。康熙帝的皇八女出生刚25天就夭亡了，康熙帝事前降旨：

> 我朝之先例，幼童概不制棺。如若事出，切勿制棺，不论何时，即于彼时用单被裹出，送一净地火化，勿殓勿埋，自然了之[③]。

堂堂的皇帝之女，死后丧事几与民间相差无几，这也反映了

---

① 昆冈等修，刘启端等纂光绪朝《钦定大清会典事例》，卷四九六，礼部·丧礼。载《续修四库全书》编纂委员会编《续修四库全书》，第805册，史部·政书类，第813页，上海古籍出版社，2002年。

② 昆冈等修，刘启端等纂光绪朝《钦定大清会典事例》，卷四九六，礼部·丧礼。载《续修四库全书》编纂委员会编《续修四库全书》，第805册，史部·政书类，第812页，上海古籍出版社，2002年。

③ 中国第一历史档案馆编《康熙朝满文朱批奏折全译》，第629页。

康熙帝的淳朴节俭之风。弘晖、福慧虽然也是幼年夭亡，但毕竟已封为亲王，加之时代已到了乾隆年间，满族的汉化程度更深，如果仍不封不树，也有损亲王体面，有伤国体；如果将追封的幼儿亲王按成年亲王一样对待，似乎也有些不妥。所以才出现了低于标准规制的端亲王园寝。

其二，葬制不伦不类。火化本是满族的原有风俗，顺治末年仍沿用火化。由于受汉族文化、习俗的影响，到了康熙初期就有所改变。死于康熙十三年（1674年）的孝诚皇后就未火化，开始使用棺椁入葬，以后沿袭不替。就连早殇的皇子也皆备小式朱棺盛殓入葬，为什么死于康熙四十三年（1704年）的弘晖仍用火化？笔者认为弘盼、弘昀、弘时、福宜、福惠很可能也是火化的。这与康熙十三年（1674年）以后所推行的采用土葬的做法是矛盾的。为什么出现这种矛盾的葬制，很值得我们研究。有可能在康熙十三年时，废止火化，使用棺椁只在帝后层面上实行，皇子皇女等人仍继续实行火化。

其三，端亲王园寝、阿哥园寝和怀亲王园寝是同时营建的，他们都是雍正帝的皇子，然而墓穴上的地面处理却不一样。端亲王园寝和怀亲王园寝皆为微微隆起的土包，而阿哥园寝中的弘时墓却是等级较高的月台、宝顶，这是为什么？

笔者认为这与墓主人是早殇还是成人有关。建于乾隆八年（1743年）的东陵的端慧皇太子园寝内葬了乾隆帝的7个早殇的皇子和1个早殇的皇女。7个皇子开了三个墓穴，地面上未建宝顶，只堆了三个相连的土丘，形如笔架，这与弘晖、弘盼、福宜的三个低矮土丘，都是一脉相承的。这些土丘下面埋葬的都是早殇的孩提。而那些成年的亲、郡王园寝，甚至贝勒、贝子、公的园寝内无不建有月台、宝顶。阿哥园寝虽然与端、怀两位亲王的园寝同时营建，而且是受过世宗严惩过的没有爵位的弘时的园寝，却修建了月台、宝顶，恰恰弘时是成年而死，这绝非是巧合和偶然。

关于这座园寝，还有一些至今未能解开的疑团：

一、弘昐、弘昀、福宜的入葬日期。

二、笔者曾多次考察这座园寝。每次去都是3座土丘。2009年3月6日，笔者再次考察了这座园寝，却发现在弘晖坟丘的左（东）旁设立了一块说明牌，上面写着“福宜，雍正皇帝第八子（1720—1721年），生母敦肃皇贵妃年氏”。告诉我们这个地方是福宜的墓穴之位。是怎么知道福宜的墓穴就在这里的？福宜为雍正帝的皇七子，在这座园寝内最小，那3位都是他的兄长。为什么将他葬在弘晖的左旁？他的三位兄长都有土丘，为什么单单福宜没有土丘？

三、弘昐、弘昀到底各葬在哪座墓穴内，现在还不清楚。

阿哥园寝

阿哥是满语，皇子之意，这座园寝内葬的阿哥是雍正帝的皇三子弘时，所以这座阿哥园寝也可以称弘时园寝。

阿哥园寝大门

阿哥园寝位于端亲王弘晖园寝以西不足1华里的地方，与端亲王园寝是同期营建和完工的。

阿哥园寝坐北朝南，最前面有马槽沟一道，上建三孔平桥一座，东西厢房各3间，单檐悬山布瓦顶，3级踏跺。按《大清会典》记载，应有守护班房，现无存。大门一座，面阔3间，单檐歇山布瓦顶，一斗二升夹麻叶头斗栱。大门前为连三连面4级踏跺，门后为一座4级踏跺。大门前有月台，月台前为砖礓礤，月台两侧无抄手踏跺。前院享堂一座，面阔3间，单檐歇山布瓦顶，现已无存。享堂前有月台，月台前为四级踏跺。享堂后有园

阿哥园寝的前院，享堂已无存

寝门三座，中门有门楼，前有月台，4级踏跺，两角门为随墙门。后院靠北的中轴线上建宝顶一座。这座宝顶比妃园寝内的妃子宝顶规格要高，上身夯筑，下碱为圆形石须弥座。宝顶下建长方形月台。月台前为5级踏跺。这种规制的宝顶，在清朝妃墓中，只有光绪帝的祖母、道光帝的庄顺皇贵妃是这样的。在弘时的宝顶前的两侧，还有2个隆起的土堆，形似端王园寝内的土堆。

□ 弘时

弘时，生于康熙四十三年（1704年）二月十三日子时，生母为藩邸侧妃李氏即齐妃[①]，是弘昐、弘昀的同母弟。弘时初排行为第四，雍正五年（1727年）八月初六日申刻死，年仅24岁[②]，初葬遵化祖陵西侧的黄花山下。乾隆三年（1738年）十月二十二日，弘时的金棺随端亲王弘晖的金棺一同从黄花山往易县西陵奉移，十一月初五日葬入阿哥园寝[③]。

关于弘时之死，多年来，史学界普遍认为是被雍正帝处死或

---

①唐邦治著《清皇室四谱》，下册，卷三·皇子，第21页，1923年上海聚珍仿宋印书局聚珍铅印本。

②《爱新觉罗宗谱》甲册，第200页。转引自杨珍著《清朝皇位继承制度》第404页，学苑出版社，2011年11月第1版。

③昆冈等修，刘启端等纂光绪朝《钦定大清会典事例》，卷四九六，礼部·丧礼。载《续修四库全书》编纂委员会编《续修四库全书》，第805册，史部·政书类，第813页，上海古籍出版社，2002年。

逼死的。唐邦治著的《清皇室四谱》载："雍正五年丁未八月初六日申刻，以年少放纵，行事不谨，削宗籍，死。[①]"此说影响很大，许多著述皆采用此说。小说《雍正皇帝》则直接将弘时描写成谋篡皇位的人。清史大家孟森先生提出质疑，认为弘时之死可能与"世宗大戮其弟"有关[②]。金承艺先生则认为弘时"不是被诛戮，就是被世宗赐令自尽[③]"。到底是怎么回事？中国社会科学院历史研究所的清史专家杨珍女士经过潜心研究考证，对这个问题的研究有了重大的突破。她认为：弘时确以"年少无知，行事不谨"而遭到雍正帝的恼恨，父子之间的矛盾达到了水火难容的程度。在雍正四年（1726年）以前，雍正帝毅然将弘时过继给自己的政敌廉亲王允禩为子，表明父子感情已绝。雍正四年（1726年）正月初五日，允禩被削爵除籍，开除出了宗室。同年二月十八日雍正帝降旨："弘时为人断不可留于宫廷，是以令为允禩之子。今允禩缘罪撤去黄带，玉牒内已除名，弘时岂可不撤黄带。著即撤其黄带，交与允祹，令其约束养赡。[④]"杨珍女士经过一番论证之后，认为弘时的被削除宗籍，是由于受允禩的牵连，而不是直接施于弘时。雍正帝"不会做出杀子的决定的"。弘时是在被除籍一年半以后才死的，雍正帝对弘时的严惩并不是他死的直接原因。至于弘时如何"年少放纵，行事不谨"，死因是什么，至今尚未找到任何有关文献，有待以后考证。雍正十三年（1735年）十月二十四日，刚即位70天的乾隆帝就决定将他的三哥弘时恢复宗籍，收入玉牒，他的谕旨是这样说的：

> 从前三阿哥年少无知，性情放纵，行事不谨，皇考特加严惩，以教导朕兄弟等，使知儆戒。今三阿哥已故多年，朕念兄弟之谊，似应仍收入谱牒之内。著总理事务王大臣酌议

---

① 唐邦治著《清皇室四谱》，下册，卷三·皇子，第21页，1923年上海聚珍仿宋印书局聚珍铅印本。

② 孟森遗著《清代史》，附录二"海宁陈家"，第516页，正中书局，1974年3月台第四版。

③ 金承艺著《清朝帝位之争史事考》第209页，中华书局，2010年10月第1版。

④ 杨珍著《清朝皇位继承制度》第403页，学苑出版社，2011年11月第1版。

具奏[①]。

乾隆帝的这道谕说得十分有策略、得体，面面俱到，既照顾到了其皇考的面子，又表现了他注重兄弟手足之谊，虽然自己已拿定了主意，表面上还让王大臣酌议。乾隆帝虽然刚刚即位，但在处理朝政上颇显为老练成熟，游刃有余。大臣们一向是揣度皇上心理办事的，一个个都极为乖巧，皇上的谕旨一出，大臣们便看出了皇上的心意。以庄亲王允禄为首的议政王大臣很快就回奏道：

> 臣等查三阿哥从前原因阿其那（指允禩——笔者）获罪株连，与本身获罪撤去黄带者不同，今已故多年，蒙皇上笃念兄弟之谊，欲仍收入谱牒，于情理允宜。应钦遵谕旨，将三阿哥仍载入玉牒，俟命下之日，交与宗人府办理可也。谨奏请旨。

允禄等人的回奏，正是乾隆帝所需要的，所以正中下怀，立即批道："依议。"很快弘时就恢复了宗籍。乾隆帝此举，为后来将弘时从黄花山迁葬西陵铺平了道路。

笔者曾多次到清西陵阿哥园寝实地考察，于1997年2月15日曾向看守阿哥园寝的张长有、王连喜二位老人了解情况。他们

阿哥园寝后院宝顶

①《高宗纯皇帝实录》卷五，第9册，第246页，中华书局影印本，1985年11月第1版。

讲，阿哥园寝内葬3人，左为童男，右为童女。左为天落池，用条石棚顶，火化；右为砖券。两位老人的话为我们今后的研究提供了重要线索。弘时死时，已生有一子，名永珅，有没有女儿，尚不清楚。康熙帝的皇十四子恂郡王允禵的园寝内也葬有他的儿子恭勤贝勒弘明。果郡王弘瞻的后人也葬在了弘瞻的园寝内。以此理推之，永珅葬入这座阿哥园寝内是合情理的。雍正帝的10个皇子中已有9个知道了葬地，唯有福沛尚不知葬于何处。他有可能葬入这座阿哥园寝内，但未找到依据。

怀亲王园寝

怀亲王园寝位于昌西陵西北的太平峪村（清宫档案载为王各庄），内葬雍正皇帝的皇八子福惠。

怀亲王园寝与端亲王园寝、阿哥园寝同时于雍正十三年（1735年）底始建，于乾隆三年（1738年）年底建成的。根据笔者的实地调查，现状如下：

怀亲王园寝坐北朝南，大门一座，单檐歇山顶，绿琉璃瓦盖顶，面阔3间，一斗二升夹麻叶头斗栱。大门前连三连面4级踏

怀亲王园寝享堂

跺。门前有月台，月台前为砖礓䃰，两侧无抄手踏跺。享堂面阔3间，单檐歇山顶，绿琉璃瓦顶，三踩斗栱。享堂前有月台，月台前为4级踏跺，两侧无抄手踏跺。享堂后有园寝门三座，中门有门楼、月台，两角门为随墙门。门前踏跺均为4级。前几年考察时，院内无宝顶，无隆起的土丘，只能看到夯土和条石。后来在维修这座园寝时，恢复了和端亲王园寝一样的土丘。围墙墙顶为绿琉璃瓦，园寝前后两进院落，平面呈前方后圆。

怀亲王园寝的园寝门

怀亲王园寝后院只有一座坟冢

怀亲王福惠为雍正帝的第八子，康熙六十年（1721年）十月初九日未时生，其生母为雍亲王藩邸侧妃年氏即敦肃皇贵妃。雍正六年（1728年）九月初九日殇，年仅8岁[①]，以亲王之礼殡葬于北京东直门外。雍正十三年（1735年）十一月十三日，乾隆帝追赠他为怀亲王[②]。怀亲王金棺用楠木做成，内衬五层，漆饰15次[③]。乾隆三年（1738年）十月二十六日金棺从东直门外奉移西陵，十一月初五日葬入园寝[④]。笔者推测，怀亲王福惠有可能也是火化，遵

①唐邦治著《清皇室四谱》，下册，卷三·皇子，第22页，1923年上海聚珍仿宋印书局聚珍铅印本。

②《高宗纯皇帝实录》卷五，第9册，第269页，中华书局影印本，1985年11月第1版。

③昆冈等修，刘启端等纂光绪朝《钦定大清会典事例》，卷四九六，礼部·丧礼。载《续修四库全书》编纂委员会编《续修四库全书》，第805册，史部·政书类，第812页，上海古籍出版社，2002年。

④昆冈等修，刘启端等纂光绪朝《钦定大清会典事例》，卷四九六，礼部·丧礼。载《续修四库全书》编纂委员会编《续修四库全书》，第805册，史部·政书类，第813页，上海古籍出版社，2002年。

从康熙年间所定的早殇皇子不封不树的规定。

慧安、慧愍公主园寝

慧安、慧愍公主园寝位于崇陵西南的张各庄（清宫档案载位于董家庄），在端亲王园寝东南1华里许。这座公主园寝内安葬嘉庆帝的皇五女慧安和硕公主和皇九女慧愍固伦公主。

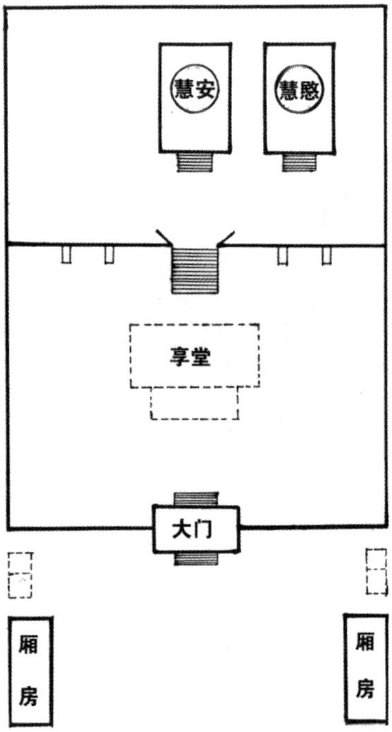

慧安慧愍公主园寝平面示意图

该园寝始建于嘉庆八年（1803年）五月[①]。当时嘉庆帝的昌陵尚未全工告竣，但已进入后期扫尾阶段。这座公主园寝是由万年吉地总理工程处承修的，主要承修大臣有盛住、汪承霈等人。慧安和硕公主早在乾隆六十年（1795年）就殇逝了，其灵柩一直在京师的静安庄殡宫暂安，早就应该为她营建园寝，入土为安了。嘉庆八年（1803年）春，嘉庆帝命太平峪万年吉地总理工程处为五公主相度福地，营建园寝。承修大臣们很快就将选出的几个备选福地绘图贴说，上奏给皇帝。承修大臣盛住面奉谕旨："著在永福寺之西北董家庄，照和硕公主之例修建。[②]"根据规定，和硕公主园寝不建看守房间。承修大臣们认为公主园寝远在陵区之外，又毗邻村庄，建议仿照阿哥园寝看守房的设置，给公主园寝建看

① 清宫档案《内务府来文》陵寝事务，第2933包。

② 清宫档案《新整内务府档》，第0450包。

守房10座，每座2间，环以围墙，建大门一座，并要求另案办理。奏准后，承修大臣们督率管理销算官员们按例估计得：

五公主园寝地券一座；享堂一座，三间；大门一座，计三间；茶房、饽饽房二座，每座计三间；堆拨房二座，每座计二间；看守房十座，每座二间；大门一间，共计三十七间。围墙、看墙、营房大墙、院墙凑长二百二十九丈八尺；门楼十座并泊岸、踏跺、宇墙、栅栏门、丹陛、甬路、海墁、散水以及开挖泄水河道、填垫地面、各座油画、糊饰窗心、搭盖物料棚座等工，除松木一项业将奏明拆卸龙华王府木植拣选堪用者尽数抵用外，其余木植并桅木、架木、临清砖、铜管扇、平铁、叶铁、杂料、颜料、纸张向各处取用，至匠夫、走工系在风水墙以外不应加给，以节靡费外，共估需工料银三万六千二百三十七两二钱三分五厘[①]。

公主园寝所在地，地势低洼，而且还要堆筑高高的泊岸，因此需要大量的土方。经风水官指定，易州范各庄一块地的土堪以使用。这块地有20亩8分3厘，是镶黄旗王德佐领下铁匠袁大庆的地，由民人董惠租种，决定从原国泰入官地亩中拨补[②]。为了节省钱粮，嘉庆帝谕令拆用了易州龙华的一座王府，选用了615件木料和1948件椽木，这些旧木料共折银713两7钱7分8厘，将不堪使用的木料作为木柴变卖得银315两8钱3分8厘，二项共折银1029两6钱1分6厘，扣除拆工、运价，净剩银511两5钱2分2厘[③]。

公主园寝大门

笔者通过对公主

① 清宫档案《新整内务府档》，第0450包。

② 清宫档案《内务府来文》陵寝事务，第2933包。

③ 清宫档案《内务府来文》陵寝事务，第2933包。

慧安慧愍公主园寝院内景

园寝进行实地调查，现状如下：

这座公主园寝坐北朝南，东西厢房各3间，单檐布瓦卷棚顶，有前廊，门前有3级如意踏跺。大门一座，单檐硬山布瓦顶，门的前后均为石礓礤。院内享堂已毁坏无存。享堂后不远处是一高泊岸，泊岸正中有一座19级的踏跺。正对踏跺的泊岸处有一对石栅栏门，此栅栏门可视为园寝门。整个泊岸的看面完全用澄浆砖干摆，泊岸上沿成砌宇墙。栅栏门左右宇墙下各有两个石制的挑头沟嘴。泊岸之上，正中建五公主（慧安和硕公主）宝顶一座。嘉庆二十年（1815年）九公主死后，又在五公主宝顶东旁增建宝顶一座。这两座宝顶形制基本一样，均用砖成砌，宝顶下是月台。月台前均是6级踏跺。大门左右的看面墙墙顶用布筒瓦，进深墙均为用小砖砌的鹰不落地式墙顶。这座公主园寝有三个特点：

一是，清朝陵制，无论帝后陵，还是王爷、公主园寝，陵院的围墙平面均为前方后圆，而这座公主园寝的围墙平面却是长方形，也就是说后围墙不是弧形的而是方的，拐弯处是直角。这在清朝陵寝中是极为少见的。

这座公主园寝的后围墙不是弧形的，而是直角的

二是，清朝陵制，园寝一般均是前后两进院落，即

前朝后寝形式，其间以园寝门及左右面阔墙为界，而这座公主园寝却是一进院落，既无园寝门，又无面阔墙，而是采用高泊岸、宇墙和栅栏门的形式，这也是清朝园寝中少见的。

三是，该园寝的东西厢房为单檐卷棚顶，门前设如意踏跺，这也是不多见的。

这座公主园寝约完工于嘉庆十三年三月。因为在这月的十四日，嘉庆帝曾到这座园寝赐奠五公主[①]。

□ 慧安和硕公主

慧安和硕公主是嘉庆帝的皇五女，乾隆五十一年（1786年）十一月十一日巳时生，生母是潜邸庶妃沈氏即后来被追赠的逊嫔，乾隆六十年（1795年）五月初七日寅刻殇，虚岁10岁[②]。死后停灵于静安庄殡宫。嘉庆八年（1803年）十月十二日寅时五公主金棺随同孝淑皇后梓宫、恕妃金棺、简嫔金棺及其生母逊嫔金棺一起奉移易县西陵[③]，嘉庆十年（1805年）三月入葬（《清皇室四谱》记载）。为什么奉移到园寝两年后才入葬呢？笔者分析，这座公主园寝是于嘉庆八年（1803年）五月兴工的，当年十月不可能完工，约于嘉庆十年三月才竣工的。嘉庆十年三月十四日，嘉庆帝在展谒西陵时，曾到五公主慧安公主园寝赐奠[④]。但在入葬前，五公主金棺暂安于何处，尚有待考证。嘉庆二十三年（1818年）三月十一日，嘉庆帝亲自到这座公主园寝为他的这两个幼女奠酒。两位女儿，同是庶出，5岁而亡的皇九女死后立即追赠为慧愍固伦公主，而她的姐姐皇五女，死时已10岁，却无封号。嘉庆帝这次亲诣园寝，触景生情，可能是有所醒悟，感到不妥，于是当日谕内阁：“五公主著追封为慧安和硕公主，同慧愍

①《仁宗睿皇帝实录》卷一四一，第29册，第924页，中华书局影印本，1986年8月第1版。

② 唐邦治著《清皇室四谱》，下册，卷四 皇女，第20页，1923年上海聚珍仿宋印书局聚珍铅印本。

③ 清宫档案《新整内务府档》，第0450包。

④《仁宗睿皇帝实录》卷一四一，第29册，第924页，中华书局影印本，1986年8月第1版。

固伦公主，著弘善制造神牌二座。[①]”这道谕旨表明，五公主入葬10年多来，一直没有神牌。

嘉庆二十一年六月以前，慧安和硕公主每年致祭两次。慧愍固伦公主每年致祭四次。嘉庆二十三年奉旨两公主“归为一体四时致祭”[②]。

□ 慧愍固伦公主

慧愍固伦公主是嘉庆帝的第九个女儿，嘉庆十六年（1811年）正月二十五日巳时生，生母为如妃即后来的恭顺皇贵妃[③]。这位皇九女是惠亲王绵愉的同母姐。嘉庆二十年（1815年）五月二十二日酉刻殇，年仅5岁，实足年龄尚不足3岁零四个月，死后第二天，就被追封为慧愍固伦公主[④]。清制：“中宫所生女为固伦公主，妃所生女为和硕公主。”九公主之母是如妃，不知为什么九公主何以被封为固伦公主？九公主很可能死于圆明园，她的金棺最初停放在畅春园西面的西花园，金棺漆饰15遍，需用高丽夏布15匹[⑤]。九公主死后两天，即二十四日，嘉庆帝亲自到西花园皇九女金棺前赐奠[⑥]。不久将金棺移到田村殡宫暂安。嘉庆二十年（1815年）九月二十一日金棺奉移西陵，九月二十五日行奉安礼，第二天葬入公主园寝东旁地宫内[⑦]。

嘉庆二十一年（1816年）六月二十一日，嘉庆帝谕：“和硕

①《仁宗睿皇帝实录》卷三四〇，第32册，第490页，中华书局影印本，1986年8月第1版。

② 昆冈等修，刘启端等纂光绪朝《钦定大清会典事例》，卷一四一，内务府·祀典。载《续修四库全书》编纂委员会编《续修四库全书》，第814册，史部·政书类，第424页，上海古籍出版社，2002年。

③ 唐邦治著《清皇室四谱》，下册，卷四·皇女，第20页，1923年上海聚珍仿宋印书局聚珍铅印本。

④《仁宗睿皇帝实录》卷三〇六，第32册，第67页，中华书局影印本，1986年8月第1版。

⑤ 清宫档案《内务府来文》礼仪，第103包。

⑥《仁宗睿皇帝实录》卷三〇六，第32册，第67页，中华书局影印本，1986年8月第1版。

⑦ 清宫档案《内务府来文》礼仪，第103包。

五公主向于每年致祭二次，仍照例办理，勿庸添拨地亩。慧愍固伦公主，著照所请，每年致祭四次，应行拨给地亩，照例拨给。[①]”尽管慧愍也是庶出，就因为是固伦公主，地位比和硕公主明显高了一级，不仅每年致祭多了一倍，还拨了庄园头地，可谓等级森严。

有人不禁要问：作为陪葬墓的清东陵的皇太子、王爷、公主、大臣、保姆等园寝，均建在陵区之外，对陵区形成拱卫、陪护之势，为什么清西陵的上述4座园寝却建在陵区之内呢？只要我们对清西陵的营建史稍作回顾，这个问题就不难解决了。在营建端亲王园寝、阿哥园寝、怀亲王园寝时，当时清西陵只建有泰陵和泰陵妃园寝，陵区的面积很小，当时这三座园寝都在陵区之外。在此之后，清西陵又先后建起了昌陵、昌西陵、昌陵妃园寝、慕陵、慕东陵、崇陵、崇陵妃园寝，陵寝数量增多，陵区面积空前扩大，才将这4座园寝圈进了陵区之内，处于陵寝之间，形成了今天的格局。承修大臣在奏请添建公主园寝看守房的奏折中有这样一句话：“臣等伏查和硕公主园寝并无看守房间，公同商酌，照依口子门外张各庄阿哥园寝规制添设办理。[②]”口子门就是陵区风水围墙的便门。“口子门外”足以表明端亲王园寝、阿哥园寝、公主园寝当时是建在陵园之外。

清朝规模最大的王爷园寝——怡亲王园寝

据冯其利先生统计，清王朝有王爷240多位[③]，建王爷园寝200多座，其中规模最大的当属怡亲王允祥的园寝。

允祥的园寝西距清西陵60华里、南距涞水县城25华里，位于涞水县的水东村。《钦定大清会典事例》所规定的亲王园寝的规制是：

① 清宫档案《内务府来文》礼仪，第103包。

② 清宫档案《内务府来文》陵寝事务，第0450包。

③ 冯其利著《清代王爷坟》第3页，紫禁城出版社，1996年11月第1版。

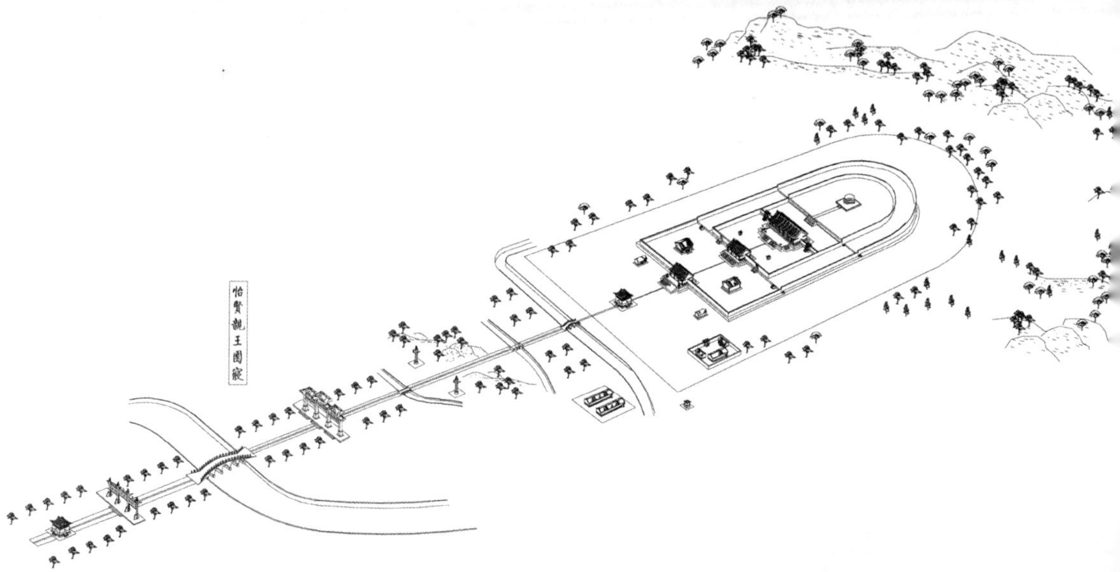

怡亲王园寝推想效果示意图

亲王园寝享堂五间、大门三间、茶饭房左右各三间、碑亭一座、围墙百丈①。

允祥死后，雍正帝谕令大学士们专门为允祥制定了园寝规制，《清实录》详细记载了大学士们为允祥制定的园寝规制是这样的：

辛酉，大学士等遵旨议奏怡亲王茔制，宜用享堂七间。享堂之外，中门三间，内围墙一百丈。中门之内，建焚帛亭、祭器亭。中门之外，建神厨五间、神库三间。东西厢及宰牲房各三间。碑亭一座，其外为大门三间。周围墙二百九十丈。大门外设奉祀房二十间。再加石桥二，石牌坊一，擎天柱二，神道碑一②。

1987年11月9日，笔者到怡亲王园寝进行了一次实地考察。尽管地面建筑基本无存，但依然能感觉出这座园寝的非凡气势，非一般亲王园寝可比，调查结果表明，实际的怡亲王园寝比《清

① 昆冈等修，刘启端等纂光绪朝《钦定大清会典事例》，卷九四九，工部·坟茔规制。载《续修四库全书》编纂委员会编《续修四库全书》，第811册，史部·政书类，第435页，上海古籍出版社，2002年。

②《世宗宪皇帝实录》卷九五，第8册，第278页，中华书局影印本，1985年11月第1版。

怡亲王允祥园寝神道碑

实录》记载的规模还要大。下面就把实地调查的情况介绍于下。

园寝坐西朝东，三面环山，一面临水。山虽不高峻，却十分清秀。园寝从西到东，建筑序列长达3华里左右，不仅超过了清朝皇后陵，而且比定陵、惠陵、崇陵的建筑序列还要长。现在所能看到的最前面的是神道碑，龙首龟趺。碑身阳面用满汉两种文字镌刻“忠敬诚直勤慎廉明怡贤亲王神道碑”15个大字，汉字在左，满文在右。碑身面阔125厘米、厚65厘米、高447厘米。碑的阳面四周边雕刻云龙图案。碑身倒卧在地。原来有无碑亭，现场上无任何痕迹。《清实录》上也只说是“神道碑一”，未提碑亭，有无碑亭，有待考证。

怡亲王允祥园寝神道碑碑身

2005年笔者再次考察时，碑身已树立起来。在碑的下面成砌了方形台基，在碑的前面设置了保护标志。神道碑以西为火焰牌坊，三门四柱，全为石制，每门的上额枋上正中有一个火焰宝珠。这座火焰牌坊是《清实录》中所未载的。再往西是五孔拱桥一座，每桥孔上有吸水兽。清朝皇后陵都不建五孔拱桥，王公园寝更不能建五孔拱桥了。由此可见怡亲王园寝规制之高。五孔拱桥西是石牌坊一座，三门四柱七楼，与东、西陵的石牌坊相比，除少了二门二柱四楼外，其结构、造型等相仿。再往西是三孔拱桥一座。三孔拱桥西有擎天柱一对，分列两旁。擎天柱即华表，此擎天柱与皇帝陵的圣德神功碑亭外的擎天柱有所区别。皇帝陵的华表，柱身上盘绕着一条云龙，须弥座环以石栏杆，而怡亲王园寝的擎天柱，柱身虽然也是八棱的，却是每侧面各雕两条龙，上面的龙头朝上，下面的龙尾朝下，龙头又抬起，柱身上有8个侧面，共雕龙16条，石座周围无

怡亲王园寝四柱三间火焰牌坊

怡亲王园寝五孔拱桥

怡亲王园寝的石牌坊

怡亲王园寝左（北）侧华表

怡亲王园寝穴坑

石栏杆围绕。华表以西有三孔平桥两座。再往西，到最后是穴坑。地面上的所有屋顶建筑全部无存。

怡亲王园寝大约始建于雍正八年（1730年）五月，完工于雍正十年（1732年）九月。雍正帝对怡亲王园寝的兴建非常关心，园寝刚一兴工，就于五月二十二日谕兵部："怡亲王园寝在涞水县水东村，现在兴工修造，著设立守备一员、千总一员、把总二员、兵丁五十名，永远守护，俱隶太平峪副将管辖。[1]"其看守官员的级别职务和兵力配备远远超过一般亲王园寝。

怡亲王允祥

允祥何许人也？雍正帝为什么对他如此关爱重视？

允祥，是康熙皇帝的第十三子，初排行为第二十二子，生于康熙二十五年（1686年）十月初一日辰时，生母是庶妃章佳氏[2]。在康熙晚期的皇子争夺储位的激烈斗争中，允祥始终坚定地站在雍正帝的一边，二人关系密切，"晨夕聚处，感

①《世宗宪皇帝实录》卷九四，第8册，第264页，中华书局影印本，1985年11月第1版。

② 唐邦治著《清皇室四谱》，下册，卷三·皇子，第15页，1923年上海聚珍仿宋印书局聚珍铅印本。

情甚笃”，他是雍正帝集团中的核心人物。他在其皇父那里不受赏识，甚至被拘禁过，37岁了仍没有任何封号。由于他是雍正帝的亲信和死党，所以雍正帝在康熙帝崩后第二天就封他为怡亲王[①]，不久命他总理户部和户部三库事务，任命他为总理事务大臣，还让他主管全国钱粮奏销的会考府事务，使他掌管了全国的经济大权。允祥的忠心、敬业精神和卓有成效的工作，深受雍正皇帝的赞赏，给他增护卫、增仪仗、赏银两。在雍正四年（1726年）七月二十一日，雍正帝御笔亲书“忠敬诚直勤慎廉明”御匾赠给允祥[②]，恩宠有加，而允祥更加谦恭谨慎，成为雍正帝的肱股心膂之臣。

在为雍正帝相度万年吉地一事上，允祥做出了突出的贡献。经他选的第一个吉地是遵化的九凤朝阳山，经营有年，后因“规模虽大而形局未全，穴中之土又带砂石”而废弃，遂后又选中了易县境内的泰宁山下的太平峪。为相度吉地，允祥风里来，雨里去，往来于遵化、京城、易县之间，虽历尽艰辛，却毫无怨言，终于为雍正帝找到了一个极为遂心的上吉佳壤，使雍正帝很受感动。为了报答允祥的忠心，雍正帝准备将落选的众多备选吉地中，选出一块中吉之地赏给允祥。允祥闻知后，“惊悚变色，惶惧固辞”[③]，雍正帝只得作罢。后来允祥自己在涞水县水东村附近找到了一块“平善之地”，要求皇帝赏给他。雍正帝因为有事，或另有所思，没有立即回答他。这期间允祥有了病，卧床不起，允祥又命户部左侍郎刘声芳代他再次向皇帝恳切要求此地。雍正帝所以迟迟未予回答，很可能还想将以前那块中吉之地赏给他，这次见允祥一再要求那块“平善之地”，不得已，只得答应了他的请求。允祥得知后，“喜极，至于踊跃忭舞”，激动地说：

---

①《世宗宪皇帝实录》卷一，第7册，第33页，中华书局影印本，1985年11月第1版。

②《世宗宪皇帝实录》卷四六，第7册，第699页，中华书局影印本，1985年11月第1版。

③《世宗宪皇帝实录》卷九四，第8册，第262页，中华书局影印本，1985年11月第1版。

"皇上待我隆恩异数，不可枚举，今兹恩赐，则子孙世世俱受皇上之福于绵长矣。[①]"允祥唯恐夜长梦多，皇上变卦，立即派护卫前往水东村那块平善之地，起穴中之土。几天后，将土取回，呈给验看。允祥看后，取出其中一块，吞进了肚中，意在表示已决定将此地定为自己的兆域，决不能再变。病中的允祥预感到大限将至，于是对自己的后事做了周密的安排，他根据《大清会典》的规定，亲自绘制了一幅园寝图，嘱咐家人，在他死后按此图营建园寝，决不能逾制；他还叮嘱家人，他死后，盛殓时，一切珠宝金银之类概不可用，只可用常服殡殓[②]。他在有病期间，移居到距皇上较远的地方养病，目的是不让皇上知道他的病情。他几次推辞皇上对他的探望，是怕皇上了解了他的病情，看到了他憔悴的病体，引起伤感，扰乱圣心。当他得知皇上真的要来探望他的消息后，他竟"脱尘而去"，意在"不欲以永诀伤"皇上之心。允祥是于雍正八年（1730年）五月初四日午刻病逝的，享年45岁[③]。他的家人遵照遗嘱，"只以血泪巾帕及所佩香囊殓入棺中"，以"示含玉之意，志永诀之哀"。雍正帝辍朝3日，几次亲诣怡亲王府灵堂祭奠允祥。赐谥曰"贤"，并冠以"忠敬诚直勤慎廉明"8个字[④]，复其名为胤祥。允祥的病逝，犹如去掉了雍正帝的一条膀臂，给雍正帝以极大的精神打击。自雍正七年（1729年）冬季以来，雍正帝得了一场大病，允祥之死，使他"悲情难遏"，又因"亲奠数次，颇觉精力勉强"，使他的病情更重，致使这场大病到雍正九年（1731年）秋才痊愈，可见允祥之死对他的打击之重。

---

①《世宗宪皇帝实录》卷九四，第8册，第263页，中华书局影印本，1985年11月第1版。

②《世宗宪皇帝实录》卷九五，第8册，第278页，中华书局影印本，1985年11月第1版。

③唐邦治著《清皇室四谱》，下册，卷三·皇子，第15页，1923年上海聚珍仿宋印书局聚珍铅印本。

④《世宗宪皇帝实录》卷九五，第8册，第272页，中华书局影印本，1985年11月第1版。

雍正十年（1732年）九月初七日，允祥的金棺奉移园寝。奉移之前的九月初三日和初六日两天，雍正帝连续两次到允祥的金棺前奠酒[①]。九月十三日未时葬入园寝地宫[②]。允祥死后，雍正帝将他配享太庙，入祀京师贤良祠。乾隆十九年（1754年）九月诏入祀盛京贤王祠。乾隆三十九年（1774年）十二月诏以其爵世袭罔替。

1934年至1936年间，怡亲王园寝被盗，在以后多年的战乱年代，地面建筑遭到了毁灭性的破坏。

果郡王园寝

果郡王弘瞻园寝坐落在易县梁格庄东北的岭东村。园寝的规制在文献上尚未找到记载，现仅将实地考察的情况介绍于下。

该园寝建在一座小山的山坡上，坐北朝南。园寝最前面有一孔桥一座，再北是墓碑一统，屃头（碑的顶部）为四盘龙，碑额无文字。碑身阳面四边刻云龙，五爪龙。碑文满汉合璧，汉字在左（东）满文在右。碑文落款日期为乾隆三十年四月二十七日。碑座龙首龟趺，水盘四角分别雕刻鱼、龟、虾、蟹。原建有碑亭，如今已无存，柱础

果郡王弘瞻园寝的墓碑

①《世宗宪皇帝实录》卷一二三，第8册，第618页，中华书局影印本，1985年11月第1版。

②清宫档案《内务府·敬事房》礼仪，第5500包。

和部分台基尚存。据当地人讲，碑亭为重檐。碑亭往北地势逐步升高。东西厢房各3间，有前廊，卷棚硬山顶，覆以布筒瓦。往北是一高月台，正中有一座10级踏跺。月台之北正中有大门一座，单檐硬山顶，面阔3间，绿琉璃瓦顶，有三个门口。门前有石狮一对。大门两侧的面阔墙上各有随墙角门一个。进入前院，迎面享堂一座，面阔5间，单檐硬山顶，绿琉璃瓦顶，前有月台，月台前有一块丹陛石，上刻云纹。园寝门在享堂后面，现已无存，尚留有原墙下的两个石沟嘴。据当地的一位王老师（1997年为48岁）讲，享堂后原有一个中门，两边的角门各通一个小院，每个小院内各有一个宝顶。如今小院及角门均已无存，东小院内的宝顶已无存，西小院内的宝顶尚在。该宝顶的下碱是用砖砌的须弥座，盗口已被填堵上。王老师说，这两个小院内的地宫内各有三口棺木。总之，享堂后面的院子里原来共有宝顶五座。正中的大宝顶为果郡王弘瞻的，现在宝顶无存，仅存一个方形大坑，四壁均为夯土。据当地人讲，地宫内有

果郡王园寝大门及享堂老照片

果郡王园寝现在的大门及享堂遗址

果郡王弘瞻地宫现状

左侧北首的永瑹宝顶须弥座的雕刻非常精美

五口棺木。东侧北是弘瞻的儿子永瑹的宝顶，顶部已无存，仅存下碱的圆形石须弥座。须弥座的上下枭儿刻仰伏莲花瓣，上下枋雕刻极为少见的二夔龙戏珠，束腰部分雕刻琬花结带和太极图。本来地宫的入口在南面，可是盗墓贼却是从北面挖进地宫的。地宫内四壁用砖成砌，地宫正中有一个东西方向的拱形石架，用以支顶上面的长条石。地宫内南壁正中有一门，门扇无存。门管扇为石制，有门轴孔。门外有挡券墙一道。门口两边的南面雕刻一副对联，因为地宫内堆积了许多土和砖头之类，不仅地面看不到，连这副对联下面的字可能也给掩埋了，只能看到上面的5个字，东边的上联是："一点仙灵藏……"，西边的下联是："艺林熟慰润……"。地宫内雕刻对联是不多的。地宫内有两块倒凹字形石构件。据说地宫内也有五具棺椁，这两个石构件是支垫棺木用的。地宫面阔5.82米、进深6.07米，根据地宫内的面积，充其量只能容纳三具棺

果郡王园寝永瑹地宫西壁及石拱梁

椁。裕陵地宫金券面阔12.5米，正面只能放置五口棺椁。此地宫面阔尚不及裕陵地宫的一半，是容纳不下五口棺木的。西侧北是弘瞻的孙子绵从的宝顶。宝顶已无存，圆形石须弥座被拆散，地宫盗口敞着。地宫内积土很多，四壁也是用砖成砌，顶部用条石棚架。顶部有一根东西方向的石梁，为六棱柱体，通体雕满缠枝莲花。此石梁已伤裂，但未断开，尚连在一起，岌岌可危。据考证，此墓的许多石料用的是一座石牌坊和华表的旧料。其中的六棱石梁是他处一根华表的柱身改做的。在永瑹的宝顶南是弘瞻的曾孙奕湘的宝顶，现已无存。在绵从宝顶之南是弘瞻的玄孙载卓的宝顶。这五座宝顶，以弘瞻的宝顶居中，永瑹、绵从、奕湘、载卓宝顶完全按昭穆顺序排列的。

徐广源即将从绵从的地宫出来

果郡王园寝内绵从地宫内的石梁已伤断

园寝的围墙，上身糙砖灰砌、抹饰红灰，提刷红浆，下碱为小丝缝砌法。

这座园寝尽管是郡王园寝，但其规制却超过了端亲王和怀亲王的园寝。

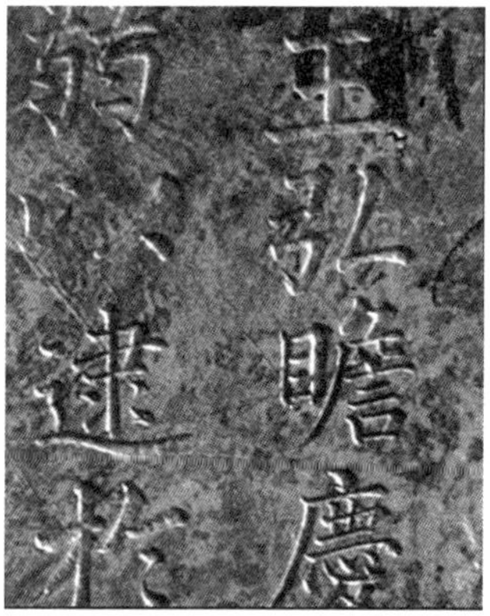

果郡王弘瞻园寝墓碑竟将“瞻”字刻“瞻”字

这座园寝中的五座宝顶中，有三座宝顶的下碱是石须弥座的，而且做工之精，雕刻之细，图案之新颖，是笔者所见到的所有宝顶须弥座中最精美的。

通过实地考察发现，这座园寝的墓碑的碑文中居然将弘瞻的“瞻”字刻成了“瞻”字。这个“瞻”字可以说是碑文中最重要的字，书写人、监刻人竟未发现，实在不应该。

弘瞻是雍正帝的第六子，初排行为第十子，是乾隆帝的最小的弟弟，生于雍正十一年（1733年）六月十一日亥时，生母为贵人刘氏即谦妃①。乾隆三年（1738年）三月过继给康熙帝的第十七子果亲王允礼为子，袭封果亲王。乾隆二十八年（1763年）五月十三日以顽悖无状，降为贝勒②。乾隆三十年（1765年）二月二十八日，弘瞻病重，特晋封为果郡王③。同年三月初八日申刻病死④，卒年33岁，谥曰"恭"，故称为多罗果恭郡王。

果郡王弘瞻像

其他园寝

清西陵的陪葬墓很多，绝大部分在陵园之外，由于地处偏僻，加之多年战乱，年久失修，大部分均已毁坏无存。通过实地调查并根据文献上的零星记载，择其主要陪葬墓介绍如下：

---

① 唐邦治著《清皇室四谱》，下册，卷三·皇子，第21页，1923年上海聚珍仿宋印书局聚珍铅印本。

②《高宗纯皇帝实录》卷六八六，第17册，第684—687页，中华书局影印本，1986年3月第1版。

③《高宗纯皇帝实录》卷七二九，第18册，第30—31页，中华书局影印本，1986年3月第1版。

④《高宗纯皇帝实录》卷七三二，第18册，第62页，中华书局影印本，1986年3月第1版。

□ 淳亲王园寝

淳亲王园寝位于清西陵华盖山之南的神石庄北福地东南。据冯其利先生考证，该园寝坐南朝北，园寝前无河、桥之设，最前面是一座碑亭，内有龙趺碑一统。大门面阔3间，享堂5间，享堂后有园寝门三座，中门为琉璃花门，两角门为随墙门。后院正中有一座大宝顶，宝顶高约五六米，宝顶下碱为石须弥座。地宫用青白石料发券而成，有石门一道，石门两扇，石棺床上安放着两口棺木，园寝院落前方后圆。1933年4月25日（农历四月初一日）该园寝被盗。因多年的战乱，地面建筑陆续被毁，如今仅存地宫及石门[①]。

淳度亲王园寝地宫上的券石已露出了地面

淳度亲王地宫的石门已被土掩埋很多

淳度亲王宝顶须弥座上的石雕件

允佑是康熙帝的第七子，初排行为第十五子。康熙十九年（1680年）七月二十五日子时生，生母为庶妃戴佳氏即成妃[②]。允佑身体有残疾，但办差认真，行事恭谨，颇受皇父的赞赏。康熙三十七年（1698年）三月初二日册封为贝勒[③]。康熙四十八年（1709年）十月二十一日册封为淳郡王[④]。雍正元年（1723年）四月二十七日晋封为淳亲王[⑤]。雍正帝夸奖他“安

① 冯其利著《清代王爷坟》第153页，紫禁城出版社，1996年11月第1版。

② 唐邦治著《清皇室四谱》，下册，卷三·皇子，第13页，1923年上海聚珍仿宋印书局聚珍铅印本。

③《圣祖仁皇帝实录》卷一八七，第5册，第995页，中华书局影印本，1985年9月第1版。

④《圣祖仁皇帝实录》卷二三九，第6册，第386页，中华书局影印本，1985年9月第1版。

⑤《世宗宪皇帝实录》卷七，第7册，第138页，中华书局影印本，1985年11月第1版。

分守己，敬顺小心[①]”。因他精于书法，雍正帝曾命他和诚亲王允祉共同书写景陵碑、匾上的汉字，结果选用了雍正帝书写的字，淳、诚二王的字落选未用。雍正八年（1730年）四月初二日辰刻死，享年51岁，雍正帝辍朝三日，赐祭二次，拨银为其造坟立碑，谥曰“度”，称淳度亲王[②]。

□ 裕亲王园寝

裕亲王园寝位于易县北白虹乡南福地村，那里建有两座裕亲王园寝。第一座是顺治帝的第二子裕宪亲王福全的第五子保寿的园寝。

裕悼亲王保寿园寝墓碑

保寿（也有叫保绶的）生于康熙二十三年（1684年）七月十七日亥时，康熙四十五年（1706年）九月初八日辰时卒，年仅23岁，第二年入葬[③]。雍正三年（1725年）三月十九日保寿被追赠为裕亲王，谥曰“悼”[④]。据冯其利先生考证，其园寝坐西朝东，前有月牙河、神路桥、碑亭、南北厢房。大门一座，面阔3间，享堂一

①《世宗宪皇帝实录》卷七，第7册，第138页，中华书局影印本，1985年11月第1版。

②《世宗宪皇帝实录》卷九三，第8册，第241页，中华书局影印本，1985年11月第1版。

③ 冯其利著《清代王爷坟》第133页，紫禁城出版社，1996年11月第1版。

④《世宗宪皇帝实录》卷三〇，第7册，第460页，中华书局影印本，1985年11月第1版。

座，绿琉璃瓦顶。面阔3间带回廊。从享堂左右各有一园寝门。后院正中建宝顶一座，地宫为石券，棺床上停放棺椁二口[①]。如今仅存墓碑和地宫遗址。

保寿亲王园寝享堂旧影

在一般情况下，除皇帝、皇后的碑首是六盘龙（每侧三个龙头）外，所有王公大臣的碑首只要是盘龙首的，都是四盘龙即每侧为两个下垂的龙头。可是裕悼亲王保寿的墓碑却与众不同，是六盘龙的。不知是经皇帝特许的，还是属于僭越，有待考证。

裕悼亲王保寿墓碑为六盘龙

另一座裕亲王园寝是保寿之子广禄的园寝。该园寝

裕亲王广禄园寝墓碑

① 冯其利著《清代王爷坟》第133页，紫禁城出版社，1996年11月第1版。

位于南福地村西南，坐西南朝东北，其规制与其父保寿的园寝大同小异。如今仅存墓碑一座。

广禄生于康熙四十五年（1706年）六月二十七日，他出生后70天，父亲就去世了。雍正五年（1727年）三月，广禄袭兄广宁的裕亲王爵。乾隆五十年（1785年）九月二十一日巳时病逝，享年80岁，谥曰“庄”[①]。

裕亲王广禄像

□ 果亲王园寝

果亲王园寝位于易县梁格庄镇上岳各庄。该园寝位于山坡上，坐北朝南，前有三孔拱桥一座，桥北是碑亭，亭内有墓碑一

果亲王墓碑

①《爱新觉罗宗谱》甲册，第1322—1323页。转引自冯其利著《清代王爷坟》第134页，紫禁城出版社，1996年11月第1版。

果亲王允礼园寝享殿遗址

允礼宝顶

允礼地宫现状

统，东西厢房各3间。大门前有石狮一对。大门一座，面阔3间。享殿一座，原为面阔5间，后改为3间。享殿左右园寝门各一。后院月台上建宝顶一座，宝顶上部为夯筑，下碱为石须弥座。允礼的地宫为砖券。地宫东西墙上各有一个壁龛。园寝的红墙之外还有一道虎皮石围墙。1937年，盗墓贼从宝顶后边炸开一个洞，将随葬品盗走。后来有人在收尸骨、修宝顶时，发现地宫内有积水，内有棺椁三口[1]。如今仅存拱桥、石碑、石狮、厢房房山、享殿山檐墙和刻有云纹的丹陛石和宝顶。据说该园寝享殿原来是5间，后来改为3间。现在从台基还能看出来。

① 冯其利著《清代王爷坟》第171页，紫禁城出版社，1996年11月第1版。

允礼像

允礼是康熙帝的皇十七子，康熙三十六年（1697年）三月初二日寅时生，生母为庶妃陈氏即纯裕勤妃[①]。雍正元年（1723年）四月初三日以办理景陵修饰尽心，诏封为郡王[②]，同月十六日举行了册封礼，封为果郡王[③]。雍正六年（1728年）二月初五日，以“矢志忠诚，毫不顾及己私，执持正理，概不瞻徇”晋封为果亲王[④]。乾隆三年（1738年）二月初二日丑刻去世[⑤]，享年42岁。乾隆三年二月初九日谥曰“毅”[⑥]，称果毅亲王。

□ 端顺固伦公主园寝

建筑规制

端顺固伦公主园寝位于西陵大红门以西的九凤山以西的陈门庄，《大清会典》和档案中称之为陈门庄端顺固伦公主园寝。因为现在这座园寝已荡然无存，难以知道原来的规制，只得从史书上

①唐邦治著《清皇室四谱》，下册，卷三·皇子，第17—18页，1923年上海聚珍仿宋印书局聚珍铅印本。

②《世宗宪皇帝实录》卷六，第7册，第127页，中华书局影印本，1985年11月第1版。

③《世宗宪皇帝实录》卷六，第7册，第133页，中华书局影印本，1985年11月第1版。

④《世宗宪皇帝实录》卷六六，第7册，第1005页，中华书局影印本，1985年11月第1版。

⑤《高宗纯皇帝实录》卷六二，第10册，第16页，中华书局影印本，1985年12月第1版。

⑥《高宗纯皇帝实录》卷六二，第10册，第20页，中华书局影印本，1985年12月第1版。

去了解了。光绪朝《钦定大清会典》是这样记载这座公主园寝的：

陈门庄端顺固伦公主园寝，正中享殿一座，广二丈一尺一寸。纵如之。檐高一丈二尺三寸。南有大门，广一丈一尺九寸，纵一丈四尺四寸。檐高一丈二尺三寸。门外设守护班房、东西厢房各二间，广二丈，纵一丈二尺，檐高八尺五寸。围墙周长三十二丈一尺，高一丈二尺三寸[①]。

这个记载太简单笼统，模糊不清了。宝顶什样？地宫是什么规制？享殿和大门是什么规制？面阔几间？这都一无所知。清东陵的端悯固伦公主园寝的建筑基本完整，在光绪朝的《钦定大清会典》里也有记载，虽然也没有地宫、宝顶的规制，也没有大门和享殿的规制，但大门和享殿是几间是知道的，通过书中的尺寸就可以计算出每间的尺寸。这样就可以推算出端顺固伦公主园寝的大门和享殿是几间了。

端悯固伦公主园寝的享殿是面阔3间，记载是面阔三丈五尺九寸。平均每间约一丈二尺。而端顺固伦公主园寝的享殿是面阔二丈一尺一寸，充其量是面阔2间。进深和面阔一样，表明是一个方形建筑。两间的享殿，大门怎么设置？又令人难以想象。

端悯固伦公主园寝的大门是面阔3间，记载是面阔三丈五尺二寸。平均每间约一丈一尺七寸。而端顺固伦公主园寝的大门是面阔一丈一尺九寸，表明面阔仅1间。

端悯固伦公主园寝的围墙是九十一丈，而端顺固伦公主园寝的围墙为三十二丈一尺，相当于端悯固伦公主园寝的围墙的三分之一弱。

由此可知端顺固伦公主园寝的规制是极为简陋的。

从档案得知，这座园寝栽有松树四百余株[②]。始建日期待考。

内葬人物

① 昆冈等修，刘启端等纂光绪朝《钦定大清会典事例》，卷九四九，工部·坟茔规制。载《续修四库全书》编纂委员会编《续修四库全书》，第811册，史部·政书类，第435页，上海古籍出版社，2002年。

② 中国第一历史档案馆编《嘉庆道光两朝上谕档》第41册，第1355条，第382页，广西师范大学出版社，2000年11月第1版。

端顺固伦公主是道光帝的皇三女，道光五年（1825年）二月二十日寅时生，生母全妃钮祜禄氏即后来的孝全皇后。道光十五年（1835年）十一月初八日殇逝，年仅11岁[①]。她死时，其生母已被立为中宫皇后。在她死的当天，道光帝降旨：

三公主年甫十一岁，资质敏慧，性情和顺，今于本月初八日薨逝，甚为悼惜。著加恩封为端顺固伦公主。并派总管内务府大臣禧恩经理事宜。一切均照固伦公主例办理[②]。

端顺固伦公主死后移往吉安所。道光十五年十一月二十一日端顺固伦公主金棺出地安门东门奉移田村殡宫暂安[③]。

何时入葬待考。

永福寺

永福寺位于易县梁格庄行宫以西不足1华里的地方，在陵园之外。寺坐北朝南，依山就势建于山坡之上，背靠青山，前临河水，红墙黄瓦，松柏围护，庄严肃穆，气势恢宏，富丽堂皇，显示出皇家寺庙的非凡气势。

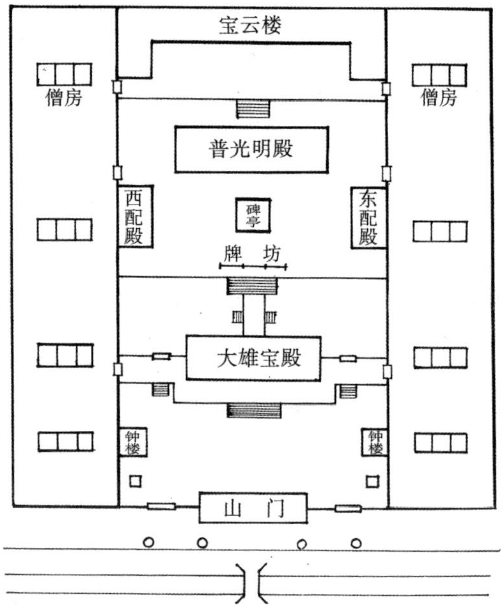

永福寺平面示意图（徐广源绘）

① 唐邦治著《清皇室四谱》，下册，卷四·皇女，第21页，1923年上海聚珍仿宋印书局聚珍铅印本。

② 清宫档案《内务府来文》，第147包。

③ 清宫档案《内务府来文》，第147包。

永福寺山门

在皇家陵园旁为什么要修建如此规模宏大的喇嘛庙呢？它与皇陵有什么关系？永福寺的御制碑文的第一句话就开宗明义地说："永福寺例隆福寺而建也。"因此，要想知道建永福寺的原因，需要先了解隆福寺的相关情况。

隆福寺是遵化清东陵陵园边界上的一座规模宏大的喇嘛庙，始建于唐初，乾隆四十九年（1784年）奉敕重修隆福寺并兴建行宫。乾隆帝在御制的隆福寺碑文中阐述了重修隆福寺的缘由，他说：

> 癸卯秋（乾隆四十八年——笔者）往盛京瞻谒福陵、昭陵，见实胜寺在前，处以喇嘛，默思其义，盖以国家定制，中外蒙古诸王公凡过陵者无不瞻拜。而蒙古敬佛，用以起敬延福，奠安洪基，意深远矣。归而命内府就此寺用盛京实胜寺之例，拓而新之，以为昌瑞山前屏，而由喜峰口赴京诸蒙古视若盛京之实胜寺，以之阐黄教，绥远人[①]。

简言之，隆福寺是仿照沈阳福陵、昭陵的实胜寺的做法而建的，以便于蒙古王公们谒陵时参拜敬佛，目的是"阐黄教，绥远人"。这是清政府团结蒙古等少数民族而采取的一贯政策。乾隆帝从盛京回京后，第二年就命内务府将原寺进行大规模的改建、扩建，到乾隆五十一年（1786年）完工。出于同一目的，乾隆五十二年（1787年）春又在西陵建永福寺，翌年冬完工，耗银十八万九千多两。

①《清高宗御制诗文集》卷十一，第10册，第951—952页。

在皇陵附近建寺庙，不仅具有阐扬黄教，团结蒙古等少数民族的作用，而且在祭陵活动中也有具体功用。乾隆帝在永福寺碑文中说："寺之所以建者，以其地近泰陵，每逢祗谒桥山，先息于此，斋心摄神，以夙严对越之敬，亦如隆福之于景陵也。"这就是说，隆福寺、永福寺还是皇帝谒陵前休息、养神的所在。实际上，皇帝谒陵期间驻跸、休息并不到这两座庙里，而是在庙旁的行宫。东西陵自建起了这两座庙以后，清廷在这两座庙里分别各设了满洲达喇嘛1名，德木齐、格斯贵各1名，教习喇嘛3名，满洲喇嘛20名[①]。每逢皇帝、皇后忌辰之日，两寺派喇嘛13名在陵内的西配殿讽《药师经》[②]。

永福寺建筑格局分东、西、中三路，主要建筑集中在中路。其布局及规制是这样的：寺前有河一道，上建三孔石桥一座。桥北有低矮的宇墙一道。宇墙北墙根下均匀地排列着4座圆形的幡杆石座。山门，也称天王殿，单檐歇山顶，黄琉璃瓦顶，面阔5间。山门内原供奉铜胎弥勒佛一尊、接引佛一尊，两山供四天王像。第一进院内，左（东）为钟楼，右（西）为鼓楼，均上下两层，重檐歇山顶，布筒瓦盖顶。钟鼓楼南各有旗杆石座一个。院内正中为大雄宝殿，单檐歇山顶，面阔7间，山面显3间，黄琉

永福寺大雄宝殿

① 昆冈等修，刘启端等纂光绪朝《钦定大清会典事例》，卷九七四，工部·陵工修建。载《续修四库全书》编纂委员会编《续修四库全书》，第811册，史部·政书类，第658页，上海古籍出版社，2002年。

② 清宫档案《内务府来文》陵寝事务，第2927包。

永福寺牌坊

璃瓦盖顶。殿内原供铜胎三世佛三尊，每尊佛前供木胎五供、七珍、八宝各一份。须弥座前供铜胎如来佛9尊，两山供十八罗汉。大雄宝殿两旁各有一随墙角门，从此门可进后院。大雄宝殿后面是一个高泊岸，正中是一座18级的石踏跺，拾级而上，即为第二进院落。迎面是一座四柱三门三楼的牌楼。四根石柱均为四棱柱，额枋、花板、斗栱、梁架、椽飞等皆为木质，黄琉璃瓦盖顶。中间的两根石柱前后两面各镌刻一副对联，南侧对联是："净域启庄严慧曜朗开金界；化城资巩卫吉云恒护珠邱。"横批是："福地香林。"北面对联是："丹翠接神峰五色近笼佳气；清泠襟易水八功遥溯灵源。"横批是："祥轮宝筏。"对联字皆为乾隆帝御笔。牌坊北是碑亭一座，重檐歇山顶，黄琉璃瓦顶，内有龙首龟趺碑一统，屃头四蛟龙，额题"御制"，满汉合璧，碑文亦满汉合璧。满文在右（西），汉字在左（东），碑阴无字。碑文字体为乾隆帝御笔，落款处镌刻两枚闲章，一为"古稀天子之宝"，另一枚为"犹日孜孜"。碑亭两旁是东西配殿，

永福寺碑亭

永福寺普光明殿

单檐硬山顶，面阔各5间，布筒瓦盖顶，有前廊。配殿内供奉关帝和观世音。碑亭北面正中是普光明殿，此殿是全寺所有建筑中规模最大、制度最崇宏的殿堂，重檐歇山顶，面阔7间，进深4间，其规制超过了清朝帝后陵的隆恩殿，殿顶覆以黄色琉璃瓦。原殿内供奉药师佛、无量寿佛、不动佛三尊，两山供铜胎八大菩萨八尊。此殿顶大脊的正中安设铜宝顶一座（形似喇嘛塔似的铜构件）。普光明殿后面又是一高泊岸，正中踏跺11级，垂带石上和泊岸边上成砌宇墙。泊岸上是第三进院落。正北面是平面呈“凹”字形的阁楼式建筑，上下两层，名宝云阁，硬山布瓦顶，有前廊，正面面阔13间，外显11间，两侧面各面阔3间。宝云阁是该寺最后一座建筑。东、西两路其实就是两跨院。每院各有4座僧房，南北排列，每座单檐卷棚顶，面阔3间。由于该寺是建在山坡上，地势逐次升高，所以整组建筑层次分明，布局严谨，辉煌壮丽。

梁格庄行宫

行宫，是供皇帝、后妃在出巡时休息、驻跸之所。乾隆帝为了展谒西陵方便，特在从京师到西陵沿途营建了4座行宫，即黄新庄行宫、半壁店

梁格庄行宫大门

行宫、秋澜行宫和梁格庄行宫。

梁格庄行宫位于易县梁格庄西，永福寺之东。行宫坐北朝南，地势平坦。行宫最前面是一座三孔平桥。行宫大门，单檐硬山顶，面阔3间，门前后为石礓礤。大门前两侧为东西朝房各3间，单檐硬山顶，如今仅存西朝房。整个行宫分东、西、中三路，每路之间以墙相隔，又有门相通。中路为行宫的主体。中路是帝后妃活动居住的场所。东路是銮舆库，存放帝、后、妃车、轿、仪仗等物。西路是护驾官兵的营房。进行宫大门，迎面是一座十分精巧的垂花门。由垂花门两侧伸出的长廊分别折向北，把前殿、后殿连接起来，灵巧轻秀的建筑形式，斑斓有趣的苏式彩画，使长廊成为行宫众多建筑中的一道亮丽的风景线。垂花门以北是一个八角形水池，石砌泊岸。池内有锡质的进出水口，池内的水与外面的河水相通。岸边有花卉修竹，周围有长廊环绕，环境十分优美。水池北是正殿，单檐卷棚硬山顶，面阔5间，有前廊后厦。皇帝驻跸行宫期间，在这个殿内接受朝拜，召见臣工，批阅奏章，是皇帝处理政务的所在。光绪帝的梓宫从北京奉移到西陵以后，曾停放在这座殿内达4年之久。正殿北面是后殿，单檐卷棚硬山顶，面阔7间，另有2间耳房，前后有走廊，是帝后妃居住之处。后殿以北，堆土叠石造山，山上原有亭子，树木茂盛，是行宫的后花园。后殿的东侧

清西陵行宫内的垂花门和长廊

梁格庄行宫长廊内

梁格庄行宫正殿

有一座三卷9间的便殿，隆裕皇太后曾在那里居住。行宫所有建筑的屋顶均为布筒瓦，虽不如紫禁城富丽堂皇，却十分清幽典雅，别有一番情趣。

赵公祠

在梁格庄行宫的南面有一座较高的山，因为山上曾建有兴隆寺，故名为兴隆寺山。此山还有一个俗名，叫龟山。在此山南面的半山腰上有一组布瓦建筑，当地人称之为赵公祠。这位赵公是谁？他的祠堂为什么建在这里？

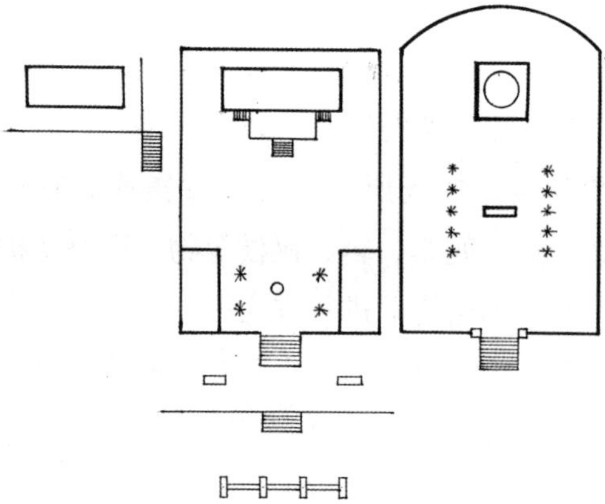

赵秉钧祠堂平面示意图（徐广源绘）

此位赵公在民国初期颇有名气。他就是北洋政府初期的国务总理赵秉钧（1859—1914年）。他是河南省临汝人，字智庵。光绪二十八年（1902年）受袁世凯委派，创办警察。光绪三十一年至三十二年（1905—1906年）任巡警部右侍郎。光绪三十二年（1906年）至宣统元年（1909年）任民政部右侍郎。他是袁世凯的心腹和得力助手。清朝灭亡以后，1912年，赵秉钧先后任袁世凯政府的内务总长、国务总理。1913年他受袁世凯的指使，杀害了宋教仁。

赵秉钧像

赵秉钧祠堂（由北向南拍的）

案情被揭露后，改任直隶都督。袁世凯为了灭口，第二年将他毒死。

赵秉钧是崇陵后期工程的主要主持人。在崇陵修建期间，他经常到工地阅视工程，为崇陵的修建出力不小。他在西陵期间，发现龟山南坡“明堂广聚，生气勃勃”，是一处风水宝地，于是就把这个地方定为自己的墓地[1]。赵秉钧死后，袁世凯就把他葬在了这里。

赵公祠在西，赵公墓在东，东西并列，中间只隔一道墙。均坐北朝南。祠堂前面是一座石牌坊，三间四柱三楼，全部用豆渣石料雕制，牌坊比较低矮。牌坊北是一个高台。拾级而上，台上左右竖立两统石碑，方趺方首，因碑身倒于地上，阳面朝下，故碑文内容不详。石碑的北面又是一高台。登上13级台阶，上面是一块平地，左右为东西配房，单檐硬山卷棚顶，布瓦，有前廊，面阔3间。两配房之间的院中有一青白石的圆形须弥座，高约1米许，不知何用。北面是正殿，面阔5间，现已无存。祠堂东旁是坟院，院落平面呈前方后圆形式。从南门拾级而上，院内正中

---

① 陈宝蓉编著《清西陵纵横》第42页，河北人民出版社，1987年6月第1版。

有一长方形须弥座，上枋是青白石的，以下为砖砌。估计此座应为祭台，上面陈放五供。祭台北是坟丘。坟丘建于月台上，墓已被盗，坟丘无存。后来人们将盗口填上，临时堆了一个坟头。祭台两旁各有一行仪树，每行5株，皆为白皮松。笔者认为，如果将祠堂接到坟院之前，正好构成园寝格局，祠堂为“前朝”，坟院为“后寝”。此山坡，东西宽，南北很短，不能全部南北排开，只能分成两部分，左右并排。似乎叫赵秉钧墓更为合适。

赵秉钧坟院（东院）

陵寝的祭祀和机构

陵寝的祭祀名目及祭品

陵寝祭祀，不仅是我国古代神权、族权观念的反映，更是皇权神授、皇权至高无上的具体体现；它不但是我国几千年来宗教思想的积淀，也是儒家思想观念的凝聚，同时在一定程度上还是民俗文化的一种综合反映，因此说，陵寝祭祀是一种文化现象。

历朝皇家都把上陵礼、皇陵祭祀作为推崇皇权、维护统治的一种重要形式和手段，他们提出"圣天子孝先天下，首重山陵①"。这里所说的"重山陵"不仅指的是山陵的营建，更主要的是指对山陵祭祀的重视。清朝皇帝对陵寝的重视超过了往代。且不说按时按节的固定的祭祀，单就清朝皇帝接连不断的亲自谒陵，按年均就超过了明朝。据笔者初步统计，从康熙帝到光绪帝这8位皇帝，共亲谒祖陵209次，其中盛京三陵10次、东陵125次、西陵74次。谒陵次数最多的当属乾隆帝，仅在位期间就谒陵69次。

清朝皇陵祭祀种类繁多，从规模上讲，有大祭和小祭；从时令上讲，有清明、中元、冬至、岁暮四时之祭；每月有初一、十五的朔望之祭；按内容上讲，有万寿、忌辰、敷土、告祭、展谒之祭；从形式上讲，有皇帝亲诣，有遣官恭代，陵官自办之分。在这些名目繁多的祭祀中，四时之祭和帝后的忌辰均为大祭，其余均为小祭。凡大祭和皇帝的万寿日，均由皇帝遣官恭代祭陵，其余由陵寝官员自行备办行礼。这些祭祀，等级森严，繁文缛节，靡费惊人。

清朝入关以后，由于受汉族文化、生活习俗的影响，满族的文化和生活形式也发生了变化，这些变化也反映在陵寝的祭祀上。陵寝的祭祀一直到乾隆初年才完全固定下来。

祭品数量的多少，视墓主人的地位高低而定。地位、封号虽然相同，但与皇帝的关系密切程度不同，葬位不同，其祭祀形式、祭品数量也有差异。季节的不同，也会使祭品发生变化。尽管多有变化，但有一个基本的标准。总的来说，祭品分两大类，

① 布兰泰原纂《昌瑞山万年统志》卷之一，序。乾隆六年纂。

一是膳品，一是饽饽，饽饽中又分饽饽和果品两种。

大祭日，帝、后每位膳品桌上供膳品18盘碗，饽饽桌上供65盘碗；皇太子、皇贵妃每位供膳品17盘碗，饽饽桌上供63盘碗；贵妃、妃、阿哥、公主每位供膳品17盘碗、饽饽54盘碗，均设匙箸，供奶茶一碗、酒三爵，设牲牢；嫔、贵人、常在、答应、格格等各供膳品14盘碗、饽饽45盘碗。

小祭，帝、后及同殿之皇贵妃，每位前各供熟羊肉一盘、青酱一碟、果品12盘，均设匙箸，供奶茶一碗、酒3爵。皇贵妃、贵妃、妃的忌辰均为小祭，是日每位前各供果品12盘、酒三爵，设匙箸。各园寝的朔、望小祭均无供献，只拈香、行礼。

每年仲秋（八月），皇宫的御膳房派专人送乌珠穆秦、克什克腾羊每陵2只，分两次随祭供献。每年仲冬（十一月）由皇宫御膳房派专人送达朗冈爱羊每陵5只，分五次随祭供献。每年春秋仲月，皇宫御茶房送交奶饼两次。每年中元节（七月十五日）供西瓜一次，六月供香瓜一次，随时供献。帝、后每位前供西瓜15个、香瓜240个。皇贵妃、贵妃、妃每位前供西瓜8个、香瓜120个。每年的清明节前一天，帝、后、皇贵妃每位前各供大佛花一座，贵妃以下每位前各供小佛花一座，大小佛花均于岁暮祭日焚化。

十八种膳品样色如下：

熟牛肉一方	熟羊肉一方
烧野鸡一盘	烧羊胸肉一盘
鲜鱼一盘	鲋鱼一盘
蕨菜一盘	蘑菇一盘
粉汤一碗	饭一碗
酸奶子一碗	芥末菜一碗
野鸡肉丝汤一碗	羊肉丝汤一碗
青酱瓜一碟	咸菜一碟
青酱一碟	酱稍瓜一碟

如果膳品是17盘碗，则减去熟羊肉；如果是14盘碗，再减

去粉汤、羊肉丝汤、酸奶子三样。

65种饽饽样色如下：

鹅蛋一碗	鸡蛋一碗
鸭蛋一碗	奶皮一碗
鱼儿饽饽一碗	江米糕一碗
黄米糕一碗	寸麻花一碗
豇豆条一碗	蜂蜜印子二盘
炸勒克一盘	烙勒克一盘
砂糖印子二盘	七星饼一盘
鸡蛋糕一盘	鸡蛋印子一盘
鸡蛋鲁酥一盘	红馅梅花酥一盘
黄馅梅花酥一盘	白薄烧饼一盘
鸡蛋薄烧饼一盘	炸高丽饼一盘
红馅赶皮一盘	黄馅赶皮一盘
果馅厚酥饽饽二盘	糖酥饼二盘
红馓枝一盘	白馓枝一盘
芝麻烧饼二盘	大麻花一盘
小红麻花一盘	小白麻花一盘
构奶子糕一盘	山葡萄糕一盘
奶皮花糕一盘	小菊花饽饽一盘
奶干糕一盘	山梨面糕一盘
英萼面糕一盘	白奶糕一盘
蜂蜜一碟	白盐一碟

干鲜果品18盘碗

饽饽桌如果是63样、57样、54样、45样，从中递减。

干鲜果品由下列29种中挑选，按季节所产随时更换：

苹果、红梨、黄梨、棠梨、柿子、槟子、红李、黄李、沙果、樱桃、冰糖、龙眼、荔枝、柿饼、红枣、胶枣、桃仁、榛仁、松仁、栗子、乌梨、大占、桃、杏、江米糖、山里红、八宝糖、西葡萄、鲜葡萄。

祭祀礼仪

祭祀的种类不同，礼仪也不一样；主祭人的身份、地位不同，行礼的仪式也不相同。下面择其主要的、常用的几种祭祀礼仪介绍一下。

□ 展谒礼

展谒礼是最常用、最简便的一种祭礼，主要在两种情况下举行。一是大祭前的展谒礼。每次大祭之前，都要先举行展谒礼。二是非大祭日前的展谒礼。皇帝每年的展谒山陵，多举行此礼。其仪式如下：

在未到下马牌时，贝勒以下，大臣、侍卫、三品以上文武官员下马，步行。亲王、郡王到下马牌处下马。皇帝在朝房的南房山下马或下轿。皇帝到陵旁临时搭起的“幄次”内更换素服、小憩。由礼部二位堂官（尚书或侍郎）前引，恭导皇帝从隆恩门左门（东门）进入陵院，从隆恩殿东侧绕行。除皇帝特许入陵寝门的王公大臣之外，一般的王公大臣在陵寝门外排班侍立。皇帝进陵寝门左门，到石五供之北、明楼前西向立。司拜褥官预先在祭台北面正中铺好拜褥。礼部堂官恭导皇帝就拜位面北行三跪九拜礼。鸿胪寺官在陵寝门外引王公百官随行礼。礼毕，皇帝退到东旁，面西站立。内务府官员在拜褥前设奠几，准备酒和爵盏毕，皇帝到拜褥处面北而跪，群臣皆跪，奉爵大臣跪进爵，皇帝三次奠酒，每奠酒一次，皇帝拜一次，群臣也随行礼。奠酒毕，皇帝起立，退到东旁西向站立，王公大臣分两列，东西面序立。皇帝和群臣共同举哀，举哀毕，皇帝在礼部堂官的恭导下，由原路退出，乘轿或骑马回行宫，展谒礼至此结束。无论是皇帝的专程谒陵，还是大祭之前的展谒礼，其礼仪均如此。

□ 大祭礼

皇陵的大祭礼，多数遣官恭代，皇帝亲诣行礼时很少，但礼仪大同小异。下面以皇帝亲诣行礼为例，介绍一下大祭的行礼过程。

展谒礼毕，皇帝回幄次暂时休息。祭日上午，鸿胪寺官引陪祀王公及文职三品京堂以上，武职二品副都统以上，外任文职按察使以上，武职二品总兵官以上各大员在隆恩殿月台下按翼排立，其他大臣官员在隆恩门外月台下分班排立。王公大臣、文武官员均穿朝服，皇帝穿礼服。皇帝从幄次出来，銮仪卫官跪敬水盘、奉巾，皇帝盥洗毕，赞引官、对引官恭导皇帝由隆恩门左门进，从隆恩殿左边的台阶上，进隆恩殿的左门，东边西向立。鸿胪寺官这时引亲王、郡王、贝勒、贝子、公到殿前月台上东西面而立。茶房人将茶桌抬到殿门外，内务府官献茶于各案上。撤茶后，茶房人将茶桌撤到月台下西边。司拜褥官铺拜褥毕，退。赞引官、对引官恭导皇帝到拜位前立。典仪官赞："执事官各司其事！"赞引官赞："就位！"皇帝站到拜位上。赞引官恭导皇帝到香案前。赞引官赞："跪！"皇帝跪下。赞："上香！"司香官跪敬香。皇帝接过香盒，拱举，仍将香盒交给司香官，站起。又赞："上香！"皇帝三上香。赞："复位！"皇帝回到原拜位立。赞引官依次赞："跪、拜、兴！"皇帝行三跪九拜礼，站起。群臣随行三跪九叩礼。典仪官赞："奠帛爵，行初献礼！"献帛官捧帛篚，司爵官捧爵，依次到帝、后位前，司帛官跪着将帛篚献于案上，三叩头，退下。司爵官立着献爵，置于爵垫中，退下。司祝官到祝案前跪，三叩头，站起，捧祝版跪于案左。赞引官赞："跪！"皇帝跪。典仪官赞："读祝！"司祝官跪读祝文，读毕，站起，捧祝版到神位前跪，安于帛篚内，三叩头，退下。赞引官赞："拜、兴！"皇帝及群臣行三拜礼，站起。典仪官赞："行亚献礼！"司爵官献爵于左，如初献礼。典仪官赞："行终献礼！"司爵官献爵于右，仪如亚献礼。赞引官先后依次赞："跪、拜、兴！"皇帝及群臣行三跪九叩礼。典仪官赞："送燎！"司祝官、司帛官到案前行一跪三叩礼。司祝官捧祝版、司帛官奉帛篚，依次由中门出，恭送燎所。皇帝于拜位东旁西向立，司拜褥官撤拜褥。鸿胪寺官引王公百官避退两旁。祝版、制帛过，仍铺拜褥，皇帝复位立。赞引官奏礼毕。皇帝回幄次，更换素服，至明楼前奠酒、举哀，礼毕，退。如果是冬至大祭和国有庆典致祭，不举哀。

如果是派王公大臣恭代致祭，行大祭礼，出入均走右（西）门，升降走右台阶。祝版、制帛送燎所时，承祭王公避立西旁。隆恩殿大飨礼结束后，承祭王公在隆恩门外左阶上西向立，各官在阶下东西序立、举哀毕，退。

□ 皇太后谒陵礼

谨以慈禧皇太后在光绪二十九年（1903年）三月初九日恭谒西陵各陵礼节为例介绍于下。

于隆恩门外降舆，扈从妇女于石桥旁下车。陵寝女官前导，皇太后、皇后御素服，进隆恩门左门，由隆恩殿东旁进陵寝门左门，至明楼前行六肃三跪三拜礼，兴，退立东旁。女官进奠几于正中，皇太后诣正中，跪，三祭酒，每祭行一拜礼，皇后随行礼，礼毕，皇太后、皇后西向举哀毕，在女官恭导下，由原路退出，至降舆处乘舆。

□ 帝、后陵小祭礼

帝、后陵小祭，承祭官由陵寝守护大臣、陵寝内务府大臣、八旗总管充任。小祭不请神牌，仅启神龛帷幔。执事官穿朝服，陈供品，由礼部司官监礼。献茶官引茶桌由隆恩门中门进，由隆恩殿中阶上月台。引礼官二员引承祭官由隆恩门西门进，上隆恩殿西阶，在月台西旁面东恭立。献茶官跪献奶茶毕，引礼官引承祭官至拜位立。司香官举香盒进前。引礼官引承祭官至香案前跪，接香盒拱举，仍授司香官，站起，再三上香毕，引礼官引承祭官回到拜位面向北立，献爵官三献毕，承祭官行三跪九叩礼，礼毕，承祭官由原路退出，小祭礼成。帝、后陵的小祭礼，不读祝文，不献帛，也不举哀。

□ 妃园寝的大小祭礼

清朝妃园寝只有四时大祭，没有忌辰大祭。届日，承祭官由八旗总管充任，礼部差役人等在宫门外支搭凉棚，工部匠役安设桌张，摆列酒樽。内务府员役供献祭品，礼部打果人抬肉槽安设在凉棚内。太监进暖阁，在神龛前行二跪六叩礼，将神牌请出，安放在暖阁前的宝座上，其礼仪与帝后陵的大祭礼大同小异。嫔、贵人有四时大祭。常在、答应、福晋、格格只有清明、岁暮二大祭。皇贵妃、贵妃、妃设神牌，供设在大殿暖阁内。嫔、贵人、常在、答应、福晋、格格不设神牌。大祭时，嫔以下的祭礼在宝顶前举行。清明节供献的佛花插在各宝顶前所设的石方座上。摆满祭品的膳品桌、饽饽桌设在月台上，献茶、供献。礼部二官员挨次到各宝顶前奠酒三杯，行一跪三叩头礼。妃园寝大祭读祝文，献帛。参加完帝、后陵大祭礼的王公，如果其生母葬在妃园寝内，则由内务府官员引导，到其母墓前设奠几，由内务府官员进爵，奠酒，举哀行礼。

各妃园寝朔望小祭无供献，只由内关防官员上香行礼。

管理和保卫机构

清朝皇陵的管理机构和保卫机构，到乾隆初期已臻完善，形成定制。无论是东陵，还是西陵，最高长官是陵寝守护大臣，设两位，分驻东府和西府，总理陵寝的全部事务。凡守护大臣均是

泰陵内务总管之关防印面

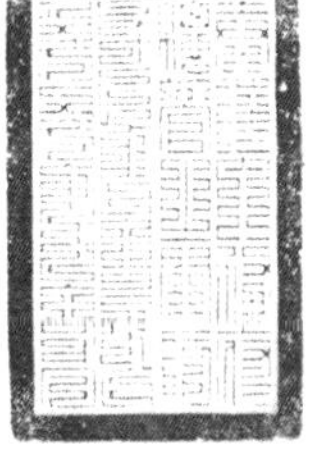

“泰陵内务总管之关防”印文

泰陵总管内务府之关防

宗室成员，下设承办事务衙门，作为守护大臣的办事机构，具体负责与朝廷之间的公文往来文案工作，设主事一人、委署主事一人、笔帖式四人。该衙门设在凤凰台村。整个陵区共设五种机构，即内务府、礼部、工部、八旗、绿营。其中八旗和绿营属于保卫机构。工部和绿营统一设置，不按陵分设。这些机构分工明确，又互相配合，总人数达数千人之多。下面将五机构的职能、编制分别予以介绍。

□ 内务府

内务府的主要职责是：保管、取送祭祀用的金银器皿；在东西朝（厢）房内制作祭品、熬制奶茶；启闭宫门、殿门；打扫殿内外、院内地面；燃熄灯火；请送神牌；摆放桌张、陈列祭品、递献奶茶，支放雨搭；管理树木等。西陵总管内务府大臣由泰宁镇总兵官兼任。

泰陵承办事务之关防　　泰陵承办事务之关防印面　　“泰陵承办事务之关防”印文

泰陵承办事务关防

帝、后陵的内务府的最高长官是郎中，副长官是员外郎，其次是主事，以上三长官每座帝、后陵各设一员。以下设尚膳正、尚茶正、内管领各一员。笔帖式二员、茶房拜唐阿七名、膳房拜唐阿九名、香灯拜唐阿二名、领催二名、闲散拜唐阿二十八名、扫院人一名、树户七十名，共计一百二十七名。皇后陵的内务府额设人数比皇帝略微少些。妃园寝的内务府的最高长官一般为副

端亲王园寝内务府营房围墙

内管领或委副内管领一员，其人员总数在三十至五十人之间。

□ 礼部

陵寝的礼部也称“奉祀礼部”。其主要职责是：生产和供应制作祭品的各种原材料；主持祭祀礼仪并监礼、赞礼，读祝文，焚化祝文、纸锞；割除杂草，打扫地面；同内务府、八旗共同管理金银器皿库；宰杀牛羊，制作祭品；祭祀时抬龙亭、肉槽；在嫔以下各宝顶前奠酒行礼等。帝、后陵的礼部设郎中一员、员外郎二员、赞礼郎四员、读祝官二员、牛吏二名、挤奶人二名、打果人五名、割草人四十名、扫院人十六名、喂牛人十五名、屠户十二名、校尉二十名、鹰手四名、果户四名、网户四名、糖匠二名、面匠二名、酱匠二名、油匠二名、粉匠二名、酒匠二名、总计一百四

慕陵礼部营房大门

十五人。

妃园寝的祭祀规模远不如帝、后陵，所以其礼部人员设置也大为缩减，不设郎中、员外郎，也不设六行匠役，只设读祝官、赞礼郎、校尉、割草人、扫院人等，约四五十人。

□ 八旗

八旗，也称兵部，其主要职责是：直接负责各陵寝的安全，昼夜巡逻；祭祀之日，配合内务府启闭门户，抬撤桌张；与内务府、礼部共同管理金银器皿库等。因为帝、后、妃陵寝的等级不同，所以所配备的八旗兵力也不一样。帝陵兵力最强，后陵次之，妃园寝最少。

皇帝陵八旗，设总管一员、翼长二员、章京十六员、骁骑校二名、领催四名、披甲人七十六名、养育兵八名，共一百零九名。皇后陵设章京十六员、骁骑校二员、领催四名、披甲人七十六名、养育兵八名，共一百零六名。妃园寝设章京八员、骁骑校一员、领催二名、披甲人三十八名，共四十九名。

□ 工部

工部的主要职责是：对各陵寝进行一般性的维修；制作部分金银器皿及金属供器；制作清明节用的大小佛花；准备清明节敷土礼所用的筐、扁担、净土、黄布护履；制作纸、锞；祭日，配合内务府、礼部，摆放桌张、酒尊。西陵工部设郎中一员、员外郎二员、主事一员、笔帖式二员，各行匠役多名。

□ 绿营

绿营的主要职责是负责陵区内外的安全，保护皇帝、后妃、钦点王公大臣谒陵期间的人身安全；营建陵寝和大修陵寝时，负责工地的安全，维护工地秩序；芟割陵区边界的火道等。绿营的最高长官是泰宁镇总兵官，下设中军游击、守备、千总、把总等官弁二十八员，统率马、步军兵。道光二十年，泰宁镇仅左右两营共有兵丁一千三百三十五名。

□ 东府、西府

西陵的东府、西府设在华北村；工部设在易州城内；泰宁镇总兵衙署设在梁格庄；泰陵内务府营房设在五道河，泰陵礼部、兵部设在太和庄；泰东陵内务府营房设在晓新村；泰陵妃园寝内务府营房设在忠义村；昌陵、昌西陵、昌陵妃园寝内务府营房设在太平峪，八旗营房设在太平营，礼部设于下岭村；慕陵内务府营房设在龙泉庄大圈，礼部营房设于华北村，八旗设于慕各庄；慕东陵内务府营房设在龙泉庄小圈，礼部营房设于新营房，八旗营房设于里仁庄。

清东陵各陵的八旗和礼部营房均建在一起，而西陵的昌陵、昌西陵、慕陵、慕东陵的礼部营房和兵部营房却分建于两地。

西陵八景

清朝末年，西陵泰宁镇总兵官陈增荣将西陵周围的胜景总结出“西陵八景”。这八景是：

荆关紫气

在陵园以西30公里的紫荆岭上建有长城。每到盛夏时节，著名的紫荆花绽开，到处飘香，满目紫气，极为赏心悦目。

云濛叠翠

陵园以西的云濛山，山峰高耸，直插蓝天。山腰间云雾缭绕。峭壁上草树翠绿，层层叠叠，极为好看，故有云濛叠翠之称。

拒马奔腾

流经西陵以西崇山峻岭之间的拒马河，犹如脱缰的野马，奔腾咆哮，波涛汹涌，喧啸轰鸣，冲刷直泻，气势威壮，颇有豪放之威。

峨眉晚钟

陵园西面的白马山山腰上建有峨眉寺。僧居寺内，青灯经卷相伴。晨钟暮鼓，声音悠扬，遐迩可闻，颇有一种怀古静远之情。

奇峰夕照

泰陵北五公里远的奇峰岭，山峰林立，参差错落。每当夕日余晖斜照群峰，金光万道，耀眼夺目，颇为壮观。

福山捧日

福山位于泰宁镇西1公里许，双峰并峙，云横山腰。红日初升，犹如双峰捧起。

华盖烟岚

泰陵东南的华盖山，高耸云天，气势雄奇。雨霁雪晴之时，碧空如洗。山巅之下，云烟迷蒙，如轻纱铺展。

易水寒流

陵园之南的易水河，以2300年前战国时期的勇士荆轲壮别燕太子丹去刺杀秦王时留有“风萧萧兮易水寒，壮士一去兮不复还”的千古绝唱而名闻海内。易水河，水光潋滟，蜿蜒流淌。冬不结冰，四季长流。

陈增荣赞美西陵美景“幽并诸州冠，诚畿南胜地”。他把亲自撰写的《西陵八景》一文及《西陵八景图》镌刻在2尺见方，厚约6寸的一块方石上。如今，这件珍贵的石刻为清西陵文物管理处所珍藏。

附录·碑文

一、雍正帝的泰陵圣德神功碑碑文

大清泰陵圣德神功碑

洪惟我圣祖仁皇帝统承三圣之谟烈，奄奠万方，抚临天下六十有一年，实兼开创与守成之事。爰自绥靖南荒，翦除三孽而后。惟务以深仁厚泽，沦浃中外，俾涵泳优游，四方从欲，而励精图治，悠久无疆。晚岁之政，尤欲申严庶务，以正官方，纠诘敝民，以清礼俗，以明作济惇大，以节制保丰亨。故我皇考嗣承丕基，凡诚孝中正宽仁之大，原无一不与圣祖同揆。至用人行政规模，则稍有变通，以求继志述事之尽善。惟皇考神圣之姿默契圣祖，是以膺付托之重任而宏开夫万年有道之长。惟皇考诚敬之德简在帝心，是以致嘉祥之骈臻，而即验于四海于变之盛，虽十三年之忧劳，无一日一时少释于宸衷。而所以贻我子孙臣庶亿万禩之乐利无穷者，诚如天地之无不帱载也。

皇考世宗敬天昌运建中表正文武英明宽仁信毅大孝至诚宪皇帝，圣祖合天弘运文武睿哲恭俭宽裕孝敬诚信中和功德大成仁皇帝第四子也，母孝恭仁皇后在妊时，梦月中仙娥授以神子，既觉而诞生皇考。皇考幼而徇齐，天性仁孝，圣祖恩眷异常。八岁时患腹疾，皇祖方巡狩塞外，闻之遽驰归，一昼夜而至，其笃爱有如此者。奉侍庭帏数十年，深爱愨敬，无一言一动不允当皇祖之心，每语众称为至孝。先是旧皇太子赠理亲王之未得罪也，皇考小心承顺，恪尽臣弟礼，而王恐圣祖眷爱日隆，有妨于己，遂至以非礼相加，皇考每顺受之，而刚正之气亦不为少屈，律己则笃谨有加焉。及岁戊子，王以罪废，居常进谀者多背离，相忌者率倾陷，祸且不测，皇考多方保护，以悃忱恻怛，感慰圣祖之心，而曲为王解，始获矜容，王乃愧悔自失。东宫旧属咸洒泣惊颂圣德。方是时圣祖违和，又以允禔、允禩等屡作非彝，以干天怒，居常郁郁，病势增剧。皇考竭心孝养，凡百躬亲，靡昼靡夜，逮四阅月，圣躬乃安。及理亲王再废，圣祖春秋益高。诸王中私怀觊觎者往往矫饰名誉，私树党援，而皇考绝不以一事自表异。友于兄弟，均平如一，莫不同其忧喜。轸其疾痛。其自取咎殃者，亦不避嫌疑，力为调剂。自内外族姻，左右大臣以及近侍宿卫，无一人往来亲密者。圣祖用是灼知圣德渊懿，大义明著，无党无偏，足以膺宗社臣民之付属也。及遭大故，水浆不入于口，以乾清宫东庑为倚庐，素服斋居养心殿，三年如一日。每遇朔奠殷祭及献食寿皇殿，悲不自胜，哀动左右。躬送梓宫，安葬景陵，仁寿皇太后升遐，哀诚一如初礼。凡太庙、郊坛必躬必亲。致斋致慤，观者罔不肃然起敬。每遇水旱之祲，愀然曰上天谴责朕躬。命直省旬月奏报雨雪。苟应时则喜动颜色，或过期即减常膳。元年五月京畿旱，虔祷于宫中，自晨至夕不膳，霖雨立沛。盖皇考深念所任受于皇天暨列祖者。惟兹天下之烝黎，故休戚相关，如保赤子而民之所以安者，存乎政。政之所以举者，存乎人。故宵衣旰食，日有孜孜，尤以是为先务焉。念民所苦病者，莫如赋重而刑滥，有司遇灾祲而不恤，巧法侵渔，或惰侈以自耗，致民俗之日偷，逐奸利，纵淫乐，聚徒斗狠，若是者皆盗贼之源也。皇考即位之元年，即大免直省逋赋。陕西、甘肃二省以军兴运饷，其所供赋税，无岁不蒙豁免。七年至九年，轮蠲各省赋税有差。自元季张士诚据苏松嘉湖，陈友谅据南昌，袁瑞与明太祖苦战于江东西，横敛以给军，终明之世，故籍未改，特命永除数郡浮粮，著为令典。凡直省报灾，朝闻发不待夕，夕闻发不待朝。每语近臣："朕蠲租发赈，如救焚拯溺，犹恐灾黎之鲜有济也。彼视民之伤，与己若无与者，独何心哉？"常念水土为农田之本，而救荒之政，莫要于兴工筑以聚贫民，遂博求海内水利，修川防，俾各省河渠湖泽，岁久或淤塞为连州比郡农商害者，咸开濬之。京畿则命怡亲王、大学士朱轼经营水利营田，官开水田数万顷，听民自占者不与。十余年中，费数百万，贫民皆取食焉。洪泽湖都受淮流，广数百里，恃高家堰为关键，以束淮而漱黄，下河七州县，民命系焉。发帑银百万，尽改石工。浙江松江海塘，经潮水屡涨，修筑相继，费数百万，滨海之民始得安衽席，无为鱼之患。往者，封疆大吏好因事以自为功，有司承迎以速进取之路。凡有兴作及赈灾动称捐助，或曰小民乐输，皇考再三谕禁，以苏民困。州县巧取有禁，门关苛索有禁。而民隐之万难上达者，莫不在皇考洞鉴之中。每遇重囚即深廑睿怀，屡饬法司必三覆奏。好生之德发于不能自己者如此。念刑罚所以济政教之穷，必修礼正俗，乃可清其源。详注圣祖仁皇帝谕旨十六条，亲制劝农种树之诏，御书刊示四方。命九卿详定贵贱服色、兵民婚丧礼制，实举孝义贞节。分遣御史巡行直省，常恐所任非人，则虽有良法美意，德难下究。教不虚行，故搜扬俊乂，立贤无方。自唐宋以后，秩禄不足以赡庶官，不肖者各以他途取之，用此苞苴盛行，不可遏止。皇考于外省督抚以及州县亲民之官，各赐养廉，较正禄数十百倍。其在京师卿贰则赐双俸，司旅并给饭费，虽闲曹职官，亦准俸银之数，赐之廪谷。而寡廉鲜耻、巧取而殃民者，法亦有所必行焉。左右辅弼及封疆重臣，忠勤夙著，猷绩彰闻，则推诚倚任，坦然不疑，俾得展尽底蕴，而常戒以面从，责以启沃，优容宠赉，十百于寻常。其有恃功骄蹇，植党营私者，则法立诛必。而忠直善良，即时有失误，屡被谴诃，卒保全其终始。建贤良祠，崇祀累朝硕辅，其余著勋伐，效命疆场者，皆录用其后人。又念士者，民之表仪，而庶官所由备也，故广其登进之途而董之以教。元年，命郡州县学官必用正途。二年，躬诣太学，颁训饬士子文。四年，命直省督学举英才。八年，举通晓性理举人八人，并赐进士。各省会俱特建书院，取之之广，恤之之周如此。兵者，民之卫藩而国威之所蓄也。故勤其蒐简之政而曲体其情。命提镇考核将校，必察其训练拊循之实，毋得徇私。提镇之优劣，一以整饬将校，训练行伍，和辑兵民定之。士伍则正粮之外，别发帑银，俾军帅营运以恤其婚丧。盖皇考莅官驭将，勤民养士，整军恤众，使文武并励，中外相维，制防曲尽如此。重念八旗乃国家根本，内外大小臣工士民军吏所观式也，故所以教之，养之，取之，任之，察其情而优恤之者，尤详且备焉。元年，即命举人庠生之服公事者，各还家专力于学诵，设八旗官学，各就其方，简其士之秀异者而官教之。命诸王察举孝弟守分力学者，以承平日久，生齿愈繁，取八旗余丁四千八百人为教养兵，岁给十七万有奇，自五旗诸王不得以旗分人员多供差役，擅治其罪。下此正副都统及参领、佐领不得苛索外吏财物。窃尝审究皇考治法之源流，然后古圣王所为，以天下为一家，以中国为一人者，其规模气象始可得而见焉。皇考自宗亲戚畹勋旧以及八旗之士众，自京师畿辅以及九州四海之军民，惟恐其疾苦之蔽壅，礼俗之衰恶，一如一身之中，毛发有触而必动，虽外藩蒙古皆如家人父子，其职官并予俸禄，兵众咸给月粮。土默特守台站人，岁时有赏。用此凡有征讨，外藩效命，屡谕蒙古王、贝勒，宜爱民惠下，其子弟之俊秀者，或在内廷教养之。赐安南以隙地，减朝鲜、琉球贡物，厚朝鲜、俄罗斯国人之赏赉，给琉球来学者归国之道赍，不独泽流方外，而声教亦渐被于遐荒。十有三年之间，宵衣旰食，无晷刻之宁，不谓天下已治，万民已安而少懈夫朝乾夕惕之皇衷，故以事天之诚敬，昭事百神而神无不格；以法祖之仁孝，锡类万物而物无不孚。至于孔子德配天地，尤加崇礼。王爵之封，上及五世。跪献之礼，首著上丁。详定配享先贤，增置五经博士，皆前古所未有也。教养宗室而宽其拘禁者。自登宸极，即封理亲王子弘晰为郡王，而于理亲王未降一旨，未遣一使，曰：“吾不欲受其拜并闻感恩之言也。”锡赉频仍，惟命内监传送，且教以询所从来，勿令告以上赐。及王薨，躬临哭奠，追赠理亲王，命弘晰进袭亲王爵，分封供具特厚。怡贤亲王之丧，躬临哭奠，哀恸久而不已。自戊子年后，允禩、允禵辈莫不妄冀非分，结党树援，尝触怒圣祖。圣祖降朱批，谕皇考及诸王云：“朕与允禩父子之义已绝。”及皇考嗣位，重念兄弟情，且知彼明敏能任事，爰命辅政，加恩信用，冀以感悟其心，密封皇祖旨于内阁，不以宣示外人。乃允禩不但不改悔，且心怀怨望，怙恶不悛。允禵在西宁，多为不法，显悖臣礼，皇考虽申告中外，明正其罪，绝其属籍，而两人犹得以天年终，罚弗及嗣。自御极以后，瑞应骈至，日月如合璧，五星如联珠，黄河之清自陕州至邳宿，二旬有五日不变。凤集麟生，庆云甘露，灵芝嘉谷之祥，不可胜纪。皇考每见奏章，必深自警惕，咨戒臣工，苟德政之不修，虽天瑞不足恃也。彰明人纪，更定刑章。凡继母虐杀前子，以所生子抵法。无故杖杀仆婢者，分别轻重治罪。访明太祖本支裔孙，袭封侯爵，以承其宗祀。自明初，绍兴有惰民，靖难后，诸臣抗命者，子女多发山西为乐户，数百年相沿未革。一旦去籍为良民，命下之日，人皆流涕。自准噶尔扰边，圣祖仁皇帝宿兵西北陲，以保旧属诸藩。青海之平也，彼又纳我叛臣，虽屡加训告，袭盗不休，故定议濯征，为一劳永逸计，及十年，大破之于喀尔喀之地。边将争言宜乘时进剿，皇考念彼远处外夷，武不可黩，乃遣使谕告，决意罢兵。西南洞苗，自古为附近州县之害。自平定广乌蒙古州归义，开地二千里，而时戒边疆大吏为善后之谋。

敬惟皇考自始至终，所以莅官勤民教士恤军安内驭外者，无不体之以诚，本之以孝，用之以中，持之以正，育之以仁，抚之以宽，与圣祖仁皇帝若合符节而更化砥俗，使天下遵道遵路，如优恤宗室，而礼度必谨于防维。爱礼大臣而法禁必行于贵近。搜罗才俊，而甄别不漏于昏庸。教育士民，而捕诘独严于败类。盖非此不足以移文恬武嬉、阴私交结之风，革吏蠹民、险戾奸欺之习。未尝非圣祖晚年整肃官方，矫除薄俗之遗意也。是以数年之后，蒸然丕变，外自郡州县吏，私馈不行于大府监司。内而阁部院司台垣，不敢以己事干外吏。仓库侵蚀者，所在充盈，庠序鲜嚣陵之士，门关无苛索之兵，蠹吏散朋、奸民徙业。孔子所称善继人之志，善述人之事者，我皇考实克当之。

皇考即位之元年八月，即手书建储事，密封宫廷，布告群臣。八年六月，圣躬违和，特召臣及庄亲王、果亲王、和亲王、大学士、内大臣数人入见，面谕遗诏大意，谓："朕夙夜忧勤、惟体圣祖之心以为心，法圣祖之政以为政。因见人情浇薄，官吏徇私，罔知改省，不得不惩治以戒将来。故有从前条例本严而改易从宽者。乃原议未协，朕与廷臣悉心酌定，可垂永久。有从本宽而改易从严者，本欲俟诸弊革除之后，酌复旧章。”乃知皇考圣智天纵，灼见圣祖不言之意。以就前功，而随时取中，用建民极。盖圣祖时，疮痍初复，非遍覆包涵，不足以厚生养而定民志。

皇考继承之初，则政宽而奸伏，物盛而孽萌，非廓清厘剔，大为之防，其流将溢漫而不可以长久。两朝圣治，正如天地四时之运，相推相代，以成岁功。先儒所谓虽有改制之名，而无变道之实者此也。皇考圣意，原欲大加整剔，使弊绝风清，人人皆知理法，而后布恩施德，以培国家万年元气。昊天不吊，未假之年。使十有三年惫精劳神之圣心犹未释于龙驭上宾之日，而广大欲沛之泽不及旁流汪濊，以遂皇考之初志。而亲见黎民遍德之休也。呜呼痛哉！雍正十三年八月己丑，皇考崩，圣寿五十有八。乾隆二年三月庚寅葬泰陵。小子谨拜稽首而献颂曰：

惟天行健，运而不息。阴阳甄陶，万殊一则。惟圣时宪，建极宜民。其用曷先，曰义与仁。当丰而亨，蔀亦潜滋。既大且豫，必戒其随。皇帝继序，履盛持盈。日暄雨润，雷动风行。皇天所付，惟此嘉师。四圣容保，予承予依。

曰予作君，在厚其生。其灾其害，我躬是膺。曰予作师，在正其德。其薄其顽，我躬之忒。设监置牧，惟民之安。苟非其人，虑为民残。心膂股肱，信贤不贰。庶司百吏，开诚以示。片言心录，小善必登。耳提面命，无或荒宁。

官箴之败，交以贿成。贤奸可易，白黑可更。植党背公，诪张谲诳。上下相蒙，斯民曷望。重增秩禄，用绝苞苴。私涂既闭，邦经可胪。旌廉擢能，俾钦俾慕。诛恣惩贪，俾愧俾寤。九官承式，庶事寡愆。大府整躬，百城晏眠。

敬刑明罚，乱狱无滋。岁会月要，出纳无欺。救荒拯溺，家霑户浃。增防浚川，役均廪给。兴礼明教，以示之则。禁暴诘奸，以除其慝。煌煌帝京，政肃风清。豪强屏息，奸宄潜形。博戏斗器，鹑茵鸡栅。奇技淫声，儿童莫识。

近自畿甸，周于海隅。山行野宿，刁柝无虞。曷占政成，官称其职。曷占民安，鼓腹作息。皇帝致治，身为表仪。由中达外，诚一无私。郊庙明禋，洞洞属属。阙廷莅政，雍雍穆穆。大孝备矣，昭哉嗣服。眷旧亲贤，久而弥笃。

近承德意，远树风声。父勉其子，弟祗其兄。未明求衣，日昃不食。一日万幾，是匡是饬。天现其光，珠联璧合。地效其灵，河清川翕。亩穗丛歧，陵芝结纽。凤翔麟游，近在郊棷。皇帝曰咨，毋安毋豫。我君我臣，惟戒惟惧。

遇灾而惧，灾可为祥。以祥为常，志将日荒。重道崇文，德心是懋。张皇六师，武不敢究。天衢如砥，万国朝宗。开我明堂，四裔来同。盛德之气，生物之元。于时为春，在人曰仁。尊严之气，物以凝闭。于时为秋，在人曰义。

巍巍圣皇，是则是效。雨露雷霆，罔非至教。德厚于地，智崇如天。仪我后昆，亿万斯年。

乾隆四年七月二十四日孝子嗣皇帝弘历敬述

二、嘉庆帝的昌陵圣德神功碑碑文

大清昌陵圣德神功碑

皇天笃眷大清，列祖列宗体天御极，廓帝，恢皇纲，启佑我国家丕丕基。我皇考仁宗睿皇帝席六圣之鸿图，际重熙之景运。自初元大廷授宝，抚绥方夏，深维莅政临民之要，保邦致治之原，兢兢业业，无事不以诚敬仁爱为心，虽值艰钜屡投，圣怀弥固。惟天惟祖宗申锡无疆之庥，用康乂我兆民，大化涵濡，群生乐利，盖二十五年如一日已。予小子缵承统绪，敬念崇德丰功，巍焕宇宙，允宜镌垂乐石，表镇山陵，以昭万世子孙法守之贻，以绥四海臣民就瞻之思。叙曰：

仁宗受天兴运敷化绥猷崇文经武孝恭勤俭端敏英哲睿皇帝，高宗法天隆运至诚先觉体元立极敷文奋武钦明孝慈神圣纯皇帝之十五子也。母孝仪恭顺康裕慈仁端恪翼天毓圣纯皇后。乾隆庚辰十月初六日丑时圣躬诞降于圆明园，生有神瑞。既长，徇齐敦敏，大度恢宏，皇祖深加笃爱。癸巳冬至，南郊大祀，皇祖手书圣名，默荐上帝，定储位。维时，皇考年十四，即膺天眷。乙卯皇祖纪元周甲，爰以秋九月三日御门，召皇子、皇孙、王公大臣，共启密缄，宣立储诏。皇考乃以嘉亲王正位青宫。丙辰正月朔旦，皇考受玺于太和殿，建元嘉庆。先是皇祖践祚之初，焚香告天，期以六十年当传位嗣子，至是圣愿克符，大典斯举，天下臣民以及蒙古藩部，东南海滨属国，朝觐讴歌，稽颡拜舞，时皇祖圣寿望九，天体康强，虽勤弗倦。皇考尊亲爱慕，以天下养。复蒙训政三载，日侍慈颜。每岁时朝会赐宴，皇考侍坐，捧觞上寿，如定省仪。左右近臣，百僚庶位，下逮衢歌巷舞之俦，目睹耳闻，传为天家盛事。勋华一堂，作述千古，盖自史册所载，继体受命之君，茂矩崇规，未有若斯之盛者也。己未春正月三日，皇祖升遐，皇考特诏，行三年丧礼，百日缟素，擗踊哀慕之诚，有倍于寻常万万者。临轩初政，饬纪整纲，天下翕然景仰文明协帝之德，而睿怀乾惕，永念彝训，以敬天法祖，勤政爱民四大端为君道之本，心法治法，单精宥密。奉大祀必躬必亲。敬制南郊、北郊两记，阐寰矩之奥义，摅昭事之小心。诚祈雨雪，为民省岁，雩坛朝告，岱宗夕应，故能燮元化、平四气，转歉岁，锡康年，至诚感格，有明征焉。惟圣人为能飨帝，孝子为能飨亲。四孟时享，岁终大袷，格庙也，陪都肃驾，再谒丹邱，松杏纪功之碑，大礼庆成之记，报本也。东西陵寝，岁时躬谒，秩祀有恪，发声必哀。嗣统述圣之心，终身常懔懔焉。盖孺慕之至也。实录、圣训夙兴诵肆。动遵成宪，事鲜创举，著守成论。深鉴前朝更张之弊，而勤修列圣创垂之法，盖继述之善也。恩逮宗室，奠厥攸居而擢其秀，俾以科第。是惇是叙，笃亲亲也。天性恭俭，不宝异物。莅位之始，杜绝四方之贡献。诏大吏毋侈奇瑞。以廉能饬庶司。论勤政之要，革因循怠玩之习。制官箴，儆于有位。书无逸，法周铭，导言纳谏。披章觐吏，岁无虚日。巡淀津以观防，幸台山以祈福。蒐狝讲武。阅兵之暇，亲御弧矢，校射讲能，靡遑靡逸。念刑法为弼教之具。惟明惟慎，期于止辟。每岁秋审，诫大臣再三审核情实，毋枉毋纵，然后定谳上之。而圣心矜恤恻怛，终不能自已。尝为《息讼安民论》曰：“慎刑以息讼为先，息讼以勤政为本。勤则百废俱兴，以驯致于无讼。”大哉！仁人之言，其利溥矣。河患自古有之。我朝以工代赈，最为良策。癸亥秋，河决衡家楼，注大名，入山东境，横贯运道。皇考念民命至重，漕运攸关，出帑金千万，数月大工告蒇，民不知灾。丙寅夏，清黄并涨，启王营减坝，分洩洪流。治云梯关黄河故道，疏濬流通，自是无下壅上溃之患。己卯秋，霖积涨，豫河复有漫溢，武陟横流，厥势綦重。事闻，立沛恩施，工赈并举，堤防孔固，而全漕运，较数岁愈形畅。斯皆宵旰肫诚之衷，上格苍昊。凡四方水旱偏灾，蠲租缓贷，无岁无之用，致中外乂安，时和民乐，而轸恤爱育之恩，有加靡已。爰于六旬万寿圣节，特诏免天下民欠，积数至三千余万，所以休养黎庶，涵濡群生，至深且远也。万几之暇，从事翰墨，文二集，诗三集，余编续纂，炳耀日星。而味余书室全集，随笔成于潜邸者又数十卷，民胞物与之怀，用人行政之绩，即寓于语言文字间。临辟雍而典学，幸翰院而赓咏，御经筵而抒论，启石渠而选笈，汇唐文之菁华，订明之得失，四开庆榜，两举召试，于是薄海内外，冠带之伦，斧藻琢磨，风会日振。适值皇考元命之岁，春闱取士，遂拔三元。盖自乾隆辛丑迄今，瑞征再见。非盛德光被四表，甄陶培养，畴能致之哉？文教聿敷，武功有赫，荡平三省，筹策七年，洋海廓清，渠魁授首。属以奸民滋挠禁城，蔓连曹滑。神威所震，霆击风驰，遂奠齐豫、绥关陕，余孽殄夷，万民安堵。当是时，申严保甲之令，俾民自卫。诏书宽大，听其悔罪，胥匡以生。盖覆载生成之德，不遗一物，禹车汤纲，视兹褊矣。

我国家幅员广辟，超迈前代，要荒琛，岁时相属于道，怀德畏威，罔有弗钦。皇考统驭寰区，值内靖外安之会，恒虑深居简出，无以周咨民隐。庚辰秋，圣驾将狝于木兰，盖所以绥辑群藩，敬绍开国骑射家法，躬亲劳瘁，示后世毋忘旧典。七月十八日启跸时则秋成普告，颢宇晴明，民气欢腾，皇心悦豫，子臣随侍行帷，窃幸我皇考年逾周甲，神明纯固，至广仁岭，犹策马登陟，略无倦容，方谓天体健行，康强迪吉；继自今期颐晋祝，甲子万周，子臣获长侍愉颜，承欢无极。孰意途次偶感旸暑，抵避暑山庄，积气上壅，遽于七月二十五日戌时，龙驭上宾，子臣攀号莫及，盖圣寿六十有一。呜呼痛哉！猝遘鞠凶，从此长为无怙之人矣。皇考弥留之顷，宣顾命大臣，公启密缄，敬奉手书遗训，命子臣缵膺大统。闻命之下，哀恸惊惶。始知皇考于嘉庆四年四月十日卯时已将子臣名书置密函，豫定储位，神器重大，眷佑无穷。回思癸酉秋，蒙恩锡封智亲王，维时圣志先定，笃祜优加，抚今追昔，愈深感悚。自惟藐躬德薄任重，何以仰报昊天之恩，用慰我皇考知人安民继志述事之训于万一也。呜呼痛哉！敬卜于道光元年辛巳春三月二十有三日午时，恭奉梓宫安葬昌陵，以孝淑端和仁庄慈懿光天佑圣睿皇后祔。衔泣濡毫，谨拜手稽首颂曰：

于穆皇考，克配上帝。六叶承基，重华合契。
为君止仁，作圣思睿。德洽寰瀛，功垂奕世。
先庚诞瑞，岁图曜灵。皇祖式眷，郊坛告馨。
帝膺帝祐，惟十四龄。基命授受，光我大廷。
尧元以辰，舜元以丙。皇考俪之，景福来併。
太和四开，宝玺躬秉。盛典聿昭，前光弥耿。
惟圣训圣，大孝慕亲。合万国欢，以事一人。
天庥滋至，祖佑重申。用抚庶政，用诚万民。
圜丘方泽，升芗奠斝。初辛祈年，上戊祀社。
雨旸志喜，感极心写。衢室垂精，渊衷受嘏。
孟月享庙，两京谒陵。东西丹阜，岁奉豆登。
训钦宝箓，宪懔金绳。贻谋燕翼，式勖云仍。
克俭克勤，存诚祛伪。昧旦披牍，向晨询吏。
游豫咨艰，箴铭戒肆。德水安澜，祥刑饬治。
劭农重谷，轸念编氓。屡丰锡羡，小歉蠲征。
积逋普免，数千万赢。甓轩鼓舞，帝力难名。
圣学渊富，典谟允执。文二诗三，琳琅续辑。

临雍幸院，阐经编笈。九逵鸿渐，百川鳞集。
锋销三省，櫂静重详。奠安畿辅，震叠蛮荒。
帝曰念哉，家法毋忘。练兵校射，我武维扬。
乃幸木兰，典举秋狝。塞峰策骑，山庄驻辇。
鼎湖遽升，和铃未展。攀髯天高，涌泪海浅。
畀予小子，大宝仔肩。考慈默眷，廿有二年。
承命滋惧，缵绪弥虔。趋承已矣，付托兢然。
郁郁闷宫，巍巍福壤。圣德弥纶，神功诛荡。
日月昭融，山川辉朗。考妣恩深，丰碑长仰。
道光元年四月初一日子臣嗣皇帝旻宁敬述

三、道光帝的慕陵神道碑碑阴碑文

大清慕陵碑文

皇考宣宗成皇帝御极之初，首戒声色货利，垂训谆谆。临莅日久，圣衷弥笃，骄奢永戒，而心虞或放，勤俭时操，犹力恐未坚。迨辛卯岁重卜龙泉吉壤，一切规模悉从俭约，并圣制诗章，以垂法守。崇俭德训后世，可谓至且尽矣。我皇考孝思不匮，谓斯地不独龙脉蜿蜒，且咫尺昌陵，得遂依膝下之素志。岁在戊申春三月，上恭谒诸陵，至龙泉峪大殿，召子臣同恭亲王奕䜣至御座旁，命读朱谕，藏于殿内东楹。盖圣意深远，默定陵名，现已恭镌在石碑坊南北面，遵遗训也。己酉冬，遇皇祖妣孝和睿皇后大故，皇考哀毁异常，虽圣躬违豫已久，犹必尽礼尽哀，恪遵成宪，奉安梓宫于绮春园迎晖殿。至正月十一日犹躬亲叩奠，至十四日卯刻，召子臣至寝宫，并召宗令、御前大臣、军机大臣、内务府大臣等同至寝宫，手宣朱谕，立子臣为皇太子，命王大臣等同心赞辅，总以国计民生为重，无恤其他。并赐御用冠服、朝珠，亲为加诸顶项。闻命之下，感悚交集，虽自陈愚昧，辞却再三，而圣意弥坚，以子臣年幼才疏，身承未有之恩，思何以仰报付畀之重，修身寡过，以慰圣怀，惧滋甚焉。方冀日承庭训，长侍慈颜。孰意降旨甫经半日，积气上壅，于是日午时龙驭上宾。

子臣攀号莫及，猝遇鞠凶，呜呼痛哉！因与顾命诸臣，公启密缄，始知皇考于道光二十六年六月十六日密将子臣名书置密函，豫立储位，大宝艰哉！深恩莫报。并书皇六子奕䜣封为亲王暨不准行郊配、庙享之仪；撤去供奉笔墨皮冠皮衣之类以及陵寝断不可建立大碑楼、遽称圣德神功字样。如有撰述，可于小碑楼碑阴镌刻。圣德谦冲，圣虑周详。椎心泣血，不忍读矣。回思丁未春祈谷大祀，命子臣偕惇郡王奕誴诣坛习礼，至戊申祈谷大祀，即命子臣恭代，默膺神器，圣眷优加。抚今忆昔，感畏愈深。予小子德薄任巨，虽懔遵训谕，而知短才疏，于一切知人安民之事讵敢仰跂皇考。况皇考屡值艰巨，圣意时以苍生为念，仁参帱载。盖自海疆滋，挠将及八年，曀无一日圣怀得宽慰也。子臣席大业之隆，幸遘罕有之恩，若弗兢业自持，曷能仰答高厚于万一？呜呼痛哉！敬卜于咸丰二年壬子春三月二日丑时，恭奉宣宗效天符运立中体正至文圣武智勇仁慈俭勤孝敏成皇帝梓宫安葬慕陵，以孝穆温厚庄肃端诚孚天裕圣成皇后、孝慎敏肃哲顺和懿熙天诒圣成皇后、孝全慈敬宽仁端悫符天笃圣成皇后祔。含泪濡毫，以志永慕云尔。

咸丰二年岁次壬子仲春之日子臣嗣皇帝奕詝敬述恭书

四、慕陵隆恩殿前石幢上的御制诗及注释

一、刻在石幢南面的道光帝御制诗为：

毋谓重劳宜改卜，龙泉想是待于吾。①
人情可叹流虚伪，天命难谌懔典谟。
郁郁山川通王气，哀哀考妣近陵区。②
因时损益无非教，驭世污隆漫道迂。
岂敢上沿诸制度，或能后有一规模。
心犹自慊增惭惧，慎俭平生其庶乎。③

钦命承修龙泉峪吉地工程工部尚书穆彰阿等以营建规模绘图奏请，朕详加酌定，因成六韵，以述予志。

道光十五年乙未孟春三月上浣[①] 御笔

①予因宝华峪办理不善，规制又拂朕意，不能不改图吉壤，特命禧恩等遍行相度，再历春秋，始得兹地。予亲临阅定，诹吉鸠工，凡一切规模，务从俭约，不许纷繁，是图此地亦不勿耳。

②皇考仁宗睿皇帝、皇妣孝淑睿皇后奉安昌陵，山川王气，毓瑞钟祥。兹龙泉峪在昌陵之西，相去八里许。五云在望，一脉相承，子臣依恋之忱，庶符夙愿也。

③慎乃俭德惟怀永图朕之素志也。此次办理吉地，酌减规模，业已明降谕旨，穆彰阿等定能仰成朕志，敬谨遵行。

二、刻在石幢东面的道光帝御制诗为：

吉卜龙泉工始成，永安二后合佳城。
山川惬意时光遇，新故堪伤岁月更。
世事看花悲既往，人情寄梦叹平生。[①]
东望珠阜瞻依近，罔极恩慈恋慕萦。[②]

道光乙未九月初三日，孝穆皇后、孝慎皇后梓宫至龙泉峪享殿，奉安，俟十二月十一日行大葬礼，奠别述怀，御笔。

①龙泉峪自道光辛卯五月卜建万年吉地，经营相度，今始竣工，朕亲临审视，眺罔峦之环拱，察川溆之潆回，规模俱惬意于素志，葱郁洵定为福区，诹吉奉孝穆皇后、孝慎皇后梓宫同安灵址，永妥神棲，回念绘图立制，无一不详加核酌，协阴阳以揆日，合旺相以练辰，恰值风旭之煦和，默抚流光之荏苒，不惟孝穆皇后窀穸，再移久历岁时，即孝慎皇后云軿不返，已阅三秋，悲欢离合，真似看花，存没荣枯何殊寄梦，追维往事，能勿怆怀。

②吉地形势毗近昌陵，望翠微之屏嶂，俱在目前；联瑞气于桥山，宛依膝下。睇览神皋之磅礴，益深罔极之哀思。

---

① “浣”在现代汉语中为“洗”的意思。唐代定制，官吏十天一次休息沐浴，每月分为上浣、中浣、下浣，后来借做上旬、中旬、下旬的别称。

五、保寿亲王碑文

追封亲王保寿碑文

朕惟国家展亲之典，聿重宗支；朝廷锡类之仁，必推原本。厥有克全，令闻垂裕后昆者，宜显示以褒崇用。阐扬夫善庆，勒诸金石，允协彝章。尔保寿乃和硕裕亲王广宁之父，璇源衍派，天汉分辉。品居公爵之尊，桓圭表瑞；德茂安敦之吉，朱邸凝庥。缅遗范之既遥，美承家之有后。朕情殷教孝，特许推恩追封尔为亲王，锡谥易名，遣官致祭。呜呼！蔚称藩辅之荣，祥由燕翼；诞受丝纶之宠，声被来兹。贞珉屹马鬣而长垂，华衮得龙章而丕焕。千秋雨露，永润泉垆，岂不休哉！[①]

雍正三年六月初七日

六、和硕怡贤亲王允祥碑文

和硕怡贤亲王碑文

朕惟国家启昌隆之运则诞降名臣，祖宗钟福庆之贻则笃生贤胄。粤若师师虞代，稷弃为帝室之英；济济周朝，旦奭是姬宗之彦。莫不纪诸谟典，颂以声诗。前迹可稽，遗编具在。如朕弟怡贤亲王则于古有光者也。王秉乾坤之清淑，萃川岳之精华。爰自幼年，早徵至行。禁庭教诲，循礼度以持躬；内殿承欢，笃孝思于绕膝。实超出于同气，久默识于中怀。是以缵绍之初，慎选亲贤之寄，特加恩命，晋受王封。正在亮阴，俾膺总理。当良奸之杂处，以镇静服群情；遇纲纪之待釐，以精明襄万务。成劳既著，眷倚逾殷。综中外之髃讦谟，司兵农之大计。而王恪勤匪懈，兢励弥深。体朕心为己心，视国事如家事。详核度支之积窦，库藏充盈；清蠲吴越之浮粮，闾阎康阜。兴田工于畿内，粳稻连畴。筹水利于江南，河渠顺轨。至若边形指掌，瞭大势于川原；武略在胸，赞成谋与帷幄。壮戎容于雁碛，组练鲜明；裕军实于龙沙，骅骝腾跃。苍黔恬乐，罔闻征发之烦。朝省安闲，莫

① 此碑文载于翰林院撰文《皇朝文典》第十六册，第七十九卷，第10页。由编修邹登恒撰。此碑文与实际碑文核对过，无误。

见运筹之迹。是其潜思默算备竭精诚，故能应变投机不形声色久矣。扶持正直，公道于以昭彰；荐达猷为，人才由兹奋起。度为谦挹，同事务协于和衷；量本宽宏，曹官胥归于菡茹。领周庐之环卫，训练维勤；定宫府之规模，施为悉当。凡关于民生吏治，知无不言；曾经其熟计深图，言皆有效。祇慎而不宣于众，退谦而恐居其名。皆中禁之秘陈，岂外廷之能晓？心计则青天白日，衾影无惭；节操则莹玉清水，垢尘不染。研几穷理，得圣经贤传之精微；辅世宁民，具帝佐王臣之蕴负。道光竹帛，恢平章调燮之勋；瑞叶星云，树喜起明良之范。朕实赖王治安寰宇，王实为朕翊赞升平。既历八年，有如一日。斯乃上天降佑，列祖垂庥。赍良弼于本支，作盛时之梁栋。于皇考为孝子，于朕躬为纯臣。自昔罕伦，在今幸觏。惠慈之性，宜其克享遐年；岂弟之恩，足以迓承繁祉。人情胥愿，天数难齐。讵尽瘁以忘躯，遂抱疴之缠体。祷神祇而靡应，商医药而弗疗。王忠爱之忱，始终一致。沉绵之候，迁避而弗敢上闻。危笃之期，溘逝而虑伤永诀。朕将临视，王已飘升，望幻影于云中，灵奇示象；蜕色身于尘世，慧觉超凡。生有由来，理当可信。王幽明感德，远近归仁。锡命每申，则日晴紫陌；祖筵方彻，则风蔼青阡。虔叩穗帷，动举朝之痛忆。兢随素绋，溢长路之悲号。尝赐标题，略传梗概。忠敬而兼之诚直，勤慎而益以廉明。礼重易名，约一言而该美善；义隆加谥，冠八字以示宠褒。朕亲奠郊垧，频纡车驾，时陈牲醴，每遣臣僚。敦俭素之风，茔兆本由于自择；议推崇之典，经费优给于官供。吉宅既安，丰碑宜勒。

於戏！念股肱之谊重，雕刻金镛；眷手足之情深，铺扬玉牒。功高德茂，享亘古之鸿声；生荣死哀，备生人之全福。将使斯文炳焕，偕星曜以流辉；贞石嵯峨，与峰峦而并峙[①]。

① 碑文载在《钦定八旗通志》第一册，第23—24页。吉林文史出版社，2002年12月版。因此碑已无存，所以未能与实际碑进行核对。根据《皇朝文典》第十六册记载，此碑文为陈万策撰。

七、和硕果毅亲王允礼碑文

和硕果毅亲王碑文

朕惟谊切展亲，笃宗盟而作辅。礼崇褒德，恤成绩以酬庸其有。莅职精明，抒荩忱于丹陛；居心直亮，著雅望于银潢。生则任倚屏藩；殁则芳流琬琰。所以敦一本励群僚也。朕叔果亲王，持躬耿介，律己刚方。昔皇考同气深情，赉恩荣之优渥。维王则实心任事，综内外以宣劳。迨朕躬之缵承，俾职司乎总理。质原羸弱，犹勿懈于精勤。性本严凝，每不辞乎嫌怨。顾念沉疴久抱，时加存问之频仍；岂意夙疢难痊，遂致濒危之屡告。将慰安于私第；适肃事于斋坛。用遣亲藩，往为问疾。初闻小愈，得静摄于林泉，遽觏薨殂。特临丧于邸舍。命大臣而经纪家政。备举彝章；简幼弟以嗣袭宗藩，仰承先志。既永安于吉壤；更长峙乎丰碑。于戏！简册垂芬，缅想金柯之范；鼎钟纪烈，弥昭玉牒之辉。赉及松楸，光于泉隧，不亦休欤！

乾隆三年九月二十二日

八、多罗果恭郡王弘瞻碑文

多罗果恭郡王碑文

朕惟亲惟同气，膺显爵于屏藩；谊本因心，写悲悰于琬琰。故哀荣之备至倍笃。孔怀乃恩礼之始终，弥昭渥泽。词镌贞碣，光贲重泉。尔多罗果恭郡王弘瞻，庆洽星潢，祥钟天胄。兰牙茁秀。仰承皇考之慈，桐叶疏封。命继贤王之后。洎朕躬之嗣极，尤恩眷之加隆。齿仅垂髫，勤居中之抚视。年当就傅，课授读之诗书。望以亲贤而加之敦，勗鞠从幼弱以逮于成人。虽邸第之出居，犹宫庭之时。接问安椒阤子职。恒随赐宴柏梁，懿亲最近亦尝试之。宫府练其从政之才，屡俾扈以省巡，预在属车之列。凡朕心之肫挚，冀王志之钦承。至偶蹈于訾，尤上违慈训，犹曲全夫恩谊。少降崇封，岂惟示以优容，实用施之策励。迺者嘉惠南国，稽古省方。当玉仗之初移，尚金门之拜送。忽传属疾远奏，邮章即上，请于安舆，特晋有加之秩。幸遥聆夫温绰，庶祈勿药之瘳。荆枝遽折于春风；薤叶易晞于朝露。驿来哀讣，情深介弟之悲；宠畀隆仪，礼重亲王之例。陈雕筵而载荐，考彝典而易名。睠厥新茔，表之贞石。呜呼！三十载抚从兰掖，怅雁序之中分；百千年闷此松阡，焕螭趺而生色。宣兹轸悼，慰汝幽潜[①]。

乾隆三十年四月二十七日

九、裕庄亲王广禄碑文

和硕裕庄亲王碑文

朕惟金枝衍庆，久推宿齿于宗盟；翠碣镌铭，聿考彝章于册府。惟亲贤之素著，斯礼恤之宜优。爰播恩纶，丕昭芳誉。惟王宅躬端谨，秉志醇良。绍令绪之绵延，崇封早锡；作仙潢之表率，显爵攸加。朕谊笃同曾，恩推近属。擢登议政，班联则特领鹓行；洊任统军，职掌则典司虎旅。玉牒总编，摩之局夙。知综辑维勤，琼筵承恺乐之庥。式喜宠光载荷。昨以八旬晋衮，欣蕃祉之能膺；因之七字裁篇，赐宸章而示眷。嘉其晖吉，并颁冠服之荣；勉以颐和，永树屏藩之望。方冀更绥夫茀禄；何期莫驻乎遐龄。展祀以时，既申仪于洁俎；易名有制，还表行于贞珉。象厥生平，以庄为谥。于戏！缅芳型于画邸，尚怀棣鄂之分辉；彰休命于丰碑，长见松阡之焕采。克垂令闻勿替。

乾隆五十一年七月

十、永福寺碑文

敕建永福寺碑记

永福寺例隆福寺而建也。寺在良各庄行宫之西，有山磅礴案衍，蔚然而深秀，旷然而坦平，土厚泉甘，若拱若卫，于净境为宜。旧有寺一区，志不载其所由始，颇庳陋。爰于乾隆五十二年丁未春，命将作扩而新之。即山之麓，因势高卑，崇闳杰峙，复殿连属，缭以周垣，翼以广庑，宝坊彤楼，对屹矗起，薰修之室，守视之所，罔不咸具。门前流八功德水，虹梁亘度，宛然祇

① 根据翰林院撰文《皇朝文典》第十六册记载，此碑文由编修彭元瑞撰。此碑文与实际核对过，无误。

林王舍之区也。屋凡八十楹，费帑金十八万九千有奇。五十三年戊申冬落成。

寺之所以建者，以其地近泰陵，每遇祇谒桥山，先憩于此，斋心摄神以夙严对越之敬，亦如隆福之于景陵也。两寺之俱以福名者厥有义，洪范之九向用五福，众人之所同也。乃先于其五，建用皇极，敛时五福，言乎皇极之福，不与人人同。至于锡厥庶民，又无不与人人同之也。故自一人以推及于九族百姓，下至亿兆黎民，而其福始大，自一身一时一事以引之于世世万子孙，而其福始长。

洪惟我皇祖御宇六十一年，圣德神功，上蟠下际，储祥锡羡，崇宏峻极，亦既舆天并隆矣。我皇考有作而述之，有堂而构之，凡所以创制显庸，贻谟垂裕，若《实录》、《圣训》所载，谕旨所颁。予小子所问安视膳，见知而钦承者，皆有其量百世，其量万世之规焉。此敛福锡福所为永永而无极也。《大雅》之诗曰："永言配命，自求多福。"而归本于世德，作求世德者，永福之源也。抑兹地佛氏之宇。诸佛经典每言福辄曰福德，亦洪范所云"予攸好德"则锡之福也。

予仰承祖考，笃祜福集，藐躬将跻八袠矣，幸际五代积庆，四海绥和，而夙夜兢兢，惟好德是亹，所藉以摅，弓剑之慕，展水木之思，慎德永图以为福基者，其曷敢有斁。是为记[1]。

乾隆五十有四年岁次己酉孟秋月吉御笔

---

[1] 此碑文载《高宗御制文集》第三集，卷十一，第648页。

后 记

《清西陵史话》到现在已经是第三版了。第一版是2004年5月由新世界出版社出版的，书中前面只有几页彩图，正文没有插图。第二版是2010年4月由齐鲁书社出版的，书中有了插图。

这第三版与前两版比较，有如下变化：

一、本书这次改为页下注形式。

二、增加了部分内容，如端顺固伦公主园寝、碑文等；

三、将发现的前两版书中的所有错误和不妥之处进行了匡正，比如慕陵装修中在天花板、雀替、门窗隔扇上所雕的龙数较前更为准确。

四、统一了帝、后的称谓。比如皇帝，全部采用“年号”+“帝”，如乾隆帝、光绪帝。皇后，采用谥号中的前二字加“皇后”，如孝庄皇后、孝贤皇后。

五、精确了日期的记载。凡农历进入十二月份，往往公历已进入了下一年度，这次全部进行了精确推算。比如，以前记载同治帝去世日期是这样记载“同治十三年（1874年）十二月初五日”，现在改为“同治十三年十二月初五日（1875年1月12日）”；农历每月的前十天，数字前都加“初”字，如初三日、初十日。

六、所配图片较前增多，且有许多以前两版所没有的。许多平面图比以前更为准确。同时还配了部分效果图。

七、第一版附了碑文六篇，这次附碑文十篇。凡是现在有碑的，都与原碑文进行了核对。原碑已毁无存的，对碑文也进行了校对，并注明了出处。

这次第三版《清西陵史话》的出版，得到了许多师友的帮助和支持。比如：天津大学建筑学院王其亨教授，故宫博物院的苑洪琪研究员、郭福祥研究员，中国第一历史档案馆原副馆长秦国经先生，清西陵文物管理处的尚洪英研究员、马丽红研究员、邢宏伟研究员等；北京园寝遗址调查保护团队（简称北京坟协）的贾嘉先生绘制了精美的效果图；清陵爱好者，如冯建明、李宏杰、张晓辉、石海滨、李昊、聂斌、张元哲、炫君、张芸芸等，都给予了大力支持和帮助，他们帮我测量尺寸、提供照片、实地调查、寻找冷僻字、查找史料、校对文字、设计封面等；本书使用了许多前辈和同事的研究成果，恕我未能一一列出。在此一并向以上帮助、支持、鼓舞我的众师友，表示衷心的感谢和深深的敬意！

徐广源

2015年10月28日于兰阳